# OEUVRES
## DE
# C.-A. SAINTE-BEUVE

TABLEAU DE LA POÉSIE FRANÇAISE

AU XVIᵉ SIÈCLE

*Édition définitive précédée de la vie de Sainte-Beuve*

PAR

JULES TROUBAT

---

TOME PREMIER

PARIS

ALPHONSE LEMERRE, ÉDITEUR

27-31, PASSAGE CHOISEUL, 27-31

---

MDCCC LXXVI

ŒUVRES
DE
C.-A. SAINTE-BEUVE

# ŒUVRES

DE

# C.-A. SAINTE-BEUVE

TABLEAU DE LA POÉSIE FRANÇAISE

AU XVIᵉ SIÈCLE

*Édition définitive précédée de la vie de Sainte-Beuve*

PAR

JULES TROUBAT

TOME PREMIER

PARIS

ALPHONSE LEMERRE, ÉDITEUR
27-31, PASSAGE CHOISEUL, 27-31

MDCCCLXXVI

# LA VIE

## DE SAINTE-BEUVE.

HARLES-AUGUSTIN *Sainte-Beuve naquit à Boulogne-sur-Mer, le 23 décembre 1804. Un grand malheur l'avait frappé avant sa naissance: son père était mort d'une esquinancie,* au bout de quelques mois de mariage, le 4 octobre 1804, à peine âgé de cinquante-deux ans[1]: il s'était marié tard à cause de son peu de fortune. « Il était de Moreuil en Picardie, mais il était venu jeune à Boulogne, comme employé des aides avant la Révolution, et il s'y était fixé. Les annales boulonnaises ont tenu compte des services administratifs qu'il y rendit. Il y avait en dernier lieu organisé l'octroi, et il était contrôleur principal des droits réunis lorsqu'il

---

1. « *Il y a eu, dans la même année, mariage, mort et naissance.* » (*Note de la mère de Sainte-Beuve sur un carnet pour son fils.*)

mourut[1]. » *C'était un esprit cultivé et des plus lettrés : il lisait beaucoup, ses livres l'attestent; ils sont tout couverts de notes de sa main ; on sait que Sainte-Beuve ne lisait pas un livre sans l'annoter: l'hérédité s'était bien transmise en cela de père en fils. Sainte-Beuve semble avoir tenu aussi de son père le goût de Virgile : un joli exemplaire en quatre volumes, au millésime de 1746, dont il s'est servi pour son propre travail et sur lequel il a écrit :* « Le Virgile de mon père avec ses notes, » *témoigne de ce culte virgilien qui était dans le sang. Sainte-Beuve y joignait une autre prédilection, celle de Racine. Il n'y avait que le culte d'Homère qui l'emportât à la fin sur celui des deux tendres poëtes.* « Quand on connaît bien Homère, disait-il, on est à l'abri de toutes les superstitions et de tous les faux goûts. »

On a remarqué que la plupart des hommes distingués ressemblaient presque toujours physiquement à leur mère : Sainte-Beuve eût pu en faire l'observation sur lui-même, car il

---

1. Sainte-Beuve, Ma Biographie, *dans le volume intitulé :* Souvenirs et Indiscrétions, *page 21. — Les érudits en matière administrative ne dédaigneront peut-être pas la note suivante. Elle est encore de la mère de Sainte-Beuve sur le même carnet où elle écrivait ses instructions pour son fils, et où elle lui parlait de son père :* « Les droits réunis, dit-elle, ont remplacé les octrois dont il était le receveur : il a été nommé par Napoléon à cette dernière place. »

était, dit-on, le portrait vivant de la sienne. Mme Sainte-Beuve[1], née Augustine Coilliot, appartenait à une vieille famille bourgeoise de Boulogne, bien connue dans la basse ville. Elle était fille d'un marin du pays et d'une Anglaise. Son père était mort en mer, sans qu'on ait jamais bien pu s'expliquer comment. Sainte-Beuve supposait qu'il avait été jeté à l'eau à la suite d'une révolte provoquée par son caractère violent.

Il se peut donc que Sainte-Beuve tînt de son grand-père maternel ces accès de colère, auxquels il était sujet. Sa mère elle-même était vive. Il s'élevait quelquefois entre eux de petits orages, qu'elle sentait venir. Elle les indiquait d'avance par un mot caractéristique, que nous a répété M. Octave Lacroix. Quand Sainte-Beuve tardait un peu trop à arriver de son passage du Commerce où il demeurait, elle disait : « Il y aura bourrasque aujourd'hui. » Mais les vivacités, plus spirituelles que méchantes, qui s'échangeaient entre eux,

---

1. Quand on dit Mme Sainte-Beuve, il ne peut être question que de sa mère, car il ne fut jamais marié. Jules Janin, son successeur à l'Académie, le lui a assez reproché en faisant son prétendu Éloge dans son discours de réception. C'est du reste dans l'esprit du jour : M. de Loménie, succédant à Mérimée, a reproché aussi à ce dernier de n'avoir pas été marié, comme si cela ajoutait rien au mérite d'un homme. Il semble que le célibat soit devenu un cas pendable comme la polygamie, du temps de Molière.

*n'allaient jamais, de la part du fils, jusqu'à traiter rudement sa mère, ainsi que l'a prétendu M. Othenin d'Haussonville* [1].

*L'auteur que nous citons ne nous dit pas, il est vrai, de quels témoins oculaires, invoqués par lui dès les premières pages de son livre, il tient que Sainte-Beuve « traitait assez rudement sa mère, quand la pauvre femme (c'est M. d'Haussonville qui s'exprime ainsi) s'avisait d'émettre une opinion sur quelque question littéraire qui n'était point de sa compétence. » Sainte-Beuve eût été un Trissotin ou un Vadius s'il eût agi de la sorte : mais rien n'était plus contraire à sa nature que la pédanterie et la cuistrerie. M. d'Haussonville prend en même temps sur lui de douter qu'une « intimité très-profonde ait jamais existé entre Sainte-Beuve et sa mère. » C'est une des accusations les plus graves et les plus inattendues qu'on ait portées jusqu'à ce jour contre Sainte-Beuve, et nous y répondrons tout d'abord comme il l'a fait lui-même pour Gœthe :*

« *On a dit que Gœthe aimait peu sa mère, qu'il l'aimait froidement, que, pendant de longues années, séparé d'elle seulement par une quarantaine de lieues, il ne la visita point; on l'a taxé à ce sujet d'égoïsme et de sécheresse... Avant de refuser une qualité à Gœthe, il faut y regarder à*

---

1. *Voir l'appendice, à la suite de cette notice, sur le livre de M. d'Haussonville.*

*deux fois, car le premier aspect chez lui est celui d'une certaine froideur, mais cette froideur recouvre souvent la qualité première subsistante. Une mère ne continue pas d'aimer et de révérer à ce point un fils jusqu'à la dernière heure, quand il a envers elle un tort grave. La mère de Gœthe n'en trouvait aucun à son fils, et il ne nous appartient pas d'être plus sévère qu'elle*[1]. »

De même, à l'égard de Sainte-Beuve, et sans invoquer d'autres témoignages de personnes encore vivantes, nous avons sous les yeux les carnets où sa mère lui laissait ses instructions dernières. Ils n'ont certes rien de littéraire et ne sont pas destinés à la publicité : mais, si nous nous décidons à en détacher encore un fragment significatif, c'est uniquement pour montrer, en effet, qu'une mère n'écrit point ainsi à son fils, quand il n'est pas digne d'elle. La mère de Sainte-Beuve n'est préoccupée que du sort et de l'avenir de cet être unique, quand elle ne sera plus là pour gérer leur petit bien : — que les doctrinaires sourient, s'ils veulent, de cette préoccupation bourgeoise, eux à qui les dons de la fortune ont été prodigués :

« *Je te quitterais, écrit la mère de Sainte-Beuve, avec moins d'angoisses et de regrets, si je te laissais davantage de fortune; je ne réclame de toi pour toute reconnaissance qu'un souvenir de temps à autre, sans troubler tout le bonheur que je te souhaite*[2]. »

---

1. Causeries du Lundi, *article* Gœthe et Bettina, *t. II, p. 336.*

2. *Madame Sainte-Beuve devait avoir été un excellent*

*C'est simple, et cela ne dit pas plus que cela ne veut dire ; mais peut-on mettre encore en doute les sentiments d'affection réciproques entre la mère et le fils? Voici maintenant une note de Sainte-Beuve, écrite pour lui seul, sur le cahier où il jetait ses pensées :*

« *Le 17 novembre 1850, à cinq heures et demie du soir, ma pauvre mère est morte, à l'âge de quatre-vingt six ans.*

auxiliaire pour son mari pendant les quelques mois qu'ils vécurent ensemble à l'octroi de Boulogne : elle eût même été capable de diriger seule l'octroi, quand elle devint veuve, car ses notes indiquent qu'elle était parfaitement au courant des affaires de cette administration. Dans les recommandations qu'elle écrivait pour son fils, sur ses livres de comptes, sur de petits carnets de ménage, elle pense à tout : on peut dire qu'elle lui a légué, avec sa ressemblance physique, cet aiguillon de l'exactitude, ce scrupule de détail qui le rendait si malheureux quand il travaillait. Il en était tourmenté sans cesse. Il craignait toujours d'avoir oublié quelque chose. Les petits papiers de sa mère lui remettent à chaque instant sous les yeux la date de sa naissance, celle de la mort de son père, celle de ses examens au baccalauréat ès-lettres et au baccalauréat ès-sciences physiques, celles de ses inscriptions en médecine. Elle lui rappelait, en un mot, tous les principaux actes ou anniversaires de famille, auxquels il pouvait être obligé d'avoir recours. Elle le renseignait avec précision sur l'état de leur fortune et entrait dans les moindres particularités. Sa sollicitude maternelle ressort même du caractère positif de ces indications qu'elle écrivait pour lui : il est touchant de retrouver aujourd'hui ces notes dans lesquelles elle recommande sans cesse à son fils l'amour et le respect de son père qu'il n'avait point connu.

— Le 19 novembre, l'enterrement. — Je suis seul désormais : et j'ai perdu la personne qui m'aimait le plus et qui ne respirait que pour moi. »

Ce n'est pas là l'impression d'un fils indifférent. — Nous ne pousserons pas plus loin, pour le moment, l'examen du livre de M. d'Haussonville. Il n'a pas été mieux renseigné sur ce chapitre que quand il a attribué des vers d'Émile Augier à Sainte-Beuve [1].

A en croire tous ceux qui l'ont connue, M<sup>me</sup> Sainte-Beuve était avant tout une femme de bon sens : c'était sa qualité dominante. Elle y joignait de l'esprit, et ces deux qualités se sont trouvées merveilleusement combinées dans son fils. Les amis de Sainte-Beuve, ses secrétaires, tous ceux qui l'ont vu de près et à l'œuvre, ont été frappés de cette parfaite pondération d'idées, de cette justesse et de cet équilibre de cerveau. Il était pleinement en possession de lui-même quand il travaillait, pourvu qu'il ne fût pas dérangé. Il s'enfermait pour cela, et alors il livrait la bataille. Les idées arrivaient à point : on eût dit qu'il y avait une ruche dans sa tête, où elles avaient toutes leur alvéole à part. Il ne s'y faisait jamais de

---

[1]. Dans la Revue des Deux Mondes, du 15 janvier 1875, page 323. Il est vrai que M. d'Haussonville a rejeté la responsabilité de sa bévue, dans le numéro suivant, sur une morte, sur la pauvre madame d'Arbouville. C'est une nouvelle façon d'appliquer le Sic vos non vobis de Virgile.

confusion. Sa mémoire aussi le servait admirablement.

Une sœur de son père s'était jointe à sa mère pour l'élever dans son enfance, et l'on a voulu voir, par la suite, dans cette première éducation toute féminine, une cause de l'impressionnabilité nerveuse qui caractérisait singulièrement sa nature, et le rendait irritable au moindre choc. Ceux que ces impatiences pouvaient étonner ne tenaient pas assez compte de la chaleur d'un cerveau toujours en ébullition. Ils n'ont jamais vécu dans la forge d'un homme de lettres; ils ne savent pas ce que c'est que la production intellectuelle. Le sens critique déjà si aiguisé, sans cesse aiguillonné et chauffé en Sainte-Beuve, supportait de moins en moins, vers la fin de sa vie, ce qui le contrariait et le blessait. La maladie était venue s'y joindre, et il avait alors un autre aiguillon, celui de la souffrance réelle, dont on n'a connu les causes qu'après sa mort. Mais de là aussi tant de colères accumulées chez les fâcheux et les importuns des deux sexes qui se sont vengés de lui, quand il n'a plus été à ménager ou à craindre.

Il n'aimait pas surtout qu'on rompît le charme, quand il travaillait. Madame Louise Colet en a su quelque chose un soir qu'elle lui reprochait de faire des articles sur madame Desbordes-Valmore (en 1869), et de n'avoir jamais rien écrit sur elle. Il fut vif et prompt dans sa réponse. Elle sortit immédiatement, et ne revint que deux ans après, en 1871, pendant la Commune. Ses longs voyages en Orient ne l'avaient pas désarmée : elle a exhalé tout son fiel et sa méchanceté dans un livre intitulé : Les Dévotes du grand monde[1]; Sainte-Beuve y a sa place comme s'il était l'une des saintes de ce calendrier.

Le hasard nous a fait retrouver fort à propos la minute d'une lettre dans laquelle Sainte-Beuve prend d'avance son parti de tout ce qui peut lui arriver de la part de madame Colet pour ses refus d'articles. Voici ce qu'il lui écrivait le 7 juin 1853 :

« Madame,

« *Vous penserez de moi tout ce qu'il vous plaira de penser, et, qui plus est, vous direz et imprimerez tout ce que vous jugerez bon de dire et d'imprimer. Je n'ai qu'une remarque à vous soumettre. Depuis le premier jour, il y a déjà bien longtemps, où j'ai eu l'honneur de vous rencontrer chez le docteur Alibert, et où vous m'avez demandé une Préface, jusqu'à la dernière fois que j'ai eu l'honneur de vous rencontrer où vous m'avez demandé un article, ces questions d'article et de critique littéraire ont toujours été les premières entre nous. Je ne vous demande qu'une seule chose, de vous admirer en silence sans être obligé d'expliquer au public le point juste où je cesse de vous admirer. — Cette demande est modeste, madame, et je ne puis croire que*

---

1. Un vol. gr. in-18, 1873, chez Dentu.

vous insistiez pour m'en faire départir. Ce serait d'ailleurs inutilement, car je suis sans loisir, et déterminé à choisir de moi-même mes sujets d'étude. Quant à mon ami ***, si vous persistiez à le mêler plus qu'il ne convient dans une affaire où il n'est intervenu qu'avec bon cœur et comme ami de tous deux, je serais obligé de l'avouer en tout; mais je vous supplie encore une fois, madame, de m'accorder la paix que je n'ai jamais violée à votre égard et de me permettre d'être un critique silencieux et un admirateur de société pour vos œuvres.

« Agréez, je vous prie, l'expression de mes respects [1]. »

---

1. Comme nous avons été peu épargné nous-même par madame Colet dans son volume, nous ne pouvons mieux faire que de lui renvoyer ici la lettre qu'elle avait eu la précaution de nous écrire à la veille de la publication de son hideux pamphlet dans l'Événement (14 et 15 mai 1872) : « Dimanche matin. — Mon cher Troubat, l'Événement de ce matin annonce pour demain la publication de mon étude sur Sainte-Beuve. Dentu a jugé à propos que cette étude, faisant partie d'un volume qu'il va faire paraître, fût insérée dans ce journal. A tout prendre, je crois que cela vaut mieux que de l'avoir donnée au Rappel, dont vous connaissez aussi bien que moi l'antagonisme systématique envers votre illustre maître. Quant à moi, l'admiration pour son talent (immense et à part) domine dans ce que j'ai écrit sur lui. Si j'avais l'épreuve de l'article, je vous l'enverrais, pour que vous puissiez en juger avant tout autre. Si quelques réflexions critiques effarouchent votre culte pour ce grand esprit, j'espère du moins, ou plutôt je suis certaine que ce que je dis de vous ne fera que resserrer notre amitié. Donc à bientôt, cher et bon confrère, etc. » — Le fait est que nous ne nous sommes jamais cru le confrère d'un homme de lettres qui a tant produit, et que le titre

Ce qu'on ne reprochera pas à Sainte-Beuve, même et surtout après cette lettre, c'est d'avoir manqué de politesse envers les femmes; il était auprès d'elles — et auprès de toutes — d'une amabilité parfaite. C'est là peut-être un des bienfaits de son éducation d'enfance entre sa mère et sa tante, mais il y ajoutait une grâce, un don naturel, qu'ont remarqués toutes celles qui l'ont connu et qui lui réussit souvent. Le Joseph Delorme de sa jeunesse, c'est-à-dire le poëte, le rêveur, l'homme à imagination ardente et tendre, survécut en lui jusqu'à la fin, et il n'avait pas eu besoin des leçons d'une dame boulonnaise, qui lui avait donné des conseils à ce sujet, pour savoir comment il fallait se comporter auprès des dames de Paris. Il avait trouvé tout de suite son chemin tout seul. Mais rien ne lui fit jamais négliger l'étude. C'est même cet unique aiguillon de l'étude qui le poussa à venir à Paris, pour la première fois, en 1818, à l'âge de quatorze ans.

Il avait déjà achevé sa rhétorique à Boulogne-sur-Mer; mais il ne se sentait pas satisfait. « Il me faut plus encore, dit-il à sa mère; amène-moi à Paris, je veux recommencer mes

---

qu'elle nous donnait là nous mit tout d'abord en défiance. (Madame Colet est morte, mais son livre subsiste, et nous n'avons rien à changer à ce qui précède et qui était écrit pour être imprimé de son vivant.)

études. » *Celle-ci se laissa convaincre, et s'imposa pour cela un lourd sacrifice. Son bon sens lui dit que tôt ou tard elle en serait récompensée. Elle eut confiance en son fils. Elle le plaça à Paris dans cette pension Landry, envers laquelle Sainte-Beuve contracta une dette d'amitié et de reconnaissance qu'il a reconnue toute sa vie. Je n'en veux pour preuve que la lettre suivante qu'il adressa en 1866 à M. Danton, secrétaire général au ministère de l'instruction publique, pour lui recommander l'un des membres de la famille de ses anciens maîtres :*

« Ce 19 août 1866.

« Cher monsieur,

« Je me permets de venir m'adresser directement à vous... Je suis élève de l'institution Landry où j'ai fait toutes mes études dès mon arrivée à Paris (1818 jusqu'en 1823). J'ai gardé des liens d'estime et d'amitié avec les fils et héritiers du digne et vénérable M. Landry d'alors. Vous-même n'êtes pas sans avoir apprécié ces braves, modestes et simples serviteurs de l'Université dans quelqu'une de vos inspections. Aujourd'hui ils sont retirés aux Batignolles. L'un, Théophile Landry, paralysé depuis des années ; l'autre, Fortuné Landry, savant géomètre, vivant avec son frère dans une grande médiocrité de fortune. J'en viens à l'objet de ma sollicitation. M. H..., professeur de rhétorique à ***, est gendre de M. Théophile Landry, dont il a épousé la fille unique. Il n'a qu'un désir, être placé à X..., ce qui permettrait à cette honnête famille de s'y réunir tout entière avec une douceur et une aisance qu'elle n'a pas en restant séparée. De Paris à X..., il n'y a pas loin, et la famille des Batignolles irait y rejoindre la fille et le gendre. Ces considérations certes ne devraient pas déterminer le choix de M. H... pour la Rhéthorique de X..., s'il ne réunissait d'ailleurs tous les titres pour mériter du ministre cette chaire qui est un avancement. Mais si votre justice estime que M. H... a des titres suffisants, la considération de l'intérêt qui s'attache à ces vieux serviteurs de l'Université, les Landry, peut venir se joindre en surcroit et faire peut-être pencher la balance en sa faveur.

« J'ai tout dit, cher monsieur, et vous voudrez bien excuser cette longue lettre en pensant à tout ce que je dois à l'excellente maison où j'ai pu suivre et parfaire mes études. »

En 1818, la pension Landry était voisine du collége Charlemagne, où Sainte-Beuve entra d'abord en troisième. Il remporta à la fin de l'année (1819) le premier prix d'histoire au grand Concours général. L'histoire était alors une faculté toute nouvellement créée dans les colléges. Son premier professeur d'histoire fut M. Caÿx. Celui de troisième était M. Gaillard, un excellent humaniste, traducteur du De Oratore de Cicéron. Il fit sa première année de rhétorique sous M. Dubois, qui devait être quelques années après son rédacteur en chef au Globe.

En 1821, l'institution Landry changea de quartier et alla s'installer dans la rue Blanche, près des Batignolles, où elle était il n'y a pas longtemps encore. Les élèves voyaient de leur *pensionnat les fenêtres de* Clichy, *la fameuse prison pour dettes qui n'existe plus.* Sainte-Beuve *suivit, dans ce nouveau quartier, les classes du collége Bourbon : il y fit sa seconde année de rhétorique et sa philosophie. Il remporta de nouveau au Concours général de 1822 un premier prix (celui de vers latins parmi les vétérans). En même temps, il étudiait les mathématiques ; de nombreux cahiers de ce temps-là attestent l'ardeur qu'il y mettait. Il avait fait sa philosophie sous M. Damiron, mais il n'y croyait guère. Il était déjà émancipé. Son goût le portait vers la médecine.*

*Il profitait des heures de liberté qu'on lui laissait prendre le soir chez M. Landry pour suivre les cours de l'Athénée (rue de Valois, au Palais-Royal) : il y assistait, de sept à dix heures, aux leçons de physiologie, de chimie, d'histoire naturelle, de MM. Magendie, Robiquet, de Blainville ; il y entendait aussi des lectures littéraires. Il y fut présenté à M. de Tracy. Il a pu écrire ainsi plus tard :* « J'ai commencé franchement et crûment par le XVIII$^e$ siècle le plus avancé, par Tracy, Daunou, Lamarck et la physiologie : là est mon fond véritable. »

*Il prit sa première inscription de médecine le 3 novembre 1823. Mais la fondation du* Globe *en septembre 1824 décida de sa vocation littéraire. L'un des directeurs, M. Dubois, son ancien professeur de Charlemagne, lui fit faire de petits articles littéraires et géographiques, signés S.-B.*

*A un certain jour, M. Dubois lui dit : « Maintenant vous savez écrire, et vous pouvez aller seul. »* — *« Ses premiers articles un peu remarquables, a-t-il dit lui-même dans* Ma Biographie, *furent sur les premiers volumes de l*'Histoire de la Révolution *de M. Thiers et sur le* Tableau *de la même époque par M. Mignet. » Ils ont été recueillis en 1875 dans le premier volume des* Premiers Lundis.

*C'est aussi dans le Globe que parurent d'abord ses articles sur les poëtes français au XVIe siècle. L'Académie avait mis ce sujet au concours : M. Daunou, l'ancien conventionnel, directeur des Archives sous l'Empire, qui était de Boulogne-sur-Mer, et que Sainte-Beuve connaissait en qualité de compatriote, lui conseilla de concourir pour le prix. Mais Sainte-Beuve, une fois entré dans l'étude du sujet, pensa qu'il valait mieux le traiter à fond ; il prit son temps sans plus songer au prix de l'Institut, et il fit paraître en 1828 son premier livre, dont nous donnons aujourd'hui une édition nouvelle, le* Tableau de la Poésie française et du Théâtre français au XVIe siècle.

*Tout en écrivant au Globe, il n'en avait pas moins continué de prendre ses inscriptions en médecine, mais il n'alla pas au delà de la*

quinzième (elle est datée du 13 novembre 1827).
Il avait fait pendant un an le service d'externe
à l'hôpital Saint-Louis, où il avait une chambre, et « en général, il profita beaucoup (c'est
lui qui parle) de tout l'enseignement médical,
anatomique et physiologique, à cette date. »
Mais sa carrière médicale était terminée. Elle
était suffisante, dans tous les cas, pour justifier
bientôt le mot de M. Guizot sur les Poésies de
Joseph Delorme. On sait que l'illustre doctrinaire dit que c'était l'œuvre d'un Werther
jacobin et carabin.

Nous touchons ici à une crise suprême dans
la vie de Sainte-Beuve. Le printemps sacré commençait à le travailler ; il portait déjà des
fleurs de poésie :

J'étais un arbre en fleur où chantait ma Jeunesse,

a-t-il dit dans Joseph Delorme ; mais l'éclosion,
rendue publique, de ses vers n'attendait qu'une
circonstance pour éclater. Son initiation au
monde romantique détermina ce moment. Elle
date du mois de janvier 1827. Comme il n'a pas
de meilleur témoin que lui-même en ces premières années d'art et de poésie, nous ne
pouvons mieux faire que de lui laisser la parole :

« Un matin, dit-il, que j'allais voir M. Dubois, il me
montra sur sa table les deux volumes d'Odes et Ballades
qu'il venait de recevoir et dont il me proposa de rendre
compte : « C'est de ce jeune barbare, dit-il, Victor Hugo,

« qui a du talent, et qui de plus est intéressant par sa vie,
« par son caractère ; je le connais et je le rencontre quelque-
« fois. » J'emportai les volumes, et quelques jours après je
vins lire à M. Dubois mon article, en lui disant que je
n'avais pas trouvé l'auteur si barbare. L'article parut dans
le Globe du 2 janvier 1827, et c'est même à cette occasion
que Gœthe, qui recevait le Globe, disait, le jeudi soir
4 janvier, à Eckermann, qui l'a noté dans son Journal :
« Victor Hugo est un vrai talent sur lequel la littérature
« allemande a exercé de l'influence. Sa jeunesse poétique a
« été malheureusement amoindrie par le pédantisme du
« parti classique, mais maintenant le voilà qui a le Globe
« pour lui : il a donc partie gagnée. » Victor Hugo, étant
allé remercier M. Dubois, sut de lui mon nom, mon adresse,
et vint pour me voir sans me rencontrer. Le hasard voulait
que je demeurasse, sans le savoir, porte à porte avec lui : il
habitait alors rue de Vaugirard, au n° 90, et moi, je demeu-
rais avec ma mère même rue, au n° 94. Au vu de sa carte,
je me promis bien de lui rendre sa visite, ce que je m'em-
pressai de faire le lendemain matin à l'heure du déjeuner.
L'entrevue fut fort agréable en effet, mais il n'est pas exact
de dire (comme l'a fait l'auteur de Victor Hugo raconté
par un témoin de sa vie) que je sois venu lui offrir de
mettre le Globe à sa disposition. Cela n'eût point été en
mon pouvoir, et d'ailleurs, dès ma jeunesse, j'avais toujours
compris la critique autrement. Je ne me suis jamais offert ;
j'ai attendu qu'on vint à moi. Il ne put être question non
plus, dans cette visite, d'articles à faire sur le Cromwell
qui n'avait point paru, et dont je n'entendis une lecture que
quelque temps après. Mais ce qui est très-vrai, c'est qu'à
dater de ce jour commença mon initiation à l'École romantique des poëtes. J'y étais assez antipathique jusque-là à cause
du royalisme et de la mysticité que je ne partageais pas. Les
quelques vers que j'avais faits étaient de sentiment tout intime, avec des inexpériences de forme et de style. Je les
avais gardés pour moi seul, ne sentant aucun juge véritable

auprès de moi. La conversation de Victor Hugo m'ouvrit des jours sur l'art et me révéla aussi les secrets du métier, le doigté, si je puis dire, de la nouvelle méthode. Il eut bientôt mes confidences. Un heureux hasard fit encore que, quittant la rue de Vaugirard le printemps suivant, j'allai demeurer rue Notre-Dame-des-Champs, au n° 19, en même temps que Victor Hugo, quittant sa rue de Vaugirard, venait également se loger en cette même rue, alors toute champêtre, au n° 11. Les relations de voisinage se changèrent vite en intimité, et chaque jour, depuis lors, je me sentais dériver, sans m'en défendre, de ce côté un peu sévère et sourcilleuse du Globe, vers l'île enchantée de la Poésie[1].

Le premier volume de vers de Sainte-Beuve, Vie, Poésies et Pensées de Joseph Delorme, parut, en effet, en 1829, et fut suivi, en 1830, d'un nouveau recueil, les Consolations. Mais Sainte-Beuve ne renonçait pas à la prose pour cela. Dès le mois d'avril 1829, il collaborait à la Revue de Paris, fondée par le docteur Véron. Il y inaugurait cette série de Portraits, qui, continués plus tard dans la Revue des Deux Mondes, et toujours accrus et augmentés, ont formé définitivement les Portraits littéraires, les Portraits de Femmes et les Portraits contemporains.

Après la révolution de 1830, lorsque la plupart des rédacteurs du Globe étaient devenus gouvernementaux et entraient dans la diplomatie, Sainte-Beuve resta avec Pierre Leroux au

---

1. Causeries du Lundi, tome XI, page 531.

*journal ; même quand* le Globe *eût été vendu aux Saint-Simoniens, il y mit encore quelques articles. Puis il écrivit au* National *d'Armand Carrel, de 1831 à 1834. Les articles qu'il y inséra et qu'il y avait laissés ont été recueillis depuis dans les* Premiers Lundis, *à la suite de ceux du* Globe.

*Il y avait aiguisé et retrempé sa plume dans la politique. On y sent, à certaines pages, toutes les ardeurs, toutes les fièvres de l'époque. Il y était franchement républicain (voir notamment dans les* Premiers Lundis, *t. II, p. 139, la fin d'un article sur* Jefferson, *écrit en 1833). Il restait, à sa manière, un combattant de Juillet ; il ne transigeait pas avec les escamotages de la monarchie bourgeoise : il y dénonçait les abus renaissants sous la meilleure des Républiques, qui, pour lui, n'était évidemment pas la bonne. Le passage que nous signalons est très-remarquable et plein de vigueur, quoi qu'en ait dit M. d'Haussonville, qui le trouve presque grossier : Sainte-Beuve y démasque, avec la pénétration d'un homme qui a bien observé, les jeux d'une politique, habile à s'emparer du pouvoir à toutes nos révolutions. On l'a vue depuis plusieurs fois à l'œuvre.*

*Il était alors un radical, comme il le fut plus tard dans le domaine de la libre-pensée et de la philosophie. Au fond, ses opinions n'avaient pas varié, mais la littérature l'avait.*

*enlevé peu à peu à la politique. La scission fut éclatante en 1834, lorsqu'il quitta* le National, *à l'occasion d'un article qu'il venait d'écrire dans la* Revue des Deux Mondes *sur Ballanche. Un des principes de Sainte-Beuve en critique a toujours été d'élargir autant que possible le domaine de la littérature : sa tendance naturelle était de tout temps de l'étendre et d'y faire entrer les éléments les plus contraires; il l'écrivait encore en 1864 :* « Je voulais neutraliser le champ de la critique littéraire, en faire un terrain où l'on pût se rencontrer et converser, sinon s'entendre. » *Son article de 1834 sur Ballanche fut une des premières manifestations de cette méthode, suivant laquelle il avait aussi pour règle qu'il fallait tout d'abord s'incarner en plein cœur dans un sujet pour bien le connaître et l'apprécier — avoir l'air, pour ainsi dire, de s'y fondre. — Il venait d'appliquer ce principe à Ballanche :* « Je m'étais, pour le moment, transporté avec lui dans son monde, dans les régions d'idées ou d'opinions qu'il avait traversées, et je m'étais transformé en lui. » *— C'est ce qui donna le change au parti républicain qui fut lui-même dupe. Il y eut surprise évidente et méprise de la part d'hommes de bonne foi, dans une querelle qui avait eu pour point de départ la réclamation d'un sectaire catholique. Mais le coup n'en était pas moins porté. En racontant, plus de trente ans* après, les divers incidents que souleva cet article, Sainte-Beuve a montré combien le procédé lui avait été sensible, et il termine ainsi : « Si, parmi mes lecteurs des dernières années, il en est qui se sont plu à relever chez moi des sentiments de méfiance et de scepticisme habituel, ils ne sauront jamais ce qu'il m'en a coûté et ce que j'ai eu secrètement à souffrir pour avoir porté dès l'abord toute ma sincérité et ma tendresse d'âme dans mes relations politiques et littéraires[1]. »

Un autre incident célèbre de la vie de Sainte-Beuve, au lendemain de la révolution de Juillet, et dans le feu encore de la bataille, avait été son duel avec M. Dubois. On l'a raconté bien souvent avec tous ses détails circonstanciés, et si nous y revenons de nouveau aujourd'hui, c'est que l'occasion nous en est offerte par une curieuse lettre qui est le dernier mot de Sainte-Beuve sur cette figure originale et bien oubliée de son ancien maître, devenu l'un des fondateurs du Globe. Les deux adversaires étaient allés sur le terrain, à la suite d'une discussion dans les bureaux du journal, et d'un geste menaçant de M. Dubois. On sait qu'ils échangèrent deux coups de pistolet chacun, sans pouvoir s'atteindre, et ils voulaient en essayer un troisième, mais les témoins s'y opposèrent.

---

1. Portraits contemporains, t. II, p. 49, édit. de 1869.

On a écrit que Sainte-Beuve, fidèle à une habitude bien parisienne de ne jamais sortir sans parapluie, avait apporté le sien ce jour-là comme les autres jours, et qu'il l'avait même ouvert, pendant qu'on réglait les conditions du combat. Il aurait dit aux personnes présentes que cette précaution mettait en gaieté, malgré la gravité de la circonstance : « Je veux bien être tué, mais je ne veux pas être mouillé. » La légende qu'il ne démentait pas ajoute même qu'il garda son parapluie ouvert en visant. — Sainte-Beuve riait tout le premier, de longues années après, à ce souvenir qui le reportait au bon temps de sa jeunesse, et il écrivait en 1867 à M. Jules Claretie, qui venait de raconter de nouveau l'histoire de ce duel dans le Figaro :

« (Ce 15 février 1867)... Je voudrais bien pourtant et pour vous tout seul *vous dire quelques mots de l'anecdote que vous racontez, et dont une partie (la plus plaisante) est tout à fait exacte. Mais quoique Fontaney eût le goût des panoplies et des armes du Moyen Age ou de la Renaissance, le pistolet dont vous parlez était bel et bien un pistolet d'arçon que Fontaney avait conquis sur un gendarme dans les journées de Juillet ; car c'était peu après ces journées qu'eût lieu cette querelle, et la fièvre qui régnait alors dans l'air n'y nuisit pas. Mais là où vous auriez une légère rectification à faire, et très-juste, c'est en ce qui concerne* le certain M. Dubois. M. Dubois, *créateur avec Pierre Leroux (en 1824) et fondateur du* Globe, *depuis député et directeur de l'École normale, est encore vivant, fort vert d'esprit. C'est un homme sur les seconds plans, d'un talent et d'une verve très-remarquables. Nul plus que lui ne serait à même de renseigner* un jeune critique sur tout le mouvement de la critique française de 1815 à 1830. Il y a marqué par quantité d'articles, mais surtout par ses vues, son excitation, son stimulant : nul ne sait mieux que lui l'histoire littéraire sérieuse de cette période de la Restauration. Il porte aujourd'hui la peine d'avoir délaissé les lettres, et si votre article lui a passé sous les yeux, ce mot de certain a dû lui entrer dans le cœur comme un trait aigu. Comme il n'écrit pas et ne publie rien, il ne fournit malheureusement pas d'occasion de réparer. Mais que de beaux ouvrages je lui ai entendu ébaucher le matin au lit, après une nuit d'insomnie! que de beaux romans vendéens et chouans à la Walter Scott! que de beaux projets d'histoire du Christianisme avant Renan! et tout cela s'est perdu en improvisations. Et c'est moi, l'adversaire d'un jour et l'homme au pistolet qui s'en souvient encore le mieux. — Donc, écrivains, produisons tant que nous en avons la force et pendant qu'il en est temps.

« Tout à vous, mon cher ami,

« SAINTE-BEUVE. »

Les journaux ont annoncé la mort de M. Dubois et son enterrement à Saint-Sulpice, le 17 juin 1874. Il était octogénaire. Il n'avait pas revu Sainte-Beuve depuis de très-longues années : mais bien qu'il n'eût jamais existé entre eux deux une vive sympathie, même au temps de leurs premières et plus anciennes relations, M. Dubois aimait encore, dans les dernières années écoulées depuis la mort de Sainte-Beuve, à s'entretenir de lui avec un autre de ses anciens élèves, M. le professeur Loudierre, qui était resté l'ami constant du grand critique. M. Dubois n'était pas fâché de connaître *les sentiments de Sainte-Beuve à son égard : et puis le goût et la curiosité de l'esprit se réveillaient chez le vieux dissident de l'Université, qui avait fondé* le Globe, *sous la Restauration, en haine de la faction religieuse, et avait tant contribué par là à la formation d'un groupe important et serré, qui s'est dispersé en 1830 et ne s'est jamais renouvelé depuis en littérature.*

*Il est temps de reprendre la vie de Sainte-Beuve. Nous l'avons laissé à sa sortie du* National *en 1834. Le roman de* Volupté *parut cette année-là. Ce roman marque une crise morale dans la vie de l'auteur : c'est l'étude d'une passion, d'un vice même (le mot n'est pas déguisé dans la bouche d'Amaury), guéri ou combattu par le mysticisme. Le mysticisme était alors une maladie à la mode et bien sincère chez ceux qui en étaient atteints. Elle s'alliait à une sentimentalité étrange, qu'on a appelée le mal de René, et qu'on sent bien dans* Volupté. *Ce mal, d'ailleurs, ne venait qu'à de nobles esprits : il ressemblait beaucoup à l'*acedia, *cette rêverie des solitaires qu'a si bien décrite Sainte-Beuve dans* Port-Royal *(tome I, page 185) et qu'il a définie ainsi : le vague des passions. «* L'acedia *est l'ennui propre au cloître, surtout dans le désert et quand le religieux vit seul; une tristesse vague, obscure, tendre, l'ennui des après-midi. » Une circonstance piquante,* *c'est que la description du séminaire d'Issy, dans* Volupté, *est tout entière de la main du père Lacordaire*[1]. *Sainte-Beuve a donné une édition définitive de* Volupté *en 1869: il y a ajouté eu appendices des lettres de Châteaubriand, George Sand, Michelet, Villemain, etc., qui sont autant de jugements et témoignages sur son œuvre. On sait le mot de Balzac après l'avoir lue :* « Je referai Volupté, » *s'écria-t-il, et il fit le* Lys dans la vallée.

*Après* Volupté, *parut un troisième et dernier volume de vers,* les Pensées d'Août, *qui fut salué dans presque toute la presse par des injures et des moqueries. Ce débordement quasi-unanime des journaux contre Sainte-Beuve avait l'air d'un mot d'ordre; voici du moins l'explication qu'il en donne dans une page extraite de* Ma Biographie[2] :

« En 1837, je publiai les Pensées d'Août, recueil de poésies. Depuis 1830, les choses avaient bien changé. Je n'ap-

---

1. Les relations de Sainte-Beuve avec Lacordaire, l'abbé Gerbet, Lamennais, et tout le groupe de l'Avenir, ont été souvent racontées par lui. C'est lui qui fut chargé par Lamennais, en 1834, de faire imprimer les Paroles d'un croyant. (Nouveaux Lundis, t. I, p. 39.)

2. Souvenirs et Indiscrétions, *page 48*. — Nous avons reproduit nous-même, dans le tome I des Premiers Lundis, page 413, un article de la Revue des Deux Mondes, qui prend très-chaleureusement et très-vigoureusement la défense des Pensées d'Août, et que nous avons su depuis avoir été écrit par le regretté ami de Sainte-Beuve, Charles Labitte.

partenais plus au groupe étroit des poëtes. Je m'étais sensiblement éloigné de Hugo, et ses partisans ardents et nouveaux n'étaient plus, la plupart, de mes amis : ils étaient plutôt le contraire. J'avais pris position de critique dans la Revue des Deux Mondes. J'y avais, je crois, déjà critiqué Balzac, ou ne l'avais pas loué suffisamment pour quelqu'un de ses romans, et, dans un de ces accès d'amour-propre qui lui étaient ordinaires, il s'était écrié : « Je lui passerai ma « plume au travers du corps. »

« Je n'attribue pas exclusivement à ces diverses raisons le uccès moindre des Pensées d'Août; mais, à coup sûr, elles furent pour quelque chose dans l'accueil tout à fait hostile et sauvage qu'on fit à un Recueil qui se recommandait par des tentatives d'art, incomplètes sans doute, mais neuves et sincères. »

« C'est à la fin de cette année 1837 que, méditant depuis bien du temps déjà un livre sur Port-Royal, Sainte-Beuve alla en Suisse, à Lausanne, l'exécuter sous forme de cours et de leçons, dans l'Académie ou petite Université du canton. Il y connut des hommes fort distingués, dont M. Vinet était le premier. Il revint à Paris dans l'été de 1838, n'ayant plus à donner aux leçons que la forme du livre et à fortifier son travail par une révision exacte et une dernière main-d'œuvre. » — « J'y mis, dit-il, toute réflexion et tout loisir; les cinq volumes qui en résultèrent ne furent pas moins de vingt années à paraître. » — L'édition définitive en six volumes (une Table, composée par M. Anatole de Montaiglon, forme le septième) a paru en 1867. « Cette dernière édition, très-augmentée, dit Sainte-Beuve, est nécessaire pour qui veut connaître non-seulement Port-Royal, mais beaucoup de circonstances de la vie morale et littéraire de l'auteur. » Il considérait Port-Royal comme son ouvrage testamentaire et le plus important.

En 1840, M. Cousin nomma Sainte-Beuve conservateur à la Bibliothèque Mazarine.

Nous touchons de bien près à l'élection de Sainte-Beuve à l'Académie française. Il nous a fait assister à ses péripéties de candidat, dans quelques notes retrouvées dans ses papiers :

« Si je fais ce que je veux, et ce qui est sage, dit-il au début de la tentation qui s'offrait à lui, je ne serai jamais de l'Académie et resterai critique, — critique hardi, modéré et indépendant. »

Quelques pages plus loin :

« Mes fonds qui étaient très-bons semblent baisser depuis quelques jours. Le chancelier (M. Pasquier), mon grand appui, est malade et ne pourra aller voter et influer par sa présence. J'ai contre moi Hugo, Thiers, très-peu pour moi Lamartine ; si j'arrive, ce sera laborieux ; si je manque, ce sera, je le crains, définitif. Il me faudra prendre quelque grand parti de travail et de plan de vie. »

C'est exactement ce qu'il disait quand plus de vingt ans après on lui faisait espérer le Sénat et qu'on ne le lui donnait pas[1]. Il n'en con-

---

1. Le décret qui le nomma sénateur est daté du 28 avril 1865.

tinua pas moins de travailler après comme avant. Que dis-je! Il travailla davantage. Il entreprit immédiatement son travail sur Proudhon (1865).

Mais revenons à l'Académie en 1844. Voici une note d'agonie, à la veille de la résurrection, — de l'élection, veux-je dire :

« Si cela devait durer ainsi plus de huit jours encore, je ferais banqueroute à Paris et m'en irais passer six mois dans quelque trou sans qu'on sache ce que je suis devenu. »

Enfin il est élu le 14 mars 1844, et reçu par Victor Hugo le 27 février 1845. « Cette circonstance piquante, dit-il, ajouta à l'intérêt de la séance. »

« Il s'agissait, a-t-il dit ailleurs de lui-même à la troisième personne, il s'agissait, pour M. Sainte-Beuve, de célébrer Casimir Delavigne devant Victor Hugo, et, comme il le disait en souriant, de louer Racine devant Corneille. »

A l'occasion de son élection à l'Académie, un ami de Boulogne, M. A. Adam, qui avait été en pension avec lui chez les Landry, lui renvoya une vieille lettre, datée du 6 mai 1822, du temps où ils étaient encore écoliers, et dans laquelle Sainte-Beuve s'exprimait avec l'enthousiasme qu'on va lire sur Casimir Delavigne, auquel il devait succéder :

« Je félicite, sans le connaître, ton ami, écrivait-il à son condisciple, d'être parent de notre poëte naissant, et surtout *de lui ressembler par l'opinion et le talent. Pour moi, je suis fou de Delavigne, et je crois que, quoiqu'on dise que l'envie s'attache toujours au mérite, il fera exception à la règle et ne sera pas moins aimé qu'admiré de ses contemporains.* »

*Mais voici le jugement de l'âge mûr. Au lendemain de son discours à l'Académie, Sainte-Beuve écrivait à M. Désiré Laverdant, alors rédacteur de* la Démocratie pacifique :

« ... *Je n'ai jamais aimé le drame moderne tel que l'ont fait Hugo et Dumas et je n'y ai jamais reconnu le moins du monde l'idéal que je conçois à cet égard. — Et puis je crois que chacun doit rester dans sa nature : Delavigne, en devenant vraiment classique dans le vrai sens, dans celui de Sophocle et des vrais maîtres, aurait conquis, à une certaine heure, la position d'Ingres en peinture. Au lieu de cela, il a fait non pas* transition *(car rien n'est venu), mais* transaction, *ce qui n'est jamais bon en art ni en critique. C'est vous dire que je ne crois pas en faire. Je ne saurais exprimer ce que je ressens contre les énormités qui ont en partie démenti nos espérances ; mais il est des points sur lesquels je tiens bon, et me flatte de n'avoir en rien déserté mes convictions premières. Il m'est très-égal que madame de Girardin vienne me dire que je fais de la réaction pure et simple, et je ne me donne pas même la peine d'y songer ; mais si vous me le dites, je me permets de vous dire non, et que vous vous méprenez complètement, ce qui tient peut-être à ce que vous n'attachez pas la même importance que moi aux points purement littéraires sur lesquels je suis resté à très-peu près le même*[1] ... »

---

1. *Cette lettre m'a été communiquée par M. Maurice Tourneux, auteur d'un travail très-consciencieux sur les*

*Les sentiments de Sainte-Beuve sur le drame moderne, exprimés dans cette lettre, nous les retrouvons dans les* Chroniques parisiennes *de la même époque que le critique envoyait à la* Revue Suisse *sous le voile de l'anonyme, et qui ont été récemment réunies en volume. L'auteur y cite tout au long et y réfute par cela seul l'article de madame de Girardin contre lui auquel il vient de faire allusion, et qui était l'expression en ce temps-là d'une coterie littéraire. On peut dire que les ennemis de Sainte-Beuve se recrutaient alors dans le salon de madame de Girardin, Balzac en tête. C'est de là que partit ce fameux article de la* Revue parisienne, *dans lequel Balzac attaquait l'auteur de* Port-Royal *dans sa forteresse même, et là où il était le moins attaquable. Sainte-Beuve y a répondu depuis dans la dernière édition de* Port-Royal; *et il y a pris Balzac en flagrant délit d'erreurs matérielles et grossières. Le célèbre romancier a confondu maintes fois Vaugirard avec Rome, comme on dit, et pris le nom du Pirée pour un nom d'homme, dans ce fougueux article, où il voulait pourfendre son ennemi qui ne l'avait pas assez loué une fois à son gré. Nous touchons ici à l'une des incarnations de ce type de l'homme grossier qui ouvre le recueil de*

---

Portraits de Sainte-Beuve, *dans* l'Amateur d'autographes (*juin-juillet 1874*).

*Pensées,* intitulé Cahiers de Sainte-Beuve. *Le critique des Lundis n'en a pas moins rendu pleine justice, et en toute impartialité, à l'auteur de la* Comédie humaine *dans son article du 2 septembre 1850, au lendemain de la mort du puissant romancier*[1].

*La révolution de Février 1848 fut cause que Sainte-Beuve donna sa démission de conservateur à la Bibliothèque Mazarine. Mais voici comment la chose se fit. M. Taschereau avait publié, dans la* Revue Rétrospective, *une liste de fonds secrets, sur laquelle le nom de Sainte-Beuve se trouvait porté à côté de la somme de* cent francs (Sainte-Beuve, cent francs). *C'était laconique. On comprend toute l'indignation de Sainte-Beuve, quand il vit son nom accolé à une pareille infamie. Le pire, et ce qui l'irritait davantage, c'est que d'anciens amis, devenus ministres ou membres du Gouvernement provisoire, le prévinrent de ce qui se passait avec toutes sortes de précautions et comme s'ils avaient cru à la chose.* « *Vous pouvez avoir été surpris,* » *lui disait quelqu'un. On avait l'air, en un mot, de lui tendre la perche pour l'aider à se justifier, plutôt que de lui donner une éclatante réparation d'honneur qu'il réclamait et à laquelle il avait droit. C'était injurieux et malséant. Quelque démarche qu'il fît pour dé-*

---

[1]. Causeries du Lundi, t. II.

couvrir comment on avait pu abuser de son nom d'une manière aussi inique, il ne put rien trouver. A la fin, à force d'y penser, il finit par se rappeler qu'on avait fait un jour une réparation à une cheminée qui fumait dans son logement à la Bibliothèque Mazarine : la réparation avait dû coûter cent francs, et c'était le propriétaire, c'est-à-dire l'État naturellement, qui l'avait payée. Il s'en tint dès lors à cette explication, et n'en chercha plus d'autre. Il en a fait depuis l'objet d'une Préface charmante à ses deux volumes, intitulés : Chateaubriand et son groupe littéraire sous l'empire. Sans l'incident qu'on vient de raconter, cet ouvrage n'aurait peut-être pas vu le jour, du moins dans les conditions où il s'est produit. Sainte-Beuve, ne se sentant pas suffisamment soutenu ni défendu par ses amis du ministère (à l'exception de M. Charton) donna sa démission de bibliothécaire, et alla faire un cours sur Chateaubriand à l'Université de Liége. C'est ainsi que son ouvrage naquit. Il l'a publié en 1861, et s'est excusé, dans une Lettre à M. Alphonse Le Roy, l'un de ses futurs collègues à la même Université, d'avoir payé si tard son tribut de reconnaissance publique à la Belgique. Il en avait été détourné jusque-là par d'autres travaux [1].

---

1. Souvenirs et Indiscrétions, page 93.

Il n'était parti pour Liége qu'au mois d'octobre 1848, ce qui coupe court à toute légende qui le montre fuyant devant la révolution. En général, la peur n'était pas le propre de Sainte-Beuve : il l'avait bien prouvé dans son duel avec M. Dubois; plus tard, il était resté seul locataire, pendant le choléra de 1832, dans l'hôtel qu'il habitait passage du Commerce. Quant à la révolution de Février, il l'envisageait d'un tout autre œil que ne l'a dit M. Veuillot :

« Je sentis, dit-il, dès le premier jour toute son importance, mais aussi son immaturité : sans être de ceux qui regrettaient un régime politique ni une famille, je regrettai du moins une civilisation qui me paraissait, pour le moment, fort compromise; je n'avais pourtant pas l'imagination aussi noire que je la voyais à plusieurs des républicains de la veille, surpris et comme épouvantés de leur propre succès; je pensais qu'on s'en tirerait, qu'on s'était tiré de bien d'autres mauvais pas, qu'il y a plus d'un chemin de traverse dans l'histoire, et j'attendis avec la curiosité de l'observateur, curiosité, je l'avoue, qui se mêlait de très-près en moi à l'anxiété du citoyen, le développement des faits[1]. »

Nous ne voyons pas là le sentiment de la peur, tel que l'a entendu M. Veuillot. Une certaine sérénité sérieuse, voilà plutôt ce qui caractérise pour nous aujourd'hui la physionomie de Sainte-Beuve, avec toutes les inquiétudes de

---

1. *Préface* de Châteaubriand et son groupe littéraire sous l'Empire.

détail que peut donner un esprit toujours en éveil à un homme qui a, comme il le disait lui-même, des yeux tout autour de la tête.

M. Veuillot a écrit que Sainte-Beuve avait eu des peurs bleues ou rouges, en 1848, et que toute la France « s'amusa un moment de son hégire à Lausanne ». Cette fois M. Veuillot a été pris la main dans le sac. Il ne se trompait que de onze ans en envoyant Sainte-Beuve à Lausanne en 1848 :

« Comment veut-il nous persuader, dit Sainte-Beuve, qu'il a examiné en conscience, qu'il a scruté et contrôlé les faits d'il y a dix-huit cents ans, qui concernent la biographie de Jean, Pierre ou Paul, ou même de Jésus, et que la créance qu'il y attache a quelque valeur, quand on le voit se méprendre si grossièrement sur une biographie d'hier, là où il lui suffisait d'interroger le premier témoin à sa portée[1] ? »

Peu s'en fallut qu'au lieu de partir pour la Belgique, en 1848, Sainte-Beuve n'allât faire un cours de Littérature française aux États-Unis. Il en eut du moins le projet, et il fit prendre des renseignements à Boston auprès du célèbre historien George Ticknor, par un de ses amis, qui voyageait en ce moment en Amérique, M. le pasteur Bridel. M. Ticknor répondit par une lettre qui prouve à quel point l'hospitalité du Nouveau Monde était ouverte à Sainte-Beuve. Je traduis :

---

1. Causeries du Lundi, *tome XI, page* 529.

« *Boston, 28 août 1848.*

« *... Le plan que vous me dites que M. Sainte-Beuve a adopté semble être bien examiné, et le sujet qu'il a choisi pour ses lectures aux États-Unis est, je crois, de ceux qui intéresseront autant d'auditeurs que n'importe quel autre sujet qu'il eût pu prendre dans le champ de la critique littéraire française. Nous serons bien aises de faire connaissance avec les vies de vos écrivains distingués qui, dans le cours des soixante dernières années, ont exercé une si grande influence non-seulement sur leur pays mais dans le monde; — et certainement nous ne pourrons recevoir notre instruction d'une meilleure autorité que celle de M. Sainte-Beuve. Je compte beaucoup sur le plaisir de le voir, aussitôt qu'il arrivera à Boston; — et, en même temps, s'il a besoin de quelque information qu'il puisse être en mon pouvoir de lui donner, je considérerai, s'il veut bien m'écrire, à la fois comme un plaisir et comme un devoir de la lui fournir... Je vous prie de l'assurer que je suis très-flatté de son projet de m'envoyer un exemplaire de sa très-intéressante et belle* Histoire de Port-Royal, *dont je n'ai pas encore vu le troisième volume...* »

*Sainte-Beuve ne partit pas pour l'Amérique parce qu'il ne voulut pas quitter sa mère.* « *Sans ma mère, j'y serais allé,* » *écrit-il en note sur cette lettre* [1].

*Mais la campagne la plus considérable qu'il eût encore entreprise, l'attendait à son retour*

---

1. *Il ne pensait certainement pas, en l'écrivant, que cette note pourrait servir un jour à réfuter M. d'Haussonville, contestant l'affection qu'il portait à sa mère. Il revenait, toutes les fois qu'il le pouvait, de Belgique pour la voir.*

de Liége en 1849. Le docteur Véron lui offrit de faire tous les lundis un article de Littérature dans le Constitutionnel. Il faut rendre cette justice au docteur Véron : c'est de là que sont nées les Causeries du Lundi.

En 1854, Sainte-Beuve fut nommé professeur de poésie latine au Collége de France, en remplacement de M. Tissot. Cette chaire avait été occupée autrefois par Delille. Mais ce cours réussit moins bien au nouveau titulaire que ceux de Lausanne et de Liége. Il put lui faire regretter de n'avoir pas été faire des lectures publiques aux États-Unis, où on l'aurait reçu à bras ouverts. Il se passa au Collége de France, contre la personne du professeur, ce qui s'était passé autrefois contre un de ses livres, les Pensées d'Août. La première leçon devait avoir lieu le 9 mars 1855. — J'emprunte la relation suivante, à cause de son caractère d'authenticité incontestable, à une Revue de la même année, la Revue Suisse (n° d'avril) : le ton modéré et impartial avec lequel ce jugement est porté indique, à coup sûr, une main amie de la justice et de la vérité :

« Cette première leçon fut troublée par des cris, du tumulte et tout l'attirail des moyens d'interruption usités en pareille circonstance; sa seconde leçon, de même empêchée par le renouvellement et l'aggravation de ces scènes de désordres, où ceux qui s'y livrent se manquent surtout de respect à eux-mêmes. Le prétexte était d'abord l'insuffisance de l'amphithéâtre pour la foule des auditeurs; mais, ne l'eût-on pas su d'ailleurs, c'était évidemment un coup monté, pour lequel on avait recruté les étudiants. « Je vais au Collège « de France pour faire du tapage au cours de Sainte- « Beuve, » disait tel d'entre eux qui auparavant n'y avait jamais mis les pieds. On avait fait accroire à ces jeunes gens qu'ils avaient affaire à une sorte de renégat politique, tandis que M. Sainte-Beuve, qui n'a jamais voulu accepter la croix de la monarchie de Juillet, qui avait donné sa démission de la Bibliothèque Mazarine sous la République, n'est et n'a jamais été qu'un homme exclusivement littéraire, demandant seulement qu'on le laisse travailler et écrire en paix. Avec cette manière de sentir et de voir qui est dans sa nature et dans son caractère, il y a, au fond, chez lui, plus d'indépendance que chez ceux qui n'ont fait étalage de la leur que depuis qu'ils sont tombés; mais soit en se taisant sur les uns, soit en parlant trop librement sur d'autres, M. Sainte-Beuve s'est créé une foule d'ennemis dans les hautes et basses régions littéraires. Ils ne lui pardonnent pas, ces derniers, sa franchise, ceux-là, son silence, et ils ont saisi la première bonne occasion de le lui montrer. Parmi eux, il y en a d'un nom bien connu dans les Lettres, mais qui, dans cette circonstance, ne fût-ce qu'en s'en réjouissant, ont prouvé une fois de plus, comme cela se voit trop souvent entre écrivains, savants ou artistes, qu'on pouvait avoir beaucoup d'esprit, un grand esprit même, et ne l'avoir cependant pas bien placé. »

*Un ami de Sainte-Beuve, le docteur Veyne, qui ne l'avait pas quitté en cette circonstance, et qui l'accompagna chez lui après la séance, m'a raconté que Sainte-Beuve lui disait en route, avec une émotion indicible : « Et ce libéral de Laboulaye, qui n'est pas là pour protester, pour prendre la défense d'un collègue ! »*

En voyant quelques années après la pièce de Gaëtana par M. Edmond About, puis le cours de M. Renan, partager le même sort, — écrasés sous des hurlements avant d'avoir été entendus, — on se demande quelles mains menaient alors la jeunesse. C'est trop clair pour le cours de M. Renan, au lendemain de la Vie de Jésus. Il y avait alors une effroyable coalition, sous prétexte d'opposition. On sent la main du cléricalisme dans les ignobles lettres anonymes que recevait Sainte-Beuve : et quelques républicains avaient le tort de s'y mêler.

Les clameurs du Collége de France se sont renouvelées plus tard contre lui au Sénat : il n'y fut pas moins violemment attaqué, lorsqu'il y prit la défense de la libre pensée contre M. de Ségur d'Aguesseau[1]. Il y souleva une vraie tempête. Le maréchal Canrobert s'y distingua notamment. M. Lacaze eut un mot malheureux : Sainte-Beuve le releva lors de la discussion sur les bibliothèques populaires de Saint-Étienne[2], et on lui répondit par une provocation en duel dans laquelle le nom de Heeckeren était mêlé comme témoin. C'est ainsi qu'on entendait la liberté de conscience dans une Assemblée issue de 89.

Du reste, en rapprochant l'affaire du Sénat

---

1. Séance du Sénat du 29 mars 1867.
2. Séance du Sénat du 25 juin 1867.

de celle du Collége de France, je n'ai voulu que rappeler une chose, c'est que Sainte-Beuve était avant tout l'homme de la discussion, non de la violence ni de la brutalité. Il n'eut jamais d'autre arme que sa plume, et à ceux qui l'attaquent encore aujourd'hui avec ignominie, maintenant qu'il est mort, je répondrai : « Vous frappez un homme désarmé, qui n'est plus là pour se défendre : vous vous seriez caché pour dire cela de son vivant; vous vous seriez abrité derrière l'anonyme ou derrière une foule. »

L'*Étude sur Virgile* ne fut point perdue pour les Lettres : elle fut publiée en 1857.

La même année, Sainte-Beuve fut nommé maître de conférences à l'École normale, et il y resta quatre ans. Les cahiers des leçons qu'il y fit ont été conservés. Il les rédigeait d'avance avec grand soin. Il n'a eu qu'à y puiser plus tard pour certains sujets des *Nouveaux Lundis*, qu'il y avait déjà traités. Seulement, à l'École normale, il ne s'agissait pas seulement d'intéresser le public, il fallait avant tout préparer des hommes instruits. Sainte-Beuve était très-sensible par la suite aux témoignages qu'il recevait de ses anciens élèves, devenus professeurs.

Ce grand esprit avait toutes les délicatesses. Voici une de ses conversations, qui se rapporte à son passage à l'École normale et qui fit une grande impression sur moi. C'était dans les *premiers jours de la semaine où j'eus l'honneur de devenir son secrétaire (octobre 1861). Il venait de quitter l'École normale, et il était rentré en septembre au* Constitutionnel, *où il commençait à donner une suite aux* Causeries du Lundi[1]. *Il ne me connaissait pas encore. Il me dit un matin en travaillant :*

---

1. *Il n'avait plus alors que huit ans à vivre. Tous les articles qu'il a publiés depuis sa rentrée au* Constitutionnel *jusqu'à sa mort, soit au* Moniteur, *soit au* Temps, *soit dans la* Revue des Deux Mondes, *le* Journal des Savants, *etc., sont entrés dans les* Nouveaux Lundis, *à part ceux de la* Revue Contemporaine *sur Proudhon, qui ont formé un volume à part (chez Michel Lévy). — Les* Nouveaux Lundis, *publiés par Michel Lévy frères, ont* treize *volumes; les* Causeries du Lundi *(chez les éditeurs Garnier) en ont* quinze. *Ce qu'on a appelé dans les derniers temps* Premiers Lundis, *et qui est le recueil des plus anciens articles de Sainte-Beuve, forme une série de* trois *volumes (chez Michel Lévy), à laquelle on a ajouté quelques autres articles plus récents, et les Discours du Sénat. Tous ces ouvrages sont dans le format gr. in-8. — Voici, du reste, un tableau, qu'on nous a souvent demandé, des Œuvres complètes de Sainte-Beuve (à part celles que nous venons d'énumérer); nous n'indiquons que les dernières éditions qui sont définitives :* Tableau de la Poésie française et du Théâtre français au XVIe siècle (2 *vol. in-16, chez Alphonse Lemerre*); Volupté (*un vol. gr. in-18, chez Charpentier*); Port-Royal (7 *vol. gr. in-18, chez Hachette*); Portraits littéraires (*3 vol. gr. in-18, chez Garnier frères*); Portraits de Femmes (*un vol. gr. in-18, chez Garnier frères*); Portraits contemporains (*5 vol. gr. in-18, chez Michel Lévy*); P.-J. Proudhon (*un vol. gr. in-18, chez*

« Mon ami, allez-vous à la messe le dimanche ? Dans ce cas, je vous prierais d'y aller avant neuf heures du matin, afin d'être exact à notre heure de travail. Je n'ai jamais voulu gêner personne, et j'ai le plus grand respect

---

Michel Lévy); Lettres à la Princesse (*un vol. gr. in-18, chez Michel Lévy*); Chateaubriand et son groupe littéraire sous l'Empire (*2 vol. gr. in-18, chez Michel Lévy*); Étude sur Virgile (*un vol. gr. in-18, chez Michel Lévy*). — *Les éditeurs Garnier frères ont publié un choix de Portraits de* Femmes célèbres, *pris dans les* Causeries du Lundi (*2 vol. gr. in-8 avec des gravures*). — *Les* Poésies complètes *de Saint-Beuve, actuellement chez Charpentier et chez Lévy, paraîtront prochainement en 2 vol. in-16, chez Alphonse Lemerre (édition définitive); nous pouvons annoncer aussi comme venant de paraître :* les Cahiers de Sainte-Beuve (*un vol. gr. in-18, chez Alphonse Lemerre*), *et les* Chroniques de la Revue Suisse (*1843-1845*), *chez Michel Lévy*. — *La* Correspondance générale *est également en préparation*. — *Un dernier volume, aussi en préparation chez Garnier frères, contiendra la* Table *des* Causeries du Lundi, *des* Portraits littéraires *et des* Portraits de Femmes. *On a joint aux Œuvres de Sainte-Beuve, chez Michel Lévy, les* Souvenirs et Indiscrétions, *qui renferment, en effet, des fragments d'œuvres posthumes*. — *Un choix de Ronsard, publié par Sainte-Beuve en 1828, à la suite du* Tableau de la Poésie française au XVIᵉ siècle, *n'a jamais été réimprimé*. — *Il existe aussi un petit volume, publié par ses soins, en 1868, à l'Académie des Bibliophiles, sous ce titre :* Une Préface aux Annales de Tacite, *par Senac de Meilhan, publiée avec un mot d'Avertissement par C.-A. Sainte-Beuve et suivie d'une Lettre du prince de Ligne à M. de Meilhan*.

*pour tout ce qui relève de la conscience. Lorsque je faisais mes cours à l'École normale, j'avais un élève très-dévot et très-mystique, qu'on était obligé de surveiller pour l'empêcher de se macérer trop, car il se serait rendu malade à force de mortifications qu'il s'imposait. Il se levait la nuit pour coucher sur le carreau. J'avais commencé des leçons sur les poëtes du XVIe siècle (ce sujet l'a toujours occupé), et je faisais des lectures à mes élèves : seulement je me sentais gêné par un seul. Je craignais de le blesser. J'étais obligé de choisir les morceaux que j'avais à lire. Mais puisque vous êtes un esprit libre, ajouta-t-il en riant, je n'aurai pas à me gêner avec vous »*

*C'était trop d'honneur et nous nous entendîmes, en effet.*

*Je n'aurais besoin maintenant que de faire appel à mes souvenirs personnels pour recommencer le petit livre que j'ai déjà écrit*[1]. *On a beaucoup calomnié Sainte-Beuve de son vivant, on l'a encore plus calomnié après sa mort. Je n'entreprendrai pas de réfuter tous les pamphlets écrits contre lui. Parce qu'il n'était pas hypocrite, on l'a représenté vivant dans une sorte d'épicuréisme. J'affirme qu'il y a plus de dévergondage d'imagination dans les libelles*

---

1. Souvenirs et Indiscrétions.

publiés sur son compte que dans sa vie entière. Il y a longtemps qu'Ovide a répondu pour lui :

Otia si tollas, periere Cupidinis arcus;

et Sainte-Beuve n'avait pas de loisirs. Où aurait-il trouvé le temps de faire ses articles, s'il avait été l'homme débauché que l'on a dit? Mais ce sont des vengeances de bas-bleu méconnu et de doctrinaire dépité qui ont essayé de le faire passer pour tel. Dans ce dernier camp, on est pur, on est vierge, on est la chasteté même : du moins on en a l'affectation, et l'on affiche en public des principes que l'on se garde bien d'avoir dans le particulier. On en veut tant d'ailleurs à Sainte-Beuve, dans ce camp, non pas, quoi qu'on en dise, parce qu'il a été sénateur de l'Empire (les Orléanistes s'étaient ralliés à l'Empire en 1870), mais surtout, mais uniquement parce qu'il a combattu au Sénat le cléricalisme.

Sa vie était des plus simples et des plus remplies. Nous étions toujours au travail dès neuf heures du matin et quelquefois jusqu'au soir. Le déjeuner de Sainte-Beuve, qu'on lui montait sur les onze heures dans sa chambre, consistait en une théière bouillante, du lait chaud, du pain, du beurre, du sel et deux brioches. C'était un déjeuner anglais, bien digne d'un Boulonnais. Il ne changea ce régime qu'au mois de décembre 1867, où se trouvant très-malade, il avait appelé, sur les instances de son cousin et ami d'Alton-Shée, le docteur Milcent, l'homœopathe. Celui-ci déclara en secret aux personnes de la maison que Sainte-Beuve avait un cancer, ce qui était absurde. Mais voyant un matin le maigre déjeuner qu'on lui servait, il lui dit : « Croyez-moi, monsieur Sainte-Beuve, changez de régime, faites un bon déjeuner à la fourchette, mangez, nourrissez-vous bien, faites-vous de la végétation (c'était son mot)... » Ce n'était pas mal, on en conviendra, pour un homœopathe. — Sainte-Beuve suivit cette ordonnance, et s'en trouva bien.

Je ne reviendrai pas ici sur cet épisode du dîner du Vendredi saint, que j'ai déjà raconté ailleurs et qui a attaché une sorte de légende à son nom. Le bruit de ce dîner se répandit dans Paris par des correspondances étrangères. Un ami de Sainte-Beuve vint l'avertir en grand secret, de la part d'un haut fonctionnaire du ministère de l'intérieur, qu'on avait empêché de distribuer des journaux étrangers, dans lesquels on racontait qu'il s'était fait chez lui une orgie le Vendredi saint. « Le remède est pire que le mal, répondit Sainte-Beuve ; vous allez me faire insulter bien plus si l'on sait que ces journaux ont été arrêtés au passage à cause de moi ; je vous en prie donc, dites à X. qu'il laisse partir ces feuilles. Tout cela n'est rien, j'y suis accoutumé, j'en ai vu bien d'autres. Il n'y a d'infamie que pour le pamphlétaire, auteur de l'article (son nom est bien connu dans ce genre de presse). » Les journaux furent donc rendus à leur destination, et l'on parle encore du dîner du Vendredi saint.

Les discours du Sénat, la défense de la liberté de pensée, prise avec tant d'éclat, lui rendirent une popularité qu'il n'avait rien fait pour conquérir. Il avait toujours obéi à sa conscience. Une circonstance inopinée le mit en relief dans cette assemblée du Sénat, où, selon une parole célèbre, on n'entendait que les voix basses. Sainte-Beuve ne put se contenir devant les inepties qu'on allait débiter sur la nomination, déjà ancienne, de M. Renan comme professeur au Collège de France. Il bondit, il interrompit brusquement l'orateur, M. de Ségur d'Aguesseau. Cela partit comme un coup de foudre qui troubla tout le Sénat. Dès ce jour, il devint le champion déclaré de la libre pensée.

A l'approche de la discussion sur la liberté de l'enseignement, les étudiants en médecine, les internes des hôpitaux, faisaient savoir à Sainte-Beuve qu'ils comptaient sur lui. Son discours (*19 mai 1868*) eût un immense retentissement. Les étudiants vinrent l'acclamer devant sa porte, une après-midi, pendant qu'il travaillait. Il les fit entrer dans sa maison, afin d'éviter tout conflit au dehors avec la police, *et leur adressa des exhortations, pleines de sagesse. Rien n'empêche que nous les reproduisions, quoique nous les ayons déjà publiées ailleurs. Il est toujours bon de relire ces saines paroles :*

« Messieurs, ancien élève, trop faible élève de l'École de médecine, mais fidèle et reconnaissant, rien ne pouvait m'être plus sensible qu'une démarche comme la vôtre. Il y a longtemps que je l'ai pensé : la seule garantie de l'avenir, d'un avenir de progrès, de vigueur et d'honneur pour notre nation, est dans l'étude, — et surtout dans l'étude des sciences naturelles, physiques, chimiques et de la physiologie. C'est par là que bien des idées vagues ou fausses s'éclaircissent ou se rectifient; que dans un temps prochain et futur bien des questions futiles et dangereuses se trouveront graduellement et insensiblement diminuées, et qui sait! finalement éliminées. Ce n'est pas seulement l'hygiène physique de l'humanité qui y gagnera, c'est son hygiène morale. A cet égard il y a encore beaucoup à faire. Étudiez, travaillez, messieurs, travaillez à guérir un jour nos malades de corps et d'esprit. — Vous avez des maîtres excellents : évitez surtout de donner à vos ennemis aucune prise sur vous[1]. »

---

1. *On a beaucoup reproché à Sainte-Beuve, autrefois, un article intitulé* les Regrets (Causeries du Lundi, *t. VI*). *Nous comprenons, au sujet de cet article, les récriminations de ses ennemis, les doctrinaires; mais quel homme, véritablement ami du progrès, renierait aujourd'hui de telles aspirations, à moins de se ranger bénévolement sous la bannière de M. Dupanloup? — Ces* Regrets *expriment des désirs, des revendications légitimes du monde moderne :*

« Les générations, dit Sainte-Beuve, ne sont pas à la veille de tomber dans la barbarie parce qu'elles apprendront un peu plus de sciences et un peu moins de Lettres propre-

Les générations avaient changé depuis 1855. Il n'était plus question des scènes du Collége de France. Nous ne les avons rappelées nous-même plus haut que pour en démontrer l'injustice, mais Sainte-Beuve eut raison d'écrire le mois suivant (28 juin 1868) à M. Alphonse Le Roy, dans sa lettre autobiographique, rédigée à la troisième personne :

« M. Sainte-Beuve ne désire point aujourd'hui, sur ce chapitre délicat (du Collége de France) avoir à s'expliquer davantage. L'injustice dont il croit avoir été un moment l'objet a été trop amplement réparée et compensée depuis par des témoignages publics de sympathie et d'indulgence. »

Il faisait allusion à toutes les adhésions qu'il avait reçues et qui le consolaient de ses déboires passés.

L'amour de l'humanité était un de ses cultes,

---

ment dites, parce qu'on saura des mathématiques, de l'astronomie physique, de la botanique et de la chimie, qu'on se rendra mieux compte de cet univers où l'on vit et qu'il était honteux d'ignorer. Un esprit bien fait, qui saura ces choses, et qui y joindra assez de latin pour goûter seulement Virgile, Horace et Tacite (je ne prends que ces trois-là), vaudra tout autant pour la société actuelle et prochaine que des esprits qui ne sauraient rien que par les livres, par les auteurs, et qui ne communiqueraient avec les choses réelles que par de belles citations littéraires. A ce monde nouveau, pour l'intéresser, il faudra une littérature différente, plus solide et plus ferme à quelques égards, moins modelée sur l'ancienne, et qui, aux mains des gens de talent, aura elle-même son originalité. »

et il y avait comme un bureau de bienfaisance ouvert dans sa maison. Les pauvres y étaient cotés selon leurs mérites, car on ne pouvait faire part égale à tous, mais on les renvoyait toujours satisfaits. La charité de Sainte-Beuve était inépuisable. Il nous racontait que du temps des pièces de trente sous, n'ayant pas un jour d'autre monnaie, il en avait confié une à une pauvre femme pour s'acheter du pain dans la rue de l'École-de-Médecine. Il était alors étudiant. Le boulanger chez qui la femme se présenta refusait de changer la pièce, ne voulant pas se défaire de sa monnaie pour quelques sous de pain. Sainte-Beuve, outré de colère, cassa une vitre de la boutique avec la pièce même que le boulanger refusait de changer : « Il faudra bien que vous en rendiez de la monnaie maintenant, dit-il ; payez-vous du carreau sur ces trente sous, et donnez du pain à cette femme. » Elles seraient nombreuses, dans sa Correspondance, si on pouvait les recueillir toutes, les lettres comme la suivante, adressée à M. Husson, directeur de l'Assistance publique. — Sainte-Beuve touchait déjà à sa fin quand il l'écrivit :

« Ce 12 août 1869.

« Monsieur,

« J'ai pour voisin un pauvre vieil homme, Anne-André Berton, âgé de soixante-treize ans accomplis, ancien ouvrier menuisier, presque entièrement paralysé des jambes, indigent, qui demeure rue du Mont-Parnasse, 40. Il aspire à une place dans l'Asile de Bicêtre. Il a fait sa demande dès les premiers jours de mai dernier, et ses papiers ont été déposés dans les bureaux de l'Assistance publique ; il est muni de tous les certificats requis. — N'ayant eu aucune réponse, il me demande de venir appuyer son instante requête, et je le fais, monsieur, par un sentiment d'humanité et sans trop espérer, je l'avoue, que mon humble recommandation soit de quelque poids. Mais si l'Assistance publique est fondée en vue de la véritable indigence, nul homme n'a plus de titres pour y être admis, et avec la triste perspective d'y être à charge le moins longtemps possible.

« Veuillez agréer, monsieur, l'hommage de ma considération respectueuse,

« SAINTE-BEUVE. »

Le ton un peu amer de cette lettre indique que Sainte-Beuve avait trouvé précédemment de la résistance pour une requête semblable de la part de M. Husson. Cette fois la demande aboutit, par une autre voie, il est vrai, que l'Assistance publique. — grâce à l'obligeance d'un ami qui intercéda (M. de Ch.), — et le bonhomme Berton ne fut pas longtemps à charge, en effet. Il mourut dans le courant du mois.

Les infortunes morales ne trouvaient pas Sainte-Beuve plus indifférent que les misères matérielles, et quiconque lui confiait sa peine était sûr de rencontrer en lui un consolateur et un appui. Quand les Lettres à la Princesse, tant attaquées, n'auraient servi qu'à révéler le côté humain et bienfaisant de sa nature, il eût été utile de les publier comme on l'a fait.

*Nous touchons au terme de la vie de Sainte-Beuve :* les Lettres à la Princesse *viennent de nous rappeler son entrée au* Temps, *qui le brouilla avec madame la princesse Mathilde. Nous avons déjà exposé, dans un chapitre intitulé :* Dernière Année[1]*, les luttes que Sainte-Beuve eut à soutenir en cette occasion.*

*L'article qui ouvre la série de ceux du* Temps, *à partir du 4 janvier 1869, est sur le cours de Poésie de M. Paul Albert pour les jeunes filles à la Sorbonne. M. Paul Albert venait de recueillir ses Leçons en volume. Sainte-Beuve y vit une occasion de relever un mot de l'évêque de Montpellier, M. Le Courtier, qui avait appelé* étudiantes *les jeunes filles qui suivaient les cours publics, nouvellement institués par M. Duruy. L'article de Sainte-Beuve devait paraître d'abord dans* le Moniteur universel, *qui cessait d'être officiel, et où Sainte-Beuve avait promis à M. Dalloz de rester, ne se croyant pas obligé de rompre avec ce dernier, parce qu'il plaisait à M. Rouher de fonder une nouvelle feuille officielle, et de retirer le privilége gouvernemental à l'ancien Moniteur. Mais quand M. Dalloz, qui avait un associé très-catholique, M. Pointel, vint demander à Sainte-Beuve, au nom du comité de rédaction,*

---

1. *En tête du tome XII des* Nouveaux Lundis *et dans les* Souvenirs et Indiscrétions.

*de supprimer le passage relatif à l'évêque de Montpellier, Sainte-Beuve retira son article et l'envoya au* Temps, *sans y rien changer. Il y fut trouvé par quelques lecteurs trop modéré pour un premier article, dans un journal d'opposition comme était alors le* Temps. *C'est qu'il avait été destiné tout d'abord à un autre milieu. Mais ce qui effrayait d'un côté, paraissait presque bénin, en changeant d'atmosphère. Tant il est vrai que les régions officielles — ou dépouillant à peine l'officiel — sont des serres chaudes. De toute façon, Sainte-Beuve devait se trouver plus à l'aise au* Temps; *mais le lendemain, il eut une autre scène avec madame la princesse Mathilde, parce qu'il était entré, lui, sénateur de l'Empire (je crois même qu'on a dit* vassal) *dans un journal qui avait lancé la souscription Baudin, — comme si elle n'était pas née des pavés de Paris ! — Madame la princesse Mathilde cessa, dès ce jour, ses visites à Sainte-Beuve : elle les lui avait continuées tous les dimanches depuis trois ans qu'une infirmité cruelle le tenait cloué au logis. — Le critique, tout contrarié qu'il fût de cette rupture, ne s'en félicitait pas moins* in petto *de s'être empressé d'opter pour* le Temps, *où il était complètement libre, car, de son côté, le prince Napoléon aurait voulu l'attirer à* l'Opinion nationale, *mais il ne rompit pas avec lui pour cela.*

Sainte-Beuve mourut le *13 octobre 1869*, âgé de moins de soixante-cinq ans. A l'ouverture de la vessie, on trouva trois énormes pierres. Cela ne faisait pas honneur à la chirurgie, qui avait toujours nié la maladie de Sainte-Beuve, et n'était pas éloignée de croire à un cancer, comme le docteur Milcent. Seul, le docteur Veyne ne s'était pas trompé sur le véritable caractère de son mal, et il n'avait cessé de demander une exploration sérieuse qui ne fut jamais faite [1].

Les funérailles de Sainte-Beuve eurent un caractère de grandeur et de simplicité qu'il avait voulu. Depuis longtemps il en avait réglé les dispositions principales, dont il nous avait fait part à notre entrée chez lui en 1861. Dès qu'il eut confiance en nous, il nous montra un jour son testament, nous disant : « Veillez bien à mes funérailles ; je veux un enterrement civil. » Il était alors au comble de l'impopularité. Ce n'est donc pas pour flatter l'opinion, comme l'ont prétendu de ridicules adversaires, qu'il fut plus tard le défenseur de la libre-pensée au Sénat. Il y défendait ses propres convictions. Elles avaient leurs racines dans

---

1. *Le docteur Veyne, un des plus anciens amis de Sainte-Beuve, à qui nous devons nous-même d'être devenu le secrétaire et ensuite le légataire universel du grand critique, est mort à Bellevue-Meudon, le 21 août 1875, dans sa soixante-deuxième année.*

cette première éducation toute rationnelle que le xviiiᵉ siècle avait transmise au nôtre et qui n'est plus guère comprise de nos jours. Il avait traversé toutes les maladies morales qui sévissaient au temps de sa jeunesse, et il en était revenu : mais il n'avait jamais abdiqué le romantisme à son origine. Il écrivait en 1868 à M. Camille Delthil, qui lui avait adressé un article élogieux sur ses actes du Sénat :

Ce 27 mai 1868.

« Monsieur,

« Me voilà saisi et au vif, et je ne m'en défends pas. Je me demande bien un peu (tout bas) comment je suis tout cela, comment on peut me voir si en beau, et si l'éloignement ne prête pas à l'illusion. Je ne suis point étonné d'ailleurs de ce que je fais, et je ne me trouve point du tout hardi : ce n'est du moins qu'une hardiesse bien relative. Sachez, cher monsieur, que lorsqu'il y a juste quarante ans, en 1828, je publiais mon premier ouvrage, où je soutenais que RONSARD n'était pas du tout le mauvais et ridicule poète que prétendaient les classiques, je faisais un bien autre acte d'audace, et que je risquais bien plus de me faire lapider. Aujourd'hui le nombre est pour nous, et nous avons de notre côté les gros bataillons des esprits. »

Nous ne pouvions mieux finir que par cette revendication de Ronsard en tête du Tableau de la Poésie française au xviᵉ siècle.

Il ne nous reste plus que quelques mots à dire pour annoncer la nouvelle édition de cet ouvrage. Nous y avons fait entrer toutes les *notes manuscrites et inédites que Sainte-Beuve avait laissées sur deux exemplaires de l'édition de 1843, la dernière à laquelle il avait donné ses soins. Ces deux exemplaires avaient été préparés en vue d'une future édition : c'est celle que nous donnons aujourd'hui, et elle sera définitive*

Jules Troubat.

# APPENDICE

A LA VIE

DE SAINTE-BEUVE

*Le livre de M. d'Haussonville* [1]

*Ce livre a fait école dans le camp doctrinaire et clérical : il a trouvé de l'écho dans les salons de la dernière heure ; on l'a jugé, il est vrai, surfait et trop vanté dans le monde même de M. d'Haussonville, dans le vieux et véritable faubourg Saint-Germain, où Sainte-Beuve a laissé des souvenirs encore vivants : cette ébauche d'un jeune homme, qui n'a pas connu son modèle, est loin d'avoir répondu à l'attente des fins appréciateurs, même de ceux qui ne partageaient pas les opinions de Sainte-Beuve ; M. d'Haussonville fils a raconté ce qu'il savait par oui-dire ; les souvenirs du Marais*

---

1. C.-A. Sainte-Beuve, sa Vie et ses Œuvres, *un vol. gr. in-18, 1875, chez Michel Lévy.*

*lui venaient de seconde main, et il s'est trompé
sur la physionomie du maître. M. Doudan,
l'homme dont Sainte-Beuve a dit qu'il était
« plus Broglie que les Broglie », lui a manqué
au dernier moment pour le guider et le redresser. Son livre est l'expression de la vérité tordue au profit d'un parti et d'une secte. Il a
failli devenir le signal de la réaction contre le
grand et impartial critique. M. Claveau, dans*
le Journal Officiel, *M. de Pontmartin, dans* la
Gazette de France, *ont continué la croisade;
puis toute la presse de sacristie et de province
a fait* chorus. *On eût dit, à un moment imperceptible pour la grande masse, mais visible à
l'œil du curieux, une nouvelle et prochaine
levée de boucliers. La question Sainte-Beuve
semblait devoir prendre les proportions d'une
question politique. Le jeune député du centre
droit, rédacteur de* la Revue des Deux Mondes,
*neveu de M. le duc Albert de Broglie, aspirant probable et futur à l'Académie française,
où siège déjà la verte vieillesse de son père,
pouvait, dès ce moment, briguer le titre et le
rôle de* secrétaire des anciens partis, *comme
Sainte-Beuve avait appelé autrefois Prevost-Paradol. L'ambition n'aurait rien eu de démesuré : l'âge de M. le vicomte Othenin d'Haussonville justifiait cette prétention.*

*Mais l'arrière petit-fils de madame de Staël
avait à venger avant tout un prétendu grief*

*de famille contre Sainte-Beuve : on n'a jamais pardonné au critique des* Lundis, *chez M. de Broglie, d'avoir écrit en 1868, dans la* Revue des Deux Mondes, *un nouvel article sur madame de Staël, la grande aïeule, et d'y avoir introduit quelques lettres inédites de Corinne, qui ne pouvaient que la rajeunir. Sainte-Beuve avait un culte pour madame de Staël, et il ne manquait jamais une occasion de sacrifier, comme il l'a écrit, à l'un des dieux de sa jeunesse : on lui avait communiqué des lettres d'elle à Camille Jordan, et il en faisait un article. Mais on n'aime pas qu'on parle de madame de Staël dans la maison de M. de Broglie. M. Buloz fut menacé d'un procès pour avoir publié des lettres qui n'avaient pas été communiquées préalablement au chef de la famille, et Sainte-Beuve eut à défendre son droit dans une lettre qui explique aujourd'hui en partie les récriminations et les rancunes accumulées dans le livre de M. d'Haussonville :*

Ce 4 mars 1868.

« Mon cher Buloz,

« Je suis un peu étonné de ce que vous me dites. J'étais à cent lieues de croire avoir manqué à la mémoire de madame de Staël. Et puisque cette question revient, laissez-moi vous dire comment les choses se sont passées, il y a plus de trente ans.

« Je m'occupais avec passion, avec culte, de rechercher sur madame de Staël tout ce qui pouvait contribuer à la faire connaître d'une manière plus attachante à nos jeunes générations. Madame Récamier me fit lire sa correspondance. M. Hochet m'offrit la sienne : mais dans l'intervalle, avec l'indiscrétion qui était habituelle à ce grand monsieur, il en avait parlé à la duchesse de Broglie. Elle désirait me voir, me dit-il. Il m'y conduisit. Je la trouvai au ministère des Affaires étrangères, seule avec une de ses filles. Elle commença ainsi la conversation : « Pourquoi voulez-vous vous « occuper de ma mère? Est-ce que ce qu'on a écrit sur elle « ne suffit pas? » Je répondis avec toutes sortes de respects (comme en inspirait cette aimable et sévère personne) que j'étais à un autre point de vue que la famille, que j'étais du monde extérieur et de la postérité déjà; que tout ce que m'avait communiqué madame Récamier n'était qu'honorable autant qu'agréable; que madame Récamier ne m'avait parlé d'aucune interdiction, etc., etc.

« Quelques jours après, un soir — dans la prima sera — j'étais chez madame Récamier; elle était seule; on annonça la duchesse de Broglie, qui était encore avec une de ses filles. J'assistai à une conversation qui fut à peu près en ces termes : — « Madame, vous avez montré des lettres « de ma mère à M. S.-B. L'intention de ma mère, en « mourant, a été que toutes ses lettres fussent détruites et « non communiquées. » — « Madame, répondit madame Ré- « camier, j'ai vu madame votre mère jusqu'à ses derniers « moments; elle ne m'a jamais rien dit de cette défense. « Est-ce à vous qu'elle en a parlé? » — « Non, c'est à « mademoiselle Randall qu'elle a signifié cette dernière « volonté. » — « J'étais bien aussi liée avec madame votre « mère que mademoiselle Randall, et elle ne m'a jamais rien « dit à ce sujet. Je ne détruirai point ses lettres, mais je « les laisserai après moi en mains sûres. »

« Et maintenant, qu'ai-je fait de mon côté? Je n'ai cessé d'honorer la mémoire de madame de Staël. J'y suis revenu à maintes reprises : à travers les variations de la politique, j'ai maintenu mes premiers jugements, en les fortifiant loin de les affaiblir (voir ma Nouvelle Galerie de Femmes célèbres). Lorsque j'ai donné la biographie de Fauriel, j'y ai mêlé quelques lettres de madame de Staël, non sans omettre celles qui n'étaient pas à publier. Aujourd'hui, chargé par la famille de Camille Jordan du soin de rajeunir son image, j'ai pensé que la meilleure des couronnes était celle qu'on pouvait tresser avec les lettres de madame de Staël en y mêlant deux ou trois fleurs de violette de madame Récamier. Dans ce que j'ai donné, tout est à l'honneur de madame de Staël, non-seulement ses indignations libérales et indépendantes, mais aussi ses effusions de bonté et d'affection. C'est un grand esprit, c'est une grande âme, et c'est une bonne femme : telle ici elle se montre. Si les petits-fils de madame de Staël ne sont pas contents, c'est qu'ils ont une manière étroite de l'aimer, qui n'est pas celle de la postérité et qui n'est pas non plus celle qu'elle-même aurait voulue. Que ces esprits estimables, mais par trop craintifs, daignent se dire qu'en présence du flot démocratique qui monte et qui s'avance, il faut sans cesse rappeler les anciennes mémoires, les rafraîchir, les renouveler, leur rendre de la vie, redonner de l'accent à ces voix déjà lointaines et qui s'éteignent, ou qui du moins vont s'affaiblissant. Tel lecteur de l'avenir sur lequel les grands écrits de madame de Staël n'auront fait que peu d'impression, sera à jamais conquis à elle par quelque lettre familière d'une cordialité entraînante. J'en sais déjà des exemples. — Je ne demande certes aucun remerciement : ce que je fais, je le fais par pur amour pour un des dieux de notre jeunesse; mais je concevrais très-peu, je vous l'avoue, des reproches et des récriminations.

« Tout à vous, mon cher Buloz,

« SAINTE-BEUVE. »

A

MONSIEUR P. DUBOIS,

SON DÉVOUÉ ET RECONNAISSANT ÉLÈVE,

SAINTE-BEUVE.

E livre a été mon début en littérature; quand je l'ai commencé, j'étais étudiant en médecine, et j'avais vingt-trois ans: voilà mon excuse pour les incertitudes et les ignorances des premières pages. Ce que je savais le moins, c'était mon commencement. J'avais bien en général l'instinct et le goût de l'exactitude; je n'en avais ni la méthode, ni surtout ces scrupules continuels qui en sont la garantie, et qui ne viennent qu'avec le temps, après les fautes commises. Il ne faudrait donc pas chercher en cet ouvrage une considération de notre poésie avant le XVI$^e$ siècle; je débute avec celui-ci, et ne sais guère d'antérieur que ce qu'il en savait lui-même et ce qu'il m'en apprend.

Quelque chose finit au xvi<sup>e</sup> siècle en poésie, et quelque chose commence ou tente de commencer. Je constate ce qui finit; j'épie et dénote avec intérêt et curiosité ce qui commence.

Pour la première fois, un point, ce me semble, a été bien posé et éclairci : le moment et le caractère de la tentative de la *Pléiade,* c'est-à-dire de notre première poésie classique avortée.

Elle débute sous et avec Henri II, et non auparavant; elle se prolonge plus qu'on n'avait cru.

Des Portes et Bertaut, sous Henri III, s'y rattachent sans rompre. Les troubles de la Ligue préparent l'interruption. Malherbe vient et coupe court, aussi bien à Des Portes qu'à Ronsard.

Le terme final et le point de départ de toute cette école ne se trouvaient nulle part encore déterminés et étudiés d'aussi près qu'ici. On y saisit au net : 1° le passage de l'école de Marot à celle de Ronsard; 2° le passage de celle-ci à l'établissement de Malherbe.

Ronsard, qui formait vraiment le centre de mon travail, n'y est pas trop surfait selon moi, et je crois qu'il a obtenu depuis et qu'il gardera à peu près la place que j'avais désirée pour lui.

Je n'ai voulu faire dans cet Essai qu'une sorte d'introduction à l'histoire de notre poésie classique proprement dite, en ressaisir un premier âge dans sa fleur, et comme un premier printemps trop tôt intercepté. Malgré la réputation outrée que quelques-uns ont daigné faire à ma tentative, je n'ai prétendu qu'à très-peu de chose. Y ai-je réussi ?

Jeune et confiant toutefois, j'y multipliais les rapprochements avec le temps présent, avec des noms aimés, avec tout cet âge d'abord si fervent de nos espérances. Je n'en retranche rien ou à peu près rien aujourd'hui, même là où il semblerait qu'il y eût mécompte. La poésie française du xix$^e$ siècle et celle du xvi$^e$ ont peut-être en cela un rapport de plus pour la destinée : l'espérance y domine ; il y eut plus de fleurs que de moisson.

Et, tout bien considéré, on n'a pas encore trop à se dédire ; on n'a pas à rougir d'une poésie lyrique qui, dans le jeu alternatif de ses saisons, va s'encadrer de l'*Avril* de Belleau aux *Feuilles d'Automne* de Hugo.

J'ai beaucoup revu, beaucoup vérifié, quant aux faits de détail et aux particularités dont ce genre d'ouvrage abonde ; j'ai dû m'arrêter. Une correction plus minutieuse et poussée plus avant serait, j'ose dire, dans l'intérêt de mon amour-propre plutôt que dans celui de la question littéraire elle-même. Le peu d'utilité que ce livre peut avoir, le petit nombre de vues nouvelles qu'il met en lumière, il les porte suffisamment ainsi. Qu'on en profite donc, et qu'on fasse mieux.

Mai 1842.

# PRÉFACE

DE LA PREMIÈRE ÉDITION.

n août *1826, l'Académie française annonça qu'elle proposerait l'année suivante pour sujet du prix d'éloquence un* Discours *sur l'histoire de la langue et de la littérature françaises depuis le commencement du* XVI<sup>e</sup> *siècle jusqu'en 1610.* C'est ce qui donna naissance à l'ouvrage qu'on va lire. Le savant et respectable M. Daunou voulut bien m'encourager à l'entreprendre, en me promettant les secours de son érudition. Je me mis donc à l'œuvre, et d'abord je ne songeais qu'à remplir le programme de l'Académie. Mais, avant de faire un Discours sur l'histoire de notre littérature à cette époque, je sentis le besoin de connaître cette littérature; je commençai naturellement par la

*poésie, et le sujet me parut si intéressant et si fécond, que je n'en sortis pas. Il me fallut dès lors renoncer au concours, et je m'y résignai sans trop de peine, d'autant plus que les résultats nouveaux auxquels je tenais tout particulièrement, présentés sans leurs développements et leurs preuves, eussent pu sembler bien hasardés et téméraires. Quelques parties de ce travail ont déjà été insérées dans le Globe (à partir du 7 juillet 1827 et durant les mois suivants); je les ai revues, développées et refondues avec le reste du livre. Surtout je n'ai perdu aucune occasion de rattacher ces études du* xvie *siècle aux questions littéraires et poétiques qui s'agitent dans le nôtre. C'est sur ce point que je réclame en particulier l'attention et l'indulgence du public : car j'ai parlé avec conviction et franchise, sans reculer jamais devant ma pensée. Un autre point pour lequel j'ai besoin encore d'un mot d'explication, sinon d'excuse, c'est le choix et l'espèce de quelques citations que je me suis hardiment permises. La faute en est, si faute il y a, aux auteurs du temps et à la nature même de mon sujet. D'ailleurs, j'ai le malheur de croire que la pruderie est une* chose funeste en littérature, et que, jusqu'à l'obscénité exclusivement, l'art consacre et purifie tout ce qu'il touche.

*Juin 1828.*

Cet ouvrage, au moment de sa première publication, essuya assez de critiques pour qu'il nous soit permis de rappeler et d'indiquer ici qu'il fut honoré de quatre articles au Globe, le premier de M. Dubois (19 juillet 1828), et les trois autres (3 et 27 septembre, et 5 novembre) de M. de Rémusat, qui le jugea digne d'un examen aussi attentif que bienveillant, et aussi de quelques objections sérieuses. Il nous a été doux, après des années, de retrouver ces encouragements et ces conseils au point de départ, et de les rapporter à des noms amis.

# TABLEAU
### HISTORIQUE ET CRITIQUE
#### DE LA
# POÉSIE FRANÇAISE
#### ET DU
## THÉATRE FRANÇAIS
#### AU XVIe SIÈCLE.

ORSQUE les races gauloise, romaine et franke, longtemps froissées et pressées entre la Seine et la Loire, se furent intimement confondues, et qu'il en sortit, vers le règne de Hugues Capet, une nation nouvelle, forte, homogène, avec ses mœurs, ses intérêts et sa destinée à part, on ne tarda pas à voir se former au sein de cette nation un idiome à la fois commun et propre, qui n'était ni tudesque, ni latin, ni même roman, bien qu'il renfermât, en portions inégales, ce triple élément.

La langue véritablement française prit naissance. Dès le XIIe et le XIIIe siècle on aperçoit les premiers essais littéraires et poétiques qui appartiennent à cette langue au berceau ; une double génération, et même très-nombreuse, de poëtes et de rimeurs se dessine déjà, les Anglo-Normands et les Français proprement dits : à la tête des premiers, Robert Wace ; parmi les seconds, Chrestien de Troyes. Le *Brut* de Wace ouvre la série des romans de la Table-Ronde, que prolongent et varient avec intérêt les Tristan et les Lancelot ; parmi ceux du cycle de Charlemagne, on nommera, comme mieux sonnante, la *Chanson de Roland*. *Ogier le Danois, Regnauld de Montauban, les Quatre fils Aymon, vêtus de bleu*, et tant d'autres, chevauchent dans les mêmes traces. Il se rédigeait de plus toutes sortes de romans en vers, tels que *Godefroi de Bouillon* et le poëme souvent cité d'*Alexandre* : c'étaient de longs récits platement rimés. La prose, par Villehardouin et Joinville, arrivait plus légitimement, et comme de plain pied, à la prédominance naturelle qu'elle n'a plus guère perdue depuis. Les érudits qui se sont occupés des productions de ces temps difficiles croient remarquer qu'il y eut, littérairement parlant, quelque chose comme un siècle de Philippe Auguste et de saint Louis, ou du moins que, vers la première partie du XIIIe siècle, la *romane française* avait acquis un commencement de perfection qu'on ne retrouve plus aux abords du XVIe. Le genre lyrique rendit, dès l'origine, d'assez doux et légers accords sur la guitare de Thibaut de Champagne, de Quênes de Béthune et du Châtelain de

Coucy. On trouve encore aujourd'hui en les lisant de quoi s'y complaire à travers les obscurités, ainsi qu'aux *Lais* gracieux de Marie de France. Les *Fables* de celle-ci touchent déjà au genre satirique, le plus riche sans contredit d'alors. Les fabliaux forment pour nous un butin piquant; ils viennent assez bien, quant à l'esprit et au jeu qui les anime, aboutir et s'enchaîner dans la trame du *Roman de Renart,* qui en représente comme l'Odyssée. Par malheur, le genre allégorique l'emporta, et le *Roman de la Rose,* plus récent, eut tous les honneurs. Cette production célèbre, commencée par Guillaume de Lorris, mais surtout continuée et couronnée par Jean de Meung, qui en agrandit le cadre et en modifia le caractère[1], demeura jusqu'au milieu du xvi<sup>e</sup> siècle, c'est-à-dire jusqu'à la réforme classique de Ronsard, l'épopée en vogue et la source banale où chaque rimeur allait puiser; durant cette longue période, elle exerça sur notre poésie l'autorité suprême d'une *Iliade* ou d'une *Divina Commedia.* Ce singulier poëme national, si souvent imité dans sa forme et dans sa mythologie, n'était-il lui-même qu'une imitation? L'idée de l'amant qui s'endort, a une vision, puis se réveille à l'instant où la vision finit, était-elle empruntée simplement au Songe de Scipion conservé par Macrobe, ainsi que l'auteur en fait parade en commençant; ou déjà, plus probablement, n'était-elle qu'un lieu commun en circulation; et les chantres provençaux, les premiers,

---

1. M. Ampère, le premier, a très-bien établi et discuté ce double caractère (*Revue des Deux Mondes,* 15 août 1843).

avaient-ils donné l'exemple des fictions de ce genre?
A l'origine, en effet, il y eut, comme on sait,
d'étroits rapports entre la littérature française et la
poésie *romane*, qui fut, sinon la mère, du moins
la sœur aînée de la nôtre. La croisade des Albigeois en particulier, qui précipita le Nord de la
France contre le Midi, tout en ruinant la brillante
patrie des troubadours, dut contribuer, ce semble,
à enrichir les trouvères de quelque portion de leur
héritage. Dans tous les cas, si cette invasion brutale et de pure destruction ne concourut pas à
servir directement la poésie des vainqueurs, elle lui
laissa au moins la place libre et le dernier mot.
Lorsque, après le XIII$^e$ siècle, la littérature du Midi
fut tombée en pleine décadence, la nôtre continua
de cheminer dans la voie où elle était engagée. Plus
les progrès réels avaient de lenteur, plus les variations de la langue elle-même étaient rapides. Malgré la grande réputation dont elle jouissait déjà en
Europe, malgré l'honorable éloge que lui décernait
Brunetto Latini, et la stabilité que semblait lui
promettre, à dater d'un certain moment, l'autorité
du *Roman de la Rose*, elle allait se modifiant et
changeant de cinquante en cinquante ans environ,
et, à chaque phase nouvelle, les écrivains étaient
réduits à *translater* leurs devanciers pour les entendre. Une langue ainsi dénuée de bonne et solide
littérature est comme un vaisseau sans lest, qui
dérive incessamment. Les implacables guerres de
rivalité entre la France et l'Angleterre, qui rem-
plirent une grande partie du XIV$^e$ siècle, puis la
première moitié du XV$^e$, et où se perdirent les

bénéfices du règne tout réparateur de Charles V, furent sans doute pour beaucoup dans cette lenteur ou plutôt cette interruption des progrès littéraires; mais elles ne suffisent pas pour l'expliquer. On conçoit même que, loin d'étouffer tout à fait la poésie, elles auraient dû maintes fois la provoquer en lui prêtant une noble matière. Les faits d'armes chevaleresques et les luttes valeureuses s'étaient reflétés en deux ou trois remarquables fragments épiques : on se demande si, aux approches de Jeanne d'Arc, l'inspiration de patrie ne s'y joignit pas. On est tenté de chercher sur cette fin du xive siècle un Béranger, un chantre sympathique, avec quelque chose de cette énergie et de cette rudesse qu'on aime dans *le Combat des Trente*. Le brillant et léger Froissart, toujours amusé, n'offre rien de tel parmi les jolies pièces galantes qu'il brode complaisamment dans les intervalles de ses histoires On se prend à regretter que, sentiments et forme, tout soit fiction dans les poésies de Clotilde de Surville. Christine de Pisan, plus docte que poëte, a fait entendre du moins de patriotiques *Lamentations*. Olivier Basselin[1], le

---

1. Les *Vaux-de-Vire* d'Olivier Basselin, qui ont été réimprimés en 1811 et en 1821, ne sont pas les pièces originales telles que les a composées le poëte, mais telles que les éditeurs les ont remaniées et rajeunies au xv.[e] siècle et en 1833.« Quelques pommes de plus ne gâtent pas le panier, » a dit Béranger dans une de ses lettres où il parle d'Olivier Basselin (30 mars 1835). A la bonne heure! j'aimerais pourtant à connaître au juste les pre-

chansonnier normand, le créateur des *Vaux-de-Vire*, dut quelquefois mêler à l'éloge du vin et du cidre quelques accents de plainte pour cette belle France si ravagée, quelques imprécations généreuses contre ces Anglais qui le *mirent* lui-même *à fin*, selon la chronique, c'est-à-dire le tuèrent. Alain Chartier garde ses idées sérieuses pour sa prose ; dans ses meilleurs vers, il n'est qu'un continuateur agréable de Guillaume de Lorris. Si le souvenir de

---

mières pommes. — On peut lire dans les Mémoires de l'Académie de Caen (1836) un mémoire sur lui par M. Vaultier, qui cite de la partie authentique des œuvres de Basselin la seule pièce ayant trait à un événement d'intérêt public ; elle est de bon cru. Les Anglais assiègent Vire (1417) ; le poëte s'écrie :

> *Tout à l'entour de nos remparts*
> *Les ennemis sont en furie ;*
> *Sauvez nos tonneaux, je vous prie !*
> *Prenez plustost de nous, souldars,*
> *Tout ce dont vous aurez envie :*
> *Sauvez nos tonneaux, je vous prie !*
>
> *Nous pourrons après, en beuvant,*
> *Chasser nostre mérencolie :*
> *Sauvez nos tonneaux, je vous prie !*
> *L'ennemi, qui est cy-devant,*
> *Ne nous veult faire courtoizie :*
> *Vuidons nos tonneaux, je vous prie !*
>
> *Au moins, s'il prend nostre cité,*
> *Qu'il n'y treuve plus que la lie :*
> *Vuidons nos tonneaux, je vous prie !*
> *Deussions-nous marcher de costé,*
> *Ce bon sildre n'espaignons mie :*
> *Vuidons nos tonneaux, je vous prie !*

ces autres poëmes s'est perdu avec celui des événements, comme il arrive trop souvent dans notre oublieuse France, ce serait pour l'antiquaire une belle tâche de les exhumer et de les produire au jour[1]. Quoi qu'il en soit de ces conjectures ou de ces désirs, et sans remonter plus haut que le milieu du xv$^e$ siècle, époque où finit cette rivalité cruelle et où la découverte de l'imprimerie vient assurer aux travaux de la pensée une notoriété authentique, si l'on se demande quel était alors l'état de la poésie en France, et qu'on en veuille, pour ainsi dire, dresser l'inventaire, on est à la fois surpris et du nombre prodigieux des ouvrages écrits en vers, et de la pauvreté réelle qui se cache sous cette stérile abondance. Une sorte de décadence pédantesque semble régner et s'étendre, avant qu'aucune maturité fructueuse ait eu son jour. Les romans de chevalerie sont sortis désormais du domaine de la poésie et des rimes, pour circuler de plus en plus terre à terre en prose; on peut dire, sans trop de plaisanterie, que les chevaliers sont mis à pied. Quant aux vers, le genre allégorique domine : c'est encore le *Roman de la Rose* et sa menue monnaie, retournée et distribuée en cent façons; c'est toujours *Dangier*, *Malebouche*, *Franc-vouloir*, ou *Faux-rapport*, et, à côté de ces éternelles visions de morale galante, ce sont les devis grivois, les

---

[1]. Guillaume de Machault est encore inédit. Voir le Choix des Poésies d'Eustache Deschamps, publié par M. Crapelet, et ce qu'en dit M. Vaultier (*Mémoires de l'Académie de Caen*, 1840).

propos naïfs d'amour et de table, les plaisanteries malignes contre le sexe et l'Église. Ceux même qui, comme Martin Franc[1], ont l'air de vouloir protester, ne font qu'imiter et affadir. Trop heureux le lecteur en peine à travers ces rangées de rimes, si, dans l'agréable entrelacement d'un triolet, dans la chute bien amenée d'un rondeau, dans le refrain naturel et facile d'une ballade, il trouve par instants de quoi rompre l'uniformité de son ennui ! Toutefois, au temps même dont nous parlons, ces humbles essais d'un tour subtil, dont la vogue se prolongeait depuis le xiv<sup>e</sup> siècle, durent quelques grâces nouvelles à Charles d'Orléans et à Villon ; le père de Louis XII et l'auteur chéri de Marot méritent bien de nous arrêter un peu : ils nous introduiront tout naturellement à la poésie du xvi<sup>e</sup> siècle.

Les œuvres de Charles d'Orléans, découvertes par l'abbé Sallier il y a une centaine d'années, et dont on attend encore une édition correcte et complète[2], tombèrent dans l'oubli presque en naissant,

---

1. Auteur du *Champion des Dames*.
2. L'édition de 1803 (Grenoble) n'est en effet ni correcte ni complète. Un des manuscrits de Charles d'Orléans (Bibliothèque royale) ne renferme pas moins de 153 ballades, 7 complaintes, 131 chansons, 400 rondeaux, un discours à l'occasion du procès du duc d'Alençon, et 2 rondeaux anglais. L'éditeur de 1803 s'est guidé dans son choix sur un manuscrit d'Antoine Astezan, secrétaire de Charles d'Orléans, qui a mis en vers latins un grand nombre des poésies françaises de son maître. L'éditeur a pensé que, le secrétaire ayant dû traduire les meilleures

malgré le nom illustre de l'auteur et le mérite exquis des vers. Elles n'eurent donc à peu près aucune influence sur le goût de l'époque, et ne font qu'en donner un échantillon brillant. C'est même là un des traits principaux par lesquels Charles d'Orléans, successeur paisible et presque ignoré de Thibaut de Champagne, de Jean Froissart, et plus récemment rival inaperçu d'Alain Chartier, se distingue, comme poëte, de François Villon, qui fut à certains égards novateur et chef d'école. Il existe d'ailleurs entre eux bien d'autres différences. Le prince, comme on peut croire, a plus d'urbanité que l'écolier de Paris Le fils de Valentine de Milan a retenu des accents de cette langue maternelle, où déjà Pétrarque avait passé. Prisonnier d'Azincourt, vingt-cinq ans retenu en terre étrangère, a-t-il dû encore, comme Froissart, à cette patrie de Chaucer d'ouïr en effet des tons plus choisis, des échos plus épurés? Il y a du moins contracté tout naturellement l'habitude de la plainte; ses ballades respirent une mono-

---

pièces, il suffisait de se borner sans plus d'examen à celles-là. Il paraît que les poésies du prince furent aussi traduites en anglais par un contemporain; on a récemment retrouvé et imprimé en Angleterre cette traduction curieuse que M Watson Taylor, l'éditeur, attribue a Charles d'Orléans lui-même : *Poems written in english by Charles duke of Orleans.* . (London, 1827). — Au moment où cette note s'imprime, on annonce tout d'un coup à la fois deux éditions nouvelles des Poésies de Charles d'Orléans, l'une d'après les manuscrits, tant de Grenoble que de Paris, par M. A. Champollion, et l'autre sur les manuscrits de Paris, par M. Guichard (1842).

tonie douce et une tristesse qui plaît. Quand il s'adresse à sa dame, c'est avec une galanterie décente qui trahit le chevalier dans le trouvère. Sensible comme un captif aux beautés de la nature, il peint le *renouveau*[1] avec une gentillesse d'imagination et une fraîcheur de pinceau qui n'a pas vieilli encore. Souvent, sans qu'il y songe, un sentiment délicat d'harmonie lui suggère cet enchaînement régulier de rimes féminines et masculines qui a été une élégance de style avant d'être une règle de versification. On en pourra juger par les trois petites pièces suivantes, qui justifient tous nos éloges, et au-dessus desquelles il n'y a rien dans leur genre :

*Rafraischissez le chastel de mon Cueur*
*D'aucuns vivres de joyeuse plaisance;*
*Car faulx Dangier, avecq' son alliance,*
*L'a assiégié en la tour de douleur.*

*Se ne voulez le siége sans longueur*
*Tantost lever ou rompre par puissance,*
*Rafraischissez le chastel de mon Cueur*
*D'aucuns vivres de joyeuse plaisance.*

---

1. Rien de plus gracieux et de plus frais que les deux rondeaux sur le printemps, l'un commençant par ce vers : *Les fourriers d'Été sont venus;* et l'autre par ce vers : *Le Temps a laissié son manteau,* etc. Ils sont trop connus pour être cités. — Jaloux de suppléer à ce que je ne dis pas, je renvoie à deux ou trois pages sémillantes de M. Michelet sur Charles d'Orléans (*Histoire de France,* tome IV, p. 321) et à M. Villemain (*Cours de Littérature*).

*Ne souffrez pas que Dangier soit seigneur,*
*En conquestant soubs son obéissance*
*Ce que tenez en vostre gouvernance;*
*Avancez-vous et gardez vostre honneur;*
*Rafraischissez le chastel de mon Cueur.*

———

*Prenez tost ce baisier, mon Cueur,*
*Que ma maistresse vous présente,*
*La belle, bonne, jeune et gente,*
*Par sa très-grant grâce et doulceur.*

*Bon guet feray, sur mon honneur,*
*Afin que Dangier riens n'en sente.*
*Prenez tost ce baisier, mon Cueur,*
*Que ma maistresse vous présente.*

*Dangier, toute nuit en labeur,*
*A fai guet; or gist en sa tente.*
*Accomplissez brief vostre entente,*
*Tandis qu'il dort; c'est le meilleur.*
*Prenez tost ce baisier, mon Cueur.*

———

*Fuyez le trait de Doulx regard,*
*Cueur qui ne vous savez deffendre :*
*Veu qu'estes désarmé et tendre,*
*Nul ne vous doit tenir couard.*

*Vous serez pris ou tost ou tard,*
*S'Amour le veult bien entreprendre.*
*Fuyez le trait de Doulx regard,*
*Cueur qui ne vous savez deffendre.*

> *Retraiez-vous sous l'estendard*
> *De Nonchaloir sans plus attendre;*
> *S'à Plaisance vous laissiez rendre,*
> *Vous estes mort, Dieu vous en gard!*
> *Fuyez le trait de Doulx regard.*

C'est encore de Charles d'Orléans que sont ces quatre vers, dont seraient fiers et heureux nos plus charmants poëtes :

> *Comment se peut ung poure cueur deffendre,*
> *Quand deulx beaulx yeulx le viennent assaillir?*
> *Le cueur est seul, désarmé, nu et tendre,*
> *Et les yeulx sont bien armés de plaisir.*

La première et la plus longue pièce de vers que présente le recueil de 1803, celle qui commence par ce vers :

> *Au temps passé, quant Nature me fist, etc.*

est tout à fait dans le goût des fictions allégoriques à la mode. *Dame Nature* confie le nouveau-né aux mains de *Dame Enfance;* bientôt *Aage,* messager de *Dame Nature,* apporte à *Dame Enfance* une lettre de créance pour qu'elle ait à remettre son pupille aux soins de *Dame Jeunesse,* qui à son tour le présente à Vénus et à *Cupido.* La description de la demeure et de la cour de *Cupido* ressemble fort au temple du même dieu décrit plus tard par Marot, et a tout autant de délicatesse [1].

Si nous passons de Charles d'Orléans à Villon [2], le contraste a lieu de nous surprendre. Ce dernier, écolier libertin et fripon, véritable enfant de Paris, élevé dans quelque boutique de la Cité ou de la place Maubert, a un ton qui, pour le moins autant que celui de Regnier, *se sent des lieux que fréquentait l'auteur*. Ses plus tolérables espiègleries consistent à voler le vin du cabaretier, la marée des halles, ou le chapon du rôtisseur [3]. Les beautés qu'il célèbre, j'en rougis pour lui, ne sont rien autres que *la blanche savatière* ou *la gente saulcissière* du coin. Comme Charles d'Orléans, il a connu la prison, mais cette prison est le Châtelet, et il pourra bien n'en sortir que pour Montfaucon ; déjà même l'épitaphe est prête [4], la complainte patibulaire est rimée. S'il échappe, c'est grâce à Louis XI,

---

1. Et l'un et l'autre s'inspirent de la première partie du *Roman de la Rose*.

2. Charles d'Orléans né en 1391, mort en 1465; Villon né vers 1431.

3. Voir les *Repues franches*, dont Villon est le héros, quoiqu'il n'en soit pas l'auteur. Voir aussi l'espièglerie un peu cruelle que raconte de lui Rabelais. Les apostrophes à la savetière et à la *saulcissière* sont dans la pièce intitulée : *Ballade et Doctrine de la belle Heaulmière aux Filles de joie*, laquelle est insérée au *Grand Testament*.

4. L'épitaphe de Villon est connue : *Je suis François lont ce me poise, etc.* La complainte patibulaire est intitulée : *Épitaphe en forme de ballade, que fit Villon pour lui et pour ses compagnons, s'attendant à être pendu avec eux.*

*le bon roi,* comme il l'appelle, dont il connaissait peut-être quelque compère, et qui était bien capable d'avoir ri du récit d'un des tours pendables. En voilà pourtant plus qu'il n'en faut, ce semble, pour dégoûter les honnêtes gens ; mais, avec un peu d'indulgence et de patience, on se radoucit envers Villon ; en remuant son fumier, on y trouve plus d'une perle enfouie. Lui aussi, au milieu du jargon de la *canaille,* il a des *mets* pour *les plus délicats*[1]. La ballade dans laquelle il se félicite d'avoir fort à propos interjeté appel de sa condamnation, celle qu'il adresse à *Monseigneur de Bourbon* pour lui demander de l'argent, et que Marot n'a eu garde d'oublier en faisant sa charmante Epître au roi ; celle enfin des *Dames du Temps jadis,* insérée dans *le Grand Testament,* sont autant de petites pièces ingénieuses où la grâce perce encore sous les rides : on devine aisément que la poésie a passé par là. Villon excelle surtout dans les refrains, qui font la difficulté et l'ornement de la ballade. Les trois morceaux que nous venons de nommer en reçoivent un tour très-piquant[2]. De toutes les pièces

---

1. Mot de La Bruyère sur Rabelais.
2. Malgré les difficultés et les obscurités du texte, nous nous hasardons à citer ces trois ballades, en priant le lecteur de ne les juger qu'après les avoir bien comprises, ou du moins à peu près bien.

**BALLADE**
DE L'APPEL DE VILLON.

*Que vous semble de mon appel,*
*Garnier, feis-je sens ou follie ?*

qu'il a enchâssées dans son *Grand Testament*, et qu'il lègue à ses amis et parents, faute de mieux, celle qu'il a intitulée *les Contredicts de Franc Gontier* est assurément la plus remarquable par l'expression ; surtout elle donne beaucoup à penser pour l'idée. Je ne sais quel poëte s'était avisé de

> *Toute beste garde sa pel,*
> *Qui la contrainct, efforce ou lie,*
> *Se elle peult, elle se deslie.*
> *Quant donc, par plaisir volontaire,*
> *Chanté me fut ceste homélie,*
> *Estoit-il lors temps de me taire?*
>
> *Se fusse des hoirs Hue Capel,*
> *Qui fut extraict de boucherie,*
> *On ne me eust parmy ce drapel*
> *Faict boire à celle escorcherie\*;*
> *Vous entendez bien joncherie?*
> *Mais, quand ceste peine arbitraire*
> *On m'adjugea par tricherie,*
> *Estoit-il lors temps de me taire?*
>
> *Cuidez-vous que soubs mon cappel*
> *Ny eust tant de philosophie*
> *Comme de dire : J'en appel?*
> *Si avoit, je vous certifie :*
> *Combien que point trop ne m'y fie.*
> *Quant on me dit, présent notaire,*
> *Pendu serez, je vous affie,*
> *Estoit-il lors temps de me taire ?*
>
> *Prince, si j'eusse eu la pépie,*
> *Pieça je fusse où est Clotaire,*

---

\* On ne m'eût pas mis à la question.

célébrer la vie pastorale, et avait pris pour son héros un berger du nom de *Franc Gontier*. Villon, qui, pour n'être qu'un *pauvre petit écolier*, comme il s'appelle lui-même, n'avait pas moins les inclinations passablement splendides, et qui ne sentait que mieux la nécessité du superflu, pour avoir sou-

*Aux champs debout comme une espie.*
*Estoit-il lors temps de me taire?*

## LA REQUESTE
### QUE VILLON BAILLA A MONSEIGNEUR DE BOURBON

*Le mien seigneur et prince redoublé,*
*Fleuron de lys, royale géniture,*
*François Villon, que travail a dompté,*
*A coups orbes\*, par force de batture,*
*Vous supplie par ceste humble escriture,*
*Que lui faciez quelque gracieux prest.*
*De s'obliger en toutes cours est prest.*
*Si ne doubtez, que bien ne vous contente,*
*Sans y avoir dommage ne intérest :*
*Vous n'y perdrez seulement que l'attente.*

*A prince n'a ung denier emprunté,*
*Fors à vous seul, vostre humble créature;*
*De six escuz que luy avez presté,*
*Cela pieça il mist en nourriture.*
*Tout se payera ensemble : c'est droicture;*
*Mais ce sera légièrement et prest;*
*Car si du gland rencontre la forest*
*D'entour Patay, et chastaignes ont vente\*\*,*

\* A coups aveugles, cachés.
\*\* Il n'y a là aucune forêt, et l'on n'y vend pas de châtaignes.

vent manqué du nécessaire, trouva le poëte pastoral fort impertinent, et se plut à le railler dans cette pièce qui rappelle naturellement celle du *Mondain*. Ici l'on n'a pas seulement à louer en Villon un refrain heureux, comme pour d'autres ballades; presque chaque vers fait image, presque chaque

*Payé vous tiens, sans délay ny arrest :*
*Vous n'y perdrez seulement que l'attente.*

*Si je peusse vendre de ma santé*
*A ung Lombard usurier par nature,*
*Faulte d'argent m'a si fort enchanté,*
*Que j'en prendrois (ce croy-je) l'adventure.*
*Argent ne pend à gippon\* ne ceincture;*
*Beau sire Dieux, je me esbahyz que c'est.*
*Car devant moy Croix ne se comparoist,*
*Si non de boys ou pierre (que ne mente).*
*Mais se une fois la vraye me apparoist,*
*Vous n'y perdrez seulement que l'attente.*

*Prince du lys, qui à tout bien complaist,*
*Que cuydez-vous comment il me desplaist,*
*Quand je ne puis venir à mon entente?*
*Bien entendez. Aidez-moy, s'il vous plaist,*
*Vous n'y perdrez seulement que l'attente.*

### BALLADE
DES DAMES DU TEMPS JADIS.

*Dictes-moy où, ne en quel pays,*
*Est Flora la belle Romaine,*
*Archipiada, ne Thais,*
*Qui fut sa cousine germaine?*

\* Jupon.

mot est un trait. Le malicieux poëte, avec un air de bonhomie, avoue que depuis certain jour qu'il aperçut par le trou de la serrure,

*Sur mol duvet assis ung gras chanoine,*
*Lez (près) ung brazier, en chambre bien nattée,*

    *Écho parlant quand bruyt on maine*
    *Dessus rivière ou sus estan,*
    *Qui beaulté eut trop plus que humaine?*
    *Mais où sont les neiges d'antan\*?*

    *Où est la très-sage Hélois,*
    *Pour qui fut chastré (et puis moyne)*
    *Pierre Esbaillart à Sainct-Denys,*
    *Pour son amour eut cest essoyne?*
    *Semblablement, où est la Royne*
    *Qui commanda que Buridan*
    *Fust jetté en ung sac en Seine :*
    *Mais où sont les neiges d'antan?*

    *La Royne blanche comme ung lys,*
    *Qui chantoit à voix de Sereine ;*

\* C'est-à-dire d'avant l'an, des années passées. — On a cité à ce propos une prose de saint Bernard, qu'on a voulu égaler à la ballade de Villon :

    *Dux ubi Salomon, olim tam nobilis,*
    *Vel Samson ubi est, dux invincibilis,*
    *Vel pulcher Absalon, vultu mirabilis,*
    *Vel dulcis Jonathan, multum amabilis?*

« C'est la même pensée, c'est le même mouvement, je l'avoue, a dit M. H. Rigault, *mais où sont les neiges d'antan?* » (*Journal des Débats*, du 22 décembre 1857).

> *A son costé gisant dame Sydoine,*
> *Blanche, tendre, pollie et attaintée,*

il ne prise plus guère la vie champêtre de Franc Gontier et de sa compagne Hélène, ni leurs ébats sous le *bel églantier* et sur la dure :

> *S'ils se vantent coucher soubs le rosier,*
> *Ne vault pas mieux lict costoyé de chaise ?*
> *Qu'en dictes-vous*[1] *?*

Il juge plus commode de *boire hypocras* jour et nuit que de boire de l'eau froide *tout au long de l'année*, et de s'écorcher le gosier d'une *croûte de gros pain bis frotté d'ail*. Bref, il s'en tient ingénument, pour son compte, à ce vieux dicton qu'il a ouï répéter dans sa *petite enfance* :

> *Qu'il n'est trésor que de vivre à son aise.*

Des idées si mondaines, et je dirais presque si profanes, dans la poésie, au milieu d'un siècle si peu avancé, méritent quelque attention ; elles se rattachent aux caractères qui distinguent les litté-

---

> *Berthe au grand pied, Bietris, Allys,*
> *Harembouges qui tint le Mayne ?*
> *Et Jehanne, la bonne Lorraine,*
> *Que Angloys bruslèrent à Rouen ?*
> *Où sont-ils, Vierge souveraine ?*
> *Mais où sont les neiges d'antan ?*

1. Ceci rappelle l'apostrophe de Voltaire à notre père Adam et à notre mère Ève. Voir *le Mondain*.

ratures sorties du moyen âge, et la nôtre en particulier, d'avec celles de l'antiquité. Ce n'est pas en Grèce assurément que la poésie au berceau eût tenu ce langage. Sous un climat heureux, parmi un peuple enfant, elle commença par avoir elle-même la superstition sacrée et la candeur de l'enfance; elle crut longtemps à l'âge d'or; toujours elle crut aux charmes d'un beau ciel, aux délices d'une belle nature. Chez nous, au contraire, voilà Villon qui mène tout d'abord les Muses au cabaret et presque à la potence[1]; le voilà qui les désenchante en naissant de leurs chères illusions, les endoctrine de sa morale commode, et les façonne à des manières tant soit peu lestes, qu'elles ne perdront plus dé-

---

[1]. Si l'on remonte encore plus haut que Villon, on trouve la remarque de plus en plus confirmée. Jean de Meung, dans sa continuation du *Roman de la Rose*, dit ces mots ou à peu près : *Toutes vous autres femmes êtes ou fûtes, de fait ou volonté, p......* « De quoi, raconte Brantôme, il encourut une telle inimitié des dames de la cour, qu'elles, par une conjuration, et de l'avis de la reine, entreprirent un jour de le fouetter, et elles le dépouillèrent tout nu, et étant prêtes à donner leurs coups, il les pria qu'au moins celle qui étoit la plus grande p..... de toutes commençât la première. Chacune, de honte, n'osa commencer, et par ainsi il évita le fouet. J'en ai vu l'histoire représentée dans une vieille tapisserie des vieux meubles du Louvre. » (Brantôme, *Dames galantes*) Le *Roman de la Rose*, dans sa seconde partie, est tout plein de ces railleries graveleuses. La *Bible Guyot*, composée par un moine, Hugues de Bercy (ou Bersil), est une satire scandaleuse du temps.

sormais. Quelque pudeur naîtra peut-être avec l'âge, une pudeur acquise; mais la familiarité, la malice, et le penchant au badinage, reviendront toujours par instants, j'en réponds par Clément Marot et Jean La Fontaine. La dignité, la noblesse de ton, aura son tour; mais la vieille gaîté française aura ses rechutes. Le sentiment n'étouffera pas la moquerie. Nous rencontrerons l'auteur du *Mondain* dans l'auteur de *Zaïre*, et, si de Villon à Voltaire[1] il y a loin à tous égards, le seul trait qu'ils auront de commun n'en sera que plus saillant; le fonds original de la poésie française n'en ressortira que mieux. Villon est l'aïeul d'une nom-

---

1. Malgré toute la disproportion, et, pour ainsi dire, l'étrangeté de ce rapprochement, je le crois très-fondé. Sans revenir sur la comparaison du *Mondain* avec *les Contredicts de Franc Gontier*, il y a dans la petite pièce de Voltaire intitulée *la Bastille*, qu'il composa sous les verrous, des idées et des vers presque semblables à des vers et des idées de Villon sur sa prison, d'ailleurs un peu mieux méritée. Le dépit de Villon s'exhale surtout contre un certain Thibault d'Aussigny, dont on a voulu faire un juge de Melun, mais qui paraît avoir été certainement un évêque d'Orléans et l'auteur de l'emprisonnement du poëte; il lui reproche amèrement l'eau froide à laquelle il a été réduit tout un été,

*Dieu mercy et Jacques Thibault*
*Qui tant d'eau froide m'a faict boire.*

Et il ajoute :

. . . . *Quant j'en ay mémoire,*
*Je pry pour luy (et reliqua)*

breuse famille littéraire dont on reconnaît encore, après des siècles, la postérité à une certaine physionomie gauloise et française. Cette extraction, moins que bourgeoise, n'a rien qui doive faire rougir ; elle a depuis été couverte d'assez de gloire. Tel d'ailleurs qui, pour avoir dressé un guet-apens au xv<sup>e</sup> siècle, fut logé au Châtelet et rima sur Montfaucon, aurait bien pu, en des jours plus polis, mériter tout simplement par quelque couplet les honneurs d'un logement royal, et rimer sur la Bastille ou *Sainte-Pélagie*[1].

---

*Que Dieu luy doint (et voire voire)*
*Ce que je pense, et cætera.*

Et ailleurs :

*Tel luy soit Dieu qu'il m'a esté !*

Ce ton ne rappelle-t-il pas Voltaire, s'en prenant à *Marc-René*, d'avoir si longtemps *bu chaud et mangé froid* ? L'exclamation n'est-elle pas la même ?

*Que quelque jour le bon Dieu vous le rende !*

Dans une épître de Chaulieu à Voltaire, le bon abbé apostrophe le jeune poëte en ces termes :

*Pour vous, successeur de Villon,*
*Dont la muse toujours aimable, etc.*

Et Chaulieu disait vrai, quoique Voltaire n'eût peut-être jamais lu Villon.

1. Voir sur Villon un article de M. Daunou (*Journal des savants*, septembre 1832), qui fixe et résume très au complet l'état des documents et des discussions à son sujet.

Les cinquante-quatre années qui séparent *le Grand Testament* de Villon des premières productions de Clément Marot (1461-1515) semblent avoir été aussi fertiles en faiseurs de vers que pauvres en véritables talents. Les imitateurs se partageaient désormais entre le genre du *Roman de la Rose* et celui des *Repues franches*. De jour en jour plus répandue et plus familière, sans devenir plus rigoureuse, la versification se prêtait à tout. Faute d'idées, on l'appliquait aux faits, comme dans l'enfance des nations : Guillaume Crétin chantait *les Chroniques de France* ; Martial d'Auvergne psalmodiait le règne de Charles VII année par année ; George Chastelain et Jean Molinet rimaient *les choses merveilleuses* arrivées de leur temps. Pour relever des vers que la pensée ne soutenait pas, on s'imposait des entraves nouvelles qui, loin d'être commandées par la nature de notre prosodie, en retardaient la réforme et ne laissaient place à nul agrément. Jean Meschinot écrivait en tête d'un huitain : « Les huit vers ci-dessous écrits se peuvent lire et retourner en trente-huit manières. » Si la rime avait longtemps été l'unique condition des vers, du moins nos anciens poëtes l'avaient assez soignée ; dans Villon surtout elle est fort riche. On ne s'en tint pas là : Molinet imagina de finir chaque vers par la même syllabe deux fois répétée, et de rimer en *son son*, en *ton ton*, en *bon bon* ; c'était proprement ramener la poésie à balbutier. Crétin, d'un bout à l'autre de ses œuvres, se tourmente à faire rimer ensemble, non pas une ou même deux syllabes de chaque vers, mais un ou plusieurs mots tout entiers[1]. Chez lui, ce qui devrait n'être qu'une agréable cadence devient un tintamarre étourdissant; la pensée disparaît au milieu du bruit, et il faut convenir que la perte n'est pas grande pour le lecteur. Dans le mauvais goût général, quelques auteurs conservaient encore assez de naturel et de simplicité pour que la tradition n'en fût pas interrompue jusqu'à Marot. Nous citerons le bon moine Guillaume Alexis, sur lequel un reflet du siècle de Louis XIV est venu tomber : La Fontaine l'a honoré d'une imitation[2]. Martial d'Auvergne lui-même, dans *les Vigilles de Charles VII*, a plus d'une fois rendu avec un accent vrai l'amour du peuple pour un roi qui avait chassé l'étranger. D'ailleurs son livre en prose des *Arrêts d'Amour* lui a valu aussi un souvenir de La Fontaine. C'est à lui encore, procureur au parlement de Paris, qu'on attribue *l'Amant rendu Cordelier à l'observance d'Amour*, joli petit poëme qui, sous la forme ordinaire de la

---

1. C'est ce qu'on nommait des vers *équivoqués*. Cl. Marot, qui appelle Crétin *le bon Crétin au vers équivoqué*, l'a imité quelquefois; mais c'était par manière d'escrime. Thomas Sébilet, en son *Art poétique* (1548), regarde encore cette rime comme la plus élégante et *la plus poignant l'ouïe*. Du Bellay et Ronsard ont purgé notre poésie des vers *équivoqués*, aussi bien que des vers *couronnés*, faits à l'instar de Molinet.

2. La Fontaine (*OEuvres diverses*) a fait une petite pièce, *Janot et Catin*, dans laquelle il imite, par la forme des stances et du style, le *Blason des fausses Amours*, de Guillaume Alexis. A côté de cette pièce, il en est une autre imitée des *Arrêts d'Amour*.

vision, contient tous les secrets du code galant, toutes les finesses de la chicane érotique. On ignore à quel spirituel auteur est due *la Confession de la belle Fille,* qui est comme le pendant de *l'Amant Cordelier.* Pierre Michault, dans *la Danse aux Aveugles,* voit en songe tout le pauvre genre humain qui danse devant Cupidon, la Fortune et la Mort. Au lieu de la Mort, mettez Plutus, et vous aurez pour épigraphe de cette production piquante du xve siècle les vers connus de Voltaire :

*Plutus, la Fortune et l'Amour,*
*Sont trois aveugles-nés qui gouvernent le monde.*

Vers ce temps, Guillaume Coquillart, prêtre et chanoine de Reims, ancien praticien, poëte ordurier et procédurier, se distingue par l'abondance de son style et le jeu facile de ses rimes redoublées, autant que par le cynisme naïf de ses tableaux. Jean Marot, grâce à quelques rondeaux et à deux ou trois chansons qu'on lit dans ses *Voyages de Gênes* et *de Venise,* ne semble pas indigne de son fils[1]. Jean Le Maire, historien éru-

---

1. On lit en tête d'un recueil des œuvres de Jean Marot ce huitain, qui est, je crois, de La Monnoye :

*En ce recueil, qui n'est pas des moins vieux,*
*De Jean Marot les œuvres pourrez lire ;*
*Pas toutefois, je veux bien vous le dire,*
*N'y trouverez ce qu'il a fait de mieux.*
*Ailleurs pourrez trouver ce digne ouvrage,*
*Si plein de sens, d'esprit et d'agrément,*

dit pour son temps et rimeur d'un ton assez soutenu, qui a employé le premier le mot *urbanité*, mais sans avoir assez de crédit pour lui donner cours (Jean Le Maire ne battait monnaie qu'à la frontière), a mérité aussi d'avoir Clément Marot pour élève, ou du moins de lui donner des conseils utiles de versification : il sera également estimé de Ronsard. L'évêque d'Angoulême enfin, Octavien de Saint-Gelais, tournait assez galamment les compliments d'amour, en attendant que son fils Mellin fût d'âge à faire mieux que lui. C'est de la sorte que la poésie atteignit, en se traînant, la fin du règne de Louis XII.

François I$^{er}$ venait de monter sur le trône (1515); de tous côtés arrivaient les félicitations poétiques, les ballades et chants royaux, quand le fils d'un poëte et valet de chambre de la cour, jeune page de vingt ans, présenta au monarque de même âge un petit traité d'amourettes sous le titre de *Temple de Cupido*. Depuis *le Roman de la Rose*, si l'on excepte quelques pièces de Charles d'Orléans et *l'Amant Cordelier*, nulle part les propos de galanterie n'avaient été aussi agréablement tournés, ni les objets symbolisés aussi vivement ; c'était d'ailleurs

---

*Jà n'est besoin s'expliquer davantage :*
*Bien entendez que c'est maître Clément.*

On pourrait de même appliquer ce huitain à Octavien de Saint-Gelais, dont le fils Mellin fut assurément le meilleur ouvrage. Étienne Pasquier dit, à ce propos, de Clément Marot et de Mellin de Saint-Gelais, *qu'ils sembloient avoir apporté la poésie du ventre de leur mère.*

le même fonds d'idées, la même mythologie. Bel-accueil, à la robe verte, sert de portier au temple ; Beau-parler, Bien-aimer, Bien-servir, en sont les joyeux et très-glorieux patrons. Le pèlerin amoureux esquive adroitement Refus, qui se promène dans la nef, et se glisse, à la faveur de Bel-accueil, jusque dans le cœur où repose Ferme-amour. Mais toute cette allégorie, déjà antique, était rajeunie par la fraîche imagination et les saillies piquantes du poëte. Déjà il avait reconnu les deux carquois de l'Amour[1], ou du moins il avait remarqué que le joli dieu, sur son écusson, porte *de gueules à deux traits;* de ces traits, l'un a une pointe d'or et enflamme les cœurs, l'autre a une pointe de plomb et les glace :

> *De l'un Apollo fut touché,*
> *De l'autre Daphné fut atteinte.*

Parmi les reliques précieusement suspendues aux autels, il n'oublie ni *escus* ni *ducats,*

*Grands chaisnes d'or dont maint beau corps est ceint,*
*Qui en amour font trop plus de miracles*
*Que Beau-parler, ce très-glorieux saint.*

Pour missel, bréviaire et psautier, on lit dans le temple Ovide, maître Alain Chartier, Pétrarque et *le Roman de la Rose,*

---

[1]. Ces deux carquois se retrouvent encore dans la première partie du *Roman de la Rose.*

> *Et les saints mots que l'on dit pour les âmes,*
> *Comme* Pater *ou* Ave Maria,
> *C'est le babil et le caquet des Dames.*

Quiconque pénètre en ce lieu est fait incontinent moine de l'ordre, sans pour cela qu'on le tonde; et le sot, comme le sage, y devient du premier coup passé-maître;

> *Car d'amourettes les services*
> *Sont faits en termes si très-clairs,*
> *Que les apprentifs et novices*
> *En sçavent plus que les grands clercs.*

Dans le chœur du temple enfin, à côté de Fermeamour, qui n'a d'ailleurs, comme on peut bien penser, qu'une fort petite suite de vrais et loyaux sujets, le pèlerin est assez adroit pour découvrir au fond d'un bosquet, sous la ramée et sur les lis, le bon feu Louis XII avec sa bien-aimée Anne de Bretagne. Cette façon délicate d'adoucir, en le rappelant, le deuil récent de la France, était bien propre à charmer un jeune prince galant et chevalier. Marot ne s'en tint pas là : en courtisan habile, il lui conseillait, dans un rondeau joint à la dédicace, de suivre, par manière de passe-temps royal, le *noble état des armes* et le *beau train d'amour*. L'âge du poëte prêtait à ce conseil une convenance et une grâce de plus; ajoutez qu'on était à la veille de Marignan. Qu'on me pardonne ces détails sur le premier ouvrage de Marot : c'est à la fois le plus long de ses poëmes et celui où il a fait la plus grande dépense d'imagination. Avec cette tournure facile qui ne l'a jamais abandonné, on sent, là plus qu'ailleurs, ce besoin de peindre, qui est surtout un besoin de jeunesse[1].

Gardons-nous pourtant d'exagérer. Maître Clément n'était pas un poëte de génie; il n'avait pas un de ces talents vigoureux qui devancent les âges et se créent des ailes pour les franchir. Une causerie facile, semée par intervalles de mots vifs et fins[2],

---

1. Avec Marot, nous arrivons à la *netteté*, nous sommes hors du gaulois, du bourgeois, du procédurier, du fatras trivial, de l'argot, nous sommes en terre française, avec un esprit bien français, gentil et svelte, et de la meilleure compagnie.

2. « Clément Marot, dit Étienne Pasquier, avoit une veine grandement fluide, un vers non affecté, un sens fort bon, et encore qu'il ne fût accompagné de bonnes lettres, ainsi que ceux qui vinrent après lui, si n'en étoit-il si dégarni qu'il ne les mît souvent en œuvre for à propos. »
(*Recherches de la France*, livre VII.)

« Clément Marot, dit le bon Du Verdier de Vauprivas en sa *Bibliothèque françoise*, a si doucement écrit, et si gracieusement entassé les mots de sa composition, yssante ou de son propre esprit ou de l'esprit d'autrui, que jamais on ne verra son nom éteint, ni ses écrits abolis. »

Et Bonaventure Des Periers, ce gentil esprit, a dit de celui qu'il considère à la fois comme un père et comme un frère :

*Son style*
*Coulant distille*
*Un langage pur et fin,*

est presque le seul mérite qui le distingue, le seul auquel il faille attribuer sa longue gloire, et demander compte de son immortalité. Avec un esprit d'une portée plus ambitieuse, il est à croire qu'il n'eût fait que s'élancer, un peu plus tôt que Ronsard, vers ces hauteurs poétiques, inaccessibles encore, auxquelles Malherbe le premier eut l'honneur d'atteindre et de se maintenir. Heureusement pour lui, son esprit était mieux accommodé à la médiocrité des temps. En poésie comme dans le reste, facile à vivre et prompt à jouir, Marot tire parti de tout ce qu'il trouve, sans rien regretter ni deviner de ce qui manque. On aime à le voir jouer si à l'aise au milieu de tant de gênes ; et, à cette parfaite harmonie entre l'homme et les choses, on reconnaît le poëte du siècle par excellence. Né d'un valet de chambre auteur, il annonce de bonne heure lui-même cette double inclination d'auteur et de courtisan. La chicane à laquelle on le destine l'ennuie ; et, secouant la poudre du greffe, il monte à quinze ans sur les tréteaux des *Enfants sans souci*. Bientôt après devenu page, il puise dans le commerce des grands cette délicatesse que l'écolier Villon ne connut jamais. Valet de chambre à son tour [1], et mêlé à tous les plai-

<p style="text-align:center">Où sont puisées<br>
Risées,<br>
Où l'on se baigne sans fin.<br>
(Risées dans le sens des <i>Ris et des Grâces</i>).</p>

1. Jean Marot avait été poëte et secrétaire de la reine Anne de Bretagne, et ensuite valet de chambre de Fran-

sirs des cours de Navarre et de France, sa galanterie, aventureuse comme celle d'Ovide et du Tasse, se prend aux plus nobles conquêtes, et le voilà rival de deux rois. La science, du reste, ne

çois I$^{er}$. Clément fut attaché en cette qualité à la duchesse d'Alençon, sœur du roi, depuis reine de Navarre, et ensuite au roi lui-même. On a prétendu qu'il aima successivement, et non sans quelque retour, Diane de Poitiers et la reine Marguerite. Remarquons ici que les princes du XVI$^e$ siècle payèrent d'ordinaire les poëtes et gens de lettres avec deux monnaies principales. 1° Ils les prenaient pour valets de chambre, et c'est ainsi que la domesticité de François I$^{er}$ et de sa sœur Marguerite de Navarre était presque toute littéraire. On y voyait Jean et Clément Marot; Bonaventure Des Periers, auteur des *Contes* et du *Cymbalum Mundi*; Hugues Salel, traducteur d'Homère; Victor Brodeau, qui fit le fameux huitain des *Frères mineurs*; Claude Chappuy, qui blasonna *la main* et *le ventre*; Antoine Du Moulin, dont on a *la Déploration de Vénus sur le bel Adonis*. Plus tard, Malherbe, Racine et Voltaire, furent bien gentilshommes de la chambre. 2° On dotait les auteurs, même les poëtes galants, d'abbayes, de bénéfices ou d'évêchés, et c'était la monnaie la plus en usage. Octavien de Saint-Gelais dut son évêché d'Angoulême à une ballade dont il fit hommage à Charles VIII. Mellin obtint, au même titre, de François I$^{er}$ l'abbaye de Notre-Dame-de-Reclus, ordre de Cîteaux. Les livres de Rabelais ne furent pas inutiles à lui procurer la cure de Meudon. La traduction de *Théagène et Chariclée*, par Amyot, fut récompensée de l'abbaye de Bellozane, tandis qu'Héliodore avait perdu, dit-on, son évêché pour avoir composé le roman. Ronsard fut successivement militaire et prieur d'abbayes qu'il tenait de la munificence de Charles IX. Joachim Du Bellay, Ponl'occupe guère. Il n'est pas savant. *J'ai leu*, nous dit-il quelque part avec une satisfaction ingénue,

> *J'ai leu des Saints la Légende dorée ;*
> *J'ai leu Alain, le très-noble orateur,*
> *Et Lancelot, le très-plaisant menteur ;*
> *J'ai leu aussi le Romant de la Rose,*
> *Maistre en amours, et Valère et Orose*
> *Contans les faits des antiques Romains.*

Le choix de ces lectures, comme on le voit, est aussi curieux que borné. Pour être juste cependant, il faut ajouter au catalogue Virgile, Ovide, Catulle, Martial, Pétrarque et Villon, dans lesquels le poëte n'avait pas dû moins profiter que dans Orose et Valère Maxime. Les disgrâces qui suivirent les premiers débuts de Marot ne font qu'achever son portrait, et donner à sa physionomie je ne sais quelle teinte plus nationale encore. A l'exemple de Villon, il fit connaissance avec le Châtelet, et même à deux fois différentes : la première, pour avoir prêté à des soupçons d'hérésie (1525) ; la seconde, pour avoir enlevé un prisonnier aux gens du guet (1527). Toujours il s'en tira en poëte et rima sur ses infortunes avec raillerie et gaîté. Cette fâcheuse accusation d'hérésie pourtant, une fois soulevée

---

tus de Thiard, profitèrent des mêmes faveurs. Philippe Des Portes fut le plus riche abbé de son temps, grâce à ses sonnets. Sans remonter si haut, on a vu les petits vers galants ne pas nuire aux bénéfices de l'abbé de Chaulieu, ni à la fortune ecclésiastique de l'abbé de Bernis.

contre lui, demeura suspendue sur sa tête; tout
favori du prince qu'il était, elle l'exposa à des
tracasseries journalières, à des fuites fréquentes, et
l'envoya finalement mourir à quarante-neuf ans
sur une terre étrangère. Au milieu d'un grand
nombre d'admirateurs, Marot avait eu quelques
envieux de sa fortune et de son talent. Dans ses
démêlés avec Sagon et La Hueterie, dont il traîne
les noms comme à la suite du sien dans la postérité, il a le premier aiguisé ces armes du dédain et
du ridicule dont on s'est tant servi après lui dans
la polémique littéraire[1]. Ce ne sont pas d'ailleurs
les seules armes qu'il ait connues : François Ier faisait des vers auprès de Marot, Marot fit la guerre
à côté de François Ier; il combattit à Pavie (1525),
y reçut une blessure, et partagea quelque temps la
captivité de son maître. C'est même à son retour

---

1. Quand Sagon attaqua Marot, celui-ci était absent,
et ses amis Charles Fontaine et Bonaventure Des Periers
prirent sa défense. A son retour, Marot ne daigna
répondre à Sagon que sous le nom de son valet *Fripelipes*. Il y a du Voltaire dans cette idée-là. Il est vrai que
le valet Fripelipes ne se montre guère délicat dans ses
expressions : de *Sagon* il fait sans difficulté *Sagouin*,
comme Sagon à son tour fait *Maraud* de *Marot*. Mais, en
un siècle poli, n'a-t-on pas vu aussi *Frelon*, *Sabotier* et
*Volaterre*?

Au reste, l'attaque de Sagon fut celle d'un dévot hypocrite et jaloux. Marot exilé avait lâché quelques railleries contre la Sorbonne dans une épître au roi. Sagon
cria à *l'hérétique*, et dénonça Marot pour avoir sa place à
la cour.

de là que cette autre prison moins honorable le saisit; ses ennemis profitèrent contre lui de l'absence du prince. Telle fut l'existence passablement agitée du *gentil maître Clément*, qu'invoquaient plus tard si à loisir La Fontaine et Chaulieu. Elle réunit tout ce qu'il y a de piquant à cette époque : valeur guerrière, politesse de cour, galanteries éclatantes, querelles littéraires, brouilleries avec la Sorbonne [1] et visites au Châtelet; peut-on imaginer pour lors une vie de poëte qui soit plus véritablement française?

Cette vie se réfléchit tout entière dans les ouvrages de Marot; ses poésies en ont recueilli et

---

[1]. C'est à la Sorbonne que Marot dut son dernier exil, pendant lequel il mourut. Il s'était mis à la traduction des Psaumes par le conseil de Vatable, et avec l'agrément de François I$^{er}$. Dès que cette traduction parut, la cour en fut charmée; le roi fredonnait tout le long du jour quelque psaume, et c'était à qui en accompagnerait les airs parmi les dames et les courtisans. Mais la Sorbonne découvrit dans les mauvais vers de Marot tout autre chose qu'une hérésie littéraire, et, nonobstant son succès de cour, le poëte jugea à propos de voyager. Il se retira d'abord à Genève, d'où le libertin trouva bientôt moyen de se faire chasser. Il mourut l'année suivante (1544), à Turin. Deux ans après (1546), un de ses amis, Étienne Dolet, était brûlé comme hérétique en place Maubert. Ce pauvre Dolet, qui avait été mis trois et quatre fois en prison, s'était délassé, comme Marot, en y composant des poésies qu'il intitula *Enfer* (*Second Enfer*); il n'était pas d'ailleurs inconnu à François I$^{er}$, dont on est même allé, quoique sans raison, à le dire fils naturel. Marot avait pu aussi être témoin de la fin tragique de son camarade Bonaventure Des Periers,

consacré les moindres souvenirs. De là naît le plus souvent une heureuse convenance entre les sujets qu'il traite et la nature de son esprit; de là encore la convenance merveilleuse de ces sujets avec l'esprit de notre nation et les ressources du langage contemporain. Il n'a guère dérogé en effet au génie de ce langage et à sa propre vocation, que lorsqu'il a voulu traduire les Psaumes, et accompagner sur son *flageolet* la harpe du Prophète. C'était bien assurément l'esprit le moins biblique, et l'humeur la moins calviniste; une chose légère. La plupart des menus genres de poésie

valet de chambre de la reine de Navarre. Ce malheureux se perça de son épée, sans doute pour mettre fin aux persécutions que lui suscita son *Cymbalum Mundi*. Les craintes de notre poëte n'avaient donc rien de panique. Durant l'un de ses exils, Marot écrivait au roi :

*Autant comme eux* (les juges), *sans cause qui soit bonne,*
*Me veut du mal l'ignorante Sorbonne :*
*Bien ignorante elle est d'être ennemie*
*De la trilingue et noble Académie* (le Collége de France),
*Qu'as érigée. Il est tout manifeste*
*Que là-dedans, contre ton vueil céleste,*
*Est défendu qu'on ne voyse alléguant*
*Hébrieu, ni grec, ni latin élégant ;*
*Disant que c'est langage d'hérétiques.*
*O pauvres gens, de savoir tout éthiques,*
*Bien faites vrai ce proverbe courant :*
*Science n'a haineux que l'ignorant.*

Ce sont ces paroles qui donnèrent lieu à l'attaque de Sagon, espèce de poëte de congrégation et défenseur de la Sorbonne.

qu'embrasse notre littérature se trouvent éclos chez lui sans effort d'invention, et avec tout l'attrait de leur simplicité primitive. L'épître familière, l'épigramme, le conte et la chanson y étincellent souvent de grâces originales qui n'ont pas été effacées. Et qu'on ne s'y trompe pas : tout secondaires qu'ils sont depuis devenus, ces genres ont fait longtemps la principale ou même l'unique substance de notre poésie; longtemps ils ont formé la trame du tissu dont ils ne semblent aujourd'hui qu'une broderie élégante; et sous ces minces enveloppes que l'âge n'a pas flétries encore était recelé le germe de presque tout notre avenir littéraire.

Parmi les épîtres de Marot, il en est deux qu'on a souvent citées, et qu'on ne se lassera jamais de relire. Datées également du Châtelet, et adressées, pour la délivrance du captif, l'une à son ami Lyon Jamet, et l'autre au roi lui-même, elles rendent mémorables, dans l'histoire de notre poésie, les deux emprisonnements dont nous avons parlé. La première n'est que la fable du *Lion* et du *Rat*, heureusement appliquée à la situation du pauvre reclus. Le nom de son ami (Lyon) donne à Marot l'idée de l'exhorter à faire le lion et à délivrer le rat prisonnier : ce rôle du rat convient d'autant mieux au patient, qu'il paraît être accusé, pour tout méfait, d'avoir *mangé du lard*, probablement en carême. A part ces calembours assez futiles, qui d'ailleurs rentrent tout à fait dans le goût du temps et même dans le goût français, rien de plus spirituel que cette petite pièce. Le mouvement du début a souvent été reproduit :

> *Je ne l'escri de l'amour vaine et folle,*
> *Tu vois assez s'elle sert ou affolle;*
> *Je ne l'escri, etc...*
>
> . . . . . . . . . . .
>
> *Je ne l'escri de Dieu ne sa puissance,*
> *C'est à lui seul l'en donner connoissance;*
> *Je ne l'escri des Dames de Paris,*
> *Tu en sçais plus que leurs propres maris.*
>
> . . . . . . . . . . .
>
> *Mais je te veux dire une belle fable.*

Cette fable, que La Fontaine a depuis resserrée en douze vers, est développée par Marot avec une supériorité contre laquelle notre grand fabuliste, en disciple respectueux, s'est évidemment abstenu de lutter. Marot, en effet, lui avait dérobé par avance les traits les plus charmants du récit. Le lion, par exemple, trouve-t-il moyen *par ongles et dents* de rompre la ratière,

> *Lors maistre Rat eschappe vitement,*
> *Puis met à terre un genouil gentement,*
> *Et en ostant son bonnet de la teste*
> *A mercié mille fois la grand'beste,*
> *Jurant le Dieu des Souris et des Rats*
> *Qu'il lui rendroit.* . . . . . . .

Quand le lion est pris à son tour, et que le rat reconnaissant va lui faire ses offres de service, la grand'bête ouvre ses grands yeux, et, les tournant *un petit* vers son chétif allié, lui dit avec pitié :

> *Va te cacher, que le chat ne te voye!*

Mais le *fils de souris* ne tient compte de ces propos :

> *Lors sire Rat va commencer à mordre*
> *Ce gros lien. Vrai est qu'il y songea*
> *Assez long-temps; mais il vous le rongea*
> *Souvent et tant, qu'à la parfin tout rompt.*

La Fontaine, avec tout son génie, aurait-il fait, je le demande, un rat plus sensé que celui duquel Marot a pu dire : *Vrai est qu'il y songea assez long-temps?*

L'épître au roi, *pour le deslivrer de prison* (c'est de la seconde prison qu'il s'agit ici), est d'un bout à l'autre un chef-d'œuvre de familiarité décente et d'exquis badinage :

> . . . . . . . . . . . .
> *Trois grands pendards vinrent à l'estourdie,*
> *En ce Palais, me dire en désarroy :*
> *Nous vous faisons prisonnier par le Roy...*
> *Sur mes deux bras ils ont la main posée,*
> *Et m'ont mené ainsi qu'une espousée,*
> *Non pas ainsi, mais plus roide un petit...*

Voltaire, quand il nous raconte son départ pour la Bastille, a bien dit :

> *Tous ces messieurs, d'un air doux et benin,*
> *Obligeamment me prirent par la main :*
> *Allons, mon fils, marchons...*

Cela est insinuant, plein de tendresse et d'onction sans doute ; mais franchement l'*espousée* ne vaut-elle pas encore mieux? A la fin de sa pièce, le poëte s'excuse auprès du monarque de l'audacieuse épître qu'il lui envoie sans façon ; peut-être eût-il été plus convenable d'aller en personne parler de l'affaire à Sa Majesté, mais ajoute-t-il en se ravisant,

*Je n'ay pas eu le loisir d'y aller.*

Si l'on songe que Marot abonde en traits semblables, on concevra et l'on partagera presque le culte d'amour qu'ont rendu nos plus beaux génies à ses écrits et à sa mémoire; on concevra aussi que cet amour ait pu aller parfois jusqu'à l'engouement, que le moins dogmatique des poëtes ait fait école jusque dans le xviiie siècle, et que J.-B. Rousseau ait pris pour son livre de *pupitre* l'auteur que prenait volontiers le grand Turenne pour son livre de chevet[1].

Que dire encore de cette autre épître au roi, *pour*

---

1. Il semble que J.-B. Rousseau se soit proposé en tout Marot pour modèle : dans l'épigramme et l'épître il a tâché de copier jusqu'à son style; il a traduit, comme lui, des Psaumes, quoique sur ce point la ressemblance finisse là ; enfin, les persécutions et les voyages forcés ne lui ont pas manqué. S'il n'a pas prodigué la sensibilité dans ses poésies, une ou deux petites pièces montrent qu'il n'en était pas dépourvu. On cite aussi quelques vers de Marot qui respirent une vraie tendresse. Quant à Turenne, il aimait fort à lire Marot, et, un jour qu'il était en route pour prendre le commandement de l'armée, il récita à son compagnon de voyage, La Fontaine, une épigramme et une ballade du vieux poëte. La Fontaine, dans

*avoir esté desrobé;* de ce portrait tant cité du valet de Gascogne, gourmand, ivrogne, larron et menteur,

> *Sentant la hart de cent pas à la ronde,*
> *Au demourant le meilleur fils du monde?*

Que dire de cette demande d'argent, presque libérale à force d'être ingénieuse, et de cette promesse, digne à la fois d'un poëte, d'un courtisan et d'un Gascon (Marot était tout cela), par laquelle le créancier royal est assuré du paiement de sa créance, *sans intérêt s'entend,*

> *Lorsque son los et renom cessera ?*

Ce mot-là n'était pas venu à Villon quand il fit une requête toute pareille à monseigneur de Bourbon. Boileau, parmi les traits si variés de louanges

---

une épître adressée au héros, lui rappelle cette circonstance piquante :

> . . . . . . . . . . . .
> *Car on vous aime autant qu'on vous estime.*
> *Qui n'aimeroit un Mars plein de bonté ?*
> *Car en tels gens ce n'est pas qualité*
> *Trop ordinaire. Ils savent déconfire,*
> *Brûler, raser, exterminer, détruire ;*
> *Mais qu'on m'en montre un qui sache Marot ?*
> *Vous souvient-il, Seigneur, que, mot pour mot,*
> *Mes créanciers, qui de dizains n'ont cure,*
> *Frère Lubin, et mainte autre écriture,*
> *Me fut par vous récitée en chemin ?*

qu'il a tournés pour Louis XIV, n'en a pas inventé de plus pénétrant, de plus soudain et en apparence de plus négligemment jeté.

C'est dans cette même pièce que Marot lance, à propos des trois docteurs appelés en consultation sur sa maladie, ce vers plaisant trop peu remarqué au milieu des autres :

> *Tout consulté, ont remis au printemps*
> *Ma guérison.* . . . . . . . . .

A ces trois épîtres, vraiment délicieuses, on peut joindre celle qu'il adresse au roi en faveur du poëte *Papillon*, et dans laquelle au calembour près du papillon, on croirait entendre La Fontaine[1]. Une autre épître *pour succéder en l'estat de son père*, quoique inférieure aux précédentes, ne manque ni d'adresse ni de facilité[2].

---

1. Ce jugement sur l'*Épitre au Roi pour Papillon* est de Marmontel. Voici le début de la pièce :

> *Me pourmenant dedans le parc des Muses,*
> *(Prince sans qui elles seroient confuses)*
> *Je rencontrai sus un pré abattu*
> *Ton Papillon, sans force ne vertu.*
> *Je l'ai trouvé encor avec ses ailes,*
> *Mais sans voler, etc.*

Nous avons déjà vu le jeu de mot sur *Lyon* Jamet et sur *Sagon*.

2. On y remarque ces vers faciles (le poëte regrette

Marot a fait des satires en forme, sous le titre
de *coq-à-l'asne*. « On les nommoit ainsi, dit un
contemporain (Th. Sebilet), pour la variété inconstante des non cohérents propos que les François
expriment par le proverbe du sault du coq à
l'asne. » Mais nulle part il n'aborde la satire avec
plus de franchise et de sérieux que dans son *Enfer*,
qu'il composa durant son premier emprisonnement. Cet enfer n'est autre que le Châtelet lui-
même, et l'on devine aisément que les diables ne
sont pas les prisonniers. L'indignation se mêle ici
à la plaisanterie, et il y a un moment où l'horreur échappe par un cri au sensible poëte :

*O chers amis, j'en ai veu martyrer*
*Tant, que pitié m'en mettoit en esmoy!*

Scarron n'avait pas oublié cet *Enfer* lorsqu'il
travestissait celui de Virgile, ni Despréaux lorsqu'il creusait l'antre de la chicane. Les juges du
temps ne l'oublièrent pas non plus, et s'en vengèrent. Exilé dans la suite et réfugié à Ferrare,
Marot se plaint qu'ils lui veuillent *grand mal*
*pour petit œuvre*.

Après l'épître, l'épigramme a été le triomphe de
Marot; il semble l'avoir inventée, tant il la tourne

---

de n'avoir pas immédiatement succédé à son père dans la
place de valet de chambre du roi) :

*Certes mon cas pendoit à peu de chose,*
*Et ne falloit, Sire, tant seulement*
*Qu'effacer Jean et escrire Clément.*

avec aisance, la manie dans tous les sens, la rapproche à son gré du conte, du madrigal et de la chanson, ou, la laissant à elle-même, l'aiguise avec finesse et la lance au but en se jouant. Il égale plus d'une fois Anacréon, Catulle et Martial[1]; il traduit même ce dernier. Mais le talent de l'imitation est bien mince dans l'épigramme, et Marot pouvait s'en passer. Poëte de son époque et de sa nation avant tout, il emprunte de préférence à la gaîté contemporaine les objets qu'il voue à la raillerie. Le Frère Thibault, magister Lourdis, docteur en Sorbonne, le lieutenant criminel Maillard, quelque époux infortuné ou quelque dame intrai-

---

1. L'épigramme qui commence par ce vers :

*Amour trouva celle qui m'est amère, etc.*

est digne d'Anacréon: *le Passereau de la jeune Maupas* a la gentillesse de celui de *Lesbie*. *Le Oui et le Nenni* exprime au naturel ce qu'il y a de plus inexprimable. *Le gros Prieur* est un conte achevé, en même temps qu'une excellente raillerie. On peut regarder comme une jolie chanson la pièce *Plus ne suis ce que j'ai été*, et comme une exquise élégie celle *Un jour la Dame en qui si fort je pense*, etc.... Voltaire se plaisait à citer *Monsieur l'Abbé et monsieur son Valet*, etc.; et il a fait aussi à magister Lourdis l'honneur de se rappeler son nom.

Sans doute Marot n'est point également partout de cette délicatesse, et, si j'ose le dire, de cette friandise. Il a fait *le laid Tétin*, et il s'encanaille aussi quelquefois avec des cordeliers. Mais Horace et Catulle ne sont pas toujours eux-mêmes aux pieds de Lydie ou de Lesbie, et Marot a de plus qu'eux l'excuse de son siècle.

table, sont les textes favoris sur lesquels il glose, et que l'esprit français a commentés longtemps après lui. Réprouver ces plaisanteries du vieux temps contre les gens d'église, les gens de lois, les dames et les maris, serait d'aussi mauvais goût que de prétendre les éterniser. Elles ont fait le charme de nos aïeux, et notre littérature naissante n'a pas eu d'autre séve pour se nourrir. Qui voudrait les supprimer ou les omettre, retrancherait stoïquement au xvi$^e$ siècle tout le côté qui nous touche le plus, et le frapperait non-seulement dans quelques agréables poésies, dans quelques romans ingénieux, mais jusqu'en ses productions les plus fortes et les plus généreuses. On peut l'affirmer en effet, sans cet esprit qui dicta telle épigramme gaillarde de Marot, ou telle bouffonnerie graveleuse de Rabelais, la Satire Ménippée serait encore à naître ; et qui sait si plus tard, avec tout son jansénisme, Pascal eût écrit ses petites Lettres immortelles ?

Nous ne suivrons pas Marot dans ses chansons, ballades, chants royaux et rondeaux, non plus que dans l'élégie, qu'il essaya avec quelque succès. Remarquons pourtant, après La Harpe, que l'aimable railleur n'est pas dépourvu de tendresse, et qu'autre part même que dans l'élégie, jusque dans la chanson et l'épigramme, il a laissé échapper quelques vers d'une mélancolie voluptueuse[1] ; mais la sen-

---

1. Témoin le vers qui termine la chanson *Puisque de vous je n'ai autre visage* :

. . . . . . . . . . .
*Adieu, amour; adieu, gentil corsage;*

sibilité chez lui n'a qu'un éclair, et une larme est
à peine venue que déjà le badinage recommence.
En décernant avec justice à Marot le prix du rondeau et de la ballade[1], Boileau semble d'ailleurs
oublier que la ballade florissait bien auparavant,
et que le rondeau était depuis longtemps *asservi
aux refrains réglés*, qui le distinguent parmi les
autres petits poëmes. Marot, encore une fois, n'a

*Adieu ce teint, adieu ces frians yeux;*
*Je n'ai pas eu de vous grand avantage :*
*Un moins aimant aura peut-être mieux.*

Témoin encore le vers qui termine l'épigramme *Un
jour la Dame en qui si fort je pense*. Le poëte supplie sa
Dame de ne pas lui avouer qu'elle l'aime :

*. . . N'ai garde qu'il m'advienne*
*Un si grand bien; et si j'ose affirmer*
*Que je devrois craindre que cela vienne;*
*Car j'aime trop quand on me veut aimer.*

D'ailleurs, on peut citer, parmi les élégies, la quatrième,
la sixième et la seizième. Dans la quatrième, en passant
au poëte l'allégorie du cœur, si usitée dans ce temps-là,
on lui saura gré du sentiment naïf qui règne dans le
style. Dans la sixième, il raconte à sa maîtresse un songe
qu'il a fait, et dans la seizième il lui peint la douleur
qu'il éprouva en brûlant un billet qu'elle lui avait
envoyé à cette condition. Cette dernière surtout est
remarquable.

1. Le meilleur rondeau qu'on ait fait est peut-être
celui de Marot intitulé *De l'Amour du siècle antique* :

*Au bon vieux temps, un train d'amour régnoit, etc.*

rien inventé, mais il s'est habilement servi de tout. Loin de *montrer pour rimer des chemins tout nouveaux*, il s'en est tenu aux traces de ses devanciers, et a même laissé à un assez mauvais poëte de sa connaissance, appelé Jean Bouchet[1], l'honneur par trop incommode d'entrelacer régulièrement pour la première fois les rimes féminines et masculines. Le seul perfectionnement de versification qu'on lui puisse attribuer, c'est ce qu'il appelle la *coupe féminine*, et encore Jean Le Maire la lui avait enseignée. Elle consiste simplement à ne pas terminer le premier hémistiche d'un vers de dix syllabes par un *e* muet sans l'élider : ainsi Marot n'aurait pas dit, comme Villon en parlant de dame Sidoine :

*Blanche, tendre, pollie et attaintée;*

---

1. Ce Jean Bouchet, dont la naissance est de 1476, et le dernier ouvrage de 1555, versificateur aussi fécond que médiocre, a dit dans une épître de l'année 1537 :

*Je trouve beau mettre deux féminins*
*En rime platte avec deux masculins,*
*Semblablement quand on les entrelasse*
*En vers croisés...*

Il faut remarquer cependant que, dans un grand nombre de ses psaumes, Marot a observé cette règle fort exactement. Selon Du Bellay, c'était « afin que plus facilement on les pût chanter, sans varier la musique pour la diversité des mesures qui se trouveroient à la fin des vers. » (*Illustrat. de la Langue françoise.*)

mais il dit fort bien :

*Dès que m'amie est un jour sans me voir.*

Cette élision, qu'il juge nécessaire à la fin du premier hémistiche, ne lui semble plus telle dans le courant du vers, lorsque l'*e* muet est précédé d'une voyelle, et dans ce dernier cas il s'en abstient toujours.

Si la versification n'a dû à Marot aucune réforme matérielle d'importance, personne mieux que lui alors n'en a possédé l'esprit et entendu le mécanisme. Il s'est voué de prédilection au vers de dix syllabes; vers heureux et naïf, qui, sur ses deux hémistiches inégaux, unit dans son allure tant de laisser-aller avec tant de prestesse[1], et duquel on pourrait dire, comme du distique latin, que cette irrégularité même est une espièglerie de l'Amour :

. . . . . . . . . *Risisse Cupido*
*Dicitur, atque unum subripuisse pedem.*
(OVIDE.)

Ce vers déjà si familier à Villon, et depuis si cher à La Fontaine, à Voltaire et à Parny, Marot ne

---

1. Dans le conte des *Trois manières*, Voltaire a dit :

*Apamis raconta ses malheureux amours*
*En mètres qui n'étaient ni trop longs, ni trop courts :*
*Dix syllabes par vers, mollement arrangées,*
*Se suivaient avec art, et semblaient négligées.*
*Le rhythme en est facile, il est harmonieux;*
*L'hexamètre est plus beau, mais parfois ennuyeux.*

le fait pas, il le trouve et le parle ; c'est son langage de conversation, de correspondance ; on concevrait à peine qu'il pût s'en passer En lui reprochant la fréquence des enjambements, il faut reconnaître qu'il en a souvent rencontré les bons effets. Après le vers de dix syllabes, c'est celui de huit qu'il préfère. Quant à l'alexandrin, l'idée ne lui vient presque jamais d'y recourir : qu'en faire en des sujets si peu solennels ? Il le voit du même œil qu'il verrait la Joyeuse de Charlemagne ou une vieille armure trop pesante, et ne se sent pas de force à le porter. L'honneur d'avoir soulevé et commencé à dérouiller le vers héroïque [1] appartient en entier à Ronsard et à son école.

Nous nous sommes arrêté sur Marot avec soin et même complaisance, parce qu'il représente la vieille poésie française dans sa plus grande pureté, et qu'on trouve en lui le descendant naturel et direct de Guillaume de Lorris, de Jean de Meung,

---

1. Remarquez qu'on appelait alors *héroïque*, non pas l'alexandrin, mais le vers de dix syllabes, tant l'alexandrin était hors d'usage : on le jugeait plus qu'héroïque. Une fois Marot s'avisa de faire des alexandrins pour célébrer *le Roi et ses perfections* : mais il est aisé de voir, à la solennité si peu habituelle de sa louange, quelle haute idée il avait conçue de ce vers majestueux. « Cette espèce, dit Thomas Sebilet en son *Art poétique*, ne se peut proprement appliquer qu'à choses fort graves, comme aussi au pois de l'oreille se trouve pesante. » L'*alexandrin* avait été employé autrefois dès l'origine de notre poésie, et son nom lui était venu du *Poëme d'Alexandre*, écrit au XIIIe siècle en vers de cette mesure.

d'Alain Chartier et de Villon. Leur manière, leurs idées, sont communément les siennes, et plus d'une fois il les avoue pour maîtres Il se fit l'éditeur du *Roman de la Rose*, dont il corrigea le style, et des poésies de Villon, qu'il recueillit, déchiffra et restaura de son mieux[1]. On rencontre dans ses œuvres des exemples et en quelque sorte des échantillons complets de toutes les surannées élégances poétiques, telles que rimes *équivoquées, consonnées, concatenées, annexées, fratrisées*, autant d'hommages rendus aux coutumes gauloises. Il a poussé son respect pour les anciens jusqu'à proclamer *souverain Poëte françois* Crétin, qu'il avait connu dans sa jeunesse. C'était à lui-même que ce titre convenait à tous égards, et l'admiration de ses contemporains n'a pas hésité à le lui décerner. Marot, en effet, au milieu des troubles de son existence, jouit constamment de la gloire la plus entière et la moins contestée. Sagon et La Hueterie n'excitèrent qu'une clameur d'indignation, quand ils l'osèrent attaquer durant son exil à Ferrare, et tous les illustres d'alors[2] se croisèrent contre eux

---

1. L'édition de Villon parut en 1532 ; celle du *Roman de la Rose* en 1527 ; Marot avait préparé celle-ci durant sa première captivité pour s'y distraire.

2. Marot met les vers suivants dans la bouche de son valet Fripelipes :

> *Venez, ses disciples gentils,*
> *Combattre cette lourderie ;*
> *Venez, son mignon* Borderie,
> *Grand espoir des Muses hautaines,*

pour la défense d'un ami et d'un maître absent. Cette sympathie si vive qui unit Marot aux poëtes de son âge s'explique par la merveilleuse opportunité de son talent, non moins que par l'excel-

> *Rocher, faites saillir* Fontaines;
> *Lavez tous deux aux veaux les testes.*
> *Lyon, qui n'est pas roi des bestes,*
> *Car Sagon l'est, sus, haut la pate;*
> *Que du premier coup on l'abatte.*
> . . . . . . . . . .
> . . . *Nous aurons* Bonaventure,
> *A mon advis, assez sçavant*
> *Pour le faire tirer avant.*
> *Viens* Brodeau *le puisné, son fils,*
> *Qui si très bien le contrefis*
> *Au huictain des Frères mineurs,*
> *Que plus de cent beaux divineurs*
> *Dirent que c'estoit Marot mesme, etc.*

On trouve dans la même épître l'énumération suivante :

> *Je ne vois point qu'un* Saint-Gelais,
> *Un* Heroet, *un* RABELAIS,
> *Un* Brodeau, *un* Scève, *un* Chappuy,
> *Voysent escrivant contre luy.*
> *Ne* Papillon *pas ne le poinct, etc.*

La plupart des poëtes ci-dessus nommés travaillèrent au *Blason du Corps humain*, dont Marot leur avait donné l'idée par son épigramme du *beau Tétin* : c'étaient comme des disciples glorieux d'achever l'ouvrage du maître. Il est assez curieux que Sagon, qui n'était pas alors en querelle avec Marot, se soit choisi le blason du *pied*. Sa pièce, d'ailleurs, n'a pas été insérée avec les autres.

lence de son humeur : il était trop naïvement de
son siècle pour n'en être pas goûté.

Un trait encore au portrait de Marot. En restant le disciple de nos vieux poëtes français, il l'était peu à peu devenu des anciens grecs et latins, et il les traduisait quelquefois. Mais jamais ces nouveaux maîtres ne lui inspirèrent de dédain pour les premiers ; parce qu'une églogue était belle, il ne jugea pas qu'une ballade dût être sans agrément ; et, en présence de Virgile, il ne songea pas à rougir des rondeaux de son père. Cette ingénuité fait honneur à son naturel et profita à son talent. Plus tard nous aurons occasion de la relever [1].

Au nom de Marot, s'associe naturellement celui de Marguerite de Navarre, qui fut la protectrice de sa vie, le sujet fréquent de ses vers, et peut-être plus encore. Nous ne parlons pas ici des contes de cette spirituelle princesse, ni de ses mystères ou comédies pieuses. Plusieurs chansons assez faciles montrent qu'elle sut profiter des exemples et des services de son valet de chambre favori [2].

---

1. Voir au *Dictionnaire* de Bayle l'article Clément Marot, un de ces articles excellents, écrits *con amore* par ce calviniste libertin, des mieux faits pour goûter l'autre.

2. Nous devons en avertir, ce sont les badins qui disent cela ; d'estimables biographes l'ont pris plus au sérieux et s'en sont fâchés. Marguerite a trouvé des champions déclarés de sa vertu, l'abbé Goujet d'abord, un peu Rœderer, et surtout récemment M. Génin, éditeur instruit des *Lettres* de la reine de Navarre. M. Charles

Elle est la première des trois *Marguerites* du sang royal dont les talents et les noms poétiques inspirèrent aux rimeurs de ce siècle tant de compliments et de dédicaces *fleuries*. La seconde, Marguerite de Savoie, était sœur de Henri II; et la troisième, sœur des trois derniers Valois, épousa Henri IV, qui finit par la répudier. La reine de Navarre transmit ses goûts littéraires à Jeanne d'Albret, sa fille, dont il reste des sonnets adressés à Joachim Du Bellay, et Henri IV dut sans

---

Nodier, dans un très-spirituel article (*Revue des Deux Mondes*, novembre 1839), a tâché de retirer à la princesse l'*Heptaméron* pour en rapporter l'honneur à Bonaventure Des Periers. Les écrivains protestants surviennent là-dessus, et, comme ils revendiquent le plus qu'ils peuvent Marguerite, ils ne seraient pas fâchés de lui voir enlever ses *Contes;* mais ils tiennent bon pour sa vertu de tout temps, contre les insinuations de Brantôme et les légèretés de Lenglet Du Fresnoy, copiées par M. Auguis. Chacun est dans son rôle; restons dans le nôtre. Que croire à cette d'stance, et même de plus près? Les hautes qualités de Marguerite sont hors de cause; mais il y a de certains moments dans la jeunesse. Et puis, quand une femme écrit, on est tenté toujours de demander, en souriant, qui est là derrière. Le poëte Motin disait à une femme auteur :

> *Ce beau sonnet est si parfait*
> *Que je crois que ne l'ayez fait,*
> *Mais je crois, Pauline, au contraire,*
> *Que vous vous l'êtes laissé faire.*

— Voir pourtant sur les relations de Marot et de la reine de Navarre la judicieuse notice de M. Génin, page 40,

doute à quelque saillie de cette verve héréditaire les couplets de *Charmante Gabrielle.* Pour en finir tout de suite avec les petits vers des grands personnages, disons que François Ier en a écrit quatre sur le portrait d'Agnès Sorel, huit sur le tombeau de Laure, que Henri II en a rimé dix pour Diane de Poitiers, et que Charles IX en a adressé une vingtaine à Ronsard, ou même davantage. Les adieux de Marie Stuart à la France sont connus. Au reste, en réunissant d'avance ces titres légers, qui n'auraient pas mérité d'être rappelés à part, et qu'il ne faudrait pas trop discuter [1], nous n'en-

---

en tête des *Lettres de Marguerite* (1841). — Depuis que ceci a été écrit, de nouveaux débats, et très-vifs, se sont engagés, toujours sur le chapitre de la vertu de Marguerite. M. Génin, en publiant de *Nouvelles Lettres* retrouvées de la reine de Navarre (1842), a cru devoir passer à l'ennemi, ou du moins il n'est plus resté champion déclaré de la noble dame. *Le Semeur*, plus fidèle, l'en a repris, et par des raisons assez plausibles (décembre 1842) : de là, riposte, plainte par huissier, un cas (ou peu s'en faut) de police correctionnelle. *La Revue indépendante* elle-même a pris parti chaudement ; enfin le tout a été assaisonné d'un peu d'injure.

1. Ce serait le sujet d'un joli article à part : *les poètes royaux et princiers du* XVIe *siècle.* Il y aurait à bien prendre garde, à ne pas se fier aux *Annales poétiques* qui ont, en ce genre, donné des pastiches. Meusnier de Querlon assurait l'abbé de Saint-Léger que la chanson attribuée à Marie Stuart était de lui. Il faudrait trouver le lieu où ces vers, ceux de Charles IX, etc. etc., ont été publiés pour la première fois. Puis on aurait encore à discuter, car rois et reines avaient valets de chambre et secrétaires. Ainsi

tendons nullement leur reconnaître un droit de préséance en faveur de leur haute origine. C'est seulement d'un bon augure aux muses quand les rois prennent le devant.

L'on a vu que Marot, tant qu'il vécut, n'eut pas de rival en poésie. Celui qui aurait eu le plus de titres pour le devenir, est sans contredit Mellin de Saint-Gelais, fils de l'évêque Octavien[1]. Son éducation avait été plus soignée que celle de son ami ; et l'état ecclésiastique, qu'il avait embrassé, lui donnait, avec plus de tranquillité d'esprit, plus d'occasions d'études. A une connaissance assez profonde de l'antiquité, il joignit le goût de la littérature italienne, que Catherine de Médicis naturalisa à la cour, et, en sa qualité d'aumônier du Dauphin, depuis roi Henri II, il ne put se dispenser, pour plaire à la future reine, de laisser quelquefois le rondeau pour le sonnet[2]. Aussi, avec

---

le poète Maynard était secrétaire de la dernière Marguerite, femme d'Henri IV, de laquelle il disait avoir chanté les amours.

1. Un écrivain liégeois, qui s'est occupé de ces vieux poëtes avec un certain zèle, le baron de Villenfagne (*Mélanges de Littérature et d'histoire*, 1788, page 32), se croit en mesure de prouver que Mellin n'est pas *fils*, mais *neveu* de l'évêque Octavien, et il cite à cet effet les termes d'une épître dédicatoire adressée à Mellin lui-même, dans laquelle on lui parle de *feu son oncle* l'évêque d'Angoulême. Mais ce qu'on dit officiellement de ces oncles et de ces parrains-là, ne doit pas toujours être pris au pied de la lettre.

2. C'est à Mellin de Saint-Gelais et à Joachim Du Bel-

plus de correction peut-être et plus d'éclat que Marot, Saint-Gelais est bien loin de la franche naïveté gauloise. Les pièces qu'il a laissées, fort courtes pour la plupart, étincellent de traits soit gracieux, soit caustiques ; mais elles n'ont presque jamais le laisser-aller d'un conte ou d'une causerie. Quand Marot est excellent, il y a chez lui quelque chose de La Fontaine ; quand Saint-Gelais invente le plus ingénieusement, c'est dans le tour de Voiture et de Sarrasin. Ces beaux-esprits lui auraient envié le dizain que voici :

*Près du cercueil d'une morte gisante,*
*Mort et Amour vinrent devant mes yeux.*
*Amour me dit : La Mort t'est plus duisante,*
*Car, en mourant, tu auras beaucoup mieux*
*Alors la Mort, qui régnoit en maints lieux,*
*Pour me navrer, son fort arc enfonça ;*
*Mais, de malheur, sa flèche m'offensa*
*Au propre lieu où Amour mit la sienne ;*
*Et, sans entrer, seulement avança*
*Le trait d'Amour en la playe ancienne.*

Après une rupture, il écrit à sa maîtresse qu'on peut raccommoder la flèche brisée de l'Amour :

---

lay qu'on doit l'introduction du sonnet en France. Du Bellay reconnaît que Mellin est le premier des poëtes français qui en ait composé. Celui-ci a de plus traduit en prose la *Sophonisbe* du Trissin, et en vers quelques morceaux de l'Arioste.

> *L'acier, au lieu de sa soudure,*
> *Est plus fort qu'ailleurs et plus ferme.*

Il dit ailleurs :

> *Ne tardez pas à consentir*
> *Et à tel ami satisfaire :*
> *Mieux vaut faire et se repentir*
> *Que se repentir et rien faire.*

Entre deux beautés qui l'agaçaient, il choisit la plus petite :

> *La grande en fut, ce crois-je, bien despite ;*
> *Mais de deux maux le moindre on doit choisir.*

Par malheur, cette gentillesse de Saint-Gelais va souvent jusqu'à la *mignardise*, suivant l'expression d'Etienne Pasquier[1] ; et si son mauvais goût

---

[1]. Pasquier dit en ses *Recherches de la France* : « Or se rendirent Clément et Mellin recommandables par diverses voies : celui-là pour *beaucoup et fluidement*, cettui-ci pour *peu et gratieusement* écrire. » (Jugement d'une grande sagacité.) Il ajoute : « Ce dernier produisoi des petites fleurs, et non fruits d'aucune durée : c'étoient des mignardises qui couroient de fois à autres par les mains des courtisans et dames de cour, qui lui étoit une grande prudence, parce qu'après sa mort on fit imprimer un recueil de ses œuvres, qui mourut presque aussitôt qu'il vit le jour. » Selon lui, Mellin n'aurait brigué et obtenu qu'un succès de société, ce qui peut bien être vrai. Re-

n'est pas celui auquel nos vieux poëtes et Marot lui-même sont quelquefois sujets, s'il ne fait pas *coigner Cognac* et *remémorer Remorantin*[1], il joue sur les idées aussi puérilement que d'autres sur les mots, et n'évite le défaut national que pour tomber dans l'afféterie italienne; témoin le sonnet suivant, qui n'est peut-être pas encore le plus maniéré de tous :

*Voyant ces monts de veue ainsi lointaine,*
*Je les compare à mon long déplaisir :*
*Haut est leur chef, et haut est mon désir;*
*Leur pied est ferme, et ma foy est certaine;*

*D'eux maint ruisseau coule et mainte fontaine,*
*De mes deux yeux sortent pleurs à loisir;*
*De forts soupirs ne me puis dessaisir,*
*Et de grands vents leur cime est toute pleine.*

*Mille troupeaux s'y promènent et paissent,*
*Autant d'Amours se couvent et renaissent*
*Dedans mon cœur, qui seul est ma pasture.*

*Ils sont sans fruit, mon bien n'est qu'apparence ;*
*Et d'eux à moi n'a qu'une différence,*
*Qu'en eux la neige, en moi la flamme dure.*

---

marquons pourtant que, lorsqu'on publia les poésies de Mellin, l'école de Ronsard était en pleine vogue, et que l'ami de Marot tomba aux mains de juges un peu sévères.

1. Jeux de mots qu'on trouve dans la complainte de Marot sur la mort de la duchesse d'Angoulême.

Mellin de Saint-Gelais semble n'avoir négligé aucun des contrastes que la poésie pouvait offrir avec sa profession, et il fait souvent servir sa science ecclésiastique à des allusions assez profanes. Tantôt il inscrit un compliment d'amour sur le livre d'Heures d'une pénitente, et lui esquisse, pour ainsi dire, la *Confession de Zulmé* ; tantôt, un jour de Pâques fleuries, il fait remarquer à sa dame qu'elle doit bien lui alléger ses peines de cœur, puisque Dieu délivre en ce moment les âmes languissantes des limbes. Les portraits de Saint-Jacques, de Saint-Michel, de Saint-George, et même de Saint-Antoine, lui inspirent plus de quatrains érotiques que d'oraisons, et il ne respecte ni Madeleine, ni les Onze mille Vierges.

Que dire du sonnet suivant :

*Je suis jaloux, je le veux confesser,*
*Non d'autre amour qui mon cœur mette en crainte,*
*Mais des amis de la parole sainte,*
*Pour qui j'ai vu ma Dame me laisser.*

*Je commençois à propos luy dresser*
*Du jeune Archer dont mon ame est atteinte,*
*Quand, s'éloignant de moy et de ma plainte,*
*A un prescheur elle alla s'adresser :*

*Qu'eussé-je fait, fors souffrir et me taire ?*
*Il devisa du céleste mystère*
*De trois en un, et de la Passion ;*

*Mais je ne croy qu'elle y sut rien comprendre,*

*Quand l'union de deux ne sait apprendre,*
*Ni de ma Croix avoir compassion*[1] *!*

Sacrilége pour sacrilége, j'aime encore mieux cette autre pièce dans laquelle il catéchise une dame nouvellement arrivée à la cour :

*Si du parti de celles voulez être*
*Par qui Vénus de la cour est bannie;*
*Moy, de son fils ambassadeur et prêtre,*
*Savoir vous fais qu'il vous excommunie.*
*Mais, si voulez à leur foy être unie,*
*Mettre vous faut le cœur en leur puissance,*
*Pour répondant de votre obéissance :*
*Car on leur dit qu'en vous, mes Damoiselles,*
*Sans gage sûr y a peu de fiance,*
*Et que d'Amour n'avez rien que les ailes.*

Tout consommé qu'était Mellin dans la galanterie du sonnet et du madrigal, l'obscénité de l'épigramme ne l'a pas rebuté. On doit convenir pourtant qu'il a très-bien réussi en ce dernier genre[2],

---

1. On lit à la suite de cet étrange sonnet, de peur qu'on n'en ignore : *Faict après le sermon du jour de la Trinité à Esclairon,* 1548.

2. Qu'on lise les épigrammes : *Un jour que Madame dormoit,* etc.; *Notre vicaire un jour de fête,* etc.; *Un maistre ès arts mal chaussé et vêtu,* etc.; *Un mari se voulant coucher,* etc.; *Une jeune et belle épousée,* etc. Je ne citerai que celle-ci :

*Tu demandes, ami, comment*
*Le bon saint François, qui fut prêtre,*

et que plus il s'y rapproche de la gaîté un peu grossière de l'époque, plus il en retrouve aussi les saillies et le naturel. La douceur de son style et l'indolence de son humeur n'émoussaient point chez lui le piquant de la causticité; et Ronsard, avec lequel il eut quelques démêlés littéraires, s'est plaint douloureusement de la *tenaille de Mellin* [1].

Après Saint-Gelais et Marot, nous n'essayerons pas d'examiner ni même d'énumérer tous les versificateurs qui appartiennent à la première moitié du xvi<sup>e</sup> siècle. Aux causes ordinaires qui, dans presque tous les temps, font naître à foison les mauvais poëtes, il s'en joignit ici de particulières, telles que l'imperfection du langage, la faveur peu éclairée des princes; mais nous en indiquerons surtout une qui s'étend sur l'époque entière. Durant cette grande renaissance des lettres, les esprits studieux embrassaient tout; la vocation de créer n'était pas distincte du besoin de savoir; et, dans

*Tant de moines gris a fait naître*
*Au monde successivement ?*
*L'effet se montre évidemment :*
*Car, ces jours passés, l'un de ceux*
*Qui portent ce gris vêtement*
*D'un seul coup en engendra deux.*

1. Ces démêlés se lient, comme on le verra bientôt, à une grande querelle d'école. Ce que je dis de l'indolence de Mellin est prouvé par tous les témoignages; lui-même il développe sa doctrine épicurienne dans une épître à *Diane, sa nièce,* ou sa fille, selon Du Verdier. Il était né vers 1491, et mourut en 1558.

ce vaste champ de conquête, au milieu de cette communauté de connaissances, on ne songeait pas encore à l'apanage du talent. On faisait des vers comme on faisait de la médecine, de la jurisprudence, de la théologie ou de l'histoire; et tout lettré d'alors pourrait, à la rigueur, être rangé parmi les poëtes. La langue française, dont l'usage se popularisait, ou, pour parler plus exactement, s'ennoblissait de jour en jour, partagea bientôt avec la langue latine les frais de cette poésie sans inspiration, et, sur la fin du siècle, elle en était presque surchargée. Que trouver aujourd'hui dans les rimes de l'imprimeur Etienne Dolet, de l'avocat Thomas Sebilet, du mathématicien chimiste Jacques Gohorry[1]? Ne suffisait-il pas à Peletier du Mans d'être à la fois médecin, grammairien et

---

1. Pour être juste, disons que Jacques Gohorry a fait une jolie imitation du célèbre passage de Catulle : *Ut flos in septis secretus nascitur hortis*, que l'Arioste avait déjà imité : *La verginella è simile alla rosa*, etc., et qui se trouvait également imité dans l'*Amadis de Gaule* où Gohorry l'a rencontré :

> *La jeune fille est semblable à la rose,*
> *Au beau jardin, sur l'épine naïve,*
> *Tandis que sûre et seulette repose*
> *Sans que troupeau ni berger y arrive.*
> *L'air doux l'échauffe, et l'aurore l'arrose;*
> *La terre, l'eau, par sa faveur l'avive.*
> *Mais jeunes gens et dames amoureuses*

géomètre¹? Osons dire d'avance la même chose du savant et judicieux Pasquier. Non pas qu'oubliant les exemples des L'Hospital et des de Thou, nous prétendions qu'une instruction profonde soit incompatible avec la poésie; mais, si elle ne l'exclut pas, du moins elle n'y supplée jamais. Au reste, cette espèce de confusion de limites entre le talent et la science n'a cessé, même pour nos bons esprits, qu'au XVIIᵉ siècle, à l'apparition de nos chefs-d'œuvre littéraires. On a compris dès lors tout ce que vaut le génie en lui-même, et combien profondément il se distingue de cette facilité commune où l'habitude peut atteindre. Le goût, qui n'est après tout que l'art de discerner et de choisir, a désormais interdit aux hommes d'un

---

> *De la cueillir ont les mains envieuses.*
> *La terre et l'air, qui la souloient nourrir,*
> *La quittent lors et la laissent flétrir.*

Dans l'*Amadis* il n'y a que huit vers : les deux derniers manquent. — Celui qui a trouvé cet heureux couplet a été pourtant, au dire de Gabriel Naudé, le premier fauteur du Paracelsisme en France.

1. On m'a reproché d'avoir été trop sévère en refusant de compter Peletier parmi les poëtes. Je ne puis que renvoyer à ceux qui ont plaidé pour lui, M. Barthélemy Hauréau (*Histoire littéraire du Maine*, t. IV, p. 168), M. Francis Wey (*Revue des Sociétés savantes des départements*, août 1859, p. 159-163). Mais ce qui domine dans ce poëme de *La Savoye* qu'on a réimprimé de lui à Chambéry, et qui est fort curieux en effet, est-ce le poëte, ou le savant, l'observateur, le physicien, le médecin encore?

vrai mérite en d'autres genres l'envie de devenir versificateurs médiocres, et la ressource d'être réputés poëtes excellents.

A considérer le talent plutôt que le nombre des ouvrages, nous devons un souvenir à Victor Brodeau, le plus cher favori de Marot, qui le surnomma son fils, et qui nous a conservé de lui le huitain *à deux Frères mineurs*. Cette petite pièce avait été attribuée par les meilleurs connaisseurs du temps à Marot lui-même, et elle égale, en effet, ce qu'il a fait de mieux en ce genre :

> *Mes beaux pères Religieux,*
> *Vous disnez pour un grand merci.*
> *O gens heureux! ô demi-dieux!*
> *Pleust à Dieu que je fusse ainsi!*
> *Comme vous, vivrois sans souci :*
> *Car le vœu qui l'argent vous oste,*
> *Il est clair qu'il défend aussi*
> *Que ne payez jamais votre hoste.*

On trouve encore dans les œuvres de Marot une jolie réponse au rondeau du *bon vieux temps*, faite par Brodeau, et, dans les œuvres de Saint-Gelais, le quatrain suivant, adressé par le même à une dame qu'il aimait :

> *Si la beauté se perd en si peu d'heure,*
> *Faites m'en don tandis que vous l'avez;*
> *Ou s'elle dure, hélas! vous ne devez*
> *Craindre à donner un bien qui vous demeure.*

Saint-Gelais répondit non moins agréablement au nom de la dame :

*Si ma beauté doit périr en peu d'heure,*
*Aussi fera le désir qu'en avez;*
*Ou s'elle dure, hélas! vous ne devez*
*Estimer bien si le mieux me demeure.*

Brodeau, mort jeune, a laissé un fils qui s'est distingué dans l'érudition. Quant à lui, tout légers que puissent paraître ses titres auprès de la postérité, son nom s'est conservé avec celui de son maître; et Voiture s'en est souvenu encore cent ans après, un jour qu'il cherchait une rime à *rondeau*.

Un démêlé poétique qui agita assez vivement les amis et disciples de Marot nous donnera occasion de mentionner quelques autres personnages célèbres du temps, et à la fois de signaler un nouvel exemple de l'influence sociale sur la littérature. La chevalerie avait depuis longtemps perdu l'esprit de son origine, et, d'institution utile qu'elle était d'abord, elle avait dégénéré en pure cérémonie de parade. François Ier, en la recevant de Bayard, en fit une mode de cour, et ce fut à qui en prendrait les couleurs. Les poëtes ne furent pas les derniers : chacun avait sa devise, formée de son nom par anagramme ou empruntée au blason de l'antique chevalerie. C'étaient *l'esclave fortuné, l'humble espérant, le dépourvu, le banni de liesse, le traverseur des voies périlleuses;* tous paladins fades et langoureux que Joachim du Bellay, dans son *Illustration de la Langue françoise*, renvoie avec colère à la Table-Ronde. Vers ce temps, Antoine Héroët, qui fut plus tard évêque de Digne, composa un poëme intitulé *la Parfaite Amye*, et couronna son héroïne de toutes les perfections platoniques. La Borderie, le même que Marot appelait son *mignon*, opposa à la Dulcinée d'Héroet une *Amye de Cour* moins métaphysique et plus profane; il la proclama néanmoins la plus parfaite des belles. Cette témérité, qui semblait incivile envers le beau sexe, mit en émoi Charles Fontaine, qui entra en lice, et se déclara, dans *la Contr'Amye*, le champion de l'amour honnête et légitime. Paul Angier vint alors briser une lance pour la dame de cour, et la venger par une apologie en vers. On voit que le tournoi poétique se pratiqua dans toutes les règles de l'étiquette. C'est sans doute à cette réminiscence de chevalerie que certaines poésies doivent une teinte sentimentale qui, à tous autres égards, contraste si fort avec les mœurs du temps. La lecture plus répandue des livres italiens et espagnols y contribua aussi; et d'ailleurs il convenait assez qu'à une époque de renaissance littéraire il y eût quelque vif sentiment des jouissances de l'âme. On peut citer pour l'élégance du style et la chasteté de la pensée le conte du *Rossignol*, par l'imprimeur Gilles Corrozet, si c'est à lui qu'on le doit. Ce n'était pas chose vulgaire alors de concevoir deux amants qui plaçassent le bonheur dans le sacrifice. Quoi qu'on en ait dit, ce conte n'a de commun que le nom avec celui, d'un ton bien différent, qu'on lit dans certaines éditions de La Fontaine. *Le Tuteur d'Amour*, par Gilles d'Aurigny, est un poëme tout classique par la décence et la composition. Ici, la mythologie du *Roman de la Rose* semble avoir fait place à celle d'Anacréon ; seulement Anacréon eût resserré en douze vers plutôt que délayé en quatre chants l'agréable idée de ce *tuteur d'amour* qui finit par devenir le pupille, comme tant de tuteurs de comédie[1]. J'en dirai autant de l'ingénieux *Débat de la Folie et de l'Amour*, par Louise Labé de Lyon, surnommée *la belle Cordière*. La Fontaine, dans sa fable de *l'Amour et la Folie*, a trouvé moyen de rassembler et d'embellir encore ce qu'il y a de jolis traits épars dans les cent pages de prose de l'original. Surtout il nous a fait grâce de ces longs plaidoyers qu'Apollon et Mercure, avocats d'office des parties plaignantes, débitent par devant Jupiter et l'Olympe comme par devant un parlement, et dans lesquels, pour fortifier leur cause, ils remontent de citations en citations jusqu'à Salomon, David et Jonathas. Louise Labé a laissé peu de vers ; mais, quoiqu'ils paraissent

---

1. Quoique *le Tuteur d'Amour* soit peut-être postérieur à la mort de François I<sup>er</sup>, je le place ici, parce qu'il appartient par le ton à l'école de Marot plutôt qu'à celle qui suit. Il en est de même de Louise Labé, née en 1526, et morte en 1566. *Le Débat de la Folie et de l'Amour* ressemble tout à fait aux *Arrêts d'Amour* de Martial d'Auvergne, et Gilles d'Aurigny a composé lui-même un *Arrêt* qu'il a joint aux autres, et qui est le cinquante-deuxième du recueil.

aujourd'hui assez insignifiants, on y reconnaît sans peine, à la douceur et à la pureté des sentiments et de l'expression, que la belle cordière soupirait non loin de la patrie de Laure. Deux ou trois de ses sonnets ont la flamme. A Lyon, vers le même temps, Maurice Scève célébrait en dizains une maîtresse du nom de *Délie*, avec une érudition profonde dont nos vieux poëtes ne se doutaient pas, et une constance exemplaire dont ils se piquaient encore moins[1].

---

1. Comme Maurice Scève est peu connu, et sa *Délie* à peu près illisible, j'en citerai ici deux ou trois dizains, qui m'ont semblé les meilleurs du livre.

> *Dans son jardin Vénus se reposoit*
> *Avec Amour, sa douce nourriture,*
> *Lequel je vis, lorsqu'il se déduisoit,*
> *Et l'aperçus semblable à ma figure :*
> *Car il estoit de très-basse stature,*
> *Moi très-petit; lui pasle, moi transi.*
> *Puisque pareils nous sommes donc ainsi,*
> *Pourquoi ne suis second Dieu d'amitié ?*
> *Las ! je n'ay pas l'arc ni les traits aussi,*
> *Pour esmouvoir ma maistresse à pitié.*

> *Le jeune Archier veut chatouiller Délie,*
> *Et, se jouant d'une épingle, se poinct.*
> *Lors tout soudain de ses mains se deslie,*
> *Et puis la cherche et voit de point en point ;*
> *La visitant, lui dit : Aurois-tu point*
> *Traits comme moi, poignans tant aspremeut ?*
> *Je lui réponds : elle en a voirement*
> *D'autres assez dont elle est mieux servie,*

Mais ce n'étaient là que des fleurs artificielles, et la France n'était pas à beaucoup près purgée du fumier de Villon. On a vu Marot, tout en restant fidèle à la bonne vieille gaieté, la tempérer et la relever à la fois par une délicatesse de meilleur goût. La cour avait été sa *maîtresse d'école*, suivant son heureuse expression. Autre part qu'à la cour, au fond des provinces, surtout dans ces provinces étrangères par leur situation à tout rapport avec l'Italie, telles que l'Anjou et le Poi-

*Car par ceux-ci le sang bien maigrement,*
*Et par les siens tire l'âme et la vie.*

*Le peintre peut de la neige dépeindre*
*La blancheur telle à peu près qu'on peut voir;*
*Mais il ne sait à la froideur atteindre,*
*Et moins la faire à l'œil apercevoir.*
*Ce me seroit moi-mesme decevoir,*
*Et grandement me pourroit-on reprendre,*
*Si je taschois à le faire comprendre*
*Ce mal qui peut voire l'âme opprimer,*
*Que d'un objet comme peste on voit prendre,*
*Qui mieux se sent qu'on ne peut exprimer.*

*Délie aux champs troussée et accoustrée,*
*Comme un veneur, s'en alloit esbatant.*
*Sur le chemin, d'Amour fut rencontrée,*
*Qui partout va jeunes amans guettant,*
*Et lui a dit, près d'elle voletant :*
*Comment vas-tu sans armes à la chasse?*
*— N'ay-je mes yeux, dit-elle, dont je chasse*
*Et par lesquels j'ay maint gibier surpris?*
*Que sert ton arc qui rien ne te pourchasse,*
*Vu mesmement que par eux je t'ay pris?*

tou, la jovialité la plus effrénée perpétuait ses traditions et prolongeait ses *repues franches*. Mais on peut dire qu'elle s'est surpassée elle-même dans la *Légende de Maitre Pierre Faifeu*, et qu'elle y a fait des miracles. Ce Pierre Faifeu, écolier d'Angers, avait laissé dans le pays la réputation du plus joyeux compagnon et du gaudisseur le plus insigne qu'on eût vu depuis Villon. Il paraît en effet que Villon, après avoir manqué le gibet à Montfaucon, s'était retiré sur ses vieux jours à Saint-Maixent, entre Poitiers et Angers, et, à en juger par le récit de Rabelais, il y donnait passe-temps au peuple, en célébrant des mystères et jouant des diableries. Faifeu avait pu recueillir les souvenirs tout récents de maître François; et, si la légende est véridique, il a bien égalé son patron, du moins en tours pendables. Comparés à lui, Villon, Patelin, le valet de Gascogne et Panurge sont presque des honnêtes gens et de la bonne compagnie. Ce qui ajoute encore à l'effet de cette chronique scandaleuse, c'est qu'elle est dédiée à maître Jean Alain, prêtre, et mise en vers par son *très-humble serf, petit disciple et obéissant chapelain, Charles de Bourdigné*, lequel, selon La Croix du Maine, *florissoit* à Angers en 1531. J'ignore si le chapelain n'a pas renchéri sur les hauts faits de son héros; du moins il n'a pu les atténuer, car, en matière d'escroquerie et de débauche, on ne connaît rien au delà. Le bonhomme d'ailleurs, disons-le pour sa justification, nous a l'air de trouver tout cela fort innocent, et qui plus est, fort plaisant; au besoin même, il y glisse son proverbe ou un petit bout d'*oremus*. Le seul trait tolérable de la facétie est d'avoir fait mourir Faifeu de *mérancolie* aussitôt après son entrée en ménage[1]. Ce serait ici le lieu de parler de Rabelais, si nous le rangions parmi les poëtes, comme Marot l'a fait sans hésiter. Mais en reconnaissant qu'il y a plus de poésie, c'est-à-dire d'invention réelle, dans son inconcevable et monstrueuse épopée qu'en aucun ouvrage du temps, nous le réservons à part pour lui consacrer l'examen détaillé

---

[1]. Nous ne citerons qu'une espièglerie de maître Faifeu. Un boulanger avait séduit une chambrière, sous promesse de mariage. Pierre Faifeu, qui pour lors était de la basoche, s'avisa de jouer le boulanger séducteur en public, à carême-prenant :

> *Pour mieulx jouer à la vraye vérité*
> *Le cas qui est cy-dessus récité,*
> *En une charte ou en un tombereau*
> *Il fit mettre un cuvier tout plein d'eau,*
> *Et s'y pousa tout nud ô* (avec) *une fille,*
> *Et charier se fit parmi la ville :*
> *Pour mieulx donner entendre le bagaige,*
> *Le alloit faisant par nom de mariaige.*

Cette mascarade cynique choqua quelques *suppôts d'église*, qui lui firent une affaire à ce sujet. Mais le chroniqueur lui-même s'arrête ici brusquement, comme effrayé :

> *Plus n'en diray, car pas n'en serois cru!!!*

Qu'on rapproche de ce trait celui que Rabelais raconte de Villon, comme une gentillesse, mais qui n'est rien moins qu'un assassinat, et l'on aura peine à concevoir cette simplicité des mœurs antiques.

qu'il mérite et qui dans le moment nous éloignerait trop de notre sujet.

Jusqu'à la mort de François I$^{er}$ (1547), la poésie ne présente aucune autre production digne de remarque ; et, si nous jetons les regards en arrière, nous verrons que, même en se polissant par degrés, elle était restée constamment fidèle à l'esprit de son origine. Quelque différence de ton qu'il y ait entre *le Temple de Cupido* et la *Légende de Faifeu*, entre *la Parfaite Amye* d'Héroët et l'épigramme contre *Magister Lourdis*, on y saisit toujours plus ou moins l'accent de Charles d'Orléans ou de Villon, de Thibaut de Champagne ou du *Roman de la Rose*. Mais subitement tout change. Henri II monte sur le trône ; comme son père il aime les lettres, et même il les cultive. Son aumônier, c'est l'ami de Marot, Mellin de Saint-Gelais ; son poëte en titre, c'est François Habert, disciple des deux précédents. Thomas Sebilet publie un *Art poétique* en 1548. Cet art poétique, nourri d'ailleurs des préceptes de l'antiquité et des remarques les plus judicieuses, rend solennellement hommage *à nos bons et classiques poëtes françois, comme sont, entre les vieux, Alain Chartier et Jean de Meung*[1] ; *et, entre les jeunes, Marot, Saint-Gelais, Salel, Héroët, Scève, et tant d'autres bons esprits*. Marot surtout y obtient d'un bout à l'autre les honneurs de la citation, et l'ouvrage, à le bien prendre,

---

1. L'érudition nationale du xvi$^e$ siècle ne remontait pas au delà de ces poëtes du second ou même du troisième âge.

n'est qu'un inventaire, un commentaire de ses poésies, une perpétuelle invocation d'un texte consacré. Tout enfin semble promettre à Marot une postérité d'admirateurs encore plus que de rivaux, et à la poésie un perfectionnement paisible et continu, lorsqu'à l'improviste la génération nouvelle réclame contre une admiration jusque-là unanime, et, se détachant brusquement du passé, déclare qu'il est temps de s'ouvrir par d'autres voies un avenir de gloire. L'*Illustration de la langue françoise* par Joachim Du Bellay est comme le manifeste de cette insurrection soudaine, qu'on peut dater de 1549 ou 1550[1], qui se prolonge, telle qu'une autre ligue, durant la dernière moitié du siècle, et dont Malherbe, sous Henri IV, a été le pacificateur.

Cet éclat, si mémorable en lui-même et par ses suites, a eu des causes qu'il importe d'expliquer. Depuis la renaissance des lettres, les savants proprement dits ne s'étaient pas occupés de prose ni à plus forte raison de poésie française; et, lorsqu'au milieu de leurs doctes commentaires, une velléité poétique, provoquée le plus souvent par le génie de l'imitation, venait distraire leur esprit, c'était en grec ou pour le moins en latin qu'ils avaient coutume d'y satisfaire. Les poëtes français étaient pour la plupart des ignorants assez spirituels, élevés dans les maisons des grands ou dans

---

1. J'ai discuté et déterminé avec précision cette date dans l'article particulièrement consacré à Du Bellay, et inséré dans la seconde partie de ce volume.

les loisirs de quelque monastère; et, s'ils laissaient par moments les sujets oiseux d'amour et de facétie, c'était moins pour étudier l'antiquité que pour écrire en rime ou en prose la chronique du temps. Quelques-uns, il est vrai, comme Jean Le Maire de Belges, étaient allés loin dans cette espèce d'érudition moderne ; mais elle ne pouvait exercer aucune influence heureuse sur leur veine poétique. Cependant la langue française gagnait du terrain chaque jour. François I$^{er}$ la consacra dans les tribunaux par son ordonnance de 1539, l'imposa dans l'enseignement à ses professeurs du Collége de France, et lui prêta en toute occasion la sanction de sa faveur. On vit Guillaume Budée se mettre, déjà vieux, à écrire en français *l'Institution du Prince*; Louis Le Roy se préparait à devenir célèbre par ses traductions. Mais ces savants, malgré leur bonne volonté de plaire au monarque, ne purent jamais vaincre leurs premières habitudes au point de s'abaisser à notre poésie[1], et elle resta, durant le règne de François I$^{er}$, à la disposition de Clément Marot et de ses amis, qui, sans mériter du tout le nom d'ignorants, étaient néanmoins la plupart, sauf quelques exceptions, des courtisans assez dissipés et paresseux, plus versés dans Alain Chartier et Jean de Meung que dans les textes d'Euripide ou d'Homère. On avait donc, si je puis ainsi la définir, une sorte de *reflorescence*

---

1. Budée alla pourtant jusqu'à composer en vers français un *Chant royal*, qu'il présenta à François I$^{er}$, lors du retour de Madrid.

un peu mixte et semi-gothique encore en poésie. Le contre-coup de la vraie renaissance grecque-latine retardait sensiblement sur notre Parnasse. Voilà pourtant que, sous les érudits de l'époque, et soumise à leur forte discipline, s'élevait en silence une génération studieuse et ardente, qui se prenait à la fois d'une admiration jalouse pour les chefs-d'œuvre antiques et d'une vive compassion pour cette langue maternelle jusque-là si délaissée. Les lauriers d'Athènes et de Rome enlevaient ces jeunes cœurs; et, autour d'eux, quelques rondeaux naïfs, quelques joyeuses épigrammes, n'avaient pas de quoi les remplir. Ils allaient même jusqu'à mépriser ces humbles mais piquantes productions du terroir gaulois, et l'on aurait dit qu'elles eussent perdu toute leur saveur pour des palais ainsi abreuvés de vieux falerne. La frivolité des poëtes français ne leur inspirait aussi qu'une fort médiocre estime; ils la jugeaient du haut de leur érudition, et ne se souvenaient pas assez que cette frivolité diminuait de jour en jour, et que la poésie n'était déjà plus une simple affaire de cabaret ou de salon. Clément Marot, en effet, dont le père rimait, sans savoir ni grec ni latin, avait acquis de lui-même une instruction assez étendue, si l'on a égard à sa vie bien courte, sans cesse partagée entre les plaisirs de la cour et les soins de l'exil. Saint-Gelais unissait à l'étude de l'antiquité et de la littérature italienne, au talent du chant et de la musique, les connaissances qu'on avait alors en médecine, géométrie, astronomie et théologie. Hugues Salel traduisait l'*Iliade*, Antoine Héroët l'*Androgyne* de Platon, François Habert les *Métamorphoses* d'Ovide. Charles Fontaine possédait la didactique de son art beaucoup mieux qu'il ne le pratiquait. La réforme en un mot s'introduisait peu à peu dans la poésie, et les hommes qui la cultivaient ne restaient aucunement étrangers au mouvement intellectuel de cette mémorable époque. C'est ce qu'oublièrent trop les jeunes disciples de l'antiquité. Colorant leurs préjugés d'érudits de toutes les illusions de la jeunesse et du patriotisme, ils prononcèrent qu'il n'existait rien en France, et se promirent de créer tout. Sur la foi d'un si beau vœu, ils rêvaient déjà pour leur pays une gloire littéraire pareille à celle dont resplendissait pour la seconde fois l'Italie. Du premier jour de sa majorité, cette jeunesse s'émancipa impétueusement, et, selon l'énergique expression d'un contemporain (Du Verdier), on vit une troupe de poëtes s'élancer de l'école de Jean Dorat[1] comme du cheval troyen. Joachim du Bellay les harangua pour ainsi dire avant l'action. Résumons ici les principales idées de son livre remarquable, et justifions par là nos assertions, qui pourraient

---

1. Jean Dorat (ou Daurat, en latin *Auratus*) fut d'abord précepteur particulier de Jean-Antoine de Baïf, fils naturel de Lazare de Baïf. Devenu principal du Collège de Coqueret, il eut pour élèves, avec le même Baïf, Ronsard, Lancelot de Carles, Remi Belleau, Antoine Muret. Du Bellay, ayant rencontré Ronsard dans un voyage, se lia avec lui et avec Baïf, et ils se mirent dès lors à vivre et à étudier tous trois ensemble, sous Dorat.

sembler exagérées et ne sont pourtant que rigoureuses.

« Les langues, disait Du Bellay[1], ne naissent pas, comme les plantes, les unes infirmes et débiles, les autres saines et robustes : toute leur vertu gît au vouloir et arbitre des mortels. Condamner une langue comme frappée d'impuissance, c'est prononcer avec arrogance et témérité, comme font aujourd'hui certains de notre nation, qui, n'étant rien moins que Grecs ou Latins, déprisent et rejettent d'un sourcil plus que stoïque toutes choses écrites en françois. Si notre langue est plus pauvre que la grecque ou la latine, ce n'est pas à son impuissance qu'il faut l'imputer, mais à l'ignorance de nos devanciers, qui nous l'ont laissée si chétive et si nue qu'elle a besoin des ornements et pour ainsi dire des plumes d'autrui. Qu'on ne perde pourtant pas courage : les langues grecque et latine n'ont pas toujours été ce qu'on les vit du temps de Démosthènes et de Cicéron, et d'ailleurs le règne du grand roi François a montré, par toutes sortes de traductions, que notre langue françoise n'avoit pas eu à sa naissance les astres et les Dieux si ennemis. Philosophes, historiens, médecins, poëtes, orateurs grecs et latins, ont appris à parler françois[2]. Les Hébreux même ont été mis

---

[1]. Ce qui suit est une analyse de l'*Illustration de la Langue françoise*, faite autant que possible avec les propres expressions de Du Bellay.

[2]. On lit dans Thomas Sebilet, dont l'*Art poétique* résume l'histoire de la poésie sous François Ier : « Des

au langage vulgaire, au grand regret de ces druides
vénérables, qui ne craignent rien tant que la découverte de leurs mystères. Cependant les traductions ne suffisent pas pour illustrer la langue. Elles
peuvent bien reproduire cette partie des anciens
qu'on nomme invention, mais non pas celle qu'on
nomme élocution. Or, sans l'élocution, toutes choses
restent comme inutiles et semblables à un glaive
encore couvert de sa gaîne ; sans métaphores, allégories, comparaisons et tant d'autres figures et
ornements, toute oraison et poëme sont nus et
débiles. D'où il arrive que, si dans la lecture d'un
Homère, d'un Démosthènes, d'un Cicéron ou d'un
Virgile, vous passez du texte à la traduction, il
vous semble passer de l'ardente montagne de l'Etna
sur le froid sommet du Caucase. Pour ces raisons, qu'on se garde bien, entre autres choses,
d'oser jamais traduire les poëtes ; car ce seroit les
trahir et les profaner, à moins pourtant qu'on n'y

---

poëmes qui tombent sous l'appellation de grand œuvre,
comme sont en Homère l'*Iliade*, en Virgile l'*Enéide*, tu
trouveras peu ou point entrepris ou mis à la fin par les
poëtes de notre temps. Te faudra recourir au *Roman de
la Rose*, qui est un des plus grands œuvres que nous
lisons aujourd'hui en notre poésie françoise, et croy que
cette défaillance d'œuvres grands et héroïques part de
faute de matière, ou de ce que chacun des poëtes famés
savants aime mieux, en traduisant, suivre la trace approu-
vée de tant d'âges et de bons esprits, etc. Pourtant
t'averty-je que la version ou traduction est aujourd'hui
le poëme le plus fréquent et le mieux reçu des estimés
poëtes et des doctes lecteurs... »

soit forcé par le commandement exprès des princes et des grands seigneurs, et par l'obéissance qu'on doit à de tels personnages. Les Romains ont bien su enrichir leur langue sans vaquer à ce labeur de traduction; mais ils imitoient les meilleurs auteurs grecs, se transformant en eux, les dévorant, et, après les avoir bien digérés, les convertissant en sang et en nourriture. C'est en cette manière qu'il nous faut imiter les Grecs et les Latins. Autant néanmoins que ces emprunts sont louables à l'égard des sentences et des mots d'une langue étrangère, autant ils sont odieux et sordides à l'égard des auteurs d'une même langue, comme on voit faire à certains savants qui s'estiment meilleurs à proportion qu'ils ressemblent davantage à Héroët ou à Marot.

« Tout ce qui précède s'adresse également à l'orateur et au poëte, qui sont comme les deux piliers de l'édifice de chaque langue. Mais, comme Etienne Dolet a formé l'*orateur françois*, je ne m'occuperai qu'à ébaucher le poëte. Il faut lui recommander avant tout l'imitation des Grecs et des Latins. Que Marot plaise aux uns parce qu'il est facile et ne s'éloigne point de la commune manière de parler; qu'Héroët plaise aux autres parce que tous ses vers sont doctes, graves et élaborés : pour moi, de telles superstitions ne m'empêchent point d'estimer notre poésie françoise capable de quelque plus haut et meilleur style que celui dont nous nous sommes si longuement contentés. De tous nos anciens poëtes, il n'est presque que Guillaume de Lorris et Jean de Meung qui méritent d'être lus, et encore pour curiosité bien plus que pour profit. Les plus récents sont assez connus par leurs œuvres, et j'y renvoie les lecteurs pour en faire jugement. Je dirai pourtant que Jean Le Maire de Belges me semble avoir le premier illustré et les Gaules et la langue françoise, en lui donnant beaucoup de mots et de manières de parler poétiques, qui ont bien servi même aux plus excellents de notre temps. Ceux-ci ne sont pas en bien grand nombre ; hors cinq ou six, qui servent au reste comme de porte-enseignes, la tourbe des imitateurs est si ignorante en toutes choses, que notre langue n'aura garde de s'étendre par leur moyen. Toi donc qui te destines au service des Muses, tourne-toi aux auteurs grecs et latins, même italiens et espagnols, d'où tu pourras tirer une forme de poésie plus exquise que de nos auteurs françois. Ne te fie point aux exemples de ceux des nôtres qui ont acquis grande renommée avec point ou peu de science, et ne m'allègue point que les poëtes naissent ; ce seroit chose trop facile que d'atteindre ainsi à l'immortalité. Qui veut voler par les bouches des hommes doit longuement demeurer en sa chambre ; et qui désire vivre en la mémoire de la postérité doit, comme mort en soi-même, suer et trembler maintes fois ; et autant que nos poëtes courtisans boivent, mangent et dorment à leur aise, il doit endurer la faim, la soif et de longues veilles : ce sont les ailes dont les écrits des hommes volent au ciel. Lis donc, et relis jour et nuit les exemplaires grecs et latins ; et laisse-moi aux Jeux Floraux de Toulouse et au

Puy de Rouen toutes ces vieilles poésies françoises, comme rondeaux, ballades, virelais, chants royaux, chansons, et telles autres épiceries, qui corrompent le goût de notre langue et ne servent sinon à porter témoignage de notre ignorance. Jette-toi à ces plaisantes épigrammes, à l'imitation d'un Martial ; distille d'un style coulant ces lamentables élégies, à l'exemple d'un Ovide, d'un Tibulle et d'un Properce; fredonne sur la musette ces églogues rustiques dont Marot a montré l'usage dans l'églogue sur la naissance d'un enfant royal ; sonne-moi aussi ces beaux sonnets de savante et agréable invention italienne ; remplace-moi les chansons par les odes, les coq-à-l'âne par la satire, les farces et moralités par les comédies et tragédies. Choisis-moi, à la façon de l'Arioste, quelqu'un de ces beaux vieux romans françois, comme un Lancelot, un Tristan, ou autres, et fais-en renaître au monde une admirable Iliade ou une laborieuse Énéide. Sur toute chose, observe que ton poëme soit éloigné du vulgaire. Je voudrois bien dire ici, en passant, à ceux qui écrivent nos romans en beau langage pour les demoiselles, d'employer cette grande éloquence à recueillir les fragments de vieilles chroniques françoises, et, comme a fait Tite-Live des annales et autres anciennes chroniques des Romains, d'en bâtir le corps entier d'une belle histoire. »

Suivent plusieurs conseils de versification, la plupart fort judicieux; puis, venant à parler des mauvais poëtes français, Du Bellay leur lance cette invective : « O combien je désire voir *sécher* ces *printemps* (Jean Le Blond, ami de Sagon, avait intitulé un poëme, de 1536, *le Printemps de l'humble Espérant*), rabattre ces *coups d'essay* (Sagon avait intitulé son attaque contre Marot *Coup d'Essay*), tarir ces *fontaines* (Charles Fontaine intitulait ses poésies *Ruisseaux de Fontaine!* Je ne souhaite pas moins que ces *dépourvus*, ces *humbles espérants*, ces *bannis de lyesse* (François Habert, poëte de Henri II, prenait ce nom), ces *esclaves fortunés* (Michel d'Amboise), ces *traverseurs* (Jean Bouchet, *traverseur des voies périlleuses*), soient renvoyés à la Table-Ronde, et ces belles petites devises aux gentilshommes et demoiselles dont on les a empruntées! Je supplie Phébus-Apollon que la France, après avoir été si longuement stérile, enfante bientôt un poëte dont le luth bien résonnant fasse taire ces enrouées cornemuses. »

Après avoir, dans une dernière et chaleureuse allocution, exhorté nos auteurs à se convertir à la langue maternelle, après les avoir, pour ainsi dire, enivrés d'un dithyrambe en l'honneur de la France, et s'être écrié, à la manière de César, qu'il vaut mieux être un Achille chez soi qu'un Diomède ailleurs. Du Bellay poursuit dans son style de poëte, et passe en ces termes le Rubicon :

« Là doncques, François, marchez courageusement vers cette superbe Cité romaine, et des serves dépouilles d'elle (comme vous avez fait plus d'une fois) ornez vos temples et vos autels. Ne craignez plus ces oies criardes, ce fier Manlie, et ce traître Camille, qui, sous ombre de bonne foi, vous surprenne tout nuds, comptant la rançon du Capitole ; donnez en cette Grèce menteresse, et y semez encore un coup la fameuse nation des Gallo-Grecs. Pillez-moi, sans conscience, les sacrés trésors de ce temple delphique, ainsi que vous avez fait autrefois ; et ne craignez plus ce muet Apollon, ses faux oracles, ni ses flèches rebouchées. Vous souvienne de votre ancienne Marseille, seconde Athènes, et de votre Hercule gallique, tirant les peuples après lui par leurs oreilles, avec une chaîne attachée à sa langue[1]. »

Quoi qu'on puisse aujourd'hui penser de ces éblouissantes promesses, l'augure en est sur l'heure accepté, et la croisade commence. « Ce fut une belle guerre que l'on entreprit lors contre l'ignorance, » nous dit en ses *Recherches* Pasquier, dont le vieux cœur se réchauffe après quarante ans à ces souvenirs de jeunesse. Son imagination s'anime pour les peindre, et il se plaît à nous montrer

---

[1]. D'Alembert a dit des *Tropes* de Dumarsais que tout y était à lire, même le post-scriptum. On peut en dire autant du livre de Du Bellay. Son *post-scriptum*, comme celui de Dumarsais, se rapporte à l'orthographe. Du Bellay s'excuse de n'avoir pas suivi le nouveau système d'orthographe, introduit alors par Meygret, et qui consistait à écrire comme on prononce. Il juge cette innovation grammaticale très-légitime ; mais il paraît craindre de compromettre, en l'adoptant, le succès de son innovation poétique. Toutes ces réformes d'ailleurs se liaient entre elles, et avaient en général les mêmes partisans et les mêmes adversaires.

Pierre de Ronsard, Pontus de Thiard, Remi Belleau, Etienne Jodelle, Jean-Antoine de Baïf[1], s'avançant en brigade, et formant ce qu'il appelle le gros de la bataille. « Chacun d'eux avoit sa maîtresse qu'il magnifioit, et chacun se promettoit une immortalité de nom par ses vers : vous eussiez dit que ce temps-là étoit du tout consacré aux Muses. » Le siècle entier est désormais gagné à cette génération ardente ; tous les nouveaux poëtes s'enrôlent sous leurs bannières, et quelques-uns même des anciens, tels que Maurice Scève de Lyon[2], Jacques Peletier du Mans, Thomas Sebilet et Théodore de Bèze, se rallient à eux. Vainement le bon Gaulois Rabelais prodigue-t-il ses bouffées de railleries à un style qui rappelle le jargon de son écolier limousin : on ne prend pas son rire au sérieux, et, quand il meurt, ceux même dont il s'est moqué

---

1. Pasquier ajoute encore à cette *brigade* Jacques Tahureau, Guillaume Des Autels, Nicolas Denisot, dit *le Conte* (Comte) *d'Alsinois* par anagramme, Louis Le Carond, Olivier de Magny, Jean de La Péruse, Marc-Claude de Buttet, Jean Passerat, Louis Des Masures, et enfin lui-même, qui faisait alors ses premières armes.

2. Maurice Scève trouva grâce auprès des novateurs. Du Bellay le loue d'avoir, l'un des premiers, retiré la poésie du peuple et de l'ignorance. Pasquier le range à côté de Bèze et de Peletier, dans l'*avant-garde* de Ronsard. Sebilet, au contraire, regarde ses vers comme si obscurs, qu'il juge souvent impossible de les entendre. Nous avons précédemment cité de lui quelques dizains. Il avait dans sa jeunesse mérité les éloges de Marot, et avait travaillé au *Blason du Corps féminin*.

lui font à l'envi de belles épitaphes[1]. Vainement Saint-Gelais, avec son goût raffiné et sa plaisanterie caustique, essaye-t-il de parodier devant le monarque les odes enflées de Ronsard : il est réduit, dans l'intérêt de sa propre renommée, à en passer par une réconciliation, à subir les éloges du jeune vainqueur, et, lui laissant désormais libre carrière, il se réfugie tristement dans les vers latins. Charles Fontaine pourtant voulut répliquer : il était personnellement attaqué par Du Bellay, et, comme celui-ci avait joint au livre de l'*Illustration* plusieurs sonnets où il célébrait une maîtresse du nom d'*Olive*, Fontaine tenait à prouver que *l'eau de sa Fontaine dureroit autant que le feu de l'huile d'Olive*. Sa réponse intitulée *Quintil Horatian* (1551) est une critique de détail quelquefois ingénieuse, mais le plus souvent futile. Le poëte grammairien reproche à Du Bellay, ici d'avoir écrit *défense* avec deux *ff* et un *c* ; là d'avoir appelé Horace le *Pindare latin* ; plus loin d'avoir hasardé la métaphore du *sourcil stoïque* ou celle du *glaive engaîné*. Il lui fait même un crime d'avoir employé, au lieu de *pays*, le mot de *patrie*, qui n'avait pas encore apparemment droit de cité en France. S'il en vient à l'examen des poésies, les

---

1. Bayle rapporte, il est vrai, que Ronsard, qui ménageait Rabelais vivant, lui fit à sa mort une épitaphe mordante. On peut voir dans mon Choix des poésies de Ronsard cette pièce bachique plutôt que satirique. Mais on a une autre épitaphe par Baïf, qui célèbre l'illustre *rieur*, et Joachim Du Bellay a dit *l'utile-doux* Rabelais.

remarques sont toujours de la même force. Du Bellay avait appelé le Parnasse le mont *deux fois cornu*, et Fontaine lui observe très-judicieusement que c'est assez d'une fois : « Car, dit-il, il n'y a que deux croupes, et s'il étoit deux fois cornu, il y en auroit quatre[1]. » Quant aux critiques plus importantes et réellement décisives, Fontaine les touche bien en passant, mais il les fait trop peu ressortir. Nous y insisterons davantage.

Dans le noble dessein d'illustrer la langue et en particulier la poésie française, il ne fallait pas injustement flétrir tout ce que la France avait produit jusque-là de naïf et d'indigène. Du Bellay se fâche hors de propos contre les rondeaux et ballades, dont la vogue était déjà passée; il oublie que Saint-Gelais, Scève, Salel et Héroët faisaient fort peu de rondeaux, et que ceux de Marot n'avaient guère été que des exercices de jeunesse, des réminiscences de la muse paternelle. Ces innocents poëmes, quoiqu'un peu vieillis, méritaient de sa part moins de mauvaise humeur; ils ne corrompaient aucunement la langue, et, en fait d'*épiceries*, les sonnets à l'italienne et les épigrammes à la Martial pouvaient compter pour bien davantage. Ces sonnets n'étaient pas d'ailleurs exclusivement propres à la nouvelle école, puisque Saint-Gelais en composait d'excellents[2]; et les épigrammes de

---

1. Je crois lire Auger ou M. Jay.
2. Marot lui-même avait déjà composé quelques sonnets.

Martial n'avaient pas de quoi faire oublier les épigrammes toutes récentes de Marot. Les élégies de celui-ci, puisqu'on voulait absolument des élégies, avaient droit à quelque mention ; son églogue en avait bien moins, et c'était montrer peu de discernement que de proposer en modèle cette froide allégorie. Le *coq-à-l'âne,* en devenant *satire,* changeait de nom plutôt que de nature, et l'on ne faisait que récuser, comme parrain du genre, Marot, qui, pour des Français, était aussi compétent que Thespis. A quel propos encore repousser la chanson[1] et lui défendre de fleurir à distance respectueuse de l'ode? La tragédie nous manquait, sans doute ; mais la farce était par moments de la bonne et franche comédie : comme étude dramatique, *Patelin* et quelques chapitres de Rabelais valaient bien *l'Andrienne.* A tout prendre, la réforme pro-

---

1. Pasquier dit en ses *Recherches* : « On retint de l'ancienne poésie l'élégie, l'églogue, l'épitaphe, et encore *la chanson,* nonobstant l'avis de Du Bellay. » Du Bellay parle avec dédain de la chanson de Saint-Gelais, *Déploration de Vénus à la mort d'Adonis,* qui commence par ces vers :

> *Laissez la verte couleur,*
> *O princesse Cythérée, etc.*

Cependant elle était jusque-là regardée comme la meilleure de Mellin, qui avait la palme du genre. Charles Fontaine, qui gourmande à ce propos Du Bellay, nous apprend que, non content de composer des chansons, Saint-Gelais les mettait en musique, et les chantait en s'accompagnant sur une lyre.

clamée par Du Bellay comme une découverte de la veille se réduisait à deux parts, dont l'une n'était pas aussi neuve ni l'autre aussi praticable qu'il le prétendait. L'épigramme, l'élégie, l'églogue, le sonnet, la satire et l'étude des chefs-d'œuvre anciens appartenaient déjà à Marot, à Saint-Gelais, et à leur école : restait à Du Bellay l'honneur de proposer l'ode pindarique, la comédie et la tragédie grecques aussi bien que le poëme épique. Mais l'exécution a montré que lui et ses amis ont en cela méconnu et forcé le génie de leur époque. Ne trouvant point en France de vocabulaire poétique tout fait, ni même assez d'éléments dont on pût le composer à leur guise, ils se sont mis à exploiter en grammairiens le grec, le latin et l'italien ; manœuvres avant d'être architectes, ce n'est qu'après la fatigue de ces doctes préliminaires qu'ils ont abordé la poésie. Surtout ils ont évité d'en faire une chose accessible et populaire[1] : *Odi profanum vulgus* était leur devise, et elle contrastait d'une manière presque ridicule avec la prétention qu'ils affichaient de fonder une littérature nationale ; alors qu'on se moquait des *vénérables druides* et des *recéleurs de mystères*, il convenait mal de les imiter. Qu'est-il donc advenu, que devait-il advenir de cette langue savante, construite sur la langue populaire? La langue populaire a fait un pas, et tout l'échafaudage de la langue savante a

---

[1]. Du Bellay pousse cette aversion théorique contre *le familier* et *le populaire* jusqu'à rejeter *l'épitre*, dans laquelle Marot avait si fort excellé.

croulé. L'accident était soudain ; et, comme le sublime désappointé touche au grotesque, un long rire a éclaté comme à une chute de tréteaux.

Pour nous, qui venons plus tard, une disposition plus sérieuse et plus équitable dirigera notre examen, et, la part une fois faite à la sévérité, nous reconnaîtrons que l'erreur de Du Bellay et de Ronsard n'a pas été une erreur vulgaire ; qu'elle suppose une rare vigueur de talent, de longues veilles, un dévouement profond, une pure et sainte conception de la poésie. Nous compatirons à ces nobles cœurs qui se débattaient contre une langue rebelle à leur pensée ; et les victimes enchaînées sous l'écorce des arbres dans la forêt enchantée du Tasse nous donneront l'idée du supplice qu'ils durent subir. Tant d'efforts, après tout, n'ont pu rester sans effets. La langue y a gagné une foule de mots et de tours dont jusque-là elle n'avait pas ressenti le besoin, et dont plus tard elle s'est heureusement prévalue. Si l'importation a été parfois violente et capricieuse, comme dans une sorte de seconde invasion romaine, elle a laissé du moins de ces traces récentes et vives, telles qu'on en retrouve encore tout à nu dans le grand Corneille. De plus il faut songer que les innovations même les plus légitimes ne s'accomplissent jamais à l'amiable ; en toute réforme on n'obtient que peu, quoiqu'on réclame beaucoup ; ce qui semble un appareil superflu d'efforts n'est souvent que l'instrument nécessaire du moindre succès ; et peut-être, pour reprendre une image déjà employée, peut-être l'échafaudage fastueux dressé par Ronsard et abattu

par Malherbe n'avait-il rien que de strictement
indispensable à la construction de l'édifice régulier
qui l'a remplacé.

Mais avant d'aborder Ronsard, qui fut le grand
artisan de la réforme poétique, arrêtons-nous encore à Du Bellay, qui l'avait prêchée avec tant de
zèle et qui la pratiqua avec un vrai succès Il tint
en partie les promesses de son *Illustration de la
Langue françoise,* et se garda de la plupart des
excès où tombèrent ses contemporains. Des images,
de l'énergie, de la dignité, du sentiment, telles sont
les qualités jusque-là inconnues qu'on distingue en
lui quelquefois et dont les vestiges révèlent un
poëte. Son mauvais goût n'est guère pire que celui
de Saint-Gelais; s'il lui arrive souvent de *pétrar-
quiser,* comme on le disait alors, du moins il ne
*pindarise* pas; sa facilité le sauve de l'enflure pédantesque. Lui-même nous apprend que ses amis
mettent ses chansons à côté de celles de Ronsard,
et qu'ils en donnent pour raison

*Que l'un est plus facile et l'autre plus savant*[1].

Malherbe a eu tort de le reprendre de cette facilité :
elle valait mieux que le *cerveau rétif* qu'il reprochait à Ronsard. Les poëmes principaux de Du Bellay
sont *l'Olive, les Regrets* et *les Antiquités de Rome;*
il les a composés en sonnets qui se succèdent sans
beaucoup de liaison. Dans *l'Olive,* il célèbre sa

---

1. Pasquier a dit : « Chacun donne à Ronsard la gravité, à Du Bellay la douceur. »

maîtresse, et, parcourant en détail toutes ses beautés, il les compare successivement aux beautés analogues de la nature, sa voix au souffle du zéphyre, ses yeux au soleil, etc., etc. Fontaine critique ce luxe de comparaisons dans le *Quintil Horatian* : « Tu es trop battologic, qui en quatre feuilles de papier répètes plus de cinquante fois *ciel* et *cieux*, tellement que tu peux sembler tout célestin. Semblablement tu redis souvent mêmes choses et paroles, comme *armées, ramées, oiseaux*, des *eaux, fontaines vives* et leurs *rives, bois, abois, Orient, Arabie, perles, vignes, ormes*, et telles paroles et choses par trop souvent redites en même et petit œuvre, et quasi en même forme, qui témoignent ou affectation ou pauvreté. » Cependant on avait trop ignoré jusque-là en France cette poésie de sentiments et d'images; bien ménagée, elle pouvait tempérer à propos la gaieté de cabaret, et répandre sur la langue un peu de décence et d'éclat. C'est dans *l'Olive* qu'on trouve ce vers pittoresque, dont Marot ne se fût jamais avisé :

*Du cep lascif les longs embrassements.*

*Les Regrets* sont des espèces de *Tristes*, composées par Du Bellay durant le séjour de trois ou quatre ans qu'il fit à Rome avec le cardinal Du Bellay son parent. Les dégoûts d'un office subalterne, le spectacle des mœurs italiennes et de la cour pontificale, les souvenirs de l'antiquité déchue, et plus encore ceux de la patrie absente, tout abreuva le poëte d'un ennui qui n'a que trop passé dans ses vers. Mais c'est déjà quelque chose de remarquable que ce sérieux et parfois amer sentiment d'une âme qui s'ennuie et qui souffre[1]. Le gentil maître Clément, emprisonné et persécuté, ne savait que badiner avec ses maux ; et Rabelais, qui, vingt ans avant Du Bellay, faisait le voyage d'Italie, comme médecin du même cardinal, Rabelais disciple ou compère de Marot, de Villon et de la bonne vieille école facétieuse, ne paraît pas s'être consumé en regrets mélancoliques dans le pays des Papimanes.

---

[1]. Il se reproche en un endroit d'avoir sacrifié ses études et sa gloire aux soins de sa fortune :

> Las ! où est maintenant ce mépris de fortune ?
> Où est ce cœur vainqueur de toute adversité,
> Cet honnête désir de l'immortalité,
> Et cette belle flamme au peuple non commune ?
>
> Où sont ces doux plaisirs qu'au soir, sous la nuit brune,
> Les Muses me donnoient, alors qu'en liberté,
> Dessus le verd tapis d'un rivage écarté,
> Je les menois danser aux rayons de la lune ?
>
> Maintenant la Fortune est maîtresse de moi,
> Et mon cœur, qui souloit être maître de soi,
> Est serf de mille maux et regrets qui m'ennuient.
>
> De la postérité je n'ai plus de souci ;
> Cette divine ardeur, je ne l'ai plus aussi,
> Et les Muses de moi, comme étranges, s'enfuyent.

(A partir de 1550, je n'observerai en général que l'indispensable dans la vieille orthographe des citations. La poésie moderne en effet commence.)

Les ruines de la ville éternelle inspirèrent à Du Bellay ses *Antiquités de Rome*, qui nous semblent, après *les Regrets*, son meilleur poëme. Il s'y élève par moments jusqu'à l'énergie, et dans sa manière d'évoquer ce *vieil honneur poudreux* il y a déjà des expressions qui appartiendront plus tard à la langue de Corneille[1]. A la vue de ces débris éloquents, le poëte se replie sur lui-même, et dit à son âme de se consoler, parce que les désirs meurent aussi bien que les empires ; interrogeant brusquement ses vers, il leur demande s'ils espèrent encore l'immortalité.

Du Bellay a composé des poésies lyriques où se rencontrent beaucoup de strophes d'un ton élevé et soutenu. Dans une ode sur *l'immortalité*, il s'écrie avec un dédain de conviction :

> *L'un aux clameurs du palais s'étudie ;*
> *L'autre le vent de la faveur mendie :*
>   *Mais moi, que les grâces chérissent,*
>   *Je hais les biens que l'on adore ;*
>   *Je hais les honneurs qui périssent*
>   *Et le soin qui les cœurs dévore :*
> *Rien ne me plaît, fors ce qui peut déplaire*
> *Au jugement du rude populaire.*

---

1. Il dit, en parlant des guerres civiles des Romains :

> *Quand, si cruellement l'un sur l'autre animés,*
> *Vous détrempiez le fer en vos propres entrailles.*

Il dit qu'on n'aperçoit plus *Rome en Rome.*

Ailleurs il s'excite à chanter dans sa langue maternelle, plutôt que de se traîner à la suite des anciens. La pièce est adressée à Marguerite, sœur de Henri II et protectrice des novateurs contre la cabale de cour :

> *Quiconque soit qui s'étudie*
> *En leur langue imiter les vieux,*
> *D'une entreprise trop hardie*
> *Il tente la voie des cieux,*

> *Croyant en des ailes de cire*
> *Dont Phœbus le peut déplumer ;*
> *Et semble à le voir qu'il désire*
> *Nouveaux noms donner à la mer.*
> . . . . . . . . . .
> *Princesse, je ne veux point suivre*
> *D'une telle mer les dangers,*
> *Aimant mieux entre les miens vivre*
> *Que mourir chez les étrangers.*

> *Mieux vaut que les siens on précède*
> *Le nom d'Achille poursuivant,*
> *Que d'être ailleurs un Diomède,*
> *Voire un Thersite bien souvent.*

> *Quel siècle éteindra ta mémoire,*
> *O Boccace ! et quels durs hivers*
> *Pourront jamais sécher la gloire,*
> *Pétrarque, de tes lauriers verds ?*
> . . . . . . . . . .
> *Et moi, si la douce folie*
> *Ne me déçoit, je te promets,*

> *Loire, que ta lyre abolie,*
> *Si je vis, ne sera jamais.*

Mais c'est surtout par la grâce et la douceur qu'il paraît exceller, ainsi que l'avaient bien senti ses contemporains en le surnommant *l'Ovide françois*. L'éloge qu'il donne quelque part à un poëte de ses amis s'applique tout à fait à lui-même :

> *L'amour se nourrit de pleurs,*
> *Et les abeilles de fleurs ;*
> *Les prés aiment la rosée,*
> *Phœbus aime les neuf Sœurs,*
> *Et nous aimons les douceurs*
> *Dont ta muse est arrousée.*

Dans l'ode *à deux Damoiselles*, lorsque, après avoir célébré *leurs beautés*, il les engage à fuir *les façons cruelles* et à laisser conduire leur nef au port de l'hyménée, on croit entendre le poëte moderne qui montre à sa bien-aimée le golfe chéri :

> *Ces petites ondes enflées,*
> *Des plus doux zéphyres soufflées,*
> *Sans fin vont disant à leur bord :*
> *Heureuse la nef arrêtée*
> *Par le mors de l'ancre jetée*
> *Dedans le sein d'un si beau port !*

Victor Hugo n'a pu trouver, pour la charmante ballade de *Trilby*, de plus sémillante épigraphe que cette chanson de Du Bellay adressée aux vents par un *vanneur de blé*[1] :

*A vous, troupe légère,*
*Qui d'aile passagère*
*Par le monde volez,*
*Et d'un sifflant murmure*
*L'ombrageuse verdure*
*Doucement ébranlez,*

*J'offre ces violettes,*
*Ces lis et ces fleurettes,*
*Et ces roses ici,*
*Ces merveillettes roses,*
*Tout fraîchement écloses,*
*Et ces œillets aussi.*

*De votre douce haleine*
*Éventez cette plaine,*

---

1. Hugo, saluant la bienvenue de **Trilby** que Nodier lui avait envoyée, chantait ainsi :

*C'est toi, lutin ! — Qui l'amène*
*Sur ce rayon du couchant ?*
*Es-tu le vent ? Ton haleine*
*Me caresse en me touchant !*

*A mes yeux tu te révèles,*
*Tu m'inondes d'étincelles,*
*Et tes frémissantes ailes*
*Ont un bruit doux comme un chant...*

Il n'y a pas grand sens dans toute cette ballade, pas plus que dans tout le livre de Nodier ; mais c'est léger, bruissant et chantant.

> *Éventez ce séjour,*
> *Ce pendant que j'ahanne*[1]
> *A mon bled que je vanne*
> *A la chaleur du jour !*

Du Bellay, en effet, qui proscrivait les chansons, en faisait de fort jolies, et Marmontel en cite une qu'il compare aux meilleures d'Anacréon et de Marot. On y est frappé, entre autres mérites, de la libre allure, et en quelque sorte de la fluidité courante de la phrase poétique, qui se déroule et serpente sans effort à travers les sinuosités de la rime :

> *Ayant, après long désir,*
> *Pris de ma douce ennemie*
> *Quelques arrhes du plaisir*
> *Que sa rigueur me dénie,*
>
> *Je t'offre ces beaux œillets,*
> *Vénus, je t'offre ces roses,*
> *Dont les boutons vermeillets*
> *Imitent les lèvres closes*
>
> *Que j'ai baisé par trois fois,*
> *Marchant tout beau dessous l'ombre*
> *De ce buisson que tu vois ;*
> *Et n'ai su passer ce nombre,*
>
> *Pour ce que la mère étoit*
> *Auprès de là, ce me semble,*

---

1. *Ahanner*, travailler, fatiguer.

*Laquelle nous aguettoit :*
*De peur encore j'en tremble.*

*Or, je te donne ces fleurs ;*
*Mais, si tu fais ma rebelle*
*Autant piteuse à mes pleurs*
*Comme à mes yeux elle est belle,*

*Un myrte je dédierai*
*Dessus les rives de Loire,*
*Et sur l'écorce écrirai*
*Ces quatre vers à ta gloire :*

« *Thenot, sur ce bord ici,*
*A Vénus sacre et ordonne*
*Ce myrte et lui donne aussi*
*Ses troupeaux et sa personne*[1]. »

Dans plusieurs épîtres de Du Bellay, dans *l'Hymne à la Surdité*[2] et *le Poète Courtisan*, l'alexandrin est manié avec la gravité et surtout l'aisance qu'il avait durant ces premiers temps de rénovation. Malherbe ne lui avait pas encore imposé, comme loi de sa marche, le double repos invariable du milieu et de la fin du vers. Si le mouvement de la pensée était plus fort, la césure, obéissante et mobile, se déplaçait ; et, bien qu'elle ne disparût ja-

---

1. Cette pièce et la précédente sont imitées du latin de Naugerius.

2. Dans l'*Hymne à la Surdité*, le poëte se félicite d'être devenu sourd comme Ronsard. Cette surdité de Ronsard avait alors quelque chose d'aussi vénérable que la cécité d'Homère.

mais complétement après le premier hémistiche, elle ne faisait dans ce cas qu'y glisser en courant, y laisser un vestige d'elle-même, et s'en allait tomber et peser ailleurs, selon les inflexions du sens et du sentiment. La rime aussi, au lieu d'être un signal d'arrêt et de sonner la halte, intervenait souvent dans le cours d'un sens à peine commencé, et alors, loin de l'interrompre, l'accélérait plutôt en l'accompagnant d'un son large et plein. Cet alexandrin primitif, à la césure variable, au libre enjambement, à la rime riche, qui fut d'habitude celui de Du Bellay, de Ronsard, de d'Aubigné, de Regnier, celui de Molière dans ses comédies en vers, et de Racine en ses *Plaideurs*, que Malherbe et Boileau eurent le tort de mal comprendre et de toujours combattre, qu'André Chénier, à la fin du dernier siècle, recréa avec une incroyable audace et un bonheur inouï; cet alexandrin est le même que la jeune école de poésie affectionne et cultive, et que tout récemment Victor Hugo par son *Cromwell*, Emile Deschamps et Alfred de Vigny par leur traduction en vers de *Roméo et Juliette*, ont visé à réintroduire dans le style dramatique[1]. Nos vieux poëtes ne s'en sont guère ser-

---

[1]. Je maintiens, comme on voit, la trace des promesses, de celles mêmes qui n'ont pas également tenu. Un tort des poëtes du *Cénacle* a été de ne point publier une bonne fois toutes ces traductions vraiment distinguées qu'ils avaient faites en commun des plus belles pièces de Shakspeare. Chacun a gardé jalousement sa quote-part, et ils ont manqué le moment.

vis que pour l'épître et la satire, mais ils en ont
connu les ressources infinies et saisi toutes les
beautés franches. On est heureux, en les lisant, de
voir à chaque pas se confirmer victorieusement
une tentative d'hier et de la trouver si évidemment
conforme à l'esprit et aux origines de notre versification [1].

*Le Poëte Courtisan* de Du Bellay est remarquable encore à d'autres égards; on peut considérer cette pièce comme une de nos premières et de
nos meilleures satires régulières ou classiques.
Elle est dirigée contre les poëtes de cour, qui en
vouloient à l'érudition de leurs jeunes rivaux et les
traitaient de pédants. Du Bellay raille la fatuité
et l'ignorance de ces beaux esprits qui ne savent
que flatter les grands seigneurs et les grandes
dames; il les représente avec leur léger bagage
poétique, un *sonnet*, un *dixain*, un *rondeau bien
troussé*, ou bien une *ballade* (*du temps qu'elle
couroit*), débitant mystérieusement leurs petits
vers de ruelle en ruelle, déchirant sans pitié toute
œuvre étrangère à leur coterie, et se gardant de
rien publier eux-mêmes, de peur de représailles.
Je ne puis croire que le trait suivant ne soit pas un
peu adressé à Mellin de Saint-Gelais, chef de la
cabale :

---

[1]. N'est-ce pas cet irrévérent M. de Stendhal qui a
dit : « Le vers français (l'alexandrin) ressemble assez à
une paire de pincettes brillantes et dorées, mais droites
et roides : il ne peut fouiller dans les recoins. » — J'ai
mis le mot sur le compte de Stendhal, il est de moi.

*Tel étoit de son temps le premier estimé,*
*Duquel, si on eût lu quelque ouvrage imprimé,*
*Il eût renouvelé peut-être la risée*
*De la montagne enceinte; et sa muse, prisée*
*Si haut auparavant, eût perdu, comme on dit,*
*La réputation qu'on lui donne à crédit.*

Si cette conjecture est exacte, Du Bellay ne tarda pas à se rétracter. Injuste envers l'école de Marot au moment de la rupture, il se radoucit aussitôt après la victoire. On trouve dans ses œuvres une épitaphe en l'honneur de Clément. C'est, il est vrai, le seul et unique hommage qu'il ait rendu à cette muse bourgeoise, et il y a même lieu de penser qu'il fit cette épitaphe de très-bonne heure, avant ses relations avec Ronsard. Du moins il a l'indulgence et l'équité de proclamer Héroët et Saint-Gelais, dans des odes qu'il leur adresse, *les favoris des Grâces* et *l'honneur du Parnasse françois*[1]. Jusqu'ici peut-être on ne l'avait pas lui-

---

1. Du Bellay, dans son *Illustration*, avait défendu de traduire les poëtes ; pourtant il a traduit plus d'une fois les poëtes anciens, et en particulier les quatrième et sixième livres de l'*Énéide*. Il fait dans la préface de cette dernière traduction un aveu remarquable, qui prouve son retour à la modération, après le premier feu de la querelle : « Je n'ai pas oublié ce qu'autrefois j'ai dit des translations poétiques; mais je ne suis si jalousement amoureux de mes premières appréhensions que j'aie honte de les changer quelquefois, à l'exemple de tant d'excellents auteurs, dont l'autorité nous doit ôter cette opiniâtre opinion de vouloir toujours persister en

même suffisamment apprécié. Novateur en poésie, il le fut avec autant de talent et plus de mesure qu'aucun de ses contemporains. Mais, comme il mourut jeune, sa réputation s'est de bonne heure allée perdre dans la gloire de Ronsard avant d'être enveloppée dans la même chute [1].

---

ses avis, principalement en matières de lettres ; quant à moi, je ne suis pas stoïque jusque-là, etc., etc. »

1. Victime des soucis et de l'étude, Du Bellay mourut d'apoplexie à trente-cinq ans (1560). Il était chanoine de Paris, et allait être nommé archevêque de Bordeaux. Né en Anjou (fin de 1524), il y avait passé son enfance et sa première jeunesse ; son éducation avait été très-négligée, et il nous dit lui-même qu'il ne se livra que bien tard aux lettres. Tous les biographes ont commis sur son compte une erreur assez grave. Ils nous le montrent déjà en faveur auprès de François Ier et de sa sœur Marguerite. Mais François Ier était mort en 1547, avant les premiers essais de Du Bellay. Il est vrai que celui-ci adresse un grand nombre de ses pièces à Marguerite, sœur unique du Roi, mais cette Marguerite est la sœur de Henri II, pour laquelle il fit plus tard un épithalame lorsqu'elle épousa le duc de Savoie. Il est vrai aussi qu'il adresse des sonnets à la reine de Navarre, qui lui répond également en vers ; mais cette reine est Jeanne d'Albret, fille de Marguerite et mère de Henri IV. Quand Du Bellay parle de Marguerite de Navarre, c'est pour déplorer sa mort, qui était arrivée en 1549. Cette méprise, qui semble insignifiante en elle-même, devient plus grave en ce qu'elle assigne une date fausse aux premiers essais de la réforme poétique. Cette réforme en effet commença sous Henri II, et non sous François Ier. Henri II s'y montra d'abord peu favorable, et ce ne fut qu'à la sollicitation de sa sœur Marguerite, conseillée

Ce fameux Ronsard, en effet, dont nous avons à parler maintenant, exerça sur la littérature et la poésie, du moment qu'il parut, une souveraineté immense qui, durant cinquante années, ne souffrit ni adversaires ni rivaux. Si nous voulions chercher dans notre histoire un autre exemple d'un ascendant pareil, nous n'aurions à opposer que celui de Voltaire : il faut bien se résigner au ridicule et presque au scandale d'un tel rapprochement. Au reste, pour mieux en apprécier toute la justesse, suspendons un instant la critique, oublions les œuvres de Ronsard, et, avant de porter un jugement sur l'écrivain, donnons-nous le spectacle impartial de son étonnante destinée littéraire : ce drame, mêlé d'héroïque et de grotesque, aura bien sa moralité, son intérêt, et même aussi son genre d'émotions sérieuses.

L'enfance et la première jeunesse de Ronsard furent singulièrement actives : dégoûté à neuf ans du collége, il devint page de cour, passa près de trois ans en Ecosse au service du roi Jacques, puis, de retour en France, suivit Lazare de Baïf à la diète de Spire, et le célèbre capitaine Langey en

---

elle-même par Michel L'Hospital, qu'il accorda faveur et protection à la nouvelle école. Malgré des patronages si puissants, Du Bellay ne fut pas à l'abri des persécutions. Quelques sonnets de ses *Regrets* le firent accuser d'impiété, et on le desservit auprès du cardinal son parent, dont il perdit pour un temps la faveur ; il la regagna toutefois, puisque le cardinal devait se démettre pour lui de l'archevêché de Bordeaux.

Piémont. Des naufrages, des guerres, des aventures
galantes, une connaissance des hommes et des
langues, voilà ce qu'il y gagna : nous verrons plus
tard s'il en aura profité en poëte. Du moins il ne
versifiait pas encore ; et, parfois seulement, on le
surprenait dans les écuries du roi un Marot ou un
Jean Le Maire à la main. Cette vie dura jusqu'à
dix-huit ans, et aurait continué sans doute, si tout à
coup le jeune courtisan n'était devenu sourd. Cette
surdité, que les contemporains ont proclamée *bienheureuse*, valut Ronsard à la France. Il avait connu
chez Lazare de Baïf le savant Dorat, précepteur
du fils : il se fait aussitôt son élève, et même s'en-
ferme avec le jeune Baïf au collége de Coqueret,
lorsque Dorat en est nommé principal. Là, il rencontre Remi Belleau, futur poëte, Antoine Muret, déjà érudit, ses condisciples alors, et bientôt
ses commentateurs. Tous sont frappés et remués
de ses progrès et de son audace d'esprit ; en l'entendant, le laborieux mais pesant Baïf s'électrise et
ne rêve plus qu'innovations. Du Bellay, que Ronsard a rencontré un jour en voyage, est du premier abord séduit à ses idées, et s'associe avec
transport aux études communes. Dorat et Turnèbe
eux-mêmes s'étonnent de leur propre admiration
pour un disciple, pour un poëte français né d'hier,
et ne savent que le saluer, dès ses premiers essais,
du surnom d'Homère et de Virgile. Cette forte
discipline de collége[1] se prolonge sept ans entiers ;

---

1. « Ronsard, dit Claude Binet, son ami et son bio-
graphe, ayant été nourri jeune à la cour et dans l'habi-

et, quand ensuite l'ancien page reparaît à la cour, sa renommée l'y a déjà précédé. Une fois Mellin de Saint-Gelais réduit au silence, le succès est rapide, unanime, et ressemble à un triomphe. Proclamé par les Jeux Floraux *le prince des poëtes*, Ronsard, comme on l'avait déjà dit de Marot, devient *le poëte des princes*. Marguerite de Savoie, sœur de Henri II, est pour lui sa Marguerite de Navarre[1]. Marie Stuart l'accueille durant le règne

---

tude de veiller tard, demeuroit à l'étude sur les livres jusqu'à deux et trois heures après minuit, et en se couchant il réveilloit le jeune Baïf, qui, se levant et prenant la chandelle, ne laissoit pas refroidir la place. » Baïf était plus fort en grec, et Ronsard en poésie française, et ils se donnaient l'un à l'autre des conseils et des secours. — Ronsard est poëte à force d'ardeur et de volonté, comme Alfieri.

1. Il ne faut pas oublier non plus Diane de Poitiers, qui joua un grand rôle pour l'introduction de la nouvelle école. Vers la fin du règne de François Ier, il y eut un moment où la littérature et la poésie, sous l'influence de Marguerite de Navarre, semblèrent prendre une teinte calviniste prononcée. Une partie de cette cour badine et légère s'en effraya comme d'une menace, et il éclata sur l'heure une réaction vive, dont le jeune règne s'empara. Diane de Poitiers surtout, et le cardinal de Lorraine, nouvellement produit par elle, en furent les moteurs. Aux Psaumes de David on substitua vite Horace et le goût païen. Quand les poëtes de la Pléïade parurent, ils devinrent, sans bien le savoir, les organes de ce goût anti-puritain, et ils trouvèrent des protecteurs tout préparés. Ce point de vue, en ne le forçant pas trop, doit être exact. Le succès de Ronsard acquiert ainsi une sorte de sens politique et social.

si court de son époux ; plus tard elle se souviendra de lui sur le trône d'Ecosse, et plus tard encore elle le lira dans sa captivité. Charles IX, qui eut des talents et aurait pu avoir des vertus, Charles IX, meilleur poëte et moins jaloux émule que Néron, chérissait Ronsard, le comblait d'abbayes, de bénéfices ; et un jour de belle humeur, il lui adressa des vers pleins d'élégance, où il abjurait gaiement devant lui son titre de roi : plût au ciel qu'il ne l'eût jamais autrement abjuré ! A ces faveurs royales se joignaient les hommages non moins enivrants d'un peuple d'admirateurs : « Nul alors, nous dit Pasquier, ne mettoit la main à la plume qui ne le célébrât par ses vers. Sitôt que les jeunes gens s'étoient frottés à sa robe, ils se faisoient accroire d'être devenus poëtes. » C'était un hymne continuel, un véritable culte. Par une sorte d'apothéose, Ronsard imagina une pléiade poétique, à l'imitation des poëtes grecs qui vivaient sous les Ptolémées ; il y plaça auprès de lui Dorat son maître, Amadis Jamyn son élève, Joachim Du Bellay et Remi Belleau ses anciens condisciples, enfin Etienne Jodelle et Pontus de Thiard, ou par variante Scévole de Sainte-Marthe et Muret. La vénération du siècle s'empressa de consacrer cette constellation nouvelle. Tous les choix sans doute n'emportaient pas égale faveur, et même certains suffrages célèbres se montrèrent dès lors sévères contre quelques-uns : Pasquier faisait assez peu de cas de Baïf, et Du Perron méprisait Jodelle et Belleau. Mais sur Ronsard l'accord était universel ; les plus illustres, sans nulle exception, s'agenouillaient devant lui : et De Thou, qui, rapportant la naissance du poëte à l'année du désastre de Pavie, y voyait pour la patrie une compensation suffisante[1]; et L'Hospital, qui protégea si hautement ses débuts contre la cabale de la cour[2]; et Du Perron, qui prononça si pompeusement son oraison funèbre, et qui le citait toujours, lui, Cujas et Fernel, comme les trois merveilles du siècle ; et Pasquier, qui ne faisait nul triage dans ses œuvres, « car, disait-il, tout est admirable en lui ; » et Muret, qui écrivit une fois en français pour commenter ses sonnets d'amour ; et Passerat, qui préférait je ne sais plus laquelle de ses odes au duché si prisé de Milan[3]; et Jules-César Scaliger, et Lambin, et Galland, et Sainte-Marthe, et en particulier ce bon Montaigne, si indépendant et si sensé, qui d'une seule ligne déclare la

---

1. Cela ne suffit pas à Claude Binet qui, pour mieux faire cadrer la chose, le fait naître, non-seulement l'année de la défaite de Pavie, mais le *jour même*.

2. On lit dans les œuvres de Ronsard une élégie ou satire latine adressée comme par lui à ses détracteurs, et qui est de L'Hospital :

*Magnificis aulæ cultoribus atque poetis*
*Hæc Loria scribit valle poeta novus...*

3. On attribue le même mot à Galland, principal du collège de Boncour. J.-C. Scaliger disait qu'il aimerait mieux avoir fait l'ode d'Horace *Donec gratus eram* que devenir roi de Perse, d'autres disent roi d'Aragon ; et Nicolas Bourbon préférait les Psaumes de Buchanan à l'évêché de Paris.

poésie française arrivée à sa perfection et Ronsard égal aux anciens. Hors de France, et dans toute l'Europe civilisée, le nom de Ronsard était connu et révéré comme un de ces noms désormais inséparables de celui de la nation qu'ils honorent. La reine Elisabeth envoya un diamant de grand prix à celui qui avait célébré sa belle rivale sur le trône, et qui la charmait encore dans les fers. Le Tasse, venu à Paris en 1571, s'estima heureux de lui être présenté et d'obtenir son approbation pour quelques chants du *Godefroy* dont il lui fit lecture [1]. Il y eut un poëme italien composé par Sperone Speroni à la louange de Ronsard, et ses œuvres étaient publiquement lues et expliquées aux écoles françaises de Flandres, d'Angleterre, de Pologne, et jusqu'à Dantzick. Ce concert de louanges dura, comme je l'ai dit, pendant cinquante années pleines ; et, loin de s'affaiblir, il allait croissant avec le temps. Il est vrai qu'à la mort de Charles IX, Ronsard, vieillissant et malade, s'était retiré dans une de ses abbayes, et que le poëte Des Portes jouissait de toute la faveur de Henri III ; mais, quoi qu'en ait dit Boileau, Des Portes, aussi bien que Bertaut et tous ceux de son âge, admirateur, élève, et non pas rival du vieux poëte, s'était produit sous son patronage et formé sur son exemple. Lorsque Ronsard mourut (1585), la France entière le pleura ; des oraisons funèbres, des statues de marbre lui furent décernées, et sa mémoire, revê-

---

[1]. Voir, dans les *Curiosités et Anecdoctes italiennes* de M. Valery (1842), le chapitre intitulé : *Le Tasse en France*.

tue de toutes les sortes de consécrations, semblait entrer dans la postérité comme dans un temple[1].

Quinze ans à peine s'étaient depuis écoulés, qu'un jour Henri IV, amateur de poésie, ayant demandé à Du Perron pourquoi il ne faisait plus de vers, le prélat répondit qu'il y avait renoncé depuis qu'un gentilhomme de Normandie, établi en Provence, en faisait de si bons, qu'il imposait silence aux plus vieux. Ce gentilhomme normand était Malherbe. Il réforma tout. Grammairien autant que poëte, sévère pour lui, rigoureux pour les autres, il lui arriva, dans un instant de mauvaise humeur, où sa veine était à sec, de rencontrer sous sa main un exemplaire de Ronsard : il se mit à le biffer vers par vers. Comme on lui fit remarquer depuis qu'il en avait oublié quelques-uns, il reprit la plume et biffa tout. C'était l'arrêt de la postérité qu'il venait d'écrire. Depuis lors, il devint peu à peu de bon goût et de bon ton de ne parler de Ronsard que comme d'une grande renommée déchue, et les plus bienveillants crurent lui faire honneur en le comparant à Ennius ou à Lucile. Décrédité à la cour et auprès des générations nouvelles, il ne garda plus de partisans que dans l'université, dans les parlements, surtout ceux de province, et parmi les gentilshommes campagnards L'Aca-

---

[1]. Pour de plus grands détails, nous renvoyons le lecteur à la *Vie de Ronsard* placée en tête de ses *Œuvres choisies* : nous la reproduisons ci-après.

démie française et Boileau l'achevèrent[1]. N'oublions pas que, par l'effet d'une bien naturelle sympathie, il eut pour derniers admirateurs les Théophile[2], les Scudéri, les Chapelain et les Colletet.

---

1. *Ronsard qui le suivit, par une autre méthode,*
*Réglant tout, brouilla tout, fit un art à sa mode,*
*Et toutefois longtemps eut un heureux destin.*
*Mais sa Muse, en français parlant grec et latin,*
*Vit dans l'âge suivant, par un retour grotesque,*
*Tomber de ses grands mots le faste pédantesque.*
*Ce poëte orgueilleux, trébuché de si haut,*
*Rendit plus retenus Des Portes et Bertaut.*

(*Art poétique*, chant 1.)

Cette appréciation, au point de vue historique, n'est qu'approximative, et, quoi qu'on puisse dire, reste en partie inexacte. La chute de Ronsard ne fut point si brusque et si rapide, et surtout n'arriva point avant la venue de Des Portes et de Bertaut. Écoutons là-dessus Pasquier, qui vécut assez pour voir même Malherbe. (*Les Recherches de la France*, pages 702, 703, *Œuvres* de Pasquier, in-folio, t. I.)

2. Sur Théophile, voir dans mon *Recueil de pièces* à son sujet une pièce de laquelle il résulte qu'il n'admirait pas Ronsard. Il a dit cependant :

*La douceur de Malherbe et l'ardeur de Ronsard.*

[Nous avons copié cette note sur Théophile, parce qu'elle rectifie un point douteux : mais sa forme indique assez que M. Sainte-Beuve ne l'avait écrite que pour lui-même sur l'un des deux exemplaires préparés par lui pour la réimpression. Il n'eût pas manqué, pour le public, de citer la pièce dont il parle. Malheureusement il n'est plus temps aujourd'hui de suppléer à cette

A notre tour, avant d'aller au delà, il nous semble que cette condamnation portée par Malherbe, Boileau et la postérité, fût-elle au fond légitime, n'a pas été exempte d'aigreur ni de colère. Toute grande célébrité dans les lettres a sa raison, bonne ou mauvaise, qui la motive, l'explique et la justifie du moins de l'absurdité : c'est un devoir d'en tenir compte et de comprendre avant de sévir ; dans les sentences de ce genre, biffer ne vaut pas mieux que brûler. Ce poëte, qu'on flétrit de ridicule pour avoir cru trop aisément à son immortalité, n'y a cru que sur la foi de tout son siècle ; et un siècle qui unissait tant de bon sens à tant de science n'a pas dû pécher par pur engouement. Son erreur n'a pas été une duperie niaise : elle mérite bien qu'on l'éclaircisse et qu'on en trouve, s'il est possible, une interprétation moins amère.

Que si, dans ces dispositions dont la bienveillance est encore de l'équité, on aborde la lecture des ouvrages de Ronsard, on en viendra, après un peu d'ennui et de désappointement, sinon à faire grâce à sa renommée, du moins à la concevoir. Lorsqu'il parut, l'étude de l'antiquité, affranchie des premiers obstacles, était dans toute sa ferveur et son éclat. D'abord le seul labeur avait été de

---

lacune : les trois Recueils de pièces sur Théophile, que possédait M. Sainte-Beuve, ont été vendus avec sa bibliothèque en 1870, et nous ne pouvons que renvoyer au Catalogue de cette vente (Première partie, n^os 388, 389 et 390), qui donne l'analyse détaillée de deux de ces Recueils.]

déchiffrer les manuscrits, de rétablir les textes et de publier des éditions avec commentaires. La mode des traductions s'était peu à peu introduite et avait surtout pris un grand déve'oppement sous François I$^{er}$. Mais les traductions satisfaisaient peu les goûts littéraires des érudits, c'est-à-dire de tous les lettrés du temps, et, s'ils daignaient songer quelquefois à la langue maternelle, c'était pour regretter qu'elle ne fît pas d'elle-même quelque tentative plus libre dans les voies antiques. Ronsard sentit ce besoin et y répondit merveilleusement. Admirateur des anciens avec une certaine indépendance d'esprit, au lieu de les traduire, il les imita; toute son originalité, toute son audace, est d'avoir innové cette imitation. Ordonnant ses sonnets sur ceux de Pétrarque, ses odes sur celles de Pindare et d'Horace, ses chansons sur Anacréon, ses élégies sur Tibulle, sa *Franciade* sur *l'Énéide,* il déploya dans ces cadres d'emprunt une verve assez animée pour qu'on lui en sût alors un gré infini. C'était la première fois que la physionomie du passé semblait revivre dans notre idiome vulgaire, et le monde des lettrés accueillit le poëte avec cette sorte de complaisance et de faible qu'on ressent pour qui nous reproduit ou nous rappelle des traits révérés.

Le grand but que Ronsard ne perdit jamais de vue dans ses poésies, et qu'il atteignit si bien au gré de ses contemporains, fut la noblesse, la gravité et l'éclat du langage; c'est par ce mérite qu'on l'égalait unanimement aux anciens, et il en reste encore chez lui de vives traces pour le lecteur de nos jours : bien des fois sa période nous paraît arrondie, harmonieuse, et sa pensée revêt de fières ou brillantes images. Trop souvent, il est vrai, dans ses morceaux épiques et lyriques les plus soutenus, une expression, une métaphore triviale ou burlesque, fait grimacer ce style qui veut être sérieux, et, comme une note criarde au milieu d'un ton grave, nous avertit que Ronsard forçait son instrument. Une pompeuse description du dieu vainqueur de l'Inde, par exemple, se terminera par ce trait :

*Ses yeux étinceloient* tout ainsi que chandelles.

Au lieu de remuer l'Olympe d'un froncement de sourcil, Jupiter n'aura qu'à secouer sa *perruque*. Le soleil lui-même, à la crinière d'or, sera l'astre *perruqué de lumière*. L'hiver *enfarinera les champs*, et un héros menacera son rival de lui *escarbouiller* la tête. Voilà ce qui nous choque à tout instant, mais ce qui ne choquait point sans doute les contemporains de Ronsard ; et il faut convenir qu'en semblable matière chaque siècle est un juge aussi compétent de ses propres goûts que la postérité[1]. La noblesse des mots dans le style, comme

---

1. Pour mettre à couvert notre responsabilité sur ce chapitre un peu paradoxal, on nous permettra d'alléguer deux témoignages, assez divers, qui s'accordent tout à fait avec notre opinion. Suard (lequel peut-être ici n'est autre que Mlle de Meulan) dit en son *Histoire du Théâtre-Français* :

« Garnier se sert quelquefois d'expressions qui peuvent

celle des noms propres dans la société, est fille de l'opinion : il suffit qu'on y croie pour qu'elle existe. Si, au xvi° siècle, *chandelle* n'avait rien de plus vulgaire que *lumière* ou *flambeau*; si *enfariner* ne présentait pas une idée plus ignoble que *balayer*, dont la haute poésie se sert encore; si *per-*

nous paraître singulières. Par exemple, il appelle le soleil *le Dieu perruquier*, c'est-à-dire *le Dieu porte-perruque*, ce qui signifie simplement, dans le langage du temps, *le Dieu chevelu*, le mot *perruque* s'employant toujours alors pour *chevelure*, et les poëtes de ces premiers âges parlant aussi souvent de la *perruque* d'Apollon que les nôtres de sa *chevelure dorée*. Hécube dit aussi en parlant de la manière dont Pyrrhus tua Priam :

*Le bonhomme il tira par sa perruque grise;*

et *perruque grise* équivaut ici aux *cheveux blancs*, expression aussi noble qu'usitée. Mais qui s'en douterait? Il est fort simple aussi qu'on soit assez peu touché de cette image que présente Phèdre lorsque, dans les transports de sa passion, elle se peint Hippolyte

*Dégoûtant de sueur et d'une honnête crasse.*

Mais *crasse* était alors synonyme de *poussière*; et l'*honnête crasse* n'est autre chose que la *noble poussière* de Racine.

« . . . . . Un personnage de Hardy, une femme, en se plaignant de l'insensibilité de celui qu'elle aime, lui dit qu'il a fait *un fourneau de son cœur, un égout de ses yeux*. C'est encore la *Marianne* de Hardy qui déclare qu'elle est pressée de mourir, pour se trouver *bourgeoise de l'éternel empire*. Hardy emploie quelquefois aussi le mot d'*estomac* au lieu de *cœur*, ce qui fait un plaisant

*ruque* en ces temps respectables ne signifiait qu'une majestueuse chevelure, et, à l'anachronisme près, ne compromettait pas plus la divinité de Jupiter et du soleil qu'elle n'a compromis plus tard celle de

effet dans ce vers que prononce, dans sa *Chariclée*, un chœur d'Ethiopiens pleurants :

*Sa prière fendroit l'estomac d'une roche.*

Mais c'est peut-être encore ici l'occasion de remarquer que tel mot, qui a pris pour nous une nuance de ridicule en raison des idées et des images accessoires dont nous l'avons environné, pouvait fort bien, il y a deux siècles, se présenter d'une tout autre manière à des esprits moins avancés dans la civilisation, et moins accoutumés par conséquent à joindre à la signification naturelle des mots et à l'image des choses en elles-mêmes ces attributs étrangers qu'elles doivent toujours aux combinaisons de la société. C'est nécessairement par l'effet de quelques-unes de ces combinaisons qu'on dit *le cœur d'une roche*, au lieu de *l'estomac d'une roche*, ce qui serait bien aussi naturel, et l'on ne voit pas pourquoi *l'estomac de la cheminée* ne vaudrait pas autant que *le cœur de la cheminée*. Si le mot d'*égout*, qui s'applique également à tout écoulement d'eaux, ne nous offre plus, dans le langage ordinaire, que l'image dégoûtante d'un réservoir destiné à délivrer les villes de leurs plus sales immondices, ce n'est pas la faute de Hardy, qui, écrivant dans un temps où la signification de ce mot était moins restreinte, pouvait l'employer comme nous employons habituellement celui de *ruisseau*, qui pourra passer d'usage à son tour : car, si on vient à le borner, comme on a fait de celui d'*égout*, à signifier exclusivement les écoulements des rues de Paris, il ne sera pas

Louis XIV[1], sommes-nous en droit de nier, je le demande, que Ronsard ait été de son temps réellement sérieux et sublime, et, tout en cessant de le goûter et de le lire, pouvons-nous lui reprocher autre chose que le malheur d'être venu trop tôt et

plus permis de verser des *ruisseaux* de larmes que de faire de ses yeux un *égout*. C'est peut-être pour cela que les *torrents de larmes* commencent à remplacer les *ruisseaux*, dont on se servait beaucoup plus autrefois. »

On lit dans une lettre de l'abbé Galiani à M<sup>me</sup> d'Épinay le passage suivant, dont la tournure peut paraître irrévérente, mais dont la justesse me semble incontestable (il s'agit de commentaires sur Corneille) :

« Du mérite d'un homme, il n'y a que son siècle qui ait droit d'en juger; mais un siècle a droit de juger d'un autre siècle. Si Voltaire a jugé l'homme Corneille, il est absurdement envieux; s'il a jugé le siècle de Corneille, et le degré de l'art dramatique d'alors, il le peut, et notre siècle a le droit d'examiner le goût des siècles précédents. Je n'ai jamais lu les notes de Voltaire sur Corneille, ni voulu les lire, *malgré qu*'elles me crevassent les yeux sur toutes les cheminées de Paris, lorsqu'elles parurent; mais il m'a fallu ouvrir le livre deux ou trois fois, au moins par distraction, et toutes les fois je l'ai jeté avec indignation, parce que je suis tombé sur des notes grammaticales qui m'apprenaient qu'un mot ou une phrase de Corneille n'était pas en bon français. Ceci m'a paru aussi absurde que si on m'apprenait que Cicéron et Virgile, quoique Italiens, n'écrivirent pas en aussi bon italien que le Boccace et l'Arioste. Quelle impertinence! Tous les siècles et tous les pays ont leur langue vivante, et toutes sont également bonnes. Chacun écrit la sienne.»

1. Il faut en dire autant de ces noms vulgaires de *Toinon, Margot, Cassandre, Madelon*, dont Ronsard et ses

le tort d'avoir marché trop vite? Un vocabulaire de choix n'existait pas en France : Ronsard en eut besoin et se mit a l'improviser. Il créa des mots nouveaux, en rajeunit d'anciens ; aux Latins, aux Grecs, il emprunta quelques expressions composées, quoiqu'il le fît avec plus de discrétion qu'on ne semble le croire[1]. Aux vieux

amis se servent dans leurs poésies bucoliques ou érotiques. On peut affirmer que, si ces noms avaient paru alors du même ridicule qu'aujourd'hui, des hommes d'esprit et de sens n'auraient pas même songé à les employer. Il est si vrai d'ailleurs que Ronsard était regardé comme un modèle de style, qu'on disait proverbialement : *Donner un soufflet à Ronsard,* pour indiquer une faute contre la pureté du langage.

1. On lit dans l'avertissement placé en tête des *Tragiques* de d'Aubigné : « Il (d'Aubigné) racontoit que le bonhomme Ronsard, lequel il estimoit par-dessus son siècle en sa profession, disoit quelquefois à lui et à d'autres : — Mes enfants, défendez votre mère de ceux qui veulent faire servante une damoiselle de bonne maison. Il y a des vocables qui sont françois naturels, qui sentent le vieux, mais le libre et le françois (et il en cite quelques-uns, par exemple *bouger*). Je vous recommande par testament que vous ne laissiez point perdre ces vieux termes, que vous les employiez et défendiez hardiment contre des marauds qui ne tiennent pas élégant ce qui n'est point écorché du latin et de l'italien, et qui aiment mieux dire *collauder, contemner, blasonner,* que *louer, mépriser, blâmer* : tout cela est pour l'écolier limousin. — Voilà les propres termes de Ronsard. » Henri Estienne dans sa *Précellence du Langage françois,* dans ses *Dialogues du nouveau Langage françois italianisé,* où il s'élève contre cette manie d'innovation, ne l'im-

romans français, aux patois picard, wallon, manceau, lyonnais, limousin, ainsi qu'à divers arts et métiers, tels que la vénerie, la fauconnerie, la marine, l'orfévrerie, etc., etc., il prit sans hésiter les termes qui lui parurent de bon aloi ; et quant à ceux déjà en usage parmi le peuple, il tâcha de les relever par des alliances nouvelles. Le système était conçu en grand, et le succès qu'il obtint nous prouve qu'il fut habilement exécuté. Tout ce qu'il y avait de gens éclairés l'accueillirent, l'exaltèrent ; il semblait que la langue française eût retrouvé ses titres, et qu'elle ne cédât plus à aucune autre le droit de préséance. Il se glissait dans la joie du triomphe quelque chose de l'enivrement d'un parvenu et de la morgue d'un anobli. Par malheur, ce faste dura peu, parce qu'il manquait d'appui solide dans la nation. Non pas, selon moi, que, pour se maintenir, la langue de Ronsard eût dû nécessairement être adoptée par le peuple : dès ce moment, au contraire, elle eût cessé d'être une langue d'élite. Mais, prématurée comme elle était, et pour ainsi dire née avant terme, il lui aurait fallu, pour survivre, une assistance plus efficace que des louanges et des compliments. Qu'on la suppose en effet vantée un peu moins et pratiquée

---

pute jamais à Ronsard, non plus qu'à Des Portes ni aux *excellents poètes du temps;* il les propose au contraire en exemple, et les loue de leur modération. Quand Molière se moquait des *Précieuses ridicules,* il ne songeait pas à s'attaquer aux vraies précieuses, Mme de La Fayette ou Mme de Sévigné.

un peu davantage par les savants de l'époque ;
que L'Hospital, De Thou et tous les hommes de
cette trempe lui confient leurs pensées et la con-
sacrent par leur adoption ; qu'elle soit établie et
parlée à la cour ; que cette cour, surtout, moins misérable et moins agitée, ne souille plus, par des
complots et des crimes, les délassements de l'esprit, auxquels d'abord elle semblait se complaire ;
qu'à la place de ces atroces attentats commis tour
à tour sur les rois et sur les peuples, les règnes
des derniers Valois se succèdent paisibles, honorés, pleins de loisirs et de fêtes, au sein des plaisirs et des arts : qui pourrait dire alors que le
siècle de Louis XIV n'eût pas été prévenu, et que,
parmi nos ancêtres littéraires, Ronsard, quoique
avec moins de génie, n'eût pas tenu la place qu'occupe aujourd'hui le grand Corneille[1] ?

Mais sans rechercher ce qui aurait pu arriver,
en des conjectures plus opportunes, de cette langue
savante inventée par Ronsard, et si l'on n'envi-

---

1. Il est évident que les troubles civils et religieux
furent une des grandes causes qui empêchèrent la littérature française de s'établir sur les bases posées par Ronsard. Il semblait le pressentir lui-même. Peu après le
commencement des troubles (1560), il adressa à Catherine de Médicis des *Discours en vers sur les Misères du
Temps*. Plusieurs ministres calvinistes répondirent à
Ronsard avec amertume, et Florent Chrestien lui-même
se joignit à l'attaque. C'est le seul échec qu'ait reçu la
renommée de Ronsard depuis la défaite de Saint-Gelais
jusqu'à la venue de Malherbe.

sage de sa réforme que la portion plus humble et plus durable, il a bien assez fait de ce côté pour que son nom soit entouré de quelque estime et de quelque reconnaissance. A ne le prendre que dans des genres de moyenne hauteur, dans l'élégie, dans l'ode épicurienne, dans la chanson, il y excelle; et le charme, mêlé de surprise, qu'il nous fait éprouver, n'y est presque plus, comme ailleurs, gâté de regrets. Ici, point de prétention ni d'enflure; une mélodie soutenue, des idées voluptueuses et de fraîches couleurs. La langue de Marot est retrouvée, mais avec plus d'éclat; elle a déjà revêtu ces beautés vives qui, plus tard, n'appartiendront qu'à La Fontaine :

*Mignonne, allons voir si la Rose,*
*Qui ce matin avoit déclose*
*Sa robe de pourpre au soleil,*
*A point perdu cette vesprée*
*Les plis de sa robe pourprée,*
*Et son teint au vôtre pareil.*

*Las! voyez comme en peu d'espace,*
*Mignonne, elle a dessus la place,*
*Las, las, ses beautés laissé cheoir!*
*O vraiment marâtre Nature,*
*Puisqu'une telle fleur ne dure*
*Que du matin jusques au soir!*

*Donc, si vous me croyez, Mignonne,*
*Tandis que votre âge fleuronne*

*En sa plus verte nouveauté,*
*Cueillez, cueillez votre jeunesse :*
*Comme à cette fleur, la vieillesse*
*Fera ternir votre beauté.*

Est-il besoin de faire remarquer le vif et naturel mouvement de ce début : *Mignonne, allons voir ?* Et pour le style, quel progrès depuis Marot ! que d'images, *la robe de pourpre, laissé cheoir ses beautés,* cet âge qui *fleuronne en sa verte nouveauté, cueillir sa jeunesse !* Malherbe a-t-il bien osé biffer de tels vers, et Despréaux les avait-il lus ? Son goût le plus sévère n'eût-il pas encore été fléchi par la petite pièce suivante :

*La belle Vénus un jour*
*M'amena son fils Amour ;*
*Et l'emmenant me vint dire :*
*Écoute, mon cher* RONSARD,
*Enseigne à mon enfant l'art*
*De bien jouer de la lyre.*

*Incontinent je le pris,*
*Et soigneux je lui appris*
*Comme Mercure eut la peine*
*De premier la façonner,*[1]
*Et de premier en sonner*
*Dessus le mont de Cyllène ;*

*Comme Minerve inventa*
*Le hautbois, qu'elle jeta*

Dedans l'eau toute marrie ;
Comme Pan le chalumeau,
Qu'il pertuisa du roseau
Formé du corps de s'amie.

Ainsi, pauvre que j'étois,
Tout mon art je recordois
A cet enfant pour l'apprendre :
Mais lui, comme un faux garçon,
Se moquoit de ma chanson
Et ne la vouloit entendre.

Pauvre sot, ce me dit-il,
Tu te penses bien subtil !
Mais tu as la tête folle
D'oser t'égaler à moi,
Qui jeune en sais plus que toi,
Ni que ceux de ton école.

Et alors il me sourit,
Et en me flattant m'apprit
Tous les œuvres de sa mère,
Et comme pour trop aimer
Il avoit fait transformer
En cent figures son père.

Il me dit tous ses attraits,
Tous ses jeux, et de quels traits
Il blesse les fantaisies
Et des hommes et des dieux,
Tous ses tourmens gracieux,
Et toutes ses jalousies.

> *Et me les disant, alors*
> *J'oubliai tous les accords*
> *De ma Lyre dédaignée,*
> *Pour retenir en leur lieu*
> *L'autre chanson que ce Dieu*
> *M'avoit par cœur enseignée*[1].

C'est ainsi qu'il fallait toujours reproduire la grâce antique et nous pénétrer de son parfum. La Fontaine, encore une fois, ne faisait pas mieux. On a ce nom de La Fontaine sans cesse à la bouche quand on parle de nos vieux poëtes, dont il fut, en quelque sorte, le dernier et le plus parfait. Lui, qui traduisait *l'Amour mouillé* avec la délicatesse d'Anacréon et sa propre bonhomie, n'eût pas rougi d'avouer cette autre imitation, où la même bonhomie se fond dans la même délicatesse :

> *Les Muses lièrent un jour*
> *De chaînes de roses Amour,*
> *Et, pour le garder, le donnèrent*
> *Aux Grâces et à la Beauté*
> *Qui, voyant sa déloyauté,*
> *Sur Parnasse l'emprisonnèrent.*
>
> *Sitôt que Vénus l'entendit,*
> *Son beau ceston*[2] *elle vendit*

---

[1]. On peut comparer cette imitation exquise de Bion avec la seconde élégie d'André Chénier.
[2]. Sa ceinture.

*A Vulcan, pour la délivrance
De son enfant, et tout soudain,
Ayant l'argent dedans la main,
Fit aux Muses la révérence :*

*« Muses, Déesses des chansons,
Quand il faudroit quatre rançons
Pour mon enfant, je les apporte;
Délivrez mon fils prisonnier. »
Mais les Muses l'ont fait lier
D'une chaîne encore plus forte.*

*Courage donques, Amoureux,
Vous ne serez plus langoureux;
Amour est au bout de ses ruses;
Plus n'oseroit ce faux garçon
Vous refuser quelque chanson,
Puisqu'il est prisonnier des Muses.*

Chaulieu, dans un accès de goutte, aurait pu joindre à l'un de ses billets-doux rimés ce couplet spirituel, qui termine une chanson de Ronsard, car Ronsard était goutteux aussi :

*Chanson, va-t'en où je t'adresse,
Dans la chambre de ma maîtresse;
Dis-lui, baisant sa blanche main,
Que, pour en santé me remettre,
Il ne lui faut sinon permettre
Que tu te caches dans son sein.*

Que conclure de ces citations, qu'on pourrait aisément multiplier [1]? On dirait vraiment qu'il y eût deux poëtes en Ronsard : l'un asservi à une méthode, préoccupé de combinaisons et d'efforts, qui se guinda jusqu'à l'ode pindarique, et *trébucha* fréquemment ; l'autre encore naïf et déjà brillant, qui continua, perfectionna Marot, devança et surpassa de bien loin Malherbe dans l'ode légère [2].

---

[1]. Et cette fin d'un sonnet encore, où le poëte, après avoir énuméré tous ses ressouvenirs et ses rêves légers de bonheur amoureux, achève en disant :

*Sur le métier d'un si vague penser*
*Amour ourdit la trame de ma vie.*

Et ce vers d'une physionomie toute moderne, pour signifier une mort prématurée :

*Avant le soir se clora ta journée.*

Voyez au plus tôt, dans les *Poésies choisies* de Ronsard, l'élégie *contre les Bûcherons de la Forêt de Gastine*; l'amourette, *Or' que l'hiver roidit la glace épaisse...*; le sonnet, *Quand vous serez bien vieille...* ; *Je vous envoie un bouquet que ma main*, là où se trouve exprimé ce retour si plein à la fois de tristesse et d'insouciance :

*Le temps s'en va, le temps s'en va, ma Dame;*
*Las! le temps, non; mais nous nous en allons...*

et tant d'autres petits chefs-d'œuvre.

[2]. La Bruyère a dit : « Marot, par son tour et par son style, semble avoir écrit depuis Ronsard. » Oui, si l'on compare Marot avec Ronsard le *pindarique*; non, si on le

Ce n'est point toutefois à dire que Ronsard n'était pas fait pour la haute poésie lyrique, qu'il n'avait pas une âme capable d'en concevoir les beautés profondes, et qu'en des temps meilleurs il n'aurait pas réussi à les exprimer. Sous les entraves qui le resserrent, il sent lui-même l'impuissance de s'élancer où une voix secrète l'appelle, et plus d'une fois il en gémit avec une sincérité de tristesse qui n'appartient qu'au vrai talent. Dans une élégie adressée à Jacques Grévin, nous le voyons s'accuser de n'être qu'un *demi-poëte* et envier le sort des *cinq ou six* privilégiés qui, jusque-là, sont apparus au monde. Aux nobles traits dont il les signale, on comprend assez qu'il n'était pas indigne de marcher sur leurs traces :

*Dieu les tient agités, et jamais ne les laisse;*
*D'un aiguillon ardent il les pique et les presse.*
*Ils ont les pieds à terre et l'esprit dans les cieux;*
*Le peuple les estime enragés, furieux;*
*Ils errent par les bois, par les monts, par les prées,*
*Et jouissent tous seuls des nymphes et des Fées.*

Lui-même, osons le dire, il n'a pas toujours été malheureux dans ses hardiesses généreuses. Là où le *peuple* des lecteurs serait tenté de *l'estimer en-*

---

compare avec Ronsard *l'anacréontique.* Ainsi du mot de Bayle sur Marot : « Les poëtes de la Pléiade sont *de fer* en comparaison de celui-là. » Oui, si on les parcourt à livre ouvert et légèrement; non, si on en brise l'écorce et qu'on les étudie.

*ragé, furieux* et inintelligible, il suffit quelquefois de pardonner une expression basse, de comprendre un tour obscur, de pénétrer une allusion érudite, en un mot, de soulever un léger voile pour le trouver éblouissant et inspiré. Ses beautés ont souvent besoin d'être démontrées avant d'être senties. C'est ce rôle délicat d'interprète que nous avons tâché de remplir dans le volume consacré en entier à Ronsard et à ses œuvres : heureux si nous avons réussi à venger sans fanatisme et à relever sans superstition une grande mémoire déchue[1]!

La versification dut à Ronsard de notables progrès. Et d'abord, il imagina une grande variété de rhythmes lyriques et construisit huit ou dix formes diverses de strophes, dont on chercherait vainement les modèles, dont on trouverait au plus des vestiges chez les poëtes ses prédécesseurs. Plusieurs de ces rhythmes ont été supprimés par Malherbe, qui les jugea probablement trop compliqués et trop savants pour être joués sur sa lyre à quatre cordes. C'est seulement de nos jours que l'école nouvelle en a reproduit quelques-uns. Le premier, après Jean Bouchet, Ronsard adopta l'entrelacement régulier des rimes masculines et féminines, et en fit incontinent un précepte d'obligation par son exemple. Du Bellay, qui d'abord avait négligé

---

1. M. Ampère, dans ses doctes et ingénieuses leçons du Collége de France, m'a reproché d'être plutôt resté en deçà du vrai dans ma réparation envers Ronsard à titre de poëte épique ou héroïque. Aucun reproche, à coup sûr, ne pouvait m'aller plus agréablement au cœur.

cette règle, et même l'avait qualifiée de *superstitieuse* dans son livre de l'*Illustration*, s'empressa depuis, ainsi que tous les autres poëtes, de se conformer à ce qu'on appelait *l'ordonnance* de Ronsard [1]. Celui-ci, de concert avec le même Du Bellay, réhabilita le vers alexandrin, tombé dans l'oubli en naissant; il en fit souvent usage dans ses premières poésies, dans ses *hymnes* en particulier, et il l'avait jugé propre aux sujets graves. Mais dans sa préface de la *Franciade*, il se rétracte et déclare que « les alexandrins sentent trop la prose très-facile, sont trop énervés et flasques, si ce n'est pour les traductions, auxquelles, à cause de leur longueur, ils servent de beaucoup pour interpréter le sens de l'auteur. » Il leur reproche aussi « d'avoir trop de caquet, s'ils ne sont bâtis de la main d'un bon artisan, » et les exclut de sa *Franciade*, qu'il compose en vers de dix syllabes : c'était reculer devant ses propres innovations [2]. Ronsard nous avoue

---

1. Ce qui décida surtout Ronsard à l'entrelacement régulier des rimes féminines et masculines, ce fut l'idée de rendre ses vers « plus propres à la musique et accord des instruments, en faveur desquels la poésie est née. »

2. Ronsard tenait avant tout à marquer, à établir la délimitation entre la *poésie* et la *prose* française; il les appelle quelque part *deux mortelles ennemies*. C'est le contraire de la théorie de Voltaire, laquelle a prévalu : « Voulez-vous savoir si des vers français sont bons? mettez-les en prose. Voulez-vous savoir si un cavalier est bon cavalier? mettez-le à pied. » Ronsard voulait faire de la poésie quelque chose de supérieur à la prose et de tout différent : il n'a pas réussi. La langue poé-

aussi qu'il condamnait, dans sa jeunesse, les enjambements d'un vers sur un autre, mais que l'exemple des Grecs et des Latins l'a fait changer d'avis. Ces variations témoignent de sa part moins d'assurance que de bonne foi. Il n'a pas été, en effet, si orgueilleux et si confiant qu'on l'a bien voulu dire [1]. On raconte même que, devenu vieux, il douta de lui et de sa gloire, au point de vouloir corriger ou supprimer, au grand scandale de ses contemporains, plusieurs de ses œuvres les plus admirées. La grande réforme de l'orthographe, que tentèrent à cette époque Meygret, Ramus et Peletier du Mans, et qui se liait jusqu'à un certain point avec la grande réforme poétique, ne pouvait être indifférente à Ronsard ; mais, à l'exemple de son ami Du Bellay, il se contenta d'y applaudir sans la pratiquer. Seulement, il réclama

---

tique française n'a jamais pu, par rapport à la prose, devenir un *balcon;* chez Malherbe, chez Boileau, elle n'est tout au plus qu'un *trottoir*. En parlant ainsi, je suis tenté à chaque mot de demander pardon *de la liberté grande.*

1. Ronsard, dans la vie privée, était le plus doux et le plus modeste des hommes. Il ne garda jamais rancune à ses ennemis, et se réconcilia de bonne grâce avec Saint-Gelais et Florent Chrestien. Étranger à toute idée d'envie, il protégeait les jeunes poëtes et combla d'encouragements Des Portes et Bertaut. L'un des préceptes de son *Art poétique* est celui-ci : « Tu converseras doucement et honnêtement avec les poëtes de ton temps, tu honoreras les plus vieux comme tes pères, tes pareils comme tes frères, les moindres comme tes enfants, et leur communiqueras tes écrits. »

dès lors quelques changements de détail, que le temps a depuis confirmés : « Tu éviteras, dit-il, toute orthographe superflue, et ne mettras aucunes lettres en tel mot si tu ne les profères ; au moins tu en useras le plus sobrement que tu pourras, en attendant meilleure réformation. Tu écriras *écrire* et non *escrire*, *cieus* et non pas *cieulx*. » Il conseillait d'ajouter une *s* aux imparfaits *j'aimeroy*, *j'alloy*, quand le mot suivant commençait par une voyelle, et de dire *j'allois à Tours*, *j'aimerois une dame*. C'est ainsi que Voltaire (qu'on me passe encore une fois ce rapprochement) parvint à introduire quelques changements dans l'orthographe sans être à beaucoup près aussi exigeant que l'abbé de Saint-Pierre, Dumarsais et Duclos. Ronsard enfin ne fut pas ennemi de cette autre espèce d'innovation dont Baïf se montrait alors le plus ardent promoteur, et qui avait pour objet une versification française métrique, à l'instar des anciens. Il a même composé deux odes saphiques dans lesquelles il observe la quantité, sans pourtant négliger la rime.

A l'envisager d'après les règles établies, la tentative d'une versification française métrique peut sembler ridicule, et c'est ainsi que l'ont qualifiée la plupart des critiques qui en ont fait mention. Le XVIIIe siècle pourtant, dont les idées de réforme en tout genre se rattachent si souvent à celles du XVIe, nous offre deux hommes célèbres qui en ont jugé différemment. Marmontel pense qu'une prosodie française, notamment cette partie de la prosodie appelée *quantité*, serait praticable; et, par les études profondes auxquelles il s'est livré sur l'harmonie de la langue, sa décision a quelque poids en cette matière. Turgot est allé plus loin encore : cet homme éminent, dont la pensée fut encyclopédique comme son époque, au milieu de tant d'autres vues originales et neuves qui l'occupaient, a songé aux vers français métriques et s'est exercé à en composer. On comprend déjà qu'une idée qui a eu faveur auprès de tels esprits à la fin de notre iiie siècle littéraire peut bien n'avoir pas été si déraisonnable du temps de Ronsard, c'est-à-dire à l'origine de notre littérature : on nous permettra donc d'y insister un peu.

Durant les derniers âges de la basse latinité, la quantité prosodique s'était presque entièrement perdue et oubliée; mais comme on avait toujours besoin de vers ou de quelque chose qui y ressemblât, ne fût-ce que pour les chants d'église, on imagina de ranger les unes sous les autres des lignes composées chacune d'un même nombre de syllabes et relevées finalement par la rime : l'oreille était ainsi dispensée de l'appréciation délicate des longues et des brèves; elle n'avait à régler qu'une espèce de compte numérique fort court; et, de peur qu'elle s'y méprît, le retour du même son ou, si l'on veut, le coup de cloche était là pour l'avertir qu'un vers étant fini, un autre vers allait commencer[1]. La rime d'ailleurs par elle-même

---

1. En adoptant cette origine de la rime, je ne prétends nullement exclure l'influence de la poésie arabe, qui a

n'est pas à beaucoup près dénuée d'agrément, comme l'atteste l'usage instinctif qu'en font dans leur langage les enfants et les gens du peuple ; et, bien qu'un peu superficiel et vulgaire, cet agrément alors tenait lieu de tous les autres. Les innovations apportées par la barbarie dans la langue latine dégénérée s'appliquèrent naturellement aux divers jargons qui en naquirent ; la langue française s'y trouva sujette à mesure qu'elle se forma, et l'on était arrivé au milieu du XVIe siècle avant d'avoir même songé qu'il y aurait eu pour elle un autre système possible de versification. Lors cependant qu'à cette époque la génération laborieuse et ardente dont nous avons déjà parlé vint à étudier les anciens avec la noble vue de les reproduire dans la littérature maternelle ; lorsque, épris de ces langues antiques où la poésie est un chant, l'oreille encore retentissante de l'harmonie d'Homère et de la mélodie de Virgile, les élèves de Dorat retombèrent sur le patois national, sur des vers sans mesure, terminés en rimes plates, redoublées, ou *équivoquées, couronnées, fratrisées*, le mécompte fut grand sans doute ; ils durent ne pas comprendre d'abord, même en lisant Marot, ce qui pouvait un jour sortir d'harmonieux de ce chaos apparent ; et leur première idée, à tous, dut être de le débrouiller au plus vite avec la prosodie des anciens. Malheureusement leur courage

---

certainement contribué par son exemple à propager l'usage des vers rimés dans le midi de l'Europe, et particulièrement en Provence.

se démentit à l'épreuve, et ils manquèrent surtout de concert entre eux. Du Bellay écrivait dans son livre de l'*Illustration*, en 1550 : « Quant aux pieds et nombres qui nous manquent, de telles choses ne se font pas par la nature des langues. Qui eût empêché nos ancêtres d'allonger une syllabe, et accourcir l'autre, et en faire des pieds et des mains ? et qui empêchera nos successeurs d'observer telles choses, si que'ques savants et non moins ingénieux de cet âge entreprennent de les réduire en art ? » On lit dans une *Abréviation de l'Art poétique* qui parut quelques années plus tard : « Jà les François commencent à monstrer aux Grecs et aux Latins comme ils peuvent bien mesurer un carme, et à adapter en leur langue les pieds et mesures des Grecs et Latins. Nous avons des carmes mesures à la forme des élégiaques grecs et latins, que deux excellents poëtes de notre âge, Jodelle et le comte d'Alsinois (nom anagrammatisé que prenait Nicolas Denisot), ont escrits. Celui de Jodelle est un distique tel :

« *Phœbus, Amour, Cypris veut sauver, nourrir et orner
   Ton vers, cœur et chef, d'ombre, de flamme, de fleurs.*

« Tel est celui du comte :

« *Vois de rechef, ô almë Venus, Venus almë, rechanter
   Ton los immortel par ce poëte sacré.*

« Toutefois en élégies le seigneur de Ronsard n'use de tels carmes... Il faut attendre la souveraine main de quelque grand poëte, lequel marchant d'un plus grand style passe les traces communes de la vulgaire rimaillerie, et que de plus longue haleine il chante un juste poëme, lequel, étant reçu et approuvé, sera l'exemplaire pour façonner les règles des pieds, mesures et syllabes. » Or, ce qui a manqué, c'est précisément ce poëme dans lequel *une main souveraine* devait graver comme sur le marbre les mesures désormais fixes et éternelles de notre poésie. Si Ronsard avait pris la peine d'en écrire un dans cette vue, peut-être ses contemporains s'y seraient conformés comme à un décret. Du moins les plus savants d'alors semblaient favorables à ces idées de réforme. Ramus, causant un jour avec Pasquier encore jeune, l'engagea à composer en distiques français une élégie qui a été consignée par l'auteur en ses *Recherches*. Claude de Buttet, le premier, s'avisa de conserver la rime, tout en observant la mesure, et cet exemple eut bientôt pour imitateurs Nicolas Rapin et Jean Passerat, deux hommes érudits et spirituels qu'on retrouve parmi les auteurs de la *Satire Ménippée*. Jacques de la Taille, poëte dramatique, publia un traité sur *la Manière de faire des vers en françois, comme en grec et en latin*, et d'Aubigné soutint avec Rapin une gageure à ce sujet[1]. Mais de tous ceux qui s'essayèrent dans cette

---

1. Voir *Petites Œuvres mêlées* du sieur d'Aubigné (Genève, 1630). — Henri Estienne, tout en approuvant ces tentatives métriques, pense judicieusement « qu'il vaut beaucoup mieux pour nous et notre postérité que les

voie, le plus persévérant, sinon le plus habile, fut Jean-Antoine de Baïf, condisciple de Ronsard et l'un des poëtes de la *Pléiade*. Il avait commencé, selon la mode du temps, par chanter ses amours en sonnets; et comme sa *Méline* et sa *Francine* (c'étaient les noms de ses maîtresses) n'avaient pas obtenu grande faveur après l'*Olive* de Du Bellay, la *Cassandre* et l'*Hélène* de Ronsard, il fit serment, dit-on, de ne plus versifier dorénavant qu'en vers mesurés[1]. Le mauvais succès de ses nouvelles œuvres en ce genre ne le découragea pas. Comprenant quelle relation intime unit la poésie mesurée et la musique vocale, il avait établi dans sa maison de plaisance, au faubourg Saint-Marceau, une Académie de beaux esprits et de musiciens, dont l'objet principal était de mesurer les sons élémentaires de la langue. A ce travail se rapportaient naturellement les plus intéressantes questions de grammaire et de poésie. En 1570, Charles IX octroya à l'Académie des lettres patentes dans lesquelles il déclare que, « pour que ladite Académie soit suivie et honorée des plus grands, il accepte le surnom de Protecteur et de premier Auditeur

---

excellents poëtes de ce temps se soient voulus rendre dignes du laurier par l'autre sorte de composition de vers qu'on appelle rime, et que, si quelqu'un d'entre eux s'est voulu amuser à cette autre, elle ait été comme son *parergon*, mais ceste-là *ergon*. » (*Précellence du Lang. franç.*)

1. C'est du moins la version de Pasquier, qui n'estimait point Baïf. Il paraît toutefois de reste que Baïf n'abandonna jamais entièrement les vers non mesurés.

d'icelle. » Ces lettres, envoyées au Parlement pour y être vérifiées et enregistrées, y rencontrèrent les difficultés d'usage. L'Université par esprit de monopole, l'évêque de Paris par scrupules religieux, intervinrent dans la querelle; pour en finir, il fallut presque un lit de justice[1]. A la mort de Charles IX, la compagnie naissante se mit sous la protection de Henri III, qui lui prodigua les marques de faveur; mais bientôt les troubles civils, et finalement la mort du fondateur Baïf, la dispersèrent. C'était un véritable essai d'Académie française, comme on le voit à l'importance qu'y attache La Croix du Maine. « Lorsqu'il plaira au roi, écrivait-il en 1584, de favoriser cette sienne et louable entreprise, les étrangers n'auront point occasion de se vanter d'avoir en leurs pays choses rares qui surpassent les nôtres. » Par ces *choses rares*, le bon écrivain ne peut entendre que les académies d'Italie[2]. Ce nouveau

---

1. Voir sur ces détails l'exact et excellent Goujet (*Bibliothèque françoise*, tome XIII, p. 318). J'en profite sans cesse pour le courant et le positif des faits.

2. Dans un manuscrit des *Vies des Poëtes françois*, par Guillaume Colletet, qui se trouve à la Bibliothèque du Louvre, et dont nous devons communication à la bienveillance de M. Valeri, on lit le passage suivant, qui ne laisse aucun doute sur la destination et l'importance de cette Académie : il s'agit de discours philosophiques d'Amadis Jamyn, « lesquels, selon toute apparence, dit Colletet, furent prononcés en présence du roi Henri III dans l'Académie de Jean-Antoine de Baïf, établie dans le voisinage du faubourg Saint-Marcel. Car je sais par tra-

fait nous semble appuyer ce que déjà nous avons jeté en avant, que peut-être, avec plus de loisir et de paix dans l'Etat, la fin du xvi⁰ siècle eût prévenu en littérature le siècle de Louis XIV.

dition qu'Amadis Jamyn étoit de cette célèbre compagnie, de laquelle étoient aussi Guy de Pibrac, Pierre de Ronsard, Philippe Des Portes, Jacques Davy Du Perron et plusieurs autres excellents esprits du siècle. A propos de quoi je dirai que j'ai vu autrefois quelques feuilles du livre manuscrit de l'Institution de cette noble et fameuse Académie entre les mains de Guillaume de Baïf, fils d'Antoine de Baïf, qui les avoit retirées de la boutique d'un pâtissier, où le fils naturel de Philippe Des Portes, qui ne suivoit pas les glorieuses traces de son père, les avoit vendues avec plusieurs autres livres manuscrits doctes et curieux ; perte irréparable et qui me fut sensible au dernier point, et ce d'autant plus que, dans le livre de cette Institution, qui étoit un beau vélin, on voyoit ce que le roi Henri III, ce que le duc de Joyeuse, ce que le duc de Retz et la plupart des seigneurs et des dames de la cour, avoient promis de donner pour l'établissement et pour l'entretien de l'Académie, qui prit fin avec le roi Henri III et dans les troubles et les confusions des guerres civiles du royaume. Le roi, les princes, les seigneurs et tous les savants qui composoient ce célèbre corps, avoient tous signé dans ce livre, qui n'étoit après tout que le premier plan de cette noble Institution, et qui promettoit des choses merveilleuses, soit pour les sciences, soit pour notre langue. Veuille le bonheur de la France que cette Académie françoise qui fleurit à présent, et de laquelle j'ai l'honneur d'être, répare le défaut de l'autre, et que l'on recueille de cette noble compagnie les fruits que l'on se promettoit de celle du dernier siècle !..... etc., etc. » Enfin, s'il fallait

En lisant le petit nombre de pièces composées en vers métriques par Baïf, Jodelle, Pasquier, Rapin, d'Aubigné, Sainte-Marthe, Passerat, et en dernier lieu par Turgot, on ne peut guère se former

---

une dernière preuve que l'Académie de Baïf était, comme celle de Conrart, une ébauche d'Académie française, nous citerions les épigrammes qui ne lui manquèrent pas non plus dès sa naissance. Le spirituel et mordant Passerat en fit une; Henri III en fut courroucé, manda Passerat, et lui fit des reproches amers, *voire même*, dit la chronique, *des menaces sanglantes*. Mais Passerat répondit prudemment qu'il n'avait pas entendu attaquer l'Académie en corps, qu'il n'avait eu en vue qu'un seul académicien, et après quelques explications tout s'apaisa.

— J'ajouterai de nouveaux détails sur cette fondation de Baïf dans l'article séparément consacré à Des Portes. Le *Recueil des Œuvres poétiques de Passerat* (1606) fournit quelque chose d'assez précis à l'appui de la dernière particularité. On y lit (page 151) la traduction des vers de Virgile (*Tu regere imperio...*) adressée à Henri III; cela veut dire que le roi de France a de plus graves affaires à régler que ces vétilles littéraires. Mais, un peu plus loin (page 198), on voit que ces vers avaient déplu, et qu'on les avait dénoncés au roi comme une irrévérence; Passerat répond :

> *Ma muse n'est point ennemie*
> *De la nouvelle Académie,*
> *Ni ne veut déplaire à son Roi...*

Et il conclut assez joliment :

> *Mais si cela seulement pique*
> *Quelque petit Académique,*

1.

une idée juste de ce qu'aurait été l'harmonie de
notre poésie si le système prosodique avait prévalu. D'abord, nous qui lisons ces vers, nous ne
savons pas la quantité de notre langue, puisqu'elle
n'a pas été fixée ; et de plus, ceux qui les ont écrits,
tout occupés de leur recherche inusitée, ont négligé le naturel et l'élégance, assez semblables à
ces écoliers qui pour la première fois mettent
sur leurs pieds des vers latins. Mais qu'on suppose la quantité française solidement établie, ce
qui semble à la rigueur possible, puisqu'il n'y a
jamais dans une langue que des syllabes brèves,
longues et douteuses, et que les syllabes douteuses,
en quelque proportion qu'elles soient, finissent
toujours par se résoudre en longues et en brèves ;
qu'on suppose un grand poëte disposant de cette
quantité avec aisance, et des lecteurs éclairés la
suivant sans effort : n'aurait-on pas le droit de
présumer d'une telle versification qu'elle serait autant qu'aucune autre un instrument docile au génie, et qu'au besoin il en saurait tirer des accords
puissants ? Au reste ce n'est pas un regret, encore moins un vœu, que j'exprime : depuis que
l'harmonie de la langue est définitivement écrite
et notée dans les admirables pages de Racine et
de nos grands poëtes, toute idée de pratiquer les
vers métriques ne peut plus être qu'un caprice, un

---

*Laissez aller les combattans.*
*Qui me voudra livrer bataille,*
*Que hardiment sa plume il taille :*
*Vous en aurez du passe-temps.*

jeu de l'esprit, et il est même probable que Turgot ne l'entendait pas autrement, quand, jeune encore, il se mit à construire des mètres français durant ses loisirs de séminaire[1].

Outre les vers métriques avec ou sans rime, il y eut au XVIe siècle quelques essais de vers blancs. Bonaventure Des Periers, ami de Marot, traduisit la première satire d'Horace : *Qui fit, Mæcenas,* etc., en vers de huit syllabes non rimés, « ce qui est aussi étrange en notre poésie françoise, dit Sebilet dans son *Art poétique,* comme le seroit en la grecque et latine lire des vers sans observation de syllabes longues et brèves, c'est-à-dire sans la quantité des temps qui soutiennent la modulation et musique du carme en ces deux langues, tout ainsi que fait en la nôtre la rime. » Cette innovation de Des Periers n'eut pas de suite. Du Bellay

---

[1]. Nous avions terminé ces pages lorsque nous lûmes un mémoire sur ces deux questions : *Quelles sont les difficultés qui s'opposent à l'introduction du rhythme des anciens dans la poésie française? — Pourquoi ne peut-on faire des vers français sans rime?* — par le savant et modeste M. Mablin. Ce mémoire, plein d'idées neuves et profondes, et d'une érudition aussi forte qu'ingénieuse, nous a prouvé, ce qu'au reste nous savions déjà, combien les questions dont il s'agit sont délicates, et quelle témérité il y aurait eu de notre part à prétendre les trancher en passant. Nous ne pouvons mieux faire que de renvoyer les lecteurs curieux de ces matières à l'opuscule même de M. Mablin. La distinction capitale entre l'*accent* et la *quantité* y est solidement établie, et c'est à quoi les partisans du système métrique n'avaient pas pris garde.

dans l'*Illustration* engage ceux qui seraient tentés de s'en prévaloir à compenser par la force du sens l'absence de la rime, « tout ainsi, ajoute-t-il, que les peintres et les statuaires mettent plus grand'-industrie à faire beaux et proportionnés les corps qui sont nus. » Mais une si plate invention ne méritait pas un si bon conseil. En d'autres langues, en anglais, en italien, par exemple, elle peut avoir son mérite ; dans la nôtre, elle n'est bonne qu'à parodier la poésie ; et Voltaire le savait bien, lorsqu'il l'appelait à son aide pour mieux travestir *Gilles* Shakspeare [1].

Malgré le jugement un peu sévère que j'ai paru adopter sur Baïf, on aurait tort de croire que le lecteur de nos jours découvre tout d'abord une différence bien sensible entre ses œuvres et celles des poëtes de son temps les plus estimés, tels que Du Bellay et Ronsard. Il faut l'avouer, à notre honte, sauf un certain nombre de jolies pièces qui frappent au premier coup d'œil, tous ces recueils de poésies, toutes ces centaines d'odes et de sonnets nous semblent d'un caractère assez uniforme ; et si l'on n'y revenait à diverses reprises, si surtout l'on n'était soutenu et redressé par les témoignages qu'ont laissés les contemporains, on aurait peine à départir à chaque auteur avec quelque précision et quelque justesse les traits qui le dis-

---

[1]. Nous n'ignorons pas que de pareils essais ont été renouvelés avec bonne foi et talent par M. de Sorsum, mais nous persistons à les juger contraires à la nature même de notre versification.

tinguent entre tous. L'invention, en effet, sur laquelle il est toujours aisé de prononcer, même à travers la distance des temps et la différence des langues, n'a presque rien d'original chez Ronsard et ses amis; ce n'est d'ordinaire qu'une copie plus ou moins vive ou pâle des Grecs, des Latins, des Italiens. Reste l'élocution, le style. Mais la langue dans laquelle écrivaient ces novateurs est devenue pour nous une espèce de langue morte, et nous ne sommes guère bons juges de ce que pouvait être, par rapport à elle, l'incorrection ou l'élégance. Nous l'avons dit, en effet, depuis Marot jusqu'à nous, le tronc commun n'est pas allé grandissant et croissant d'une force lente et continue. Ronsard y a voulu greffer un dialecte qui, trop différent de nature, s'est bientôt flétri et détaché. Toutes les fois pourtant que les poëtes de cette école ont adopté la langue de Marot, nous nous entendons avec eux, et le plus souvent ils nous charment. Jamais ils ne réussissent mieux que quand ils empruntent à Bion, Moschus, Anacréon et Théocrite, ou encore à Martial et Catulle, quelque pièce courte et légère, dont la simplicité n'exige point l'appareil de leur lexique artificiel. C'est aussi le cas de Baïf, et ces agréables exceptions sont même assez nombreuses chez lui pour nous permettre d'adoucir un peu sur son compte les jugements rigoureux de Pasquier et de Du Perron. De plus, le mécanisme de sa versification, soit dans l'alexandrin, soit dans les vers de moindre mesure, ses rejets fréquents, ses coupes variées et la marche toute prosodique de sa phrase, nous présentent, avec la manière d'André Chénier, des analogies frappantes qui tournent à l'honneur du vieux poëte ; on s'aperçoit que l'un comme l'autre avait étudié l'accent des syllabes et savait scander son vers. Quelques citations décisives nous absoudront du reproche qu'on nous fait déjà, peut-être, de chercher et de voir partout des ressemblances.

## AMOUR OISEAU

### (IMITÉ DE BION)

*Un enfant oiseleur, jadis en un bocage*
*Giboyant aux oiseaux, vit, dessus le branchage*
*D'un houx, Amour assis ; et, l'ayant aperçu,*
*Il a dedans son cœur un grand plaisir conçu :*
*Car l'oiseau sembloit grand. Ses gluaux il apprête,*
*L'attend et le chevale, et, guêtant à sa quête,*
*Tâche de l'assurer ainsi qu'il sauteloit.*
*Enfin il s'ennuya de quoi si mal alloit*
*Toute sa chasse vaine ; et ses gluaux il rue,*
*Et va vers un vieillard étant à la charrue,*
*Qui lui avoit appris le métier d'oiseleur ;*
*Se plaint et parle à lui, lui conte son malheur,*
*Lui montre Amour branché. Le vieillard lui va dire,*
*Hochant son chef grison et se ridant de rire :*
*« Laisse, laisse, garçon, cesse de pourchasser*
*La chasse que tu fais ; garde-toi de chasser*
*Après un tel oiseau : telle proye est mauvaise.*
*Tant que tu la lairras, tu seras à ton aise ;*

*Mais si à l'âge d'homme une fois tu atteins,*
*Cet oiseau qui te fuit, et de qui tu te plains*
*Comme trop sautelant, de son motif s'apprête,*
*Venant à l'impourvu, se planter sur ta tête*[1]. »

La requête suivante, adressée à MM. les Prévost et Échevins de Paris, en offrant un nouvel exemple de cette facture du vers alexandrin, nous apprend sur la vie de Baïf quelques particularités curieuses. Il paraît que d'officieux voisins avaient voulu l'enrôler, un peu malgré lui, dans la *garde nationale* du temps :

*Messieurs, Baïf, qui n'a ni rente ni office*
*En votre prévôté, ne pas un bénéfice*
*En votre diocèse, et qui n'est point lié;*
*Mais, s'il veut, vagabond; ni veuf, ni marié,*
*Ni prêtre, seulement clerc à simple tonsure,*
*Qu'il a pris à Paris avec sa nourriture,*
*Pour laquelle il s'y aime et y tient sa maison,*
*En faisant son pays, non pour autre raison*
*Que pour libre jouir d'un honnête repos;*
*Ce Baïf fait sa plainte et dit que sans propos,*
*Et sans avoir égard à son peu de chevance,*
*A sa profession et à sa remontrance,*
*Son voisinage veut le contraindre d'aller*
*A la garde et au guet, le voulant égaler*
*De tous points par cela au simple populaire,*
*Et contre son dessein l'attacher au vulgaire,*

---

1. Au second livre des *Passetemps* (1573).

*Duquel, tant qu'il a pu, il n'a eu plus grand soin,
En toutes actions, que s'en tirer bien loin ;
Et pour ce il a choisi aux faubourgs sa retraite,
Loin du bruit de la ville, en demeure secrète.
Ainsi dans vos maisons loge paix et santé,
Baïf, comme d'emprunt, soit du guet exempté !*

Il nous serait aisé de choisir entre plusieurs chansons, pleines de gentillesse et de lasciveté, que Baïf a mêlées à ses sonnets de *Méline* et de *Francine*. Dans un éloge du *Printemps*, on lit ces stances d'une facilité vive et brillante :

*La froidure paresseuse
De l'hiver a fait son temps.
Voici la saison joyeuse
Du délicieux printemps.*

. . . . . . . .

*De grand matin la pucelle
Va devancer la chaleur,
Pour de la rose nouvelle
Cueillir l'odorante fleur,*

*Pour avoir meilleure grâce,
Soit qu'elle en pare son sein,
Soit que présent elle en fasse
A son ami de sa main,*

*Qui, de sa main l'ayant eue
Pour souvenance d'amour,*

*Ne la perdra point de vue,*
*La baisant cent fois le jour.*

*Mais oyez dans le bocage*
*Le flageolet du berger,*
*Qui agace le ramage*
*Du rossignol bocager.*

*Voyez l'onde claire et pure*
*Se cresper dans les ruisseaux,*
*Dedans voyez la verdure*
*De ces voisins arbrisseaux*[1]...

Baïf a fort habilement manié le vers de dix syllabes. Il nous raconte sur ce rhythme ses habitudes et ses goûts en fait d'amour, avec un accent de bonhomie parfaite et un ton charmant de causerie :

*Quand je connois que l'amour que je porte*
*Est déplaisant, je lui ouvre la porte :*
*L'amour s'envole ; et je n'en sois blâmé :*
*Aimer ne puis, si je ne suis aimé.*
*Sortant ainsi de telle servitude,*
*Libre je vis, fuyant l'ingratitude*
*Tant que je puis. Sans désir mutuel,*
*Quel amour peut être perpétuel ?*
*Voilà pourquoi les poëtes du vieil âge*
*Feignent qu'Amour, le petit dieu volage,*

---

1. Au premier livre des *Passetemps*.

*Tant qu'il fut seul, sans frère, que jamais
Ne se fit grand, ne pouvant croître; mais
Que, demeurant toujours en son enfance,
Avec les ans ne prenoit accroissance
Comme faisoient les fils des autres Dieux.
Sur quoi se tint un conseil dans les cieux,
Où fut conclu que Vénus iroit prendre
L'avis certain de Thémis, pour apprendre
A quoi tenoit que son fils ne croissoit,
Et que toujours enfant apparoissoit.
« Donne à ton fils Amour (répond l'Oracle)
Un frère Amour, et tu verras miracle.
Lui que tu vois seul demourer enfant,
Tu le verras, Vénus, devenir grand. »
Ainsi, qui veut qu'un bon amour prospère
De mieux en mieux, lui faut donner un frère,
Son contr'amour. Qui m'en demandera,
S'il n'est aimé, d'aimer se gardera*[1].

C'est d'un ton plus gaillard, mais non moins piquant, qu'il dit ailleurs (car, à l'exemple de ses contemporains, il se délecte parfois aux *gaïetés* et *gaillardises*) :

*Je n'aime ni la pucelle
(Elle est trop verte), ni celle
Qui est par trop vieille aussi.
Celle qui est mon souci,
C'est la femme déjà meure (mûre)*[2]*:*

---

1. Dédicace des *Amours* (1572).
2. *Mitia poma* (Virgile). — C'est d'ailleurs imité d'une

*La meure est toujours meilleure.
Le raisin que je choisi
Ne soit ni verd ni moisi.*

Il a imité, ou, si l'on veut, traduit librement et décemment de Théocrite *l'Amour Vangeur*[1], et pour peu que l'on compare sa pièce avec la fable de La Fontaine, *Daphnis et Alcimadure*, dont le sujet est le même, on verra que l'avantage de la naïveté, sinon de l'originalité, reste tout à fait à Baïf. En voilà plus qu'il n'est besoin pour faire concevoir que Peletier du Mans, caractérisant les poëtes de l'époque, ait pu louer Baïf de sa veine *fluide*[2].

Remi Belleau a été moins heureux que ses amis, quand il a essayé de traduire en entier Anacréon, que Henri Estienne avait retrouvé et publié en 1554. Peut-être faut-il attribuer sa sécheresse à l'exactitude dont il s'est piqué, à moins qu'on ne dise comme Ronsard, par un assez mau-

---

épigramme d'Onestes qu'on peut lire dans l'*Anthologie* (*Palat.*, V, 20), et que Grotius a ainsi traduite :

*Sit mihi juncta toro nec anus, nec cruda puella :
Hæc miseranda mihi est, illa verenda nimis.
Ad Venerem nec acerba facit, nec passula, sed quæ
Matura in medio tempore forma viget.*

J'aime mieux Baïf.

1. Au troisième livre des *Poëmes* (1573).
2. Baïf était né vers 1532, et mourut vers 1590. Je reparlerai de lui dans l'article à part sur Des Portes.

vais jeu de mots, que Belleau (*belle eau*) était trop sobre pour se mesurer avec l'ivrogne de Téos. On trouverait, au reste, de jolis passages à citer dans sa traduction. Ce poëte eut et mérita une grande réputation en son temps. On l'appelait *le gentil Belleau*, et Ronsard le surnommait *le Peintre de la nature*. Dans ses vers, en effet, les descriptions abondent. Il décrivit en détail les *Pierres précieuses*, telles que le diamant, la topaze, le rubis, etc., etc., avec leurs propriétés physiques et leurs vertus occultes : et cet ouvrage, fort goûté lorsqu'il parut, fit dire que l'auteur « s'étoit taillé un glorieux tombeau dans ses pierres précieuses. » Les *Bergeries* de Belleau présentent quelquefois des scènes champêtres vivement retracées ; surtout il y a une profusion de couleurs et d'images bien contraire à l'idée qu'on se fait de la simplicité de la vieille langue. Brillant et suranné à la fois, vieilli et non pas antique, ce style ne ressemble pas mal à ces étoffes que portaient les petits maîtres du temps passé, et dont le lustre terni éclate encore par places. La pièce du mois d'*Avril* est celle qui a le mieux conservé sa fraîcheur [1] :

---

1. Le rhythme délicat dans lequel est jetée cette chanson d'*Avril*, et dont Ronsard fit également usage dans sa chanson connue :

> *Quand ce beau printemps je voy,*
>     *J'aperçoy*
> *Rajeunir la terre et l'onde,*

*Avril, l'honneur et des bois*
*Et des mois;*
*Avril, la douce espérance*
*Des fruits qui, sous le coton*
*Du bouton,*
*Nourrissent leur jeune enfance;*

*Avril, l'honneur des prez verds,*
*Jaunes, pers,*
*Qui, d'une humeur bigarrée,*
*Emaillent de mille fleurs*
*De couleurs*
*Leur parure diaprée;*

---

*Et me semble que le jour*
*Et l'Amour,*
*Comme enfans, naissent au monde...;*

ce curieux rhythme n'est pas tout à fait de l'invention des poëtes de la *Pléiade*, comme je l'avais cru d'abord (*Œuvres choisies de Ronsard*, 1828, page 49). M. Vallet de Viriville, dans la *Bibliothèque de l'École des Chartes* (tome III, p. 468), en cite un exemple approchant, tiré d'un mystère du xv<sup>e</sup> siècle. J'aurais dû me souvenir moi-même que Marot l'a employé une fois dans la traduction du xxxviii<sup>e</sup> psaume. Mais ce n'est que chez les poëtes de la *Pléiade* que ce rhythme du moins prend toute sa vogue; ce n'est que chez eux que, grâce à l'entrelacement, pour la première fois obligé, des rimes masculines et féminines, il acquiert sa vraie légèreté et son tour définitif. Cette remarque peut s'appliquer aux autres rhythmes dont on retrouverait des échantillons antérieurs, et que cette confusion des rimes laissait toujours plus ou moins à l'état d'ébauche.

*Avril, l'honneur des soupirs*
             *Des Zéphirs,*
*Qui, sous le vent de leur aile,*
*Dressent encore ès forêts*
             *De doux rets,*
*Pour ravir Flore la belle ;*

*Avril, c'est ta douce main*
             *Qui, du sein*
*De la Nature, desserre*
*Une moisson de senteurs*
             *Et de fleurs*
*Embasmant l'air et la terre.*

*Avril, l'honneur verdissant,*
             *Florissant,*
*Sur les tresses blondelettes*
*De ma Dame, et de son sein*
             *Toujours plein*
*De mille et mille fleurettes ;*

*Avril, la grâce et le ris*
             *De Cypris,*
*Le flair et la douce haleine ;*
*Avril, le parfum des Dieux,*
             *Qui, des cieux,*
*Sentent l'odeur de la plaine ;*

*C'est toi, courtois et gentil,*
             *Qui d'exil*
*Retires ces passagères,*
*Ces arondelles qui vont,*

  *Et qui sont*
*Du printemps les messagères.*

*L'aubépine, et l'églantin,*
  *Et le thym,*
*L'œillet, le lis, et les roses,*
*En cette belle saison,*
  *A foison,*
*Montrent leurs robes écloses.*

*Le gentil rossignolet,*
  *Doucelet,*
*Découpe, dessous l'ombrage,*
*Mille fredons babillards,*
  *Frétillards,*
*Au doux chant de son ramage.*

*C'est à ton heureux retour*
  *Que l'Amour*
*Souffle, à doucettes haleines,*
*Un feu croupi et couvert*
  *Que l'hiver*
*Recéloit dedans nos veines.*

*Tu vois en ce temps nouveau*
  *L'essaim beau*
*De ces pillardes avettes*
*Volleter de fleur en fleur*
  *Pour l'odeur*
*Qu'ils mussent en leurs cuissettes.*

*Mai vantera ses fraîcheurs,*
  *Ses fruits meurs,*

*Et sa féconde rosée,*
*La manne, et le sucre doux,*
*Le miel roux*
*Dont sa grâce est arrosée.*

*Mais moi je donne ma voix*
*A ce mois*
*Qui prend le surnom de celle*
*Qui de l'écumeuse mer*
*Vit germer*
*Sa naissance maternelle.*

Il suffit de jeter les yeux sur ce petit tableau étincelant, pour sentir quel vernis neuf et moderne la réforme de Ronsard avait répandu sur la langue poétique[1]. Lorsque Belleau fit cette jolie pièce, il lui était resté un parfum de la Couronne d'Anacréon.

Il nous reste peu à dire des autres poëtes de la *Pléiade*. Dorat n'y était que par déférence, car il

---

1. Remi Belleau était né en 1528, et mourut en 1577. J'en redirai quelque chose dans l'article sur *Anacréon au* xvie *siècle*. Il fut attaché aux d'Elbeuf, suivit l'un d'eux en Italie pour l'expédition de Naples (1557), et, au retour de là, il passa et finit paisiblement ses jours dans la maison de Lorraine. Il lui fut fait à Paris, où il mourut, de très-honorables funérailles : on l'enterra dans la nef des Grands-Augustins, où il fut porté *sur les pieuses épaules* de ses doctes et illustres amis, Pierre de Ronsard, Jean-Antoine de Baïf, Philippe Des Portes, et Amadis Jamyn.

ne lui arrivait pas souvent de versifier en français[1]. Pontus de Thiard avait dans sa jeunesse, et dès les premiers temps de la réforme poétique, publié, sous le titre d'*Erreurs amoureuses*, des sonnets dans lesquels il célébrait une maîtresse du nom de *Pasithée*; mais il s'était depuis livré sans partage aux mathématiques et à la théologie, et avait abjuré ses *erreurs* de jeunesse pour l'évêché de Châlons[2]. Le plus beau titre d'Amadis Jamyn était la prédilection toute particulière dont l'honorait Ronsard : il l'avait servi comme page en sa jeu-

---

1. Dorat, le maître des poëtes de la *Pléiade*, vécut assez (jusqu'en novembre 1588) pour les voir à peu près tous finir. Il les avait tous comme bénis et baptisés au départ : il contresignait leurs livres de ses éloges. Il en est peu de ce bord qui n'aient paru tant avec privilége du Roi qu'avec *distiques grecs* de Dorat. Il était l'approbateur universel. (Voir *Dictionnaire* de Bayle, article Dorat.)

2. Par ce titre d'*Erreurs amoureuses* l'auteur faisait allusion à son nom de Pontus (Pontus était l'un des chevaliers errants de la Table-Ronde). G. Colletet, dans sa vie de Pontus, parlant de l'universalité de connaissances qui distinguait ce poëte, lui applique le mot d'Ovide : *Omnia Pontus erat*. Le premier livre de ces *Erreurs* date de 1548. Pontus est, à proprement parler, un disciple de son voisin Maurice Scève, de Lyon; et il s'adresse à celui-ci tout d'abord. C'est, parmi nos doctes poëtes, un des plus hérissés. On le pourrait qualifier *l'Astrologue* de la Pléiade; dans une pièce latine à Ronsard *de Cœlestibus Asterismis*, il tire l'horoscope de son ami et lui assigne une place parmi les étoiles. Il semble dans sa vie avoir pris pour devise les vers de Virgile

nesse, et resta toujours son page en poésie[1]. Moins savant que Ronsard, mais doué d'une prodigieuse facilité, Étienne Jodelle avait acquis l'admiration de la plupart de ses contemporains; mais le plus grand nombre de ses poésies légères s'est perdu par sa propre négligence; et d'ailleurs nous aurons occasion de le retrouver parmi les drama-

---

sur les Muses... : *Cælique vias et sidera monstrent;* ou plutôt encore ces autres beaux vers de Properce :

> *Me juvat in prima coluisse Helicona juventa,*
>   *Musarumque choris implicuisse manus...*
> *Atque ubi jam Venerem gravis interceperit ætas,*
>   *Sparserit et nigras alba senecta comas,*
> *Tum mihi naturæ libeat perdiscere mores,*
>   *Quis Deus hanc mundi temperet arte domum;*
> *Qua venit exoriens, qua deficit, unde coactis*
>   *Cornibus in plenum menstrua luna redit...*

Je pourrais continuer; Pontus a comme voulu remplir tout le programme. Ce fut au reste le dernier survivant des sept de la Pléiade : il ne mourut qu'en 1605, âgé de quatre-vingt-trois ans; il avait débuté en poésie cinquante-sept ans auparavant. — Le général Thiard, qui a marqué dans les chambres sous la Restauration, est de sa descendance.

1. Amadis Jamyn n'est peut-être pas apprécié ici tout à fait comme il aurait pu l'être : je tiens du moins à avertir que M. Ed. Turquety paraît le goûter infiniment et qu'il estime l'une de ses chansons, *La blanche violette...* « une pièce délicieuse, digne pendant de l'*Avril* de Belleau. » (Voir dans le *Bulletin du Bibliophile* de juillet 1860 la *Lettre sur quelques poètes du* XVIe *siècle.*)

tiques, dont il fut le premier, du moins en date. Alors aussi nous reviendrons sur Baïf et Belleau, qui donnèrent des pièces de théâtre.

Si nous avions l'ambition d'être complet, et si c'était l'être que de tout dire, il nous faudrait maintenant dénombrer cette milice de poëtes qui combattirent sous *les sept chefs*, et marchèrent, comme s'en vantait Ronsard, à la conquête de Thèbes. Mais, pour ce dénombrement, non plus que pour celui de toutes les épopées, *cent poitrines de fer* et *cent voix infatigables* ne suffiraient point. Mieux vaut donc nous taire, en avertissant bien que notre silence n'est pas du pur dédain. Parmi ces hommes dont les noms à peine sont connus des érudits en cette matière, plusieurs jouirent de la célébrité durant leur vie, plusieurs espérèrent la gloire, et peut-être n'en furent pas indignes. Nous n'en prendrons que trois presque au hasard, Jacques Tahureau, Olivier de Magny et Jean de La Taille. Le premier mourut en 1555 à l'âge de vingt-huit ans, comme un soldat frappé dans le premier choc de la mêlée ; Magny ne passa point 1560. Voici deux excellents sonnets de celui-ci :

*Je l'aime bien, pource qu'elle a les yeux*
*Et les sourcils de couleur toute noire,*
*Le teint de rose et l'estomac d'ivoire,*
*L'haleine douce et le ris gracieux ;*

*Je l'aime bien pour son front spacieux*
*Où l'Amour tient le siége de sa gloire,*

*Pour sa faconde et sa riche mémoire,*
*Et son esprit plus qu'autre industrieux;*

*Je l'aime bien pource qu'elle est humaine,*
*Pour ce qu'elle est de savoir toute pleine,*
*Et que son cœur d'avarice n'est poingt;*

*Mais qui me fait l'aimer d'une amour telle,*
*C'est pour autant qu'ell' me tient bien en point,*
*Et que je dors quand je veux avec elle.*

———

Ce que j'aime au printemps, je te veux dire, Mesme[1] :
J'aime à fleurer la rose, et l'œillet, et le thym;
J'aime à faire des vers, et me lever matin,
Pour, au chant des oiseaux, chanter celle que j'aime.

En été, dans un val, quand le chaud est extrême,
J'aime à baiser sa bouche et toucher son tetin,
Et, sans faire autre effet, faire un petit festin,
Non de chair, mais de fruit, de fraises et de crême.

Quand l'automne s'approche et le froid vient vers nous,
J'aime avec la châtaigne avoir de bon vin doux,
Et, assis près du feu, faire une chère lye.

---

1. Voir sur ce De Mesme le *Traité des études* de Rollin, livre I, chap. II, art. 1er. Rollin n'avait pas lu le gai et libre sonnet. Il y a toujours une gaieté de dessert que les professeurs ne savent pas.

*En hiver, je ne puis sortir de la maison,
Si n'est au soir, masqué ; mais, en cette saison,
J'aime fort à coucher dans les bras de m'amie* [1].

Lequel, entre nos poëtes érotiques, y compris les chevaliers de Bertin et de Parny, a jamais rendu la chaleur âpre et le délire cuisant de la

---

1. *Soupirs* d'Olivier de Magny (Paris, 1557). — Il y a encore de lui les *Amours* (1553), les *Gayetés* (1554), et cinq livres d'*Odes* (1559) : ce dernier recueil, le plus remarquable, est postérieur au voyage de Rome qu'il fit comme attaché à l'ambassadeur d'Avanson, et où il rencontra Du Bellay. Je dis le bien, je dois indiquer aussi le mauvais en ce qui marque le goût de l'époque. Le sonnet suivant des *Soupirs* d'Olivier de Magny fit longtemps, nous dit Colletet, l'entretien de la cour et des curieux ; les plus habiles musiciens, comme Orlande Lejeune, et plusieurs autres, le mirent en musique à l'envi ; c'est le dialogue d'un amant et du vieux nocher Caron :

L'AMANT.

*Holà ! Caron, Caron, nautonnier infernal !*

CARON.

*Quel est cet importun qui, si pressé, m'appelle ?*

L'AMANT.

*C'est l'esprit éploré d'un amoureux fidèle,
Qui, pour toujours aimer, n'eut jamais que du mal.*

CARON.

*Que cherches-tu, dis-moi ?*

L'AMANT.

*Le passage fatal.*

CARON.

*Quel est ton homicide ?*

jouissance en traits plus saisissants que Jacques
Tahureau du Mans, dans ce *baiser* tout de flamme?

> *Qui a lu comme Vénus,*
> *Croisant ses beaux membres nus*
> *Sur son Adonis qu'ell' baise,*
> *Et lui pressant le doux flanc,*
> *Son cou douillettement blanc*
> *Mordille de trop grand' aise;*
>
> *Qui a lu comme Tibulle*
> *Et le chatouillant Catulle*
> *Se baignent en leurs chaleurs;*
> *Comme l'amoureux Ovide,*
> *Sucrant un baiser humide*[1],
> *En tire les douces fleurs;*

---

L'AMANT.
  *O demande cruelle!*
*Amour m'a fait mourir.*
  CARON.
    *Jamais dans ma nacelle*
*Nul sujet d l'Amour je ne conduis à val.*
  L'AMANT.
*Mais de grâce, Caron, reçois-moi dans ta barque.*
  CARON.
*Cherche un autre nocher; car ni moi, ni la Parque,*
*N'entreprenons jamais sur ce maître des Dieux!*
  L'AMANT.
*J'irai donc malgré toi; car j'ai dedans mon ame*
*Tant de traits amoureux, tant de larmes aux yeux,*
*Que je serai le fleuve, et la barque, et la rame!*

1. Les deux éditions de Tahureau portent *sucrant*,
il serait plus naturel de dire *suçant*.

*Qui a vu le passereau,
Dessus le printemps nouveau,
Pipier, battre de l'aile,
Quand d'un infini retour
Il mignarde sans séjour
Sa lascive passerelle;*

*La colombe roucoulante,
Enflant sa plume tremblante,
Et liant d'un bec mignard
Mille baisers dont la grâce
Celle du cygne surpasse
Sus sa Lœde frétillard;*

*Les chèvres qui vont broutant
Et d'un pied léger sautant
Sur la molle verte rive,
Lorsque d'un trait amoureux
Dedans leur flanc chaleureux
Ell' brûlent d'amour lascive;*

*Celui qui aura pris garde
A cette façon gaillarde
De tels folâtres ébats,
Que par eux il imagine
L'heur de mon amour divine,
Quand je meurs entre tes bras*[1]*!*

---

1. Jacques Tahureau est le Parny du xvie siècle. Né au Mans, il paraît qu'il descendait à quelque degré, par son père, de Bertrand Du Guesclin. Il relève vertement, en un endroit, ceux qui lui reprochaient d'user ses ans à des écritures paresseuses et de ne point suivre la trace

Jean de La Taille avait un jeune frère, Jacques, qui mourut aussi dans l'ardeur première, victime de l'étude et de la science. Il lui survécut longtemps; fit, comme lui, plusieurs ouvrages dramatiques; et, de bonne heure, dégoûté du monde et de la cour, se retira aux champs, où il continua de cultiver la poésie. Lui-même a célébré ses vœux et son bonheur dans sa pièce du *Courtisan retiré*, qui est une fort bonne satire, quoiqu'elle ne porte pas ce titre :

*Il (le courtisan) doit négocier pour parents importuns,*
*Demander pour autrui, entretenir les uns;*
*Il doit, étant gêné, n'en faire aucun murmure,*

---

de ses *nobles aïeux*. Il étudia d'abord à Angers, voyagea ensuite en Italie, et porta les armes, très-jeune, dans les dernières guerres de François I<sup>er</sup>. Le peu qu'on sait de sa vie et tous ses écrits dénoncent une vive exaltation. Il avait reçu en plein le *coup de soleil* de Ronsard; il rêvait la gloire avec ivresse :

> *Pendant qu'Amour, d'une flèche dorée,*
> *De la jeunesse enflammera les cœurs,*
> *Des amoureux la plume enamourée*
> *Vivra toujours entre cent mille honneurs!*

Il mourut, je l'ai dit, en 1555, seulement peu de jours après son mariage, funeste mariage *qui fut cause de sa mort*, dit Colletet sans s'expliquer autrement. L'édition de ses *Poésies* (1574), bien qu'assez fautive, est très-recherchée. — (Voir dans le *Bulletin du Bibliophile*, de septembre 1846, un article sur Tahureau par M. de Clinchamp.)

*Prêter des charités et forcer sa nature ;*
*Jeûner, s'il faut manger; s'il faut s'asseoir, aller ;*
*S'il faut parler, se taire; et, si, dormir, veiller.*

. . . . . . . . . . . . . . . . . . . . .

*O! combien plus heureux celui qui, solitaire,*
*Ne va point mendiant de ce sot populaire*
*L'appui ni la faveur; qui, paisible, s'étant*
*Retiré de la cour et du monde inconstant,*
*Ne s'entremêlant point des affaires publiques,*
*Ne s'assujettissant aux plaisirs tyranniques*
*D'un seigneur ignorant, et ne vivant qu'à soi,*
*Est lui-même sa cour, son seigneur et son roi!*[1]

Comme tous ses contemporains, La Taille a chanté l'amour. En parlant d'une jeune fille qui passe sa jeunesse sans aimer, il lui est échappé cette strophe ravissante dans le rhythme si cher à Lamartine :

*Elle est comme la rose franche*
*Qu'un jeune pasteur, par oubli,*

---

1. Les Œuvres poétiques de Jean de La Taille de Bondaroy, avec celles de son frère Jacques, parurent en 1572-1574 (deux volumes). On y voit Jean, guerrier à la fois et poëte, qui est pourtrait tout cuirassé, avec cette devise : *In utrumque paratus*. Il avait reçu une honorable blessure en combattant pour le roi dans les premières guerres civiles. Les de La Taille, très-ancienne famille, subsistent encore : on les considère comme les Montmorency de la Beauce. — Une remarque devient évidente : ces poëtes de la Pléiade étaient, somme toute, une pure école aristocratique; à ce titre, ils n'ont jamais cherché ni gagné le populaire.

*Laisse flétrir dessus la branche,
Sans se parer d'elle au dimanche,
Sans jouir du bouton cueilli.*

Gracieuse image qu'on serait tenté d'appliquer à la poésie de ce temps-là ! Elle aussi, on l'a *laissée flétrir dessus la branche par oubli*, et nous venons bien tard aujourd'hui pour la cueillir. Avec un peu de patience toutefois, on est presque sûr de retrouver de ces beautés encore jeunes et fraîches jusque chez les poëtes d'alors les moins connus[1].

Cela même ne laisse pas d'être un inconvénient quand on y pénètre, que cette quantité de traits plus ou moins agréables auxquels peuvent atteindre les talents d'alentour, même secondaires ; il y aurait un autre écueil à s'y trop amuser. Sous le coup du premier succès de Ronsard et de ses amis, une étonnante émulation, en effet, s'était emparée de toutes les jeunes têtes. Du Mans et d'Angers, de Poitiers et de Cahors, à la suite des Tahureau et des Magny, les nouveaux venus affluaient sans relâche ; chaque province, chaque ville fournissait sa levée poétique et doublait en quelque sorte son contingent. Les vrais chefs, si l'on n'y prenait garde,

---

1. Il faut tout dire : le malheur et la vérité, c'est que ces charmants passages ne se soutiennent pas, et que ce qui suit gâte presque toujours. Croirait-on bien, par exemple, qu'après cette jolie strophe de La Taille, il y ait tout immédiatement :

*Bref, il faut que je m'en dépêtre !*

finiraient par disparaître au milieu de ces folles recrues. De graves contemporains, Pasquier et De Thou, ont signalé énergiquement le danger et n'ont point parlé de cette tourbe sans colère. Pasquier, écrivant à Ronsard, dès 1555, s'écrie : « En bonne foi, on ne vit jamais en la France telle foison de poëtes ; je crains qu'à la longue le peuple ne s'en lasse. Mais c'est un vice qui nous est propre que, soudain que voyons quelque chose succéder heureusement à quelqu'un, chacun veut être de sa partie... » Et il en cite maint exemple, l'héroïque *Pucelle,* qui eut incontinent pour imitatrices deux ou trois *affronteuses* qui firent les inspirées, et, aux choses de l'esprit, Rabelais, lequel, avec son *Gargantua* et son *Pantagruel,* s'attira aussitôt pour singes deux imitateurs et plats copistes, auteurs de *Propos rustiques* et de *Fanfreluches.* Ainsi encore, le roman d'*Amadis,* traduit en français par le seigneur des Essars, avait engendré sur l'heure toute une postérité de fades chevaliers ; un Palmerin d'Olive, un Palladien, un Primaléon : « Autant en est-il arrivé, continue Pasquier, à notre poésie françoise... Chacun s'est fait accroire à part soi qu'il auroit même part au gâteau. » Et sur la fin de sa lettre, il rappelle assez vertement Ronsard à la discrétion dans les louanges en présence des nouveaux *écrivasseurs,* et il ose le prémunir contre la banalité[1]. De Thou va plus loin

---

1. Ronsard semble avoir tenu compte du conseil, à en juger par son élégie ou épître à Jules Gassot au sujet de Remi Belleau ; il y compare ses propres imitateurs à des

encore; il touche à fond le côté moral; exposant au livre XXII de son *Histoire*, à l'endroit de la mort de Henri II, les divers jugements qui couraient : « On n'oublioit pas, dit-il, les actions particulières de ce prince qui, étant marié, avoit pris une maîtresse, laquelle l'avoit comme enchanté par ses maléfices et avoit seule régné. On disoit que de là étoient nés un luxe prodigieux, la dissipation des finances, des débauches honteuses, et la cupidité insatiable des courtisans. En parlant de ce siècle corrompu, il ne faut pas oublier les poëtes françois qu'il enfanta en grand nombre. Ces poëtes, abusant de leurs talents, flattoient par des éloges honteux une femme vaine, détournoient les jeunes gens des études sérieuses et utiles, pour lire des vers obscènes, et gâtoient l'esprit et le cœur des jeunes personnes du sexe le plus foible par des chansons licencieuses[1]. » Toujours est-il,

---

*grenouilles*, et Du Bellay, en une épigramme latine, les comparait encore plus crûment aux *petits chiens*, dont on noie presque toute la portée pour n'en garder qu'un ou deux :

*Hi bene curati tecto asservantur herili;*
*A corvis illi vel rapiuntur aquis.*

1. « Non inter postrema corrupti sæculi testimonia recensebantur poetæ Galli, quorum proventu regnum Henrici abundavit, qui, ingenio suo abusi... » Nous retrouvons ici Diane de Poitiers et son influence déjà indiquée. On conçoit mieux les vives paroles de De Thou, quand on lit ces incroyables vers d'Olivier de Magny

pour nous en tenir à la simple considération littéraire, que le succès même de Ronsard et de Du Bellay nuisit dans un certain sens à leur gloire, en leur suscitant trop de disciples et trop proches d'eux. Le fond des défauts, surtout les bornes des qualités, ressortirent davantage, et, alors comme depuis, ce mot assez piquant fut vérifié : « Les plus cruels critiques des poëtes sont encore les imitateurs : ils se mettent, comme les mouches, sur l'endroit gâté et le dessinent. »

Cependant, hors de la Pléiade, loin de la capitale, et au plus fort de la célébrité de Ronsard (vers 1578), s'en élevait une autre, qui, toute provinciale qu'elle était, se plaça très-vite au premier rang dans l'opinion. Guillaume de Salluste, seigneur Du Bartas, capitaine au service du jeune roi de Navarre, composa sur divers sujets sacrés des vers

---

adressés à Diane (et c'est un échantillon que je prends sous ma main au hasard) :

> *Partout où vous allez, et de jour, et de nuit,*
> *La piété, la foi, et la vertu vous suit,*
> *La chasteté, l'honneur, et l'alme tempérance!*
>     (ODES, liv. III, p. 82.)

Et quelques pages plus loin, dans les *Louanges du Jardin d'Anet*, le poëte montre l'écusson de Diane allant de pair avec celui de la Reine :

> *Comme les deux grandes clartés*
> *Des deux astres au ciel plantés...*

Il est fort heureux que *Diane* soit nécessairement *la lune*, ce qui permet du moins à la Reine d'être *le soleil*.

pleins de gravité et de pompe, qu'on accueillit avec transport. Une certaine idée de réaction religieuse et morale dut s'y rattacher dans l'esprit du public comme dans la pensée de l'écrivain. Le plus admiré de ses poëmes fut celui de *la Création du Monde*, aussi appelé *la Semaine*. L'auteur l'avait divisé en sept journées; il y commentait amplement l'œuvre de chaque jour et jusqu'au repos du septième. Des comparaisons sans fin, tour à tour magnifiques et triviales, des explications savantes empruntées à la physique de Sénèque et de Pline, des allégories païennes mêlées aux miracles de l'Écriture, enfin un style hérissé de métaphores bizarres et de mots forgés, voilà les défauts que rachetaient à peine çà et là quelques vers nobles et pittoresques. C'était, pour tout dire, la création du monde racontée par un Gascon. Le poëme fit fureur, et eut près de vingt éditions en dix ans. Il fut traduit en latin, en italien, en espagnol, en allemand et en anglais [1]. Pasquier et De Thou se laissèrent prendre à l'engouement général. Ronsard en jugea mieux et protesta contre ce succès usurpé. Quoique dans sa longue carrière la jalousie n'ait jamais approché de son âme, on peut

---

1. Il est très-vraisemblable, comme le pense Ginguené, que l'ouvrage de Du Bartas donna au Tasse l'idée du poëme que ce grand poëte composa précisément sur ce sujet, vers 1592; et il paraît que Du Bartas lui-même avait emprunté l'idée du sien à un auteur du Bas-Empire, George Pisidès, qui avait célébré l'œuvre des six jours.

croire sans injure que l'amour-propre piqué ne nuisit pas en lui à ce réveil imprévu du bon goût. Reconnaissons toutefois que, là même où Ronsard est mauvais, il ne l'est pas avec l'exagération de Du Bartas ; c'est bien celui-ci qui *parle grec et latin en françois*, et qui étale *le faste pédantesque de ses grands mots* ; c'est bien à sa manière plutôt qu'à celle de son rival qu'il faut rapporter tous les ampoulés poëmes épiques du temps de Louis XIII. Le cardinal Du Perron, contemporain de tous deux, avait déjà fait la distinction[1]. Il condamne Du Bartas avec une sévérité pleine de sens, tandis que, pénétré d'estime pour Ronsard, il lui reproche seulement des rudesses qu'il eût été facile de corriger. On aurait tort pourtant de croire que l'auteur de *la Semaine* manquait de

---

[1]. Du Perron était fort à portée de bien juger en pareille matière. Plein de sagacité naturelle, poëte lui-même autant qu'il le fallait pour avoir l'intelligence du métier sans en prendre la jalousie, il vit les dernières années de Ronsard et assista aux réformes de Malherbe. Il introduisit celui-ci à la cour, et il avait prononcé l'oraison funèbre sur la tombe de l'autre. On l'a appelé le *Colonel général de la littérature* : il en était plutôt le grand maître des cérémonies. Les styles et les auteurs du temps lui passaient tous par les mains, et, autant qu'il nous en semble aujourd'hui, il lui arrivait rarement de s'y méprendre. Sorel, dans ses remarques sur le treizième livre du *Berger extravagant*, confirme par son jugement la distinction qu'avait déjà établie Du Perron entre Du Bartas et Ronsard ; il trouve le *style* de celui-ci *bien plus beau* que celui de l'autre.

talent. Il y a plus : le caractère même de ce talent, cette recherche constante du grand, du chaste et du sérieux, l'élévation de sentiments et la fierté d'âme qui percent souvent dans ses vers, ses vertus privées auxquelles De Thou rend un éclatant hommage, tout le rapproche, selon nous, de l'auteur de *la Pétréide*, qui, s'il était venu du temps de Du Bartas, n'aurait guère fait autrement ni mieux que lui[1].

---

[1]. Gabriel Naudé, grâce à sa méthode digressive, a trouvé moyen de raconter dans ses *Coups d'État* l'anecdote suivante, qui, vraie ou fausse, est trop caractéristique pour être omise : « L'on dit en France que Du Bartas, auparavant que de faire cette belle description du cheval où il a si bien rencontré, s'enfermoit quelquefois dans une chambre, et, se mettant à quatre pattes, souffloit, hennissoit, gambadoit, tiroit des ruades, alloit l'amble, le trot, le galop, à courbette, et tâchoit par toutes sortes de moyens à bien contrefaire le cheval. » Que si maintenant le lecteur est curieux de cette description laborieuse pour laquelle sua et souffla tant le pauvre Du Bartas, la voici ; elle est tirée du chant intitulé *les Artifices*, au *Premier jour* de *la Seconde Semaine*, laquelle parut peu d'années après la *Première;* je laisse exprès la citation dans tout le suranné, et, pour ainsi dire, le provincial de son orthographe :

*Cain de ceste peur, comme on dit, transporté,*
*Donne le premier frein au cheual indonté ;*
*Afin qu'allant aux champs, d'vne poudreuse fuite,*
*Sur les iambes d'autruy son Lamech il euite.*
*Car, entre cent cheuaux brusquement furieux,*
*Dont les fortes beautez il mesure des yeux,*

Le succès prodigieux de *la Semaine* ne tira pas
pour le moment à conséquence : c'était un succès
isolé et qui ne se rattachait qu'indirectement à
l'école de Ronsard. Cette école était déjà entrée

---

*Il en prend vn pour soy, dont la corne est lissée,*
*Retirant sur le noir, haute, ronde et creusée.*
*Ses paturons sont courts, ni trop droits, ni lunez ;*
*Ses bras secs et nerueux, ses genoux descharnez.*
*Il a iambe de cerf, ouuerte la poitrine,*
*Large croupe, grand corps, flans vnis, double eschine,*
*Col mollement vousté comme vn arc mi-tendu,*
*Sur qui flotte vn long poil crespement espandu ;*
*Queue qui touche à terre, et ferme, longue, espesse,*
*Enfonce son gros tronc dans vne grasse fesse ;*
*Oreille qui, pointue, a si peu de repos*
*Que son pied grate-champ ; front qui n'a rien que l'os ;*
*Yeux gros, pronts, relevez ; bouche grande, escumeuse ;*
*Nareau qui ronfle, ouvert, vne chaleur fumeuse ;*
*Poil chastain ; astre au front, aux iambes deux balzans,*
*Romaine espée au col ; de l'âge de sept ans.*

*Caïn d'vn bras flatteur ce beau jenet caresse,*
*Luy saute sur le dos d'une gaillarde adresse,*
*Se tient coy, iuste et ferme, ayant le nez tourné*
*Vers le toupet du front. Le cheual forcené*
*De se voir fait esclaue, et fléchir sous la charge,*
*Se cabre, saute, rue, et ne treuve assez large*
*La campaigne d'Hénoc ; bref, rend ce peleiron*
*Semblable au jouvenceau qui, sans art et patron,*
*Tente l'ire du flot. Le flot la nef emporte,*
*Et la nef le nocher, qui chancelle en la sorte*
*Qu'vne vieille thyade. Il a glacé le sein,*
*Et panthois se repent d'un tant hardi dessein.*

dans ce qu'on pourrait appeler sa *seconde période*. Comme, avec des gens d'esprit et de talent pour fondateurs, elle n'avait pas un seul homme de *génie*, et que le génie seul donne la durée aux

*L'escuyer, repourprant vn peu sa face blesme,*
*R'asseure accortement et sa beste et soy-mesme;*
*La meine ores au pas, du pas au trot, du trot*
*Au galop furieux. Il lui donne tantôt*
*Vne longue carrière ; il rit de son audace,*
*Et s'estonne qu'assis tant de chemin il face.*

*Son pas est libre et grand; son trot semble égaler*
*Le tigre en la campagne et l'arondelle en l'er;*
*Et son braue galop ne semble pas moins viste*
*Que le dard biscaien ou le trait moschouite.*
*Mais le fumeux canon, de son gosier bruiant,*
*Si roide ne vomist le boulet foudroiant,*
*Qui va d'vn rang entier esclaircir vne armée,*
*Ou percer le rempart d'vne ville sommée,*
*Que ce fougueux cheual, sentant lascher son frein,*
*Et piquer ses deux flancs, part viste de la main,*
*Desbande tous ses nerfs, à soy-mesmes eschappe,*
*Le champ plat bat, abat; destrape, grape, attrape*
*Le vent qui va deuant; couuert de tourbillons,*
*Escroule sous ses pieds les bluétans seillons;*
*Fait décroistre la plaine; et ne pouuant plus estre*
*Suivi de l'œil, se perd dans la nue champestre.*

*Alonques le piqueur qui, jà docte, ne veut*
*De son braue cheual tirer tout ce qu'il peut,*
*Arreste sa fureur, d'vne docte baguette,*
*Luy enseigne au parer vne triple courbette,*
*Le loue d'vn accent artistement humain,*

choses nouvelles, elle ne pouvait vivre longtemps et devait acquérir vite sa plus grande perfection possible, puis finir. Comparable à ces fruits avortés qui ne mûrissent qu'en se corrompant, et ne

---

    *Luy passe sur le cou sa flatteresse main,*
    *Le tient et iuste et coy, lui fait reprendre haleine,*
    *Et par la mesme piste à lent pas le rameine.*

    *Mais l'eschaufé destrier s'embride fierement,*
    *Fait sauter les cailloux, d'un clair hannissement*
    *Demande le combat; pennade, ronfle, braue,*
    *Blanchit tout le chemin de sa neigeuse baue;*
    *Vse son frein luisant; superbement joyeux,*
    *Touche des pieds au ventre, allume ses deux yeux,*
    *Ne va que de costé, se quarre, se tourmente,*
    *Hérisse de son cou la perruque tremblante;*
    *Et tant de spectateurs, qui sont aux deux costez,*
    *L'un sur l'autre tombans, font largue à ses fiertez.*

    *Lors Cain l'amadoue, et, cousu dans la selle,*
    *Recherche, ambitieux, quelque façon nouuelle*
    *Pour se faire admirer. Or' il le mene en rond,*
    *Tantost à reculons, tantost de bond en bond;*
    *Le fait balser, nager, luy monstre la iambete,*
    *La gaye capriole, et la iuste courbete.*

    *Il semble que tous deux n'ont qu'vn corps et qu'vn sens.*
    *Tout se fait auec ordre, auec grace, auec temps.*
    *L'un se fait adorer pour son rare artifice,*
    *Et l'autre acquiert, bien né, par un long exercice,*
    *Leger'té sur l'arrest, au pas agilité,*
    *Gaillardise au galop, au maniement seurté,*

perdent leur âpre crudité que pour saveur fade et douceâtre[1], il n'y eut pas de milieu pour elle entre la vigueur souvent rude de Ronsard, de Belleau et de Baïf, et l'afféterie presque constante de Des Portes et de Bertaut. Le passage fut assez brusque, et, à la différence de ton, on ne se douterait pas d'abord que ces derniers aient pu être les disciples chéris et dociles des réformateurs de 1550. Despréaux lui-même s'y est trompé[2] et son erreur a fait loi. Rien de mieux établi pourtant que cette filiation littéraire, rien en même temps de plus fa-

---

*Appui doux à la bouche, au saut forces nouvelles,
Asseurance à la teste, à la course des ailes.*

Du Bartas, né en 1544, mourut vers 1590. J'insiste plus loin, dans un article à part, sur son rôle, et sur ce retour d'influence et d'inspiration calviniste.

1. Nous avons encore ici le témoignage de Du Perron : « Je crois, dit-il, que la langue françoise est parvenue à sa perfection, parce qu'elle commence à décliner, et tous ceux qui écrivent aujourd'hui ne font rien qui vaille ; ils sont tous ou niais ou fanatiques. Il en a été de notre langue ainsi que des fruits qui se corrompent par les vers, avant de venir à maturité. »

2. *Ce poëte orgueilleux* (Ronsard) *trébuché de si haut
Rendit plus retenus Des Portes et Bertaut.*

Quelques vers auparavant, Boileau fait honneur à Marot de l'invention du rondeau, et le loue d'avoir trouvé, pour rimer, *des chemins tout nouveaux.* Pour le poëte du juste et du vrai, c'est commettre bien des erreurs en peu de lignes.

cile à expliquer. Tout en effet n'était point barbare et scolastique dans la première manière de Ronsard et de ses amis : nous l'avons suffisamment prouvé. L'imitation italienne y entrait déjà pour beaucoup ; elle gagna de plus en plus, et, dès que la fièvre pindarique fut tombée, elle prit décidément le dessus sur l'imitation grecque et latine. Pour une école peu originale, changer d'imitation, c'est, en quelque sorte, se perfectionner.

Quoi qu'il en soit, ne nous montrons pas trop rigoureux envers Des Portes. Malgré le vernis uniforme d'affectation qui remplace chez lui l'obscurité et le pédantisme de ses maîtres, il ne laisse pas d'être fréquemment un très-agréable poëte. Dès 1570 environ, il commença à se rendre célèbre. Tout jeune encore, il avait voyagé en Italie, à la suite d'un évêque, et y avait approfondi cette littérature qu'il devait imiter un jour. La mode des sonnets était très-répandue en France depuis Joachim Du Bellay et Ronsard ; mais Des Portes y mit une délicatesse et une grâce nouvelles. Il chanta successivement trois maîtresses sous les noms de *Diane*, d'*Hippolyte* et de *Cléonice*, sans préjudice des autres poésies intitulées *Diverses Amours*, et de deux livres d'élégies dans le goût de Tibulle. Aussi mademoiselle de Scudéri lui a-t-elle rendu cette justice, *qu'il étoit passionné pour son temps, et qu'il aspiroit à être le plus amoureux des poëtes françois*. Les fleurs de ses *mignardises* et sa veine *doux-coulante*, ainsi qu'on s'exprimait alors, répondaient à merveille aux beaux et tendres sentiments dont il se piquait. Personne jusqu'à lui n'avait si mélodieusement soupiré un martyre :

> *Si la pitié trouve en vous quelque place,*
> *Si votre cœur n'est en roche endurci,*
> *D'un doux regard qui respire merci*
> *De vos courroux tempérez la menace*[1].

---

1. On savait qu'il existait un exemplaire de Des Portes tout surchargé de notes marginales écrites par Malherbe. On lit dans une lettre de Balzac à Conrart, datée du 20 novembre 1652 : « Je vous dirai seulement pour nouvelles de mon cabinet que j'ai ici un exemplaire de ses œuvres (*de Des Portes*), marqué de la main de Malherbe, et corrigé d'une terrible manière. Toutes les marges sont bordées de ses observations critiques. » Le volume passa dans la bibliothèque du président Bouhier. Saint-Marc l'emprunta du président de Bourbonne, gendre et héritier de Bouhier, et s'en servit pour composer son *Discours sur les obligations que la langue et la poésie françoise ont à Malherbe,* dans l'édition qu'il publia de ce poëte en 1757. Le précieux exemplaire doit être aujourd'hui à la Bibliothèque du roi. Mais il en existe un second, sur lequel un possesseur inconnu, qui peut-être n'est autre que Saint-Marc lui-même, eut la patience de copier fidèlement en 1752 toutes les notes du premier. Or cet exemplaire se trouve dans la riche et belle collection de M. Charles Nodier, qui nous l'a confié avec son obligeance bien connue. Nous aurions peine à rendre la fâcheuse impression qu'ont produite sur notre esprit le rigorisme, la malveillance et la mauvaise foi de ces notes critiques. Malherbe n'était certainement pas de sang-froid en les écrivant. Hormis le jour où il raya Ronsard, jamais le démon de la grammaire ne le posséda si violemment. Pour mettre le lecteur à même d'en juger, nous donne-

Lors même que sa cruelle persévère dans les dédains, il se résigne aux rigueurs du servage, et s'écrie, heureux de la souffrance :

*Douce est la mort qui vient en bien aimant.*

Sa métaphysique galante a des images aussi variées que vives. Rien de plus frais que le petit tableau suivant :

*Les premiers jours qu'Amour range sous sa puissance*
*Un cœur qui chèrement garde sa liberté,*
*Dans des filets de soie il le tient arrêté,*
*Et l'émeut doucement d'un feu sans violence.*

*Mille petits Amours lui font la révérence;*
*Il se baigne en liesse et en félicité;*
*Les Jeux, la Mignardise et la douce Beauté*
*Volent toujours devant, quelque part qu'il s'avance.*

---

rons les notes et les soulignures relatives aux passages cités de Des Portes.

« Si la pitié trouve *en vous quelque place*, etc.

« *Si vous avez quelque pitié, ne soyez plus en colère*. Voilà bien imaginé ! Il devoit dire : *Récompensez*, ou quelque autre chose.

« *D'un doux regard* qui respire merci.

« Je ne trouve pas grand goût à faire *respirer les regards*. » (Note de Malherbe.)

*Mais las! presqu'aussitôt cet heur va se perdant ;*
*La prison s'étrécit, le feu devient ardent ;*
*Les filets sont changés en rigoureux cordage;*

*Vénus est une rose épanie au soleil,*
*Qui contente les yeux de son beau teint vermeil,*
*Mais qui cache un aspic sous un plaisant feuillage*[1].

S'il peint la nature, il l'anime en s'y mêlant lui-même, et en répandant sur les choses le sentiment dont il est plein :

> *La terre naguère glacée*
> *Est ores de verd tapissée ;*
> *Son sein est embelli de fleurs ;*
> *L'air est encore amoureux d'elle;*
> *Le ciel rit de la voir si belle,*
> *Et moi j'en augmente mes pleurs*[2].

Pour l'élégance, l'harmonie de l'expression, et surtout la mollesse achevée de la rêverie, il y a

---

1. *Les premiers jours qu'*Amour *range sous sa puissance, etc.*

« Mauvaise césure.

« *Les Jeux, la* Mignardise, *et* la douce Beauté.

« Hors de propos. (Note de Malherbe.)

2. « *L'air est* encore *amoureux d'elle, etc.*

« Que veut dire cet *encore?* Est-ce que *son amour dure encore,* ou *n'est pas encore passé;* ou bien s'il veut dire, *il y a davantage que tout cela, qui est que l'air est encore amoureux de la terre?* » (Note de Malherbe.)

quelque chose de moderne dans les stances qu'on va lire :

> Si je ne loge en ces maisons dorées,
> Au front superbe, aux voûtes peinturées
> D'azur, d'émail et de mille couleurs,
> Mon œil se paît des trésors de la plaine
> Riche d'œillets, de lis, de marjolaine,
> Et du beau teint des printanières fleurs...
>
> Ainsi vivant, rien n'est qui ne m'agrée ;
> J'oy des oiseaux la musique sacrée,
> Quand au matin ils bénissent les cieux,
> Et le doux son des bruyantes fontaines
> Qui vont coulant de ces roches hautaines
> Pour arrouser nos prés délicieux.
>
> Que de plaisir de voir deux colombelles,
> Bec contre bec, en trémoussant des ailes,
> Mille baisers se donner tour à tour !
> Puis, tout ravi de leur grâce naïve,
> Dormir au frais d'une source d'eau vive,
> Dont le doux bruit semble parler d'amour ![1]

A la lecture de semblables vers, on conçoit comment Ronsard grisonnant s'avouait vaincu et

---

1. *Riche d'œillets, de lis, de marjolaine,*
   *Et du beau teint des printanières fleurs.*

« Que sont les œillets, les lis, les marjolaines, que fleurs du printemps? Au reste, je n'aime point *printanier*. » (Note de Malherbe.)

proclamait Des Portes *le premier poëte françois*, comment aussi les plus éclairés des contemporains affirmaient de la langue poétique créée par l'un et polie par l'autre qu'elle était arrivée à son plus haut degré de perfection. On se fait même une question ici : pourquoi cette langue n'a-t-elle pas donné dès lors tous les fruits que vit mûrir l'âge suivant? Pourquoi Des Portes et ses amis, gens de talent, sinon de génie, qui égalent au moins Racan et Segrais en beautés, et ne surpassent pas Benserade et Voiture en mauvais goût, n'ont-ils pas été immédiatement suivis d'une génération comme celle de Corneille, de Racine, de Boileau et de La Fontaine? Sont-ce les hommes qui ont alors manqué à la langue? était-ce la langue qui manquait encore aux hommes? Pour moi, je ne puis croire que Corneille, paraissant du temps de Des Portes, n'eût pu enfanter ses miracles, même avant d'avoir eu pour précurseur Malherbe; et que Racine, à la même époque, n'eût également fini par des chefs-d'œuvre, eût-il dû les payer par deux ou trois *Alexandre* et *Bérénice* de plus. Ce qu'aurait fait Boileau, Malherbe et Regnier l'ont assez montré; et quant au bon La Fontaine, lui qui se trouvait partout à l'aise, ne l'eût-il pas été plus qu'ailleurs en cette vieille France dont il garda les manières et le ton jusque sous Louis XIV? Il faut tout dire : peut-être en ces jours déplorables, au milieu des tempêtes civiles, vivaient et mouraient obscurs quelques-uns de ces hommes de génie, qui, par le poids de leurs œuvres, auraient pu fixer la langue, et, en quelque sorte, jeter l'ancre de notre littérature. Toujours est-il certain que des disciples de Ronsard sous Henri III aux poëtes du règne de Louis XIII, la lenteur du progrès a de quoi surprendre, et que cet intervalle de quarante ans n'a pas été rempli comme les débuts le semblaient promettre.

Jusqu'ici l'on a vu la chanson rester fidèle à tous nos vieux poëtes comme pour les consoler d'avoir failli en matière plus grave. Des Portes n'y a pas moins réussi que ses devanciers. Il est difficile d'entendre mieux que lui la marche du couplet, la gaieté ou la malice du refrain. Aussi toute la France [1] savait par cœur ses jolies chansons; et, grâce à une plume non moins fidèle que pittoresque [2], nous sommes informés maintenant, à n'en plus douter, qu'au château de Blois, le 22 décembre 1588, en cette nuit de terreurs et de voluptés qui fut pour lui la dernière, le duc de Guise fredonnait à sa maîtresse éplorée cette *villanelle* alors célèbre du bon abbé de Tiron :

> *Rozette, pour un peu d'absence,*
> *Votre cœur vous avez changé;*
> *Et moi, sachant cette inconstance,*
> *Le mien autre part j'ai rangé.*
> *Jamais plus beauté si légère*
> *Sur moi tant de pouvoir n'aura.*

---

1. Dans *Les Contens,* comédie d'Odet Turnèbe, une mère reproche à sa fille de lire *Des Portes* plutôt que de songer au ménage.
2. Celle de M. Vitet.

*Nous verrons, volage Bergère,
Qui premier s'en repentira.*

*Tandis qu'en pleurs je me consume,
Maudissant cet éloignement,
Vous, qui n'aimez que par coutume,
Caressiez un nouvel amant.
Jamais légère girouette
Au vent si tôt ne se vira.
Nous verrons, Bergère Rozette,
Qui premier s'en repentira.*

*Où sont tant de promesses saintes,
Tant de pleurs versés en partant?
Est-il vrai que ces tristes plaintes
Sortissent d'un cœur inconstant?
Dieux, que vous êtes mensongère!
Maudit soit qui plus vous croira!
Nous verrons, volage Bergère,
Qui premier s'en repentira.*

*Celui qui a gagné ma place
Ne vous peut aimer tant que moi;
Et celle que j'aime vous passe
De beauté, d'amour et de foi.
Gardez bien votre amitié neuve :
La mienne plus ne variera ;
Et puis nous verrons à l'épreuve
Qui premier s'en repentira* [1].

---

1 « *Celui qui a gagné ma place
   Ne vous peut aimer tant que moi.*

« Équivoque en ce *moi*, que l'on ne sait s'il est accusatif

La chanson suivante est remarquable par une singulière vivacité de tournure et, pour ainsi dire, un jeu mobile de physionomie ; la prière, l'attente, le dépit, s'y peignent rapidement. Le *tu* et le *vous* y sont entremêlés : il échappe même à l'amant de dire *elle*, mais il rétracte à l'instant sa bouderie. Malherbe, comme on va le voir, n'a rien compris à tout cela :

*Un doux trait de vos yeux, ô ma fière Déesse!*
  *Beaux yeux, mon seul confort,*
*Peut me remettre en vie et m'ôter la tristesse*
  *Qui me tient à la mort.*
*Tournez ces clairs soleils, et, par leur vive flamme,*
  *Retardez mon trépas.*
*Un regard me suffit : le voulez-vous, ma Dame?*
  *Non, vous ne voulez pas.*

*Un mot de votre bouche à mon dam trop aimable,*
  *Mais qu'il soit sans courroux,*
*Peut changer le destin d'un amant misérable,*
  *Qui n'adore que vous.*
*Il ne faut qu'un Ouy mêlé d'un doux sourire,*
  *Plein d'amours et d'appas.*
*Mon Dieu, que de longueurs! le voulez-vous point dire?*
  *Non, vous ne voulez pas.*

*Roche sourde à mes cris, de glaçons toute pleine ;*
  *Ame sans amitié,*

---

ou nominatif. Il faut, tant que l'on peut, éviter les ambiguités. Je dirois : *Ne vous peut aimer tant que je vous aime.* » (Note de Malherbe.)

*Quand j'étois moins brûlant, tu m'étois plus humaine*
  *Et plus prompte à pitié.*
*Cessons donc de l'aimer, et, pour nous en distraire,*
  *Tournons ailleurs nos pas.*
*Mais peut-il être vrai que je le veuille faire?*
  *Non, je ne le veux pas*[1].

Le mouvement de cette chanson se reproduit dans un sonnet adressé à *Phyllis*. On y remarque, comme dans la pièce précédente, un exemple de cet entrelacement des *tu* et des *vous* que, plus tard, une autre *Phyllis* a rendu célèbre :

*Ah! mon Dieu, je me meurs! il ne faut plus attendre*
*De remède à ma mort, si, tout soudainement,*
*Phyllis, je ne te vole un baiser seulement,*
*Un baiser qui pourra de la mort me défendre.*

*Certes, je n'en puis plus, mon cœur, je le vais prendre.*
*Non ferai, car je crains ton courroux véhément.*
*Quoi! me faudra-t-il donc mourir cruellement*
*Près de ma guérison qu'un baiser me peut rendre?*

---

1. *Beaux yeux, mon seul* confort.

« Ce mot est fâcheux. On se sert de ses composés, *réconfort, déconfort.* »

« *Quand j'étois moins brûlant,* tu m'étois *plus humaine.*

« J'eusse dit : *Vous m'étiez plus humaine,* puisque partout il avoit parlé par *vous.* Au dernier couplet, il parle à elle en tierce personne, qui ne me plait pas non plus. » (Note de Malherbe.)

*Mais, las! je crains mon mal en pourchassant mon bien.*
*Le dois-je prendre ou non ? pour vrai, je n'en sais rien ;*
*Mille débats confus agitent ma pensée.*

*Si je retarde plus, j'avance mon trépas.*
*Je le prendrai ; mais non, je ne le prendrai pas !*
*Car j'aime mieux mourir que vous voir courroucée* [1]

Une courte, une dernière citation encore, avant de prendre congé de Des Portes. C'est une épigramme, dans le sens et le goût de l'*Anthologie*, dont elle est empruntée peut-être. L'Aristarque, tout *vir emunctæ naris* qu'il était, a eu le malheur de n'en pas saisir le parfum.

*Je t'apporte, ô Sommeil, du vin de quatre années,*
*Du lait, des pavots noirs aux têtes couronnées :*
*Veuilles tes ailerons en ce lieu déployer,*
*Tant qu'Alizon la vieille, accroupie au foyer*
*(Qui, d'un pouce retors et d'une dent mouillée,*
*Sa quenouille chargée a quasi dépouillée),*
*Laisse choir le fuseau, cesse de babiller,*
*Et de toute la nuit ne se puisse éveiller,*

---

1. « *Ah, mon Dieu, je me meurs !* etc.

« Belle imagination ! *Je suis mort si je ne te vole un baiser, qui me gardera de mourir.*

« *Quoi ?* me faudra-t-il donc mourir *cruellement.*

« Mauvaise césure. » (Note de Malherbe.)

*Afin qu'à mon plaisir j'embrasse ma rebelle,
L'amoureuse Isabeau, qui soupire auprès d'elle* [1].

On attribue à Des Portes l'introduction du mot *pudeur* dans notre langue, comme plus tard l'abbé de Saint-Pierre (qui fut aussi abbé de Tiron) naturalisa le mot de *bienfaisance*, comme déjà l'on a vu Joachim Du Bellay employer l'un des premiers celui de *patrie*. *Pudeur* remplaça heureusement *vergogne*. Innover de la sorte, c'est créer plus que des mots : c'est donner de la précision à des idées nobles et pures.

Par son genre de talent aussi bien que par son existence littéraire, Des Portes nous offre des rapports frappants avec Mellin de Saint-Gelais. Mêmes compositions dans le goût italien, même contraste entre la profession et les vers, même état brillant à la cour [2]. Pour dernier trait de ressemblance, ils

---

1. « *Tant qu'Alizon la vieille, accroupie au foyer,
Qui d'un pouce retors, et d'une dent mouillée, etc.*

« Je ne sais pourquoi il dit *un pouce retors*.

« *Et de toute la nuit ne se puisse éveiller.*

« Froid. » (Note de Malherbe.)

2. Des Portes avait de bonne heure été attaché au duc d'Anjou, avec lequel il fit, à son grand déplaisir, le voyage de Pologne. Quand ce prince fut devenu roi de France sous le nom de Henri III, Des Portes reçut de lui en bénéfices et abbayes jusqu'à dix mille écus de rente. Cette fortune, prodigieuse alors, était passée

survécurent l'un et l'autre à leur gloire. Des Portes, devenu vieux et dévot, traduisait des psaumes à peu près comme Saint-Gelais faisait des vers latins. Mais, plus implacable que Ronsard, Malherbe n'accorda pas même à son rival vaincu une réconciliation et des excuses.

Bertaut suivit de près Des Portes, et, comme lui, obtint de bonne heure les encouragements de Ronsard, qui ne trouvait rien à reprendre dans les essais de son jeune disciple, sinon qu'il était un poëte *trop sage*. La verve, en effet, est ce qui a manqué surtout à Bertaut. Poli, mais froid, amoureux de sens rassis et bel esprit compassé, il n'a réussi que dans la complainte, dont la lan-

---

en proverbe, et dans les auteurs du temps il n'est question que de ces trente mille livres de M. l'abbé de Tiron. « Ce fut un dangereux exemple, dit Balzac, qui fit faire bien des sonnets et des élégies à faux ; un écueil contre lequel dix mille poëtes se sont brisés. » Le même écrivain a remarqué que, dans cette cour où le duc de Joyeuse donna à Des Portes une abbaye pour un sonnet, Le Tasse eut besoin d'un écu, et le demanda par aumône à une dame de sa connaissance. Quelque riche au reste que fût Des Portes, il ne tint qu'à lui, dit-on, de l'être encore davantage. On raconte qu'il refusa un jour un des premiers archevêchés du royaume, et que, le roi s'étonnant du refus et en demandant la raison, l'abbé allégua qu'il ne voulait point avoir charge d'âmes : « Voire, dit le roi, et vous êtes abbé ! N'avez-vous pas charge des âmes de vos moines ? — Non, répondit Des Portes, car ils n'en ont point. » Malgré les bienfaits de Henri III, Des Portes se laissa entraîner dans le parti

gueur allait bien à sa nonchalance. On a fort
vanté la pièce où se trouvent ces vers :

> *Félicité passée*
> *Qui ne peux revenir,*
> *Tourment de ma pensée,*
> *Que n'ai-je, en te perdant, perdu le souvenir !*

Il dit ailleurs sur le même ton :

> *Mes plaisirs s'en sont envolés*
> *Cédant au malheur qui m'outrage ;*
> *Mes beaux jours se sont écoulés,*
> *Comme l'eau qu'enfante un orage,*
> *Et s'écoulant ne m'ont laissé*
> *Rien que le regret du passé.*

Hors de là, Bertaut nous semble d'une fadeur extrême, que les éloges de mademoiselle de Scudéri expriment mieux que toutes les critiques. Elle le met au-dessus de Des Portes, et le déclare entre tous les poëtes contemporains celui qui *donne la plus grande et la plus belle idée des dames qu'il*

---

de la Ligue par l'amiral de Villars, un de ses patrons ; aussi son nom n'est-il pas ménagé dans la *Satyre Ménippée*. Ses bénéfices même furent saisis par les royalistes, et il n'en reprit possession qu'à l'avénement de Henri IV. Il mourut à son abbaye de Bonport, en 1606, âgé de soixante et un ans. Sa bibliothèque était célèbre ; c'est même à l'aide d'un manuscrit qui en provenait, qu'on a donné la meilleure et la plus complète édition des Poésies de Mellin de Saint-Gelais. (Voir plus loin mon article développé sur Des Portes.)

*aimoit*. Quand il fut devenu évêque de Séez, ou même dès qu'il se vit abbé d'Aulnay, Bertaut renonça aux poésies galantes et s'appliqua à paraphraser des cantiques sacrés, et à célébrer les grands événements du temps, tels que la *conversion*, l'*assassinat de Henri IV*, la *soumission de Paris*. Mais, aux prises avec ces sujets solennels, il se montre bien plus faible que dans la stance amoureuse. Son style, prosaïque et sans images, a l'air de se traîner à pas comptés pour atteindre quelques antithèses; sa période, composée à l'ordinaire de vingt à trente vers alexandrins, se déroule avec une lenteur processionnelle : on pourrait dire qu'elle se prélasse. Conjonctions, adverbes, parenthèses, tout y trouve place, tout fait nombre : les phrases du Père Maimbourg, que Montesquieu conseille aux asthmatiques, ne sont rien auprès des phrases de M. de Séez[1].

Un caractère tout à fait propre à Bertaut, c'est que, par la platitude et les pointes de son style, il ressemble bien plus aux Colletet, aux Scudéri, aux Des Yveteaux, et autres pareils rimeurs de l'âge suivant, qu'à Belleau, Baïf, et même Des Portes. Ceux-ci relevaient du moins leur mauvais goût par de l'énergie, de l'éclat, et quelques traits épars du poëte. Bertaut ouvrit, en quelque sorte, carrière à cette innombrable cohue de beaux esprits qui ne firent jamais que des vers détes-

---

1. Je laisse subsister ici ce jugement un peu trop sévère, que je me suis appliqué à modifier ensuite et, à la fois, à motiver dans un article détaché sur Bertaut.

tables[1]. Comme il survécut à Henri IV et mourut seulement dans la première année du règne de Louis XIII[2], on voit comment a pu s'établir par lui ce rapprochement, ou, pour mieux dire, cette continuation véritable, entre l'école dégénérée de Ronsard et les mauvais poëtes du temps de Richelieu. Vainement Malherbe essaya de s'interposer au nom du goût : lui présent, et malgré ses efforts, les exemples de l'école en décadence, grâce à Bertaut surtout, se transmirent à cette pitoyable génération poétique, si raffinée et si niaise à la fois, que Sarrasin et Voiture ne ranimèrent qu'un instant, et qui, après avoir embarrassé les pas du grand Corneille, est venue mourir sous les traits de Boileau. Il y a plus ; Malherbe lui-même, par les habitudes de correction et de sagesse qu'il introduisit, contribua à précipiter un grand nombre de ces disciples énervés de Bertaut dans le prosaïsme et la platitude. Tout ceci peut mener, selon nous, à expliquer d'une manière neuve autant que vraie un point assez important de notre histoire littéraire. Quand on lit Scudéri, Benserade et les auteurs de l'hôtel de Rambouillet, on croit assister à la chute plutôt qu'à la formation d'une littérature ; et les défauts qui nous choquent en eux, symptômes de décrépitude, et non pas d'inexpérience, rappellent la manière du cavalier Marin,

---

1. Scarron parle de ces poëtes qui *font passablement bien de mauvais vers*.

2. Bertaut mourut en 1611, à cinquante-neuf ans. M<sup>me</sup> de Motteville était sa nièce.

en Italie, et celle des poëtes anglais sous Charles II
Or maintenant l'on aperçoit sans peine l'origine
première de cette école épuisée, et de quelle littérature antérieure elle est sortie. Si nous osions la
caractériser par un mot d'une précision triviale,
nous l'appellerions la *queue* de Ronsard, en ajoutant toutefois qu'elle avait été tant soit peu écourtée et peignée sous la main de Malherbe. Du Perron[1], De Lingendes, d'Urfé, par les qualités et
les défauts de leurs vers, se placent à côté de Ber-

---

1. Nous nous bornerons, pour faire connaître la manière de ce Bernis du XVIe siècle, à la citation suivante :

LE TEMPLE DE L'INCONSTANCE.

*Je veux bâtir un temple à l'Inconstance :*
*Tous amoureux y viendront adorer,*
*Et de leurs vœux jour et nuit l'honorer,*
*Ayant le cœur touché de repentance.*

*De plume molle en sera l'édifice,*
*En l'air fondé sur les ailes du vent ;*
*L'autel, de paille, où je viendrai souvent,*
*Offrir mon cœur par un feint sacrifice.*

*Tout à l'entour je peindrai mainte image*
*D'erreur, d'oubli et d'infidélité,*
*De fol désir, d'espoir, de vanité,*
*De fiction et de penser volage.*

*Pour le sacrer, ma légère Maîtresse*
*Invoquera les ondes de la mer,*
*Les vents, la lune, et nous fera nommer*
*Moi le templier, et elle la prêtresse.*

*Elle séant, ainsi qu'une Sibylle,*
*Sur un trépied tout pur de vif-argent,*

taut, et appartiennent, comme lui, à cette époque de transition qui unit la poésie du règne de Louis XIII avec celle du règne de Henri III[1].

---

*Nous prédira ce qu'elle ira songeant*
*D'une pensée inconstante et mobile.*

*Elle écrira sur des feuilles légères*
*Les vers qu'alors sa fureur chantera;*
*Puis, à son gré, le vent emportera,*
*Deçà delà, ses chansons mensongères.*

*Elle envoyra jusqu'au ciel la fumée*
*Et les odeurs de mille faux sermens :*
*La Déité qu'adorent les amans*
*De tels encens veut être parfumée.*

*Et moi, gardant du saint temple la porte,*
*Je chasserai tous ceux-là qui n'auront*
*En lettre d'or engravé sur le front*
*Le sacré nom de léger, que je porte.*

*De faux soupirs, de larmes infidèles,*
*J'y nourrirai le muable Prothé,*
*Et le serpent qui, de vent allaité,*
*Déçoit nos yeux de cent couleurs nouvelles.*

*Fille de l'air, Déesse secourable,*
*De qui le corps est de plumes couvert,*
*Fais que toujours ton temple soit ouvert*
*A tout amant comme moi variable.*

J'appelle Du Perron le *Bernis* de son temps pour les vers, mais de plus il en fut un peu le *Fontanes* par le goût.

1. Cette manière de juger et de classer Bertaut et Du Perron est confirmée par le témoignage explicite de

Un écrivain qu'on doit encore rapporter à la même époque est Vauquelin de La Fresnaye. Né en 1536, mort dans les premières années du XVII<sup>e</sup> siècle, disciple de Ronsard, de Du Bellay et de Tahureau, compatriote et ami de Bertaut et de Malherbe, père de Des Yveteaux, il a, par le genre varié de son talent, de quoi justifier tous ces titres. Son début poétique date de 1555 : ce fut, non pas un recueil d'*Amours* en sonnets, mais, ce qui était presque autant à la mode, un recueil de *Foresteries* ou *Bergeries,* qu'il publia. Depuis, des études plus graves, d'importantes fonctions de magistrature, le détournèrent souvent de la poésie, à laquelle il revint toujours en ses loisirs. Il écrivit sous Henri III un *Art poétique* en vers, fort judicieux par les préceptes et curieux encore aujourd'hui par beaucoup de détails d'histoire littéraire[1]. Boileau en a profité habile-

---

M<sup>lle</sup> de Gournay, dans son traité *sur la façon d'écrire* de ces deux prélats. Elle s'efforce de prouver qu'ils *suivoient la brigade de Ronsard,* ce qui prouve qu'ils s'en étaient écartés en quelques points. Mettant sur la même ligne Ronsard, Du Bellay et Des Portes, elle nomme M. le cardinal Du Perron et M. de Séez *premiers réformateurs de l'art depuis ces trois fondateurs : heureux art s'il se fût tenu à leur prudente mesure de réformation!* Elle nous apprend encore que *la nouvelle bande* (celle de Malherbe) *ayant feint d'approuver ces deux prélats, pendant qu'ils vivoient, se mit à les réprouver à son de trompe dès qu'ils furent morts.*

1. L'*Art poétique* de Vauquelin nous représente celui de la *Pléiade* à proprement parler ; c'en est le code offi-

ment comme il savait profiter de tout. Les vers suivants prouveront que le disciple de Ronsard se ressentait déjà du voisinage de Malherbe :

... *Notre poésie en sa simplesse utile,*
*Étant comme une prose en nombres infertile,*
*Sans avoir tant de pieds comme les Grecs avoient*
*Ou comme les Romains, qui leurs pas ensuivoient,*
*Ains seulement la rime, il faut, comme en la prose,*
*Poëte, n'oublier aux vers aucune chose*
*De la grande douceur et de la pureté*

ciel, qui lui fut commandé par le roi ; le poëte y exprime les opinions et l'état de la chose littéraire au beau moment de Des Portes, vers 1576, lorsque Henri III, au retour de Pologne, montait sur le trône de France et soignait le plus son Académie :

*Je composai cet Art pour donner aux François,*
*Quand vous, Sire, quittant le parler polonois,*
*Voulûtes, reposant dessous le bel ombrage*
*De vos lauriers gagnés, polir votre langage,*
*Ouïr parler des vers parmi le doux loisir*
*De ces cloîtres dévots où vous prenez plaisir,*
*Ayant auprès de vous, comme Auguste, Mécène,*
*Joyeuse.* . . . . . . . . . . . .

Joyeuse, le patron de Des Portes. — Mais, dès lors composé, cet *Art poétique* ne fut publié pour la première fois qu'en 1605, à Caen. On lit dans la préface du recueil : « Lecteur, ce sont ici des vieilles et des nouvelles poésies : vieilles, car la plupart sont composées, il y a longtemps ; nouvelles, car on n'écrit point à cette heure comme on faisoit quand elles furent écrites... » On était déjà sous le régime de Malherbe.

*Que notre langue veut sans nulle obscurité;
Et ne recevoir plus la jeunesse hardie
A faire ainsi des mots nouveaux à l'étourdie,
Amenant de Gascogne ou de Languedouy,
D'Albigeois, de Provence, un langage inouï;
Ou, comme un Du Monin, faire une parlerie,
Qui, nouvelle, ne sert que d'une moquerie.*

L'un des premiers en France, et avant Regnier lui-même, Vauquelin composa à l'imitation d'Horace et de l'Arioste des *satires* ou épîtres morales, qui ne furent publiées qu'en 1601. Le ton en est tempéré, la raillerie assez fine et la diction assez pure. Mais nulle part il ne nous semble avoir aussi bien réussi qu'aux *Idillies* ou *pastorales*, poésies de sa première jeunesse, qu'il retoucha sans doute en les réimprimant dans le recueil complet de ses œuvres. Plus délicat que Du Bellay, Ronsard et Belleau, il préfère, ainsi que Des Portes, aux noms un peu vulgaires de Guillot, Perrot et Marion, ceux de Galathée, Philanon et Philis :

> *Entre les fleurs, entre les lis,
> Doucement dormoit ma Philis,
> Et tout autour de son visage,
> Les petits Amours, comme enfants,
> Jouoient, folâtroient, triomphants,
> Voyant des cieux la belle image.*

---

1. La première édition des *Satires* de Régnier est de 1608.

*J'admirois toutes ses beautés,
Égales à mes loyautés,
Quand l'esprit me dit en l'oreille :
Fol, que fais-tu ? Le temps perdu
Souvent est chèrement vendu ;
S'on le recouvre, c'est merveille.*

*Alors, je m'abaisse tout bas ;
Sans bruit, je marche pas à pas,
Et baisai ses lèvres pourprines :
Savourant un tel bien, je dis
Que tel est dans le paradis
Le plaisir des âmes divines.*

Le sonnet qu'on va lire est du petit nombre de ceux où le sentiment triomphe du bel esprit, où la forme donne du relief au sentiment, et desquels on serait tenté de dire sans épigramme qu'ils valent un long poëme :

*O Vent plaisant, qui d'haleine odorante,
Embaumes l'air du baume de ces fleurs ;
O Pré joyeux, où versèrent leurs pleurs
Le bon Damète et la belle Amarante !*

*O Bois ombreux, ô Rivière courante,
Qui vis en bien échanger leurs malheurs,
Qui vis en joie échanger leurs douleurs,
Et l'une en l'autre une âme respirante !*

*L'âge or' leur fait quitter l'humain plaisir ;
Mais, bien qu'ils soient touchés d'un saint désir
De rejeter toute amour en arrière,*

*Toujours pourtant un remords gracieux
Leur fait aimer, en voyant ces beaux lieux,
Ce Vent, ce Pré, ce Bois, cette rivière* [1]

Nous offrirons encore de Vauquelin trois des plus courtes et des plus jolies pièces qu'on trouve dans ses *Idillies* ; elles ont chacune leur couleur à part et leur accent propre :

---

1. Tibulle a dit dans un sentiment tout semblable :

> . . . . . . *Nos, Delia, amoris*
> *Exemplum cana simus uterque coma ;*

Et La Fontaine dans *Philémon et Baucis* :

> *Ils s'aiment jusqu'au bout malgré l'effort des ans.*

Un moderne s'est souvenu d'eux tous dans le sonnet suivant :

*Si quelque blâme, hélas ! se glisse à l'origine
En ces amours trop chers où deux cœurs ont failli,
Où deux êtres, perdus par un baiser cueilli,
Sur le sein l'un de l'autre ont béni la ruine ;*

*Si le monde, raillant tout bonheur qu'il devine,
N'y voit que sens émus et que fragile oubli ;
Si l'Ange, tout d'abord se voilant d'un long pli,
Refuse d'écouter le couple qui s'incline ;*

*Approche, ô ma Délie ! approche encor ton front,
Serrons plus fort nos mains pour les ans qui viendront :
La faute disparaît dans sa constance même.*

*Quand la fidélité, triomphant jusqu'au bout,
Luit sur des cheveux blancs et des rides qu'on aime,
Le Temps, vieillard divin, honore et blanchit tout !*

*O Galatée (ainsi toujours la Grâce
Te fasse avoir jeunesse et belle face !)
Avec ta mère, après souper, chez nous,
Viens t'en passer cette longue serée :
Près d'un beau feu, de nos gens séparée,
Ma mère et moi veillerons comme vous.*

*Plus que le jour la nuit nous sera belle,
Et nos bergers à la claire chandelle,
Des contes vieux, en teillant, conteront.
Lise tandis nous cuira des châtaignes ;
Et, si l'ébat des jeux tu ne dédaignes,
De nous dormir les jeux nous garderont.*

———

*Sitôt qu'on mettra les troupeaux
Hors de l'étable en ces hameaux,
J'irai demain, belle Francette,
Au marché vendre un bouvillon ;
J'acheterai de la sergette
Pour vous en faire un cotillon.*

*J'acheterai de beaux couteaux,
Une ceinture et des ciseaux,
Un peloton, une boursette,
Pour vous donner ; mais cependant
Baisez-moi donc, belle Francette,
Deux ou trois fois en attendant.*

*Venez querir demain au soir,
Quand la nuit prend son manteau noir,
Mes beaux présents, belle Francette,
Dans ce taillis où ce sera*

*Que votre mère, qui nous guette,*
*Jamais là ne nous trouvera.*

---

*L'hiver ridé n'a point gâtée*
*La fleur d'été de Leucothée ;*
*Ses rides n'ont si fort ôté*
*Les premiers traits de sa beauté*
*Qu'entre les rides de sa face*
*Amour caché ne nous menace.*
*De ses rides les petits plis*
*De feux cachés sont tous remplis :*
*Ainsi nous montre son visage*
*Le beau soleil dans un nuage ;*
*Ainsi Daphnis cache aux rameaux*
*La glu pour prendre les oiseaux*[1].

L'absence des noms vulgaires et des détails communs, l'élégance presque continue, et aussi la galanterie assez fade du langage rapprochent les *Idillies* de Vauquelin, plus peut-être qu'aucun autre recueil pastoral d'alors, des *idylles*, *églogues* et *bergeries* sans nombre que le roman de l'*Astrée* fit éclore depuis, et qui fleurirent si longtemps en serre-chaude dans les salons de l'hôtel Rambouillet. Nicolas Des Yveteaux, l'aîné des fils de Vau-

---

1. Cette pièce rappelle naturellement les stances de Maynard à *la Belle Vieille*, et aussi l'épigramme attribuée à Platon : « J'aime Archéanasse de Colophon. Dans ses rides repose le cruel Amour. Ah ! malheureux qui reçûtes ses premières caresses lorsqu'elle était jeune, quel incendie vous avez traversé ! » (Revoir dans l'*Anthologie Palatine*, VII, 217. Attribuée à Asclépiade.)

quelin, ne dégénéra point, comme on sait, et poussa même un peu loin les inclinations bucoliques que son père lui avait transmises. Fatigué de la cour, et persuadé que la vie champêtre est la plus heureuse de toutes les vies, il se retira dans une maison du faubourg Saint-Germain, et là, dit la chronique, « prenant l'air d'un *pastor fido* avec sa dame, la houlette à la main, la panetière au côté, le chapeau de paille doublé de satin couleur de rose sur la tête, il conduisoit paisiblement le long des allées de son jardin ses troupeaux imaginaires, leur disoit des chansonnettes et les gardoit du loup. (Vigneul-Marville.) » C'était une répétition, une sorte de variante affadie de la vie de Baïf à Saint-Victor[1].

Qu'on se console pourtant : l'originalité française n'était pas éteinte en France; l'esprit naïf et malin de nos trouvères, celui de Villon, de Rabelais et de Marot, ne pouvait mourir. Un ami de Ronsard, de Muret et de Baïf, un savant en grec et en latin, un successeur de Ramus au Collége de France, Jean Passerat, fut le premier poëte, de-

---

1. Baïf aurait à se plaindre peut-être de la comparaison. Des Yveteaux prétendait sérieusement que, dans cette vie *romancière* pratique, il ne faisait que suivre le conseil des Pères : *Senum est studere hortis et quærere viridaria;* mais, d'un long démêlé qu'il eut avec un de ses frères, et des *factums* contradictoires qui furent échangés de part et d'autre, il résulte clairement que le déshabillé de cette vie pastorale était un linge *très-sale*, que le vieillard épicurien aurait dû tâcher de laver en famille.

puis la réforme de 1550, qui revint à la gaieté naturelle et à la bonne plaisanterie du vieux temps. C'était un de ces hommes comme il y en avait plus d'un au xvi<sup>e</sup> siècle, unissant les études fortes, les mœurs bourgeoises et les joyeux propos; travaillant quatorze heures par jour à des lexiques, à des commentaires; et, le soir, à un souper frugal, sachant rire avec ses amis; une de ces figures à physionomie antique, qui rappellent Varron et Lucien tout ensemble. Ainsi que L'Hospital et De Thou, il composa des poésies latines; mais c'est par ses poésies françaises, bien que peu nombreuses, qu'il mérite ici notre attention et notre reconnaissance. La plupart des vers de la *Satyre Ménippée* sont de lui, entre autres ce charmant quatrain, si fait pour être populaire :

> *Mais, dites-moi, que signifie*
> *Que les ligueurs ont double Croix?*
> *C'est qu'en la Ligue on crucifie*
> *Jésus-Christ encore une fois.*

Bon et courageux citoyen, témoin contristé des horreurs du temps, il les prend rarement au sérieux dans ses vers. Un mot bouffon, une épigramme sur le nez camus du duc de Guise, un calembourg obscène ou trivial, lui plaisent bien mieux qu'une invective de colère; et du même ton qu'il médit du beau sexe et qu'il nargue les maris, il venge la religion et la France. Il y aurait de la pruderie à lui en vouloir et de la mauvaise honte à en rougir : ce n'était pas un crime de défendre le trône de Henri IV avec cet esprit national que Marguerite de Navarre avait transmis à Henri IV lui-même. Et d'ailleurs, qu'on y prenne garde, ces railleries-là viennent du cœur et cachent bien de l'amertume sous leur badinage. Elles reparaissent à tout moment chez Passerat, et se mêlent jusqu'en ses élégies d'amour. Les images de la guerre civile l'obsèdent. Il avait vu la Champagne, où il était né, mise au pillage par ces Allemands mercenaires auxquels la fureur des factions avait ouvert la patrie. Aussi prie-t-il le ciel de le délivrer des reîtres, comme au ix$^e$ siècle on priait pour être délivré des Normands, comme au xv$^e$ pour l'être des Anglais. Je ne sais si les souvenirs douloureux que plus de dix ans n'ont pas encore effacés associent leurs impressions à celles qui naissent seulement des vers, mais il semble que, dans la pièce suivante, l'accent de la gaieté laisse percer l'attendrissement, et que plus d'une fois, pendant qu'il la composait, de nobles larmes aient dû venir aux yeux du poète :

### SAUVEGARDE POUR LA MAISON DE BAGNOLET CONTRE LES REITRES.

*Empistolés au visage noirci,*
*Diables du Rhin, n'approchez point d'ici :*
*C'est le séjour des Filles de Mémoire.*
*Je vous conjure en lisant le grimoire,*
*De par Bacchus, dont suivez les guidons,*
*Qu'alliez ailleurs combattre les pardons.*
*Volez ailleurs, messieurs les hérétiques :*

*Ici n'y a ni chapes, ni reliques.*
*Les oiseaux peints vous disent en leurs chants :*
*Retirez-vous, ne touchez à ces champs.*
*A Mars n'est point cette terre sacrée,*
*Ains à Phœbus, qui souvent s'y récrée.*
*N'y gâtez rien, et ne vous y jouez :*
*Tous vos chevaux deviendroient encloués ;*
*Vos chariots sans esseuils et sans roues*
*Demeureroient versés parmi les boues ;*
*Encore un coup, sans espoir de retour,*
*Vous trouveriez le roi à Moncontour,*
*Ou maudiriez votre folle entreprise,*
*Rassiégeant Metz, gardé du duc de Guise ;*
*Et en fuyant, battus et désarmés,*
*Boiriez de l'eau que si peu vous aimez.*
*Gardez-vous donc d'entrer en cette terre.*
*Ainsi jamais ne vous faille la guerre ;*
*Ainsi jamais ne laissiez en repos*
*Le porc salé, les verres et les pots ;*
*Ainsi toujours p......-vous sous la table :*
*Ainsi toujours couchiez-vous à l'étable,*
*Vainqueurs de soif et vaincus de sommeil,*
*Ensevelis en vin blanc et vermeil ;*
*Sales et nus, vautrés dedans quelque auge,*
*Comme un sanglier qui se souille en sa bauge !*
*Bref, tous souhaits vous puissent advenir,*
*Fors seulement d'en France revenir,*
*Qui n'a besoin, ô étourneaux étranges,*
*De votre main à faire ses vendanges* [1] *!*

---

1. On était tellement habitué, au XVIe siècle, à mêler

Les sujets les plus chers à la muse moqueuse de Passerat sont les femmes, les jaloux, les procureurs. Victime lui-même de la chicane, il disait qu'on devrait dresser des autels aux procès, puisqu'ils sont immortels comme les Dieux. Un trait de plus qui le rapproche de Marot et de Villon est de manquer souvent d'argent, et d'er demander avec beaucoup d'esprit. S'adresse-t-il, pour une rescription, au trésorier de l'Épargne :

*Mes vers, monsieur, c'est peu de chose ;*
*Et, Dieu merci, je le sais bien ;*
*Mais vous ferez beaucoup de rien*
*Si les changez en votre prose.*

Le trésorier lui répond-il : « Je ne vous oublierai pas ; »

*Je crois qu'avez bonne mémoire ;*
*Mais si je puis argent tenir,*
*Monsieur, vous pouvez aussi croire*
*Que j'en aurai bon souvenir.*

De toutes les pièces de Passerat, la plus jolie et

---

la raillerie, la bouffonnerie même, aux sujets les plus graves et les plus tristes, que, sans parler des macaronées du célèbre *Antonius de Arena*, Remi Belleau en composa une, *de Bello huguenotico et Pigliamine Reistrorum ;* et j'ai vu, à la suite d'un exemplaire des *Bigarrures*, une pièce macaronique intitulée *Cagasanga Reistro-suysso-lansquettorum*, qui parait être d'Étienne Tabourot. C'est au reste le même esprit qui a fait naître de nos jours tant de caricatures contre les Cosaques.

la plus connue est la *Métamorphose d'un Homme en Oiseau*, petit chef-d'œuvre de grâce et d'enjouement qui fait époque dans l'histoire de notre poésie, et honore le xvi⁰ siècle. Sans doute cela ne vaut pas tout à fait les conceptions contemporaines de *Roméo et Juliette*, d'*Armide* et d'*Herminie*; mais nos aïeux n'en étaient pas là, et il ne nous conviendrait pas, à nous autres gens riches par héritage, de faire les exigeants envers les premiers auteurs de notre fortune littéraire : c'est assez de retrouver chez eux quelque vieux titre authentique qui nous les montre dignes aïeux de La Fontaine et de Voltaire. L'homme métamorphosé est un bourgeois de Corinthe, vieillard riche et quinteux, qui s'avise de prendre une jeune femme *accorte et subtile*,

> Dont Cupidon le sut tant enflammer,
> Qu'il l'aima trop, si l'on peut trop aimer.

Mais le bonhomme, après les premiers jours d'hymen, change de ton, et, *de mari devenu sermoneur*, se met à prêcher à sa mie le *calendrier des vieillards* :

> . . . . Il l'eût pu convertir,
> A ce qu'on dit, si l'Archerot qui vole
> Se contentoit seulement de parole;
> Ce qu'il ne fait. . . . . . . .

Bref, les sermons et la jalousie amènent les infidélités ; et la femme, un beau jour,

> Part au matin avec un jeune ami,

*Sans dire adieu au bonhomme endormi.*
*A son réveil qu'il se trouve sans elle,*
*Saute du lit; ses valets il appelle,*
*Puis ses voisins; leur conte son malheur;*
*S'écrie au feu, au meurtre et au voleur.*
*Chacun y court. La nouvelle entendue*
*Que ce n'étoit qu'une femme perdue,*
*Quelque gausseur, de rire s'éclatant,*
*Va dire:« O Dieux, qu'il m'en advienne autant!»*

Le pauvre mari perd la tête, et le voilà qui court les rues et les chemins, s'arrachant la barbe et les cheveux, et demandant à tous venants :

*Savez-vous point là où elle est allée?*
*Ma femme, hélas! ma femme on m'a volée.*

Il sort de la ville, s'égare dans les bois, et, après sept jours de courses et de jeûnes, le ciel, qui a pitié de lui, le change en coucou. Or, l'oiseau, qui n'a pas oublié sa mésaventure,

*S'envole au bois, au bois se tient caché,*
*Honteux d'avoir sa femme tant cherché,*
*Et néanmoins, quand le Printemps renflamme*
*Nos cœurs d'amour, il cherche encor sa femme,*
*Parle aux passants et ne peut dire qu'Où...*
. . . . . . . . . . . . .
*Se souvenant qu'on vint pondre chez lui,*
*Venge ce tort, et pond au nid d'autrui :*
*Voilà comment sa douleur il allége.*

Et, par vœu fort innocent en poésie, l'auteur ajoute :

*Heureux ceux-là qui ont ce privilége !*

Passerat ne pouvait manquer de réussir dans la chanson. Les couplets sur *la Journée de Senlis,* où le duc d'Aumale prit la fuite, nous montrent qu'on chansonnait sous la Ligue tout aussi gaiement que plus tard sous la Fronde. Dans le genre amoureux, je citerai *le Premier Jour de Mai,* qui est comme le pendant de la petite pièce d'*Avril* par Belleau, et où l'on retrouve les idées voluptueuses si bien exprimées déjà par Ronsard. Nos premiers chansonniers, Thibaut et Gaces Bruslé, étaient de Champagne; on dirait, une fois ou deux, que Passerat s'en est ressouvenu.

*Laissons le lit et le sommeil,*
 *Cette journée :*
*Pour nous l'Aurore au front vermeil*
 *Est déjà née.*
*Or' que le ciel est le plus gai,*
*En ce gracieux mois de Mai,*
 *Aimons, mignonne,*
*Contentons notre ardent désir :*
*En ce monde n'a du plaisir*
 *Qui ne s'en donne.*

*Viens, Belle, viens te pourmener*
 *Dans ce bocage,*
*Entends les oiseaux jargonner*
 *De leur ramage.*

*Mais écoute comme sur tous*
*Le rossignol est le plus doux,*
    *Sans qu'il se lasse,*
*Oublions tout deuil, tout ennui,*
*Pour nous réjouir comme lui :*
    *Le temps se passe.*

*Ce vieillard, contraire aux amants,*
    *Des ailes porte*
*Et, en fuyant, nos meilleurs ans*
    *Bien loin emporte.*
*Quand ridée un jour te seras,*
*Mélancolique, tu diras :*
    *J'étais peu sage*
*Qui n'usois point de la beauté*
*Que si tôt le temps a ôté*
    *De mon visage.*

*Laissons ce regret et ce pleur*
    *A la vieillesse ;*
*Jeunes, il faut cueillir la fleur*
    *De la jeunesse.*
*Or' que le ciel est le plus gai,*
*En ce gracieux mois de Mai,*
    *Aimons, mignonne,*
*Contentons notre ardent désir :*
*En ce monde n'a du plaisir*
    *Qui ne s'en donne*[1].

---

[1]. Dans un savant article sur Passerat, inséré au tome VII de la *Bibliothèque ancienne et moderne*, par Jean Le Clerc, il est dit assez ingénument au sujet des vers

Comme Rabelais, qu'il aimait beaucoup, et dont il avait commenté le *Pantagruel*[1], Passerat mourut le bon mot à la bouche. Devenu aveugle et paralytique, il recommandait à ses amis de jeter des fleurs sur sa tombe, mais surtout de n'y

---

amoureux de Passerat : « Son portrait qui est au-devant de ses Poésies ne le représente pas comme un homme qui pût plaire et prévenir par sa bonne mine. Il avoit les yeux très petits, et il lui en manquoit un (il l'avait perdu de bonne heure en jouant à la paume); il avoit le nez fort gros, et il étoit fort rouge de visage. Cela me fait croire qu'il ne faisoit des vers galants que pour badiner, *sans qu'il y eût aucun amour en son fait; ou peut-être pour d'autres.* » Voilà de bien gratuites conjectures, comme si tout savant avait toujours eu son visage de soixante ans. — Cette chanson de *Mai* rappelle directement des stances assez ressemblantes d'Ange Politien, qui était bien laid aussi, qui avait, dit-on, un nez énorme et un œil assez endommagé, ce qui ne l'empêchait pas de dire à sa dame dans une galante pièce intitulée *Serenata* :

> *Il tempo fugge, e tu fuggir lo lassi;*
> *Che non à il mondo la più cara cosa;*
> *E se tu aspetti che 'l maggio trapassi,*
> *Invan cercherai poi di cor la rosa, etc.*

1. On lit dans les *Vies des Poëtes françois*, par Colletet, cette anecdote curieuse au sujet de Passerat : « La lecture des œuvres de Rabelais lui avoit autrefois plu si fort, et il en avoit tellement approfondi les mystères cachés, que, sur cet ouvrage folâtre, il avoit dressé de doctes commentaires qu'il conservoit curieusement dans son cabinet, et qu'il ne communiquoit qu'à ses plus intimes amis. Mais, comme il vint à examiner sa conscience et à considérer le peu d'édification ou plutôt le scandale

pas mettre de mauvais vers, qui pèseraient à sa cendre.

Tant d'agréables traits ont dû frapper tous ceux qui se sont occupés de l'histoire de notre littérature à cette époque : aussi Passerat a-t-il été, en général, remarqué et apprécié. On est même allé jusqu'à lui faire honneur d'une prétendue réforme à laquelle Des Portes et Bertaut auraient pris part avec lui, et qui aurait préparé celle de Malherbe. Mais on sent combien cette vue est peu exacte. Des Portes et Bertaut ne firent point de révolution, mais continuèrent celle de Ronsard ; et à les prendre à la rigueur, ils sont des écrivains

que pouvoit causer cet ouvrage s'il advenoit qu'il fût un jour publié, il se résolut de le supprimer, d'autant plus que son dévot confesseur faisoit difficulté de lui donner l'absolution. Dans cette pieuse réflexion, il fit brûler en sa présence cet illégitime enfant de son bel esprit, et voulut prouver par cette action, véritablement chrétienne, qu'il préféroit la qualité d'homme de bien à celle de docte interprète. O vous que j'ai vus souhaiter de lire et de posséder cet ouvrage, au préjudice du salut de Passerat, et qui, dans votre sentiment impie, désiriez plutôt la damnation de l'auteur que la condamnation de l'ouvrage, rougissez de honte, etc., etc. » Au risque d'encourir l'anathème de Colletet, nous nous hasarderons aussi à regretter la perte d'un commentaire pour lequel Passerat semblait avoir, par la nature de son esprit et l'opportunité des circonstances, une vocation si particulière. Un mot de l'Estoile (*Mémoires*, année 1602) nous indique même une convenance de plus : il passait pour cultiver volontiers la *dive bouteille*.

de décadence bien plus que de régénération. Quant a Passerat, il n'eut aucune influence à part sur la poësie du temps. Les poëtes de la Pléiade le goûtèrent fort et le louèrent comme un des leurs; Malherbe le confondit avec eux dans son dédain, ou plutôt ne songea pas à lui ; et, si les vers du spirituel auteur produisirent quelque chose de plus que de l'agrément, ce fut en politique, où ils contribuèrent au retour de l'ordre et à l'affermissement du trône [1].

---

1. Jean Passerat, né à Troyes en 1534, mourut à Paris en 1602. — Voir sur lui et sur Gilles Durant qui va suivre, la notice de M. Charles Labitte en tête de la *Satyre Ménippée* (édition Charpentier, 1841). — Voir surtout, dans les *Éphémérides troyennes,* pour l'année 1762, l'article que Grosley a consacré à son compatriote, et qu'il a complété dans ses *Mémoires sur les Troyens célèbres* (*Œuvres inédites* de Grosley, tome II, page 295). On y trouve de ces particularités qui achèvent une physionomie. Passerat vécut les vingt-neuf dernières années de sa vie chez les De Mesme, dans cette famille de Mécènes qui depuis logea et pensionna Voiture à titre d'hôte également délicieux. Passerat avait, on l'a déjà dit, perdu un œil dans sa jeunesse en jouant à la paume; c'est en 1597 qu'une attaque de paralysie le priva entièrement de la vue : « Ce malheur, dit Grosley, put à peine l'arracher à sa chaire et à ses leçons; il lui fournit matière à un discours qu'il prononça et qui se trouve parmi ses Harangues. L'enjoué professeur s'y console de la perte de ses yeux par les exemples assez singulièrement assortis de l'Amour, de la Fortune, du Dieu des richesses et des grands hommes en tout genre qui, malgré un semblable malheur, vivent encore dans leurs

A côté de Passerat, il faut citer, pour avoir mis aussi quelques vers dans *la Satyre Ménippée*, Nicolas Rapin et Gilles Durant, le dernier surtout, que sa charmante raillerie de *l'Ane ligueur* annonce comme un héritier de Marot et un précurseur de Voiture. Durant a laissé en outre des imitations françaises de la *Pancharis* de Bonnefons, et des poésies originales qui respirent une volupté

---

ouvrages ou dans l'histoire. Il s'applique ingénieusement le mot de Léonidas qui, sur la menace d'un général des Perses d'obscurcir le soleil par une nuée de flèches, répondit : *Tant mieux, nous combattrons à l'ombre!* Enfin, la perte de ses yeux l'avertit *ab argutis inanium quæstionum nugis, quibus miseræ scholæ personant, ad rectum animi cultum sapientiæ præcepta traducere...* Il dédia cette harangue à M. d'Incarville, trésorier de l'Épargne : « Je suis aveugle, lui dit-il, ainsi que vous l'apprendrez par ce discours ; j'ai besoin d'un secrétaire, et par conséquent de ce qui m'est dû sur mes appointements : *hoc impetrato, tibi sum oculos debiturus.* » Telle est la forme singulière de cette épître dédicatoire, ou plutôt de cette lettre *à vue*, ajoute le malin Grosley qui ne perd pas non plus l'occasion de mettre son grain. Mais il cite comme d'une beauté sérieuse et d'un sentiment profond cette épitaphe pour le cœur de Henri III, déposé dans l'église de Saint-Cloud ; elle est toute empreinte, en effet, de grandeur funèbre :

> *Adsta, Viator, et dole Regum vicem :*
> *Cor Regis isto conditum est sub marmore,*
> *Qui jura Gallis, jura Sarmatis dedit.*
> *Tectus cucullo hunc sustulit sicarius.*
> *Abi, Viator, et dole Regum vicem!*

tour à tour folâtre et mélancolique. Sa muse adopte l'amoureux *souci* pour fleur de prédilection et en quelque sorte pour emblème :

> *J'aime la belle violette,*
> *L'œillet et la pensée aussi,*
> *J'aime la rose vermeillette,*
> *Mais surtout j'aime le Souci.*
>
> *Belle fleur, jadis amoureuse*
> *Du Dieu qui nous donne le jour,*
> *Te dois-je nommer malheureuse,*
> *Ou trop constante en ton amour?*
>
> *Ce Dieu qui en fleur t'a changée*
> *N'a point changé ta volonté;*
> *Encor, belle fleur orangée,*
> *Sens-tu l'effort de sa beauté.*
>
> *Toujours ta face languissante*
> *Aux raiz de son œil s'épanit,*
> *Et, dès que sa clairté s'absente,*
> *Soudain ta beauté se fanit.*
>
> *Je t'aime, Souci misérable,*
> *Je t'aime, malheureuse fleur,*
> *D'autant plus que tu m'es semblable*
> *Et en constance et en malheur.*
>
> *J'aime la belle violette,*
> *L'œillet et la pensée aussi,*
> *J'aime la rose vermeillette,*
> *Mais surtout j'aime le Souci*[1].

---

1. Si le *Souci* a trouvé son chantre et son poëte en

Ni Passerat, ni Ronsard, ni aucun autre poëte du siècle, n'a rendu mieux que lui cette sensation de tristesse qui naît du sein même de la jouissance, et ces pensées de mort éternellement enchaînées aux images du plaisir :

> *Charlotte, si ton âme*
> *Se sent or' allumer*
> *De cette douce flamme*
> *Qui nous force d'aimer,*
>    *Allons, contents,*
> *Allons sur la verdure,*
> *Allons, tandis que dure*
> *Notre jeune printemps.*
>
> *Avant que la journée*
> *De notre âge, qui fuit,*
> *Se trouve environnée*
> *Des ombres de la nuit,*
>    *Prenons loisir*
> *De vivre notre vie,*
> *Et, sans craindre l'envie,*
> *Donnons-nous du plaisir* [1].

Gilles Durant, il a eu son détracteur et comme son ennemi personnel dans le professeur Dubos : je trouve le *Souci* tout à fait calomnié dans la VI<sup>e</sup> idylle de ce dernier (*les Fleurs*, édition de 1817). La question même du souci à part, à lire les deux pièces de vers, on est tenté de se demander s'il y a eu progrès dans la poésie française durant cet intervalle de deux cent vingt-cinq ans environ, et certainement, dans ce genre de l'*idylle* prise au sens antique (εἰδύλλιον), il y a eu décadence.

1. Dans un *Choix de Chansons* attribué au duc de La

*Du soleil la lumière*
*Vers le soir se déteint,*
*Puis à l'aube première*
*Elle reprend son teint ;*
  *Mais notre jour,*
*Quand une fois il tombe,*
*Demeure sous la tombe,*
*Sans espoir de retour.*

*Et puis les Ombres saintes,*
*Hôtesses de là-bas,*
*Ne démènent qu'en feintes*
*Les amoureux ébats ;*
  *Entre elles, plus*
*Amour n'a de puissance,*
*Et plus n'ont connoissance*
*Des plaisirs de Vénus.*

*Mais, lâchement couchées*
*Sous les myrtes pressés,*
*Elles pleurent, fâchées,*
*Leurs âges mal passés ;*
  *Se lamentant,*
*Que n'ayant plus de vie,*
*Encore cette envie*
*Les aille tourmentant.*

---

Vallière ou à Moncrif, et qui contient cette chanson de Gilles Durant, celle de Passerat et bien d'autres encore avec musique, on lit les deux derniers vers de ce couplet altérés à la moderne, mais assez délicatement :

  *Et malheur à l'envie*
  *Qu'offense le plaisir!*

*En vain elles désirent
De quitter leur séjour,
En vain elles soupirent
De revoir notre jour :
   Jamais un mort
Ayant passé le fleuve,
Qui les Ombres abreuve
Ne revoit notre bord.*

*Aimons donc à notre aise ;
Baisons-nous bien et beau,
Puisque plus on ne baise
Là-bas sous le tombeau.
   Sentons-nous pas
Comme jà la jeunesse,
Des plaisirs larronnesse,
Fuit de nous à grands pas ?*

*Çà, finette affinée,
Çà, trompons le destin,
Qui clôt notre journée
Souvent dès le matin ;
   Allons, contents,
Fouler cette verdure,
Allons, tandis que dure
Notre jeune printemps.*

Par l'épicuréisme de sentiment qu'il a répandu sur ses diverses poésies, par une sorte de rêverie philosophique qui chez lui n'exclut pas l'enjouement, et aussi par les grâces élégantes et quelquefois un peu raffinées de son style, Gilles Durant nous semble assez comparable à l'auteur de la *Chartreuse*. *L'Ane ligueur* est son *Ver-Vert*, et qui fait contraste, comme il le doit, en bon naturel et en franchise, avec le favori coquet et musqué des Visitandines. Comme la *Satyre Ménippée* est dans toutes les mains, nous y renvoyons le lecteur. Tant de distractions n'empêchaient pas Durant d'être un savant et renommé jurisconsulte [1].

Il est presque incroyable, en effet, jusqu'où allait dans ce grave XVI$^e$ siècle, le penchant naturel à la folâtrerie et au badinage. Nous en trouvons des preuves singulières en deux circonstances solennelles. Pendant la tenue des Grands-Jours à Poitiers, en 1579, les plus considérables personnages de la magistrature se réunissaient chez les dames Des Roches mère et fille, la fleur et l'ornement du pays poitevin, toutes deux recommandables par leurs vertus, leurs talents et leur beauté. Un soir qu'on y causait poésie et galanterie, comme à l'ordinaire, Etienne Pasquier, alors avocat au parlement, aperçut une puce sur le sein de mademoiselle Des Roches, et la fit remarquer à la jeune dame qui en rit beaucoup. Le lendemain, elle et Pasquier apportèrent chacun une petite pièce de vers sur l'accident de la veille. Dès ce moment ce fut à qui célébrerait la puce de mademoiselle Des Roches. Ces savants élèves de Cujas, ces

---

[1]. Gilles Durant, né vers 1554, mourut en 1614 ou 1615. — Je me trouve, en me relisant, sinon trop flatteur pour Durant, trop dur au moins pour Gresset, dont le charmant *perroquet* garde bien ses avantages.

vertueux sénateurs, Achille de Harlay et Barnabé Brisson à leur tête, se mirent en frais de gentillesse, et placèrent à l'envi le puceron bienheureux au-dessus de la colombe de Bathylle et du moineau de Lesbie. Rapin, Passerat, Pierre Pithou, Scévole de Sainte-Marthe, Joseph Scaliger, Odet Turnèbe prirent part au divertissement; je ne sais par quel hasard le président Pibrac n'en fut pas; quelques-uns, pour varier la fête, joignirent aux vers français et latins des vers espagnols, italiens et grecs [1]. Quatre années plus tard, en 1583, du-

---

[1]. On retrouve encore les restes de ces mœurs du XVIe siècle au commencement du XVIIIe, dans la société du chancelier d'Aguesseau. Il y a une *ode grecque* de Boivin *sur madame d'Aguesseau, procureuse générale au parlement de Paris, laquelle, peu après avoir eu la petite vérole, étoit accouchée d'un fils;* et La Monnoye adresse à Boivin, ou, comme il dit, Οἰνοπίωνι, un distique grec à propos de cette ode.

Je citerai pour échantillon dans le dossier de la *Puce*, et comme moyen terme entre le français et le grec, la pièce latine de Nicolas Rapin. L'idée en est ingénieuse : on assigne la puce téméraire devant le tribunal d'Amour; l'Amant remplit contre elle l'office d'avocat général. La puce saute et fait défaut; mais elle trouve des avocats, *Pasquier, Chopin, Loisel, Mangot,* qui plaident les circonstances atténuantes, et qui la sauvent. Voici les vers :

*Dicta dies pulici, quod erat temerarius ausus*
  *Virginis intactos dilacerare sinus.*
*Stabat amans actor læsæ pro jure puellæ;*

rant la tenue des Grands-Jours à Troyes en Champagne, Etienne Pasquier, ayant rencontré un excellent peintre flamand, lui commanda son portrait. Le peintre fit le portrait, mais sans y représenter les mains. Un avocat sans mains ! Là-dessus Pasquier et tout le parlement trouvèrent à s'égayer, comme à propos de la puce, et il y eut environ cent pièces composées sur cette main qui n'existait pas. Malherbe, jeune, qu'on ne s'attend guère à rencontrer en pareille affaire, contribua par un quatrain; singulier début[1] ! Etienne Tabourot,

*Judex de lepida lite sedebat Amor.*
*At reus, ut causæ diffidens, huc modo et illuc*
    *Dissilit, et modo adest, et modo rursus abest.*
*Tandem, desertis vadibus, bis terque vocatus*
    *Defuit, et tota jam statione latet.*
*Illum seu terret gravitas augusta Senatus,*
    *Seu mage brumali frigore terret hyems.*
*Excitat interea patronos undique, et illos*
    *Quos scit supremi lumina prima fori.*
*Hinc* Pascalis, *et hinc* Chopinus, Osellius, *et tu*
    Mango, *patris doctas nate secute vias.*
*Absenti pulici facundo carmine adestis,*
    *Et vestra crimen diminuistis ope.*
*Dulce patrocinium, sine quo reus ille misellus*
    *Inter proscriptos adnumerandus erat!*

1. Malherbe pourtant, il est bon de l'expliquer, ne se mêla au jeu qu'indirectement et par ricochet. Il était alors attaché à Henri, duc d'Angoulême, grand prieur de France et gouverneur de Provence. Celui-ci, écrivant d'Aix en 1585, annonce à Pasquier, qui était fort de ses amis, qu'ayant vu *le livre de la Main,* lui et quelques autres de sa suite ont voulu y contribuer à leur manière,

surnommé *le Seigneur des Accords,* procureur du roi au baillage de Dijon, qui n'avait pas célébré la puce, mais qui, en revanche, avait entrepris la *Défense et Louange du Pou ensemble et du Ciron,* retourna en plusieurs façons la main absente de son ami. Sans doute le bon goût pourrait demander à ces plaisanteries plus de légèreté et de sobriété. Mais, venant de tels hommes, elles ont quelque chose de simple, d'innocent et d'antique, qui charme et va au cœur : on dirait Lélius et Scipion jouant après avoir dénoué leur ceinture

Bien plus jeune d'âge et encore plus original de talent que Passerat, s'élevait alors, au sein de l'école de Ronsard, un véritable poëte, et même le premier poëte de génie qui eût jusque-là paru en France, si l'on excepte Rabelais. C'était le neveu de Des Portes, Mathurin Regnier, de Chartres. Nourri dans la pleine jovialité des mœurs bourgeoises, élevé, pour ainsi dire, dans le jeu de paume et le *tripot* de son père, qui aimait fort la table et le plaisir, il prit de bonne heure les habitudes de débauche et de moquerie, de licence morale et satirique, qui se sont mêlées et confondues dans sa vie comme dans ses vers. Encore enfant, on le tonsura, et, engagé dans les ordres, il dut à la faveur de son oncle quelques bénéfices, pas assez toutefois pour s'enrichir ; car il se plaint

---

et il transcrit là-dessus un quatrain de sa propre composition, puis un autre de Malherbe; c'est comme un dernier appoint et post-scriptum à cette plaisanterie prolongée.

fréquemment de la pauvreté des poëtes, de son mauvais manteau et de son vieil habit *partout cicatrisé*. On n'était déjà plus au règne de Henri III, cet âge d'or des sonnets, et l'économie de Sully avait remplacé la prodigalité des mignons. D'ailleurs il eut été bien difficile à Regnier de devenir ou du moins de rester riche. D'une incurie profonde, et, selon l'aveu qu'il en fait, *vivant sans nul pensement, il se laissoit doucement aller à la bonne loi naturelle*. Son insouciance le suivait en toutes choses, et il faut lui rendre ici ce témoignage, qu'épicurien encore plus que cynique, il fut déréglé dans ses mœurs, obscène dans ses propos, comme il était malpropre dans sa mise, par abandon, et non par impudence. Sa bonhomie perçait jusque dans la satire ; il faisait sans méchanceté ses plus grandes malices, et il va même quelque part jusqu'à prétendre qu'*il n'a pas l'esprit d'être méchant*. Sans le prendre au mot, on peut en croire ses contemporains, qui l'avaient surnommé *le bon Regnier* avec une sorte d'amour.

Tel fut le fondateur de la satire régulière en France. Sans doute la satire française existait longtemps avant lui [1] ; elle respirait dans nos fabliaux

---

1. On ne fait que rappeler le *Roman de Renart*, et indiquer aussi un autre curieux poëme (manuscrit) intitulé *Fauvel*, dont le héros ou plutôt l'héroïne est l'ânesse ou la mule de ce nom, en laquelle se personnifient tous les vices. — Pour de plus amples détails, nous devons renvoyer nos lecteurs à l'excellente *Histoire de la Satire française* qu'a tracée en tête de son édition de Regnier

et nos romans, dans nos sotties et nos farces, dans nos chansons et nos épigrammes ; naturelle, instinctive, innée au génie national ; se mêlant à tout, prenant tous les tons, légère ou bouffonne, délicate ou grossière, espèce de lutin familier de notre poésie, échappé aux ruines du moyen âge. Marot, avec son imagination riante et facile, avait déjà tenté de la circonscrire dans le cercle fantastique du *coq-à-l'âne*. Mais l'école de Ronsard avait renversé cette création fragile, pour y substituer le plan tout tracé de la satire des Latins. *Le Poëte courtisan* de Joachim Du Bellay et *le Courtisan retiré* de Jean de la Taille sont deux excellentes satires, quoiqu'elles ne portent pas ce titre. On en trouverait plus d'une dans les œuvres de Ronsard. Cependant il ne parut point d'essais un peu suivis en ce genre de poëme, jusqu'à Vauquelin de la Fresnaye, qui florissait sous Henri III. Cet écrivain instruit et laborieux, doué d'un goût sain et d'une verve tempérée, prit à tâche de suivre Horace pas à pas, et, après avoir rimé, on l'a dit, un *Art poétique* qui est curieux encore aujourd'hui par plusieurs détails d'histoire littéraire, il composa, à l'instar de son modèle, un assez grand nombre de satires ou épîtres morales, dont il adressa la plupart aux illustres du temps, à Scé-

---

l'érudit et spirituel M. Viollet-le-Duc. Elle nous a été d'un bien grand secours pour l'intelligence de la poésie française à cette époque ; et, si quelque chose nous a aidé davantage, ce sont les communications bienveillantes et instructives de l'auteur.

vole de Sainte-Marthe, à Bertaut, à Des Portes, même à son compatriote Malherbe[1]. Celui-ci devait en estimer la pureté. On en jugera par ce commencement d'une satire dans laquelle Vauquelin conseille l'étude à l'un de ses fils, qui n'est pas Des Yveteaux :

*Mon fils, plus je ne chante ainsi comme autrefois;*
*Je suis plein de chagrin, je ne suis plus courtois.*
*Seulement, tout hargneux, je vais suivre la trace*
*De Juvénal, de Perse, et par sus tous, Horace;*
*Et, si j'étends ma faux en la moisson d'autrui,*
*J'y suis comme forcé par les mœurs d'aujourd'hui.*
*Les Muses ne sont plus en cet âge écoutées,*
*Et les vertus au loin de tous sont rejetées.*
*Les jeunes de ce temps sont tous achalandés*
*Aux boutiques des jeux de cartes et de dés;*
*Beaux danseurs, escrimeurs, qui, mignons comme femmes,*
*Couvrent sous leurs habits les amoureuses flammes;*
*La plupart tout frisés, d'un visage poupin,*
*Suivent dès le berceau les dames et le vin,*
*Et vont par les maisons muguettant aux familles,*
*Au hasard de l'honneur des femmes et des filles.*
*Te voilà de retour : sous le ciel de Poitiers*
*Tu n'as pas cheminé par de plus beaux sentiers;*
*Car, à juger ton port, à regarder ta face,*
*Tu as de ces mignons la façon et la grâce.*
*Mais, tout mis sous le pied, il est temps de penser*

---

1. Mais à Malherbe lorsqu'il était encore à Caen ou en Provence, et avant qu'il se fût posé en réformateur.

*En quel rang tu te veux maintenant avancer.
Le temps à tous moments notre âge nous dérobe.
Je te juge aussi propre aux armes qu'à la robe.
La malice du siècle et Mars tout débauché
T'a, comme l'un des siens, en son état couché :
Mais ce seroit ton heur, si, d'une âme prudente,
Tu suivois la Déesse et guerrière et savante.
C'est le meilleur d'avoir, en la jeune saison,
Des armes pour les champs, de l'art pour la maison.*

Au reste, ces satires de Vauquelin, composées la plupart sous Henri III, ne furent publiées pour la première fois qu'en 1605, et l'on ne voit pas que ses contemporains aient le moins du monde songé à l'opposer ni à le comparer à Regnier; il y avait entre ces deux hommes de trop frappantes différences. Vauquelin, en adoptant les formes latines, a tout au plus sur son successeur la priorité d'imitation; la priorité d'invention demeure à celui-ci tout entière. Regnier, en effet, aussi bien que Malherbe, et même à un plus haut degré que lui, a le mérite d'avoir régénéré en France l'imitation des anciens, et d'en avoir fait enfin, de servile et de stérile qu'elle était, une émulation de génie, une lutte d'honneur, je dirai presque une fécondation légitime. Il ne transplanta pas brusquement, au hasard, comme ses devanciers, l'arbre antique sur un sol moderne, pour l'y laisser ensuite dépérir et mourir; mais, l'abreuvant de sources toutes nouvelles, il le rajeunit, il le transforma, et le premier il aurait eu le droit d'y inscrire cette devise glorieuse qui s'applique si naturellement à une grande et belle moitié de notre littérature :

*Exiit ad cœlum ramis felicibus arbos,*
*Miraturque novas frondes et non sua poma.*

Il serait toutefois injuste de ne pas reconnaître que, dans ses imitations originales, Regnier mit à contribution les Italiens pour le moins autant que les Latins. Les *capitoli* du Berni, du Mauro, du Caporali, de l'Arétin, de *monsignor* Della Casa, et en général des poëtes bernesques, furent pour lui ce qu'avaient été pour Des Portes les sonnets de Pétrarque, du Bembe, d'Annibal Caro et des pétrarquistes, ce qu'avaient été pour Rabelais les ouvrages de Boccace, du Pogge, d'Arlotto, de *Merlin Coccaie*, et tant d'auteurs italiens de nouvelles, de macaronées et de facéties.

Nous ne parcourrons ici qu'en passant la galerie d'originaux dont les portraits ont pris sous la touche de Regnier tant de couleur et de saillie. Ils sont aussi nombreux que plaisants. Cet homme[1], à la mine chétive, à la chausse rompue, au rabat sale, dont les guêtres vont aux genoux et le pourpoint au coude,

*Sans demander son nom, on le peut reconnoître :*
*Si ce n'est un poëte, au moins il le veut être.*

---

1. Dans tout ce qui suit on a eu le soin de n'employer que les expressions dont Regnier s'est servi lui-même pour caractériser ses personnages.

On le rencontre par les rues, le nez dans le manteau, prenant ses vers à la pipée. L'œil farouche et troublé, il accoste les passants, et leur dit pour bonjour: « Monsieur, je fais des livres, on les vend au Palais. » S'il est à cheval, il se croit déjà un abbé sur sa mule. L'exemple de Ronsard, de Des Portes et de Bertaut, lui revient par la tête, et, tout méditant un sonnet, il médite un bénéfice ou un évêché. Cet autre Rodomont, aux bottes sonnantes, au feutre empanaché, qui frise ses cheveux, relève sa moustache, et serre la main aux gens qu'il n'a jamais vus, je le devine à son accent *baragouin*: c'est un de ces hobereaux de Gascogne, accourus en toute hâte de leur donjon délabré, pour se pousser à la cour du Béarnais : rimailleur autant que ferrailleur, il tranche du bel esprit l'épée à la main ; peut-être même a-t-il servi autrefois dans la compagnie du capitaine Du Bartas. Mais, silence ! voici venir à pas comptés le docteur vers le lit de son patient; il lui tâte le pouls, le ventre et la poitrine ; le nez bouché, il contemple longuement l'urine et le bassin. On lui donne un teston pour sa peine ; il se fâche, et, serrant le teston dans sa main, s'écrie : « Hé! hé! monsieur, il ne fallait rien. » Ce petit manége ne me trompe pas, car j'ai déjà connu le docteur chez Rabelais ; plus tard, je le retrouverai chez Molière, et, en vérité, j'ai toujours assez de plaisir à le revoir, pourvu que ce ne soit ni chez moi ni pour moi. Plus lentement encore que le docteur, d'un air plus révérent et plus recueilli, s'avance à son tour la dévote Macette. Madeleine repentie, elle expie dans d'austères pratiques les tendres péchés de sa jeunesse. Sa prunelle blanche prêche l'amour de Dieu, et son œil tout pénitent ne pleure qu'eau bénite Je la laisse en tête-à-tête avec la jeune fille qu'elle vient visiter, et, pour écouter l'entretien, je me tapis, comme le poëte, dans le recoin d'une porte. L'hypocrite, fronçant les lèvres, commence par l'*Ave Maria*, et la formule de charité :

*Ma fille, Dieu vous garde et vous veuille bénir!*

et, de transitions en transitions, elle finit par proposer à sa jeune écolière le libertinage pourvu qu'il soit discret, la débauche pourvu qu'elle soit mystérieuse :

*Le péché que l'on cache est demi pardonné!*

L'indignation me saisit. Patelin me faisait rire, mais ce Patelin femelle et dévot me fait horreur. Pour moi, Macette est déjà Tartufe. Chez Ovide et Properce, à qui le poëte a pris l'idée de cette satire, Macette n'est qu'une Canidie vulgaire contre laquelle les amants accumulent toutes les invectives d'usage. Cette différence suffit pour montrer comment Regnier entendait l'imitation des anciens, et avec quelle aisance, en leur empruntant un caractère ridicule ou vicieux, il le dépouillait des habitudes antiques et, pour ainsi dire, de la tunique romaine, pour le revêtir des mœurs et du pourpoint de son temps. Par un singulier contraste qui ne doit pas sembler une contradiction, ce satirique, dont le nom seul rappelle l'énergie effrontée de Juvénal, a parlé souvent de l'amour avec une décence exquise, et il a laissé des élégies où l'on ressent par instants la mollesse voluptueuse de Tibulle. C'est qu'à vrai dire Regnier n'est jamais un Juvénal, même par l'effronterie ; semblable au bon La Fontaine, il porte dans la luxure de ses tableaux plus d'oubli que de calcul. On croirait qu'il brave l'honnêteté, et seulement il l'ignore.

La même audace insouciante, la même abondance de vie, circule et déborde dans le style de Regnier. Par ce côté, on a comparé le poëte à Montaigne, et il est en effet le Montaigne de notre poésie. Lui aussi, en n'ayant pas l'air d'y songer, s'est créé une langue propre, toute de sens et de génie, qui, sans règle fixe, sans évocation savante, sort comme de terre à chaque pas nouveau de la pensée, et se tient debout, soutenue du seul souffle qui l'anime. Les mouvements de cette langue inspirée n'ont rien de solennel ni de réfléchi : dans leur irrégularité naturelle, dans leur brusquerie piquante, ils ressemblent aux éclats de voix, aux gestes rapides d'un homme franc et passionné qui s'échauffe en causant. Les images du discours étincellent de couleurs plus vives que fines, plus saillantes que nuancées. Elles se pressent, se heurtent entre elles. L'auteur peint toujours, et quelquefois, faute de mieux, il peint avec de la lie et de la boue. D'une trivialité souvent heureuse, il prend au peuple les proverbes pour en faire de la poésie, et lui renvoie en échange ces vers nés proverbes, médailles de bon aloi, où se reconnaît encore après deux siècles l'empreinte de celui qui les a frappées. Je m'abstiens de citations, parce qu'elles seraient trop nombreuses, et que d'ailleurs tout le monde veut lire Regnier. Qu'il me suffise de rappeler de lui deux expressions bien simples, et, selon moi, bien belles, qui rentrent tout à fait dans le goût de Montaigne, et confirment le rapprochement établi entre les deux écrivains. Parlant des changements que le temps apporte à nos humeurs, le poëte dit :

*Et comme notre poil blanchissent nos désirs*[1].

Plus loin il nous retrace le vieillard découragé, *laudator temporis acti* :

*De léger il n'espère, et croit au souvenir.*

Ces désirs qui *blanchissent* avec les années, ce vieillard qui *croit au souvenir*, me semblent de ces beautés de style soudaines et naïves, délicieuses à sentir, impossibles à analyser, comme la lecture des *Essais* en offre presque à chaque page et comme on n'en retrouve guère autre part que là[2].

Indépendant de toute école par la tournure de

---

1. Cicéron vieillissant disait : *orationem suam cæpisse canescere.* (Quintilien, *Inst.*, l. XI, c. 1.)

2. Je suis revenu avec plus de détail, et au risque de quelques répétitions, sur les caractères si poétiques de ce talent, dans l'article intitulé *Mathurin Regnier et André Chénier.*

son génie, Régnier se trouva engagé fort avant dans celle de Ronsard par l'effet des circonstances ; et, chose remarquable, les rôles ayant changé avec les temps, l'héritier de Rabelais lutta contre Malherbe pour défendre de la décadence ces mêmes réputations littéraires qu'autrefois Rabelais avait combattues ou du moins raillées à leur berceau. Selon les biographes, un jour que Malherbe était allé dîner chez Des Portes, celui-ci voulut, avant de se mettre à table, régaler son hôte de quelques-unes de ses poésies sacrées : « Laissez, laissez, dit brutalement Malherbe au bonhomme ; votre potage vaut mieux que vos Psaumes. » Cette insulte faite à l'oncle de Regnier fut l'occasion d'une rupture qui tôt ou tard ne pouvait, ce semble, manquer d'éclater. Dans ses habitudes d'éducation et son humeur paresseuse, le satirique n'avait rien d'un novateur et devait plutôt se complaire aux us et coutumes du bon vieux temps. Il s'enivrait volontiers au fameux cabaret classique de la *Pomme du Pin,* où le héros des *Repues franches* s'était enivré avant lui. Neveu de Des Portes, ami de Bertaut, de Rapin et de Passerat, il confondait dans ses affections et ses louanges Du Bellay, Ronsard, Baïf et Belleau, qu'il admirait un peu sur parole, avec Rabelais, Marot et Villon, dont il jugeait mieux et qu'il aimait en pleine connaissance de cause. Comme poëte, ses qualités et ses défauts étaient en tout l'opposé des défauts et des qualités de Malherbe. Hardi dans ses images négligé dans sa diction, cynique au besoin dans ses rimes, il goûtait médiocrement la raison sévère, la netteté scrupuleuse et la froide chasteté du réformateur. Le ton despotique et pédantesque que s'arrogeait celui-ci prêtait assez au ridicule pour que son jeune rival en tirât vengeance. Regnier lança donc son admirable satire neuvième, étincelante à la fois de colère et de poésie. Il y défend la cause des anciens et y relève amèrement

> . . . . . . . *Ces rêveurs dont la muse insolente,*
> *Censurant les plus vieux, arrogamment se vante*
> *De réformer les vers.* . . . . . . . . .
> Qui *veulent déterrer les Grecs du monument,*
> *Les Latins, les Hébreux et toute l'antiquaille,*
> *Et leur dire à leur nez qu'ils n'ont rien fait qui vaille.*
> *Ronsard en son métier n'étoit qu'un apprentif;*
> *Il avoit le cerveau fantastique et rétif;*
> *Des Portes n'est pas net, Du Bellay trop facile;*
> *Belleau ne parle pas comme on parle à la ville;*
> *Il a des mots hargneux, bouffis et relevés,*
> *Qui du peuple aujourd'hui ne sont pas approuvés*
> *Comment! il nous faut doncq', pour faire une œuvre grande,*
> *Qui de la calomnie et du temps se défende,*
> *Qui trouve quelque place entre les bons auteurs,*
> *Parler comme à Saint-Jean parlent les crocheteurs*[1]*!*

Mais quels sont-ils ces réformateurs superbes qui *raffinent le vers, comme les Gascons ont fait le point d'honneur?* De quel droit viennent-ils tout

---

1. Quand on demandait à Malherbe son avis sur quelques mots français, il renvoyait ordinairement aux crocheteurs du Port-au-Foin, et disait que c'étaient ses maîtres pour le langage.

changer ? Ont-ils du moins pour eux l'originalité et le génie ? Non :

> . . . . . . . . *Leur savoir ne s'étend seulement*
> *Qu'à regratter un mot douteux au jugement,*
> *Prendre garde qu'un qui ne heurte une diphthongue,*
> *Épier si des vers la rime est brève ou longue,*
> *Ou bien si la voyelle, à l'autre s'unissant,*
> *Ne rend point à l'oreille un vers trop languissant;*
> *Et laissent sur le verd le noble de l'ouvrage.*
> *Nul aiguillon divin n'élève leur courage*
> *Ils rampent bassement, faibles d'inventions,*
> *Et n'osent, peu hardis, tenter les fictions,*
> *Froids à l'imaginer : car, s'ils font quelque chose,*
> *C'est proser de la rime et rimer de la prose* [1]...

il compare leurs muses à ces coquettes dont *la beauté ne gît qu'en l'art et l'ornement* ; et, leur opposant le portrait d'un génie véritable qui ne doit ses grâces qu'à la nature, il se peint tout entier dans ce vers d'inspiration :

*Les nonchalances sont ses plus grands artifices.*

---

1. Berthelot, contemporain et ami de Regnier, s'amusa à parodier une chanson de Malherbe adressée à la duchesse de Bellegarde. Voici l'un des couplets de cette pièce satirique :

> *Être six ans à faire une ode,*
> *Et faire des lois à sa mode,*
> *Cela se peut facilement;*
> *Mais de nous charmer les oreilles*
> *Par sa merveille des merveilles,*
> *Cela ne se peut nullement.*

Déjà il avait dit :

*La verve quelquefois s'égaye en la licence.*

Malherbe ne répondit pas[1]. Malgré tout le respect qui lui est dû, on ne peut disconvenir qu'il s'était attiré la leçon par une injustice souvent poussée jusqu'à la mauvaise foi. C'était lui, poëte lyrique, lui qui reprochait à Regnier d'avoir représenté, dans une épître au roi, la France sous les traits d'une nymphe éplorée embrassant les genoux de Henri : « Depuis cinquante ans qu'il demeuroit en France, il ne s'étoit jamais aperçu, disait-il, qu'elle eût bougé de place. » Qu'aurait-il répondu si, plus tard, on eût fait le même reproche à sa prosopopée de la Victoire dans la belle ode à Louis XIII ? Quoique plus jeune que Malherbe, Regnier mourut longtemps avant lui (1613)[2], sans laisser d'école ni de postérité littéraire digne de son haut talent. Du Lorens et Courval-Sonnet l'imitèrent souvent, et ce dernier même le pilla quelquefois. Mais ses véritables disciples, il faut bien le dire à sa honte, sont les auteurs licencieux dont les pièces composent *le Parnasse satyrique, le Cabinet satyrique, l'Espadon satyrique* : ce sont

---

1. Est-ce qu'à défaut de Malherbe, quelqu'un de ses disciples répondit ? On voit dans les *Historiettes* de Tallemant (tome V, page 382) que Regnier, mécontent de Maynard, le vint un jour provoquer en duel ; l'anecdote est assez comique : peut-être Maynard avait-il voulu prendre fait et cause pour son maître Malherbe.

2. Il était né en 1573, et n'avait que quarante ans.

Sigognes et Berthelot, joyeux compagnons, d'égale force dans le coq-à-l'âne, la parodie et l'épigramme gaillarde ; Pierre Motin, de qui Boileau a dit *qu'il se morfond et nous glace*, probablement parce qu'il ne l'avait pas lu tout entier; François Maynard lui-même, disciple de Malherbe à d'autres titres, et qui écrivait si purement ses *priapées* impures : le sieur d'Esternod, qui se cachait sous le nom de *Franchère*, et dont on a voulu faire un prête-nom du sieur de Fourquevaux[1]; Auvray, accusé d'avoir un faible pour les *suivantes ;* Saint-Amant, qui depuis essaya de laisser les propos de cabaret pour le ton de l'épopée ; Théophile Viaud enfin, non pas le plus coupable, mais le plus puni de tous, forcé de fuir et brûlé en effigie, comme auteur de ce *Parnasse satyrique* auquel tant de contemporains avaient pris part[2]. Jusqu'alors, on s'était montré fort coulant sur le compte des mœurs, et la licence même la plus ordurière avait

---

1. Ils furent probablement collaborateurs. — Voir dans la *Biographie universelle*, l'article D'ESTERNOD par M. Weiss.

2. Il y a dans ces recueils quelques pièces signées de noms de poëtes plus anciens. On rencontre dans le *Cabinet satyrique* une effroyable satire de Ronsard intitulée *la Bouquinade*, qui passe tout. Mais il se pourrait bien aussi que Regnier et ses disciples eussent prêté en cela à leurs devanciers, à peu près comme au XVIIIe siècle (je le dis en tout respect) l'école de d'Holbach fit courir ses plus grosses impiétés sous le couvert de Fréret, de Dumarsais et autres défunts qu'elle se donna pour complices.

presque été un droit pour les poëtes. Nous en avons eu assez d'exemples depuis Villon, *Pierre Faifeu*, et Rabelais, jusqu'à Regnier. Avec le xviie siècle commencent des mœurs sociales, sinon meilleures au fond, du moins plus sévères en apparence ; le mot de pudeur inventé par Des Portes représente désormais quelque chose, et l sentiment de la bienséance va naître et se développer. Il n'est plus permis de tout nommer avec une sorte d'effronterie naïve, et l'obscénité, qui a conscience d'elle-même, devient clandestine en même temps que coupable. On suivrait pourtant, si on l'osait, et l'on retrouverait sans peine cette école de Regnier et du *Parnasse satyrique* dans les chansons manuscrites du règne de Louis XIV, dans les couplets et les épigrammes de Ferrand, de J.-B. Rousseau et de Piron, et jusque dans les *amphigouris* de Collé. Par une conséquence bien remarquable, ces derniers héritiers de la licence et du cynisme de nos pères restèrent la plupart fidèles au vieux vers, à la rime riche, à l'excellente facture de Marot et surtout de Regnier, et seuls, au milieu du xviiie siècle, ils protestèrent contre cette dégradation de la forme poétique dont Voltaire donnait hautement le précepte et l'exemple. Ce n'est point parmi les disciples de Regnier qu'on peut ranger Molière et Boileau, malgré les obligations incontestables qu'ils eurent a cet illustre devancier. Boileau, qui lui fit un si bon nombre d'emprunts, n'avait qu'un coin de talent commun avec lui; son esprit sage, délicat et fin, appartenait à une tout autre famille ; et, comme satirique, nous le plaçons fort au-dessous du poëte duquel il a parlé lui-même en des termes si honorables pour tous deux : « Le célèbre Regnier, dit en effet Boileau (Réflexion v$^e$ sur Longin), est le poëte françois qui, du consentement de tout le monde, a le mieux connu avant Molière les mœurs et le caractère des hommes. » Déjà Regnier nous a offert des traits de ressemblance avec La Fontaine. Certes il est grand aussi, celui qui peut rappeler tant de grands noms sans en être éclipsé[1].

Nous avons dit que Regnier n'était point un Juvénal; il y en eut un pourtant au xvi$^e$ siècle, âpre, austère, inexorable, hérissé d'hyperboles, étincelant de beautés, rachetant une rudesse grossière par une sublime énergie, esprit vigoureux, admirable caractère, grand citoyen : tel fut Théodore Agrippa d'Aubigné, gentilhomme huguenot. Si jamais l'on pouvait en idée personnifier un siècle dans un individu, d'Aubigné serait, à lui seul, le type vivant, l'image abrégée du sien. Études, passions, vertus, croyances, préjugés, tournure d'esprit d'alors, il réunit tout à un éminent degré; et il nous apparaît aujourd'hui comme l'une des plus expressives figures de cette race d'autrefois :

*Grandiaque effossis mirabitur ossa sepulchris.*

---

1. M. Alfred de Musset a lancé une belle satire adressée à Regnier, ou du moins dont Regnier fait les frais (*Revue des Deux Mondes* du 1$^{er}$ janvier 1842) : on la pourrait joindre désormais aux éditions de Regnier, de même que certaine pièce *à Julie* serait digne du *Parnasse satyrique*.

Né en 1550, il est mis dès l'âge de quatre ans aux lettres grecques, latines et hébraïques à la fois, et à six ans il sait lire en quatre langues. A huit ans et demi, passant par Amboise avec son père, celui-ci lui montre les têtes des conjurés encore reconnaissables sur un bout de potence, et, lui imposant la main droite sur la tête, il lui commande, sous peine de malédiction, de vouer sa vie à la cause sainte qu'ont défendue ces martyrs. Les jours d'épreuves ne tardent pas à venir pour le jeune d'Aubigné; orphelin de bonne heure, et déjà fugitif, tour à tour à Orléans, à Genève, à Lyon, il continue de faire des vers latins et des mathématiques; de lire les rabbins et Pindare, et, dans son ardeur de science, il apprend jusqu'aux éléments de la magie : car, ainsi que les plus savants hommes de l'époque, les Postel, les De Thou, les Agrippa, les Bodin, d'Aubigné croit à la magie, et lui-même nous atteste avoir vu de ses yeux plus d'un revenant. Enfin les guerres civiles reprennent et le dégoûtent des livres. Retenu en prison chez son tuteur, il s'échappe, de nuit, par une fenêtre, en chemise, s'arme au premier champ de bataille, et commence dès lors une longue et rude carrière, mêlée de combats, de galanteries, de controverses. L'étude et la poésie trouvent leur place encore au milieu des camps, et durant la convalescence des fréquentes blessures qu'il reçoit. Chevalier loyal comme Crillon, calviniste fervent comme Du Plessis-Mornay, républicain éclairé comme Hubert Languet ou La Boétie, il n'épargne pas au roi de Navarre les vérités, les remontrances, les refus, et par ses scrupules d'honnête homme et de chrétien il mérite constamment la haine des maîtresses et quelquefois la colère du maître. Sans faveur après la conversion de Henri IV, il se cantonne en Poitou après sa mort, et finit, pour plus de sûreté, par quitter la France. Retiré alors à Genève, au sein du parti huguenot, environné d'une postérité nombreuse, il négocie des traités au nom de la république, écrit des livres pour l'instruction de ses fils, et rend à Dieu une vie de quatre-vingts ans (1630), aussi remplie d'œuvres que de jours, qu'une seule et même pensée a dirigée depuis le berceau jusqu'à la tombe [1].

On a de d'Aubigné une *Histoire universelle* réputée indigeste et confuse, mais à coup sûr parsemée de curieux détails et relevée de hautes fiertés de style; des Mémoires particuliers très-piquants; *la Confession de Sancy* et *les Aventures de Fœneste*, opuscules pleins de malice et de moquerie, qu'anime l'esprit de Rabelais et de la *Satyre Ménippée;* enfin, des poésies de diverses espèces, dont nous avons ici à parler. On sait qu'il débuta, suivant la mode, par célébrer ses amours; mais il n'y réussit guère mieux apparemment que beaucoup de talents de sa trempe, et ses vers tendres

---

[1]. Cette vie et ce caractère de d'Aubigné sont présentés ici un peu trop en beau. Je n'ai pas assez tenu compte de la mauvaise humeur et des haines, dont la part pourtant est grande chez ce rude et brillant aïeul de Mme de Maintenon.

durent ressembler à ceux d'Étienne de La Boétie,
que Montaigne, dans l'illusion de son amitié, a
pris le soin malencontreux de nous transmettre.
Ce n'est point la langue douce et polie de Des
Portes que parle et qu'écrit d'Aubigné; on dirait
qu'il l'ignore, et que, du sein des provinces où il
chevauche nuit et jour, il n'a pas eu le loisir de
s'informer de ces progrès paisibles. Déjà suranné
pour son temps, il s'en tient à la langue des com-
mencements de Ronsard, à celle de Maurice Scève,
de Pontus de Thiard, de Théodore de Bèze,
obscure, rude, inégale, et pour ainsi dire encore
toute froissée de l'enclume. Sans doute son éducation genevoise sous Bèze, son calvinisme ardent,
sa vie guerrière, son humeur stoïque décidèrent
cette préférence. Quoi qu'il en soit, l'énergie un
peu brutale, qui n'allait pas à un livre d'amour,
triomphe dans l'anathème et l'invective. Grièvement
blessé en 1577, et se croyant au lit de mort,
d'Aubigné dicta, comme par testament, les premières de ses *Tragiques*, qu'il continua plus tard
à loisir, et qui ne furent données au public qu'en
1616[1]. Ces *Tragiques*, espèce de contre-partie
du *Discours sur les Misères du temps*, par Ronsard, se composent de sept satires assez bizarre-
ment intitulées : *Misères, Princes, la Chambre*

---

[1]. Il semble résulter pourtant d'un passage de d'Aubigné (*Histoire universelle*, livre III, chap. XXIII) que *les
Tragiques* (au moins quelques-unes) parurent et cou-
rurent anonymes vers 1593. C'est un problème que je
propose aux bibliographes.

*dorée*, les *Feux*, les *Fers*, *Vengeances* et *Jugement*, dans lesquelles le poëte passe successivement en revue les malheurs du temps, les débordements de la cour, les lâchetés du Parlement, les supplices par le feu, les massacres par le fer exercés contre les fidèles, enfin les vengeances célestes et les jugements du Très-Haut sur les persécuteurs. Que ce soit, si l'on veut, un long sermon puritain, divisé en sept points, incohérent mélange de mythologie grecque, d'allégories morales et de théologie biblique, où sont entassés pêle-mêle des lambeaux de texte sacré, des propos de mauvais lieu et d'éternelles répétitions des mêmes horreurs ; du moins, on ne pourrait le nier, à travers ce fatras obscur, on sent toujours percer une indignation puissante, et reluire je ne sais quelle verve sombre. L'esprit hébraïque y respire, pareil à cet esprit de Dieu qui flottait sur le chaos. Le charbon d'Isaïe a purifié ces lèvres qui racontent hautement les abominations d'une race assassine, adultère, incestueuse, et pire encore ; quelquefois en vérité, à entendre ces malédictions redoublées, ces avertissements solennels lancés par le poëte au nom du ciel et justifiés par l'avenir[1], on croirait qu'il prophétise. Que si à la vue des forfaits dont

---

1. S'adressant à Henri IV, d'Aubigné dit :

*Quand ta bouche renoncera*
*Ton Dieu, ton Dieu la percera,*
*Punissant le membre coupable ;*
*Quand ton cœur, déloyal moqueur,*

amasse les récits on éprouve la même satiété d'horreurs que dans l'*Enfer* du Dante, qu'y faire ? La faute en est aux choses, non à lui ; il en souffre lui-même avant vous et plus que vous :

> . . . . . . *Ces exemples m'ennuyent ;*
> *Ils poursuivent mes vers, et mes yeux qui les fuyent.*

Et ailleurs :

*Si quelqu'un me reprend que mes vers échauffés*
*Ne sont rien que de meurtre et de sang étoffés,*
*Qu'on n'y lit que fureur, que massacre et que rage,*
*Qu'horreur, malheur, poison, trahison et carnage,*

> *Comme elle sera punissable,*
> *Alors Dieu percera ton cœur !*

Comme la première édition connue des *Tragiques* ne fut publiée qu'en 1616, six ans après la mort de Henri IV, on pourrait croire que cette prédiction, comme tant d'autres, a été faite après coup, si l'on ne savait d'ailleurs que d'Aubigné, revoyant Henri IV pour la première fois après l'attentat de Jean Châtel, dit, en présence de témoins, au roi qui lui montrait sa lèvre : « Sire, vous n'avez encore renoncé Dieu que des lèvres, et il s'est contenté de les percer ; mais si vous le renoncez un jour du cœur, alors il percera le cœur. » Parlant des Jésuites, d'Aubigné s'écrie :

*Si tu pouvois connoître ainsi que je connois*
*Combien je vois lier de princes et de rois*
*Par les venins subtils de la bande hypocrite,*
*Par l'arsenic qu'épand l'engeance loyolite :*
*O Suède, ô Moscow, Pologne, Autriche, hélas!*
*Quels changements, premier que vous en soyez las.*

*Je lui réponds : Ami, ces mots que tu reprends*
*Sont les vocables d'art de ce que j'entreprends.*
*Les flatteurs de l'amour ne chantent que leurs vices,*
*Que vocables choisis à peindre les délices,*
*Que miel, que ris, que jeux, amours et passe-temps.*
*Une heureuse folie à consumer son temps...*
*Je fleurissois comme eux de ces mêmes propos,*
*Quand par l'oisiveté je perdois mon repos.*
*Ce siècle, autre en ses mœurs, demande un autre style ;*
*Cueillons des fruits amers, desquels il est fertile...*

Bien que d'Aubigné, par le son hardi de ses rimes cyniques, ne permette guère les citations, nous en hasarderons une ou deux comme échantillon de sa manière. Il parle de Catherine de Médicis et de ses deux fils Charles IX et Henri III.

*Une mère étrangère, après avoir été*
*M......... à ses fils, en a l'un arrêté*
*Sauvage dans les bois, et, pour belle conquête,*
*Le faisoit triompher du sang de quelque bête :*
*Elle en fit un Esau, de qui les ris, les jeux* [1],
*Sentoient bien un tyran, un traître, un furieux ;*
*Pour se faire cruel, sa jeunesse égarée*
*N'aimoit rien que le sang, et prenoit sa curée*
*A tuer sans pitié les cerfs qui gémissoient,*
*A transpercer les daims et les faons qui naissoient ;*
*Si qu'aux plus avisés cette sauvage vie*
*A fait prévoir de lui massacre et tyrannie.*

---

1. Les *jeux* ou les *yeux*. Avec d'Aubigné et ses œuvres incorrectes, si grossièrement imprimées, on est à tout moment dans l'embarras de la juste leçon.

*L'autre fut mieux instruit à juger des atours
Des p...... de sa cour, et plus propre aux amours.
Avoir ras le menton, garder la face pâle,
Le geste efféminé, l'œil d'un Sardanapale;
Si bien qu'un jour des Rois, ce douteux animal,
Sans cervelle, sans front, parut tel en son bal :
De cordons emperlés sa chevelure pleine,
Sous un bonnet sans bord, fait à l'italienne,
Faisoit deux arcs voûtés ; son menton pinceté,
Son visage de blanc et de rouge empâté,
Son chef tout empoudré, nous firent voir l'idée,
En la place d'un roi, d'une p..... fardée.
Pensez quel beau spectacle, et comme il fit bon voir
Ce prince avec un busc, un corps de satin noir
Coupé à l'espagnole, où, des déchiquetures,
Sortoient des passements et des blanches tirures ;
Et, afin que l'habit s'entresuivît de rang,
Il montroit des manchons gauffrés de satin blanc ;
D'autres manches encor qui s'étendoient fendues,
Et puis jusques aux pieds d'autres manches perdues.
Pour nouveau parement, il porta tout ce jour
Cet habit monstrueux, pareil à son amour ;
Si qu'au premier abord chacun étoit en peine
S'il voyait un roi-femme ou bien un homme-reine.*

Au milieu des hautes beautés que tout lecteur aura remarquées en ce morceau, qu'il me soit permis de signaler un merveilleux détail technique : je veux parler de cette toilette de Henri III, si scrupuleusement décrite en termes propres, *ce corps de satin noir coupé à l'espagnole, ces déchiquetures d'où sortent des passements, ces man-*

chons gauffrés de satin blanc et ces manches perdues. Il n'y a qu'un *alexandrin* qui puisse et ose dire de telles choses; c'est l'alexandrin *franc et loyal*, comme l'appelle Victor Hugo.

Dans une autre satire, après avoir énuméré les bûchers les plus célèbres dressés depuis ceux de Jean Huss et de Jérôme de Prague, d'Aubigné ajoute :

*Les cendres des brûlés sont précieuses graines,*
*Qui, après les hyvers noirs d'orage et de pleurs,*
*Ouvrent, au doux printemps, d'un million de fleurs*
*Le baume salutaire, et sont nouvelles plantes*
*Au milieu des parvis de Sion florissantes.*
*Tant de sang que les rois épanchent à ruisseaux*
*S'exhale en douce pluie et en fontaines d'eaux,*
*Qui, coulantes aux pieds de ces plantes divines,*
*Donnent de prendre vie et de croître aux racines..., etc.*

D'Aubigné, tout à la fin de sa vie, publia des psaumes en vers métriques, d'après le système de Nicolas Rapin, et avec aussi peu de succès que lui. Quoique toutes ces poésies n'aient paru que sous Louis XIII, on ne peut les rejeter à cette date sans un véritable anachronisme, et c'est à l'âge précédent qu'elles appartiennent de droit, ainsi que leur auteur [1].

---

1. M. Gérusez, dans ses *Essais d'Histoire littéraire*, a consacré à d'Aubigné un article étendu et spirituellement judicieux, qui dispense d'y revenir. D'Aubigné aurait eu peu à faire pour être un grand écrivain en

On entrait dans la première année du xviiᵉ siècle ; l'école de Ronsard était encore en pleine vogue ; Des Portes et Passerat vivaient ; Bertaut n'avait que quarante-huit ans et Regnier que vingt-sept, quand on commença à parler sérieusement dans Paris et à la cour du talent poétique d'un gentilhomme normand qui, depuis longtemps, habitait en Provence, et ne venait dans la capitale que quand des affaires l'y obligeaient. Ce gentilhomme, nommé François Malherbe, n'était déjà plus de la première jeunesse ; il avait quarante-cinq ans, d'ailleurs plein de feu et de virilité. On citait de lui des mots heureux, des reparties originales, mais assez peu de vers. Du Perron le vanta fort à Henri IV, qui se promit de l'appeler à la cour. Par malheur, les finances ne permettaient plus de récompenser des sonnets, comme sous Henri III, par dix mille écus de rente ; et le rigide Sully, qui aimait mieux la bure et la laine que les beaux tapis et la soie, pensait sans doute, comme Malherbe lui-même, qu'*un poëte n'est pas plus utile à l'État qu'un joueur de quilles*. Ce fut donc seulement quelques années après 1605 que, informé par Des Yvetaux d'un voyage de Malherbe à Paris, Henri IV le fit venir, l'engagea à rester, et, n'osant fronder toutefois l'économie de son ministre, chargea M. de Bellegarde de donner au poëte le lit, la table et les appointements. Vu de plus près, Malherbe ne perdit pas

---

prose : en des temps plus rangés, c'eût été tout naturellement un Saint-Simon.

dans l'estime. On reconnut que, s'il faisait peu de vers, il les faisait bons; mais on ne put s'habituer si vite à sa manière de juger les autres. Il ne parlait des renommées les mieux établies qu'avec un dédain profond. Le seul poëte qu'il estimât était Regnier, et encore il l'avait pour ennemi. Bertaut, selon lui, était tolérable quelquefois; mais Ronsard, mais Des Portes, il les traitait en toute occasion sans pitié; il chargeait leurs exemplaires de critiques et même d'injures, au grand scandale des hommes élevés dans l'étude et l'admiration de la vieille poésie[1]. Nous aussi, avouons-le, nous qui venons de parcourir ces âges trop oubliés et d'y trouver çà et là d'utiles et agréables dédommagements, nous ne pouvons nous empêcher d'en vouloir à Malherbe pour son extrême rigueur. Déjà plus d'une fois des mots amers, d'irrévérentes paroles nous sont échappés sur son compte. A force de vivre avec ses devanciers, nous les avons aimés, et leur cause est presque devenue la nôtre. Il faut bien nous en détacher pourtant; voici le moment de la séparation venu; car, si l'arrêt est dur dans les formes, et si l'on peut en casser quelques articles, il n'est que trop juste par le fond. Malherbe, comme Boileau, a encore plus de bon sens que de mauvaise humeur[2], et, de gré ou

---

1. Le vieux Pasquier, qui écrivait le livre VII de ses *Recherches* après 1606, comme on le voit par son chapitre X, n'a pas nommé Malherbe et semble à son tour, malgré cet ancien quatrain *sur la main*, l'avoir tout à fait ignoré ou dédaigné.

2. « Je sais bien que votre jugement est si générale-

de force, on est souvent ramené à son avis. Suivons donc ce *guide fidèle*, quoique un peu grondeur : lui seul peut nous introduire et nous initier à la poésie de Racine.

Comment Malherbe en était-il venu à concevoir des idées de réforme si soudaines et si absolues ? C'est la première question qu'on s'adresse, et l'on a quelque peine à y répondre. Tout le temps de sa vie qu'il passa en Provence, depuis dix-neuf ans jusqu'à cinquante ans environ, est aussi stérile en renseignements qu'en productions : il ne reste que cinq ou six pièces de vers d'une date antérieure à 1600. Le petit poëme des *Larmes de saint Pierre*, imité du Tansille et publié en 1587, atteste qu'à cette époque, le poëte en était encore, comme ses contemporains, aux imitations de l'Italie. A part toutefois l'affectation et l'enflure, il y a déjà dans cette œuvre de jeunesse un éclat d'images, une fermeté de style et une gravité de

---

ment approuvé que c'est renoncer au sens commun que d'avoir des opinions contraires aux vôtres. » (*Lettre de Racan à Malherbe.*)

« Il (Malherbe) ne paroîtra pas avoir plus d'esprit qu'un autre, mais la beauté de ses expressions le mettra au-dessus de tous. Il n'aura pourtant pas l'âme délicate pour l'amour, quoiqu'il ait une délicatesse d'esprit admirable dans ses vers. Mais enfin il sera universellement reconnu pour un homme digne de toutes les louanges que la belle poésie peut faire : aussi sera-t-il loué généralement de tout le monde, quoiqu'il soit destiné à ne louer presque jamais les ouvrages de personne. » (Mlle de Scudéri, *Clélie*, Songe d'Hésiode.)

ton qui ne pouvaient appartenir qu'à la jeunesse de Malherbe. Il est vraisemblable qu'après avoir *ronsardisé* quelque temps, comme il en est convenu plus tard, Malherbe, livré loin des beaux-esprits de la capitale à des études recueillies et solitaires, finit par rompre de lui-même avec ses premiers modèles et revint, à force de bon sens, à un goût meilleur. Mais en cette louable réforme, dont tout l'honneur lui appartient, il ne s'est pas arrêté à temps et n'a pas porté assez de ménagement ni de mesure. Arrivé de Provence à Paris comme un censeur en colère, on le voit d'emblée outrer les choses et brusquer les hommes; son acharnement contre Ronsard et Des Portes, et même contre les Italiens et Pétrarque[1], ressemble quelquefois à du fanatisme; surtout sa ferveur pour la pureté de la langue dégénère souvent en superstition. Voici le portrait qu'a tracé de lui l'un de ses élèves, de ses amis et de ses admirateurs, le fondateur officiel de la prose française,

---

1. Il disait que les sonnets de Pétrarque étaient à la *grecque,* aussi bien que les épigrammes de M<sup>lle</sup> de Gournay. Pour entendre ce mot, il faut savoir que M<sup>lle</sup> de Gournay répondait aux critiques qu'on faisait de ses mauvaises épigrammes, en disant qu'elles étaient à la grecque. Ainsi Malherbe trouvait Pétrarque détestable. Passe encore s'il s'en était tenu aux *pétrarquistes.* Au reste, les poëtes italiens du temps lui rendaient bien mépris pour mépris, et un jour le cavalier Marin, au sortir d'une lecture où Malherbe, à son ordinaire, avait beaucoup mouché et craché, assura *n'avoir jamais vu d'homme plus humide ni de poëte plus sec.*

comme Malherbe l'a été de la poésie : « Vous vous souvenez, dit Balzac dans le *Socrate chrétien*, du vieux pédagogue de la cour, et qu'on appeloit autrefois le *tyran des mots et des syllabes*, et qui s'appeloit lui-même, lorsqu'il étoit en belle humeur, le grammairien en lunettes et en cheveux gris... J'ai pitié d'un homme qui fait de si grandes différences entre *pas* et *point*, qui traite l'affaire des *gérondifs* et des *participes* comme si c'étoit celle de deux peuples voisins l'un de l'autre et jaloux de leurs frontières. Ce docteur en langue vulgaire avoit accoutumé de dire que depuis tant d'années il travailloit à dégasconner la cour, et qu'il n'en pouvoit venir à bout. La mort l'attrapa sur l'arrondissement d'une période, et l'an climactérique l'avoit surpris délibérant si *erreur* et *doute* étoient masculins ou féminins. Avec quelle attention vouloit-il qu'on l'écoutât quand il dogmatisoit de l'usage et de la vertu des particules[1] ! »

---

1. (*Discours dixième*). — Quoique Balzac n'ait pas écrit le nom de Malherbe au bas du portrait, on ne sauroit se méprendre à son intention : le signalement ne va qu'à Malherbe ; c'est bien lui qui se vantait d'avoir *dégasconné la cour*. Mais comment Balzac s'est-il ainsi permis de tourner en caricature son ancien maître, dont il parle en vingt autres endroits avec tant de louanges et de respect ? Bayle et Saint-Marc trouvent le trait inexplicable, et on ne le conçoit bien qu'en pensant que l'auteur est allé ici fort au delà de son intention, entraîné par l'amour de la phrase et par sa méthode de redoublement. Il ne faut pas oublier non plus que c'est le Socrate chrétien qui parle, c'est-à-dire un homme

Ce soin de la langue était devenu pour Malherbe une véritable religion : si bien qu'au lit de mort, à l'heure de l'agonie, il s'irritait des solécismes de sa garde-malade, et l'en gourmandait vivement, malgré les exhortations chrétiennes du confesseur.

Les changements matériels introduits par Malherbe dans la langue et la versification sont nombreux et importants ; rien n'en donne une idée plus nette que la lecture des notes sur Des Portes, ou, à leur défaut, l'excellent discours de Saint-Marc, composé d'après ces notes. C'est, à vrai dire, un art poétique complet écrit sous la dictée du poëte. Nous allons en examiner et en discuter les articles principaux :

1º Malherbe proscrit les rencontres de voyelles ou hiatus. A côté de ce vers de Des Portes :

*Mon mortel ennemi* par eux a eu passage,

il écrit : « *A par eux eu passage.* »
A côté de cet autre vers :

*A cheval et à* pied, *en bataille rangée,*

on lit : « Cacophonie *pied en bataille,* car de dire *piet en* comme les Gascons, il n'y a pas d'apparence. » Bien que nous approuvions en général cette réforme de Malherbe, nous remarquerons toutefois avec Marmontel, que le réformateur est allé un peu loin, et qu'on a le droit de lui repro-

---

d'une religion austère et assez peu soucieux des lettres profanes.

cher un scrupule excessif. S'il est, en effet, des concours de voyelles qui choquent et qu'il importait d'interdire, il en est aussi qui plaisent et qu'il convenait d'épargner. Les anciens trouvaient une singulière mollesse dans les noms propres de *Chloë, Danaë, Laïs, Leucothoë*; quoi de plus doux à prononcer que notre verbe impersonnel *il y a*[1]? Les élisions, d'ailleurs, ne font-elles pas souvent un plus mauvais effet que les hiatus? et pourtant on les tolère. La Fontaine et Molière se sont donc avec raison permis d'oublier par moments la règle trop exclusive de Malherbe.

2° Celui-ci est allé bien plus loin encore dans son aversion contre les enjambements ou *suspensions*. Des Portes a dit :

*O grand Démon volant, arrête la meurtrière*
*Qui fuit devant mes pas : car pour moi je ne puis,*

---

[1]. « Après tout, si nous observons ces belles instructions d'aujourd'hui sur les heurts de voyelles, nous ne dirons plus *peu à peu, çà et là, entre cy et là*, étant néanmoins à conclure en passant que tous les adverbes ne sont qu'un mot encore qu'ils soient en diverses pièces; plus aussi *mari et femme, père et enfants, toi et elle, toi et moi, tu as, tu es, il y a, qui est-ce, en terre et aux cieux...* Non-seulement il ne nous faut plus finir et commencer deux vers de suite par voyelles ou vocales, si ce bâillement est crime, la fin de l'un étant fort liée au commencement de l'autre; mais, si nous ne disons cet *entre cy et là*, il ne faut plus dire *liez-la*; si nous ne disons *où êtes*, il ne faut plus dire *mouëttes* et *poëtes*; si nous ne disons *et elle*, il ne faut plus dire *moelle* ou *ruelle*; si

*Ma course est trop tardive, et plus je la poursuis,*
*Et plus elle s'avance en me laissant derrière.*

Or, Malherbe : « Le premier vers achève son sens à la moitié du second, et le second à la moitié du troisième. » Pour nous, il n'y a rien là dedans qui nous scandalise : et, bien au contraire, nous aimons mieux cette cadence souple et brisée des alexandrins que de les voir marcher au pas, alignés sur deux rangs, comme des fantassins en parade[1].

3º Autant en dirons-nous au sujet de la *césure*, à laquelle Malherbe donna force de loi. Déjà l'on a vu combien sa critique était méticuleuse sur ce point. Encore un exemple :

*Mais celui qui vouloit pousser ton nom aux cieux, etc.*

« Foible. C'est un vice quand, en un vers alexandrin, comme est celui-ci, le verbe gouvernant est

---

nous ne disons *qui est-ce*, il ne faut plus dire *déesse* ou *liesse*, etc. » (M<sup>lle</sup> de Gournay, *de la Façon d'écrire de MM. Du Perron et Bertaut.*)

1. M<sup>lle</sup> de Gournay (*loc. cit.*) revendique pour le vers cette « coupure qu'on rejette aujourd'hui, bien qu'à tort, pourvu qu'on en use avec mesure, puisque l'âme de la poésie, surtout héroïque, consiste en une brusque et généreuse vigueur, qui ne va guère ou point du tout sans brièveté. » Et à son gré rien n'est plus contraire à la brièveté que cette obligation de finir toujours le sens avec le vers.

à la fin de la moitié du vers, et le verbe gouverné commence l'autre moitié, comme ici *vouloit* est gouvernant, et *pousser* gouverné. » A quoi peuvent être bonnes de telles formules, sinon à aider la médiocrité et à entraver le talent ?

4° Malherbe a été un strict observateur de la rime; on sait qu'il reprochait à Racan de rimer les simples et les composés, comme *temps* et *printemps*, *iour* et *séjour*, *mettre* et *permettre*, etc., etc. « Il lui défendait encore de rimer les mots qui ont quelque convenance, comme *montagne* et *campagne*. Il ne pouvoit souffrir que l'on rimât les noms propres les uns après les autres, comme *Thessalie* et *Italie*, *Castille* et *Bastille*: et sur la fin il étoit devenu si rigide en ses vers qu'il avoit même peine à souffrir qu'on rimât des mots qui eussent tant soit peu de convenance, *parce que*, disoit-il, *on trouve de plus beaux vers en rapprochant des mots éloignés qu'en joignant ceux qui n'ont quasi qu'une même signification*. Il s'étudioit encore à chercher des rimes rares et stériles, dans la créance qu'il avoit qu'elles le conduisoient à de nouvelles pensées, outre qu'il disoit *que rien ne sentoit davantage son grand poëte que de tenter des rimes difficiles.* » (Mémoires pour servir à la vie de Malherbe.) Nous ne saurions trop applaudir à la finesse et à la sagacité de ces remarques; elles avaient d'autant plus de mérite, que Ronsard et son école avaient porté quelques atteintes à la rime autrefois si riche dans Villon et dans Marot. Il faut reconnaître pourtant que sur ce point, non plus que sur tant d'autres, Malherbe ne s'est pas abstenu de l'excès. Oubliant que la rime relève de l'oreille plutôt que des yeux, et qu'il est même piquant quelquefois de rencontrer deux sons parfaitement semblables sous une orthographe différente, il blâmait les rimes de *puissance* et *innocence*, de *conquérant* et *apparent*, de *grand* et *prend*, de *progrès* et *attraits* ; il croyait saisir entre ces terminaisons pareilles des nuances délicates. Et qu'on ne dise pas pour son excuse qu'alors sans doute ces nuances de prononciation existaient et pouvaient aisément se percevoir. Mlle de Gournay, qui a écrit un traité *des Rimes*, contredit positivement Malherbe et réfute ses subtilités avec beaucoup de sens et une grande intelligence de la matière[1]. Le bon Regnier, tout

---

1. « Veut-on savoir si j'ai menti quand je maintiens que l'un et l'autre de ces poëtes (*Bertaut et Du Perron*) suivent la brigade de Ronsard, Du Bellay et Des Portes, partant contrebuttent celle qui s'est élevée en nos jours ; en sorte que, si elle est fondée de raison, ils restent des buffles avec tous leurs précurseurs...? Ils riment partout *chair* et *cher*, sans faire différence de cet *a* à cet *e*, ni de diphthongue à voyelle. Ils employent sous même considération, non point une fois ni deux fois, mais partout et toujours ces couples et leurs pareilles, *impatience* et *puissance*, *serpents* et *rampants*, *amants* et *serments*, et riment enfin tout ce que la prononciation de Paris et de la cour fait tomber en cadence uniforme, sans s'informer, à la façon des nouveaux poëtes, ou pour le moins de la plupart d'entre eux, si les externes savent bien prononcer ou non ces accouplages de l'*a* contre l'*e*. Ils ont aussi quelques rimes hardies..., comme *Jupiter* et *agiter*, *frères* et *contraires*, *jaloux* et *cailloux*, d'une inéga-

négligé et incorrect qu'on a voulu le faire, demeure encore supérieur à son rival par la richesse, l'abondance et la nouveauté de ses rimes.

5° De temps immémorial, les poëtes français s'étaient arrogé quelques licences de langage, quelques priviléges d'élision que Malherbe a cru devoir abolir. On se rappelle que Tahureau nous a montré Vénus

> *Croisant ses beaux membres nus,*
> *Sur son Adonis qu'ell' baise, etc., etc.*

---

lité merveilleuse pour gens qui font leur idole des menues pédagogies de la grammaire, vu qu'en chacune de ces rimes il faut défigurer un mot en le prononçant, et vu que d'ailleurs une partie de ces mêmes écrivains est si sucrée jusques ici que d'avoir refusé à rimer *action* contre *pension*, *passion* et leur suite, à rimer encore l'*âme* et le *blasme* contre la *flamme*... Veut-on rien de plus plaisant? Veut-on mieux défendre de poétiser en commandant de rimer? Car comment seroit-il possible que la poésie volât au ciel, son but, avec telle rognure d'ailes et qui plus est éclopement et brisement...? Faut-il pas dire aussi qu'ils ont, non bonne oreille, mais bonne vue, pour rimer, dont il arrive qu'il nous faille un de ces matins à notre tour écrire des talons et danser des ongles?... » (*Loc. cit.*) On conçoit d'ailleurs la tactique de M<sup>lle</sup> de Gournay et pourquoi elle tient à démontrer que Bertaut et Du Perron *suivent la brigade de Ronsard* : c'est que cela prouvé, comme les deux prélats ont encore une réputation presque intacte d'élégance et de politesse, il s'ensuivra que Ronsard, Du Bellay et Des Portes ne doivent pas être réputés si rudes et si barbares. Il est à remarquer qu'elle ne songe presque jamais à Du Bartas, et qu'elle ne l'assimile pas volontiers aux poëtes de la Pléiade.

Des Portes a dit :

*La grâce, quand tu marches, est toujours au-devant.*

Les poëtes des autres nations modernes ont conservé quelques licences analogues, compensation bien légère de tant de gênes ; les nôtres en ont été dépossédés en vertu de l'arrêt porté par Malherbe, et visé depuis par l'Académie [1]. Puisque le réfor-

---

[1]. « Quant au manquement des articles ou particules *point* et *pas*, et autres merceries de cette espèce, que seroit-il besoin de l'extraire ni marquer aux écrits de ces deux poëtes (Bertaut et Du Perron), y étant si vulgaire, ou de le justifier, étant si naturel ? Avec l'usage superstitieux d'une nuée de particules, ces nouveaux veulent allonger le caquet sur le papier (autant qu'ils écourtent la langue partout ailleurs, excommuniant le quart de ses mots), au lieu qu'il le faudroit accourcir au possible ; car l'excellence et la vigueur d'un dialecte consiste, entre autres choses, en la brèveté, et le nôtre françois est des plus babillards. Joint qu'entre tous les genres d'écrire, la poésie s'habille court :

*Verborumque simul vitat dispendia, parca ;*

retranchant de tout temps je ne sais quoi de la quantité des mots, et même parfois de leur longueur, autant que l'oreille le peut souffrir. Horace s'en mêle des premiers, notamment en son *valdius* pour *validius* de l'*Art poétique*..., sans oublier que Vida, cet autre excellent ouvrier, commande, par règle expresse, de tronquer les mots traînassiers, et les tronque ici :

*Deterere interdum licet atque abstraxe secando*
*Exiguam partem, et strinxisse fluentia verba.*

La Muse procède en cette manière, afin de ramasser

mateur était en si bon train, il a eu raison d'ordonner l'élision de l'*e* muet final précédé d'une voyelle, comme dans les mots *vie, joie,* qu'on pouvait faire avant lui de deux syllabes. Il a également bien été conseillé de son oreille lorsqu'il a réduit à une syllabe les mots *voient, croient, aient.*

6° Nous ne suivrons pas Malherbe dans tout ce qu'il a dit contre les inversions dures et forcées, les cacophonies, les consonnances de l'hémistiche avec la fin du vers et de la fin d'un vers avec l'hémistiche du précédent ou du suivant, etc., etc... Ces conseils fort judicieux et fort utiles n'ont d'inconvénient qu'autant qu'on les érige en règles générales et obligatoires. Mais ce qu'il écrit contre les *chevilles* ou *bourres* nous paraît tenir à une conception du vers trop mesquine et trop fausse pour ne pas exiger réfutation. Il a l'air de croire, comme l'expression l'indique assez clairement, que le poëte, dès qu'il ne peut assouplir sa pensée aux conditions de la mesure et de la rime, prend hors de cette pensée quelque détail insignifiant dont il bouche et calfate tant bien que mal son vers. Par là le procédé de facture du vers est tout à fait assimilé à celui des arts mécaniques; le poëte, sauf la différence de la matière élaborée, n'est

---

beaucoup de substance en peu d'espace, pource qu'elle sait qu'une des plus belles parties de son triomphe consiste à frapper brusquement un lecteur, et qu'elle ne le peut frapper brusquement sans le frapper brèvement. » (Mademoiselle de Gournay, *loc. cit.*)

qu'un menuisier, un ébéniste plus ou moins habile, qui rabote, tourne et polit. Cette explication simple et nette a fait fortune; tout le monde en France, depuis Malherbe, a compris comment on fabrique le vers, et, de nos jours encore, il est loisible à un chacun de souligner des chevilles dans les *Méditations* ou dans *l'Aveugle* [1]. Pour nous, c'est d'une tout autre manière que nous expliquons les parties faibles et manquées dans les vers des grands et vrais poëtes. Le vers, en effet, selon l'idée que nous en avons, ne se fabrique pas de pièces plus ou moins étroitement adaptées entre elles, mais il s'engendre au sein du génie par une création intime et obscure. Inséparable de la pensée, il naît et croît avec elle ; elle est comme l'esprit vital, qui le façonne par le dedans et l'organise. Or, maintenant, si l'on suppose qu'elle n'agisse pas sur tous les points avec une force suffisante, et que, soit défaillance, soit distraction, soit manque de temps, elle ne pousse pas tous les membres du vers au terme possible de leur développement, il arrivera qu'à côté de parties complètes et achevées s'en trouveront d'autres ébauchées à peine, et encore voilées de leurs membranes. C'est là précisément ce que le critique superficiel nommera des *chevilles,* tout heureux et glorieux d'avoir surpris le poëte dans l'embarras de rimer. Mais cet embarras et cet expédient ne sont réels que pour une certaine classe de poëtes qui, sans être jamais des génies supérieurs, peu-

---

1. Le poëme d'*Homère,* par André Chénier.

vent, il est vrai, ne pas manquer de talent. Ceux-ci ne créent pas, mais fabriquent, et toute leur main-d'œuvre se dépense à l'extérieur. Malherbe est de droit leur chef; véritable Condillac du vers, le premier il a professé la doctrine du *mécanisme* en poésie.

7° On attribue communément à Malherbe l'invention de plusieurs rhythmes lyriques; c'est une erreur : il n'a inventé aucune strophe nouvelle de l'ode, et a emprunté toutes les siennes à Ronsard et aux autres poètes de la Pléiade. Parmi celles qu'il n'a pas daigné consacrer de son adoption, on s'étonne de trouver le rhythme petillant de Belleau : *Avril, l'honneur et des bois,* etc., et le rhythme non moins charmant de Jean de La Taille: *Elle est comme la rose franche,* etc. Ces jolies formes, grâce à l'oubli de Malherbe, ne tardèrent pas à tomber en désuétude. Le sonnet lui-même n'échappa qu'à grand'peine à la réforme. S'irritant contre cette rime entrelacée qui *avec deux sons frappoit huit fois l'oreille,* Malherbe voulait que désormais les deux quatrains ne fussent plus sur les mêmes rimes[1]. Mais Racan et Coulomby, ses disciples, tinrent bon, et, malgré l'exemple du maître, conservèrent au sonnet ses piquantes prérogatives. Un jour que Malherbe lisait des stances de six vers à un autre de ses disciples, au

---

1. On ne trouve pourtant que quatre de ces sonnets irréguliers dans les poésies de Malherbe, ce qui sert encore à prouver que toutes les pièces du poëte n'ont pas été recueillies. (Voir *Entretiens* de Balzac, le xxxiie.)

pur et spirituel Maynard, celui-ci remarqua qu'il serait bon de mettre un repos après le troisième vers ; et de même dans les stances de dix, outre le repos du quatrième, d'en mettre un au septième. Un conseil si juste et si délicat fut à l'instant approuvé de Malherbe, qui s'y conforma depuis, et sans doute en regretta l'honneur.

Mais c'est assez et trop discuter des titres incontestables : le mérite propre, la gloire immortelle de notre poëte, est d'avoir eu le premier en France le sentiment et la théorie du style en poésie ; d'avoir compris que le choix des termes et des pensées est, sinon le principe, du moins la condition de toute véritable éloquence, et que la disposition heureuse des choses et des mots l'emporte le plus souvent sur les mots et les choses mêmes. Ce seul pas était immense. De tous les écrivains français du XVIe siècle, depuis Amyot et ses grâces négligentes, je ne sache que Montaigne et Régnier qui, à proprement parler, aient *fait du style,* et encore était-ce de verve et d'instinct plutôt que sciemment et par principes raisonnés. Malherbe n'avait pas reçu une facilité si heureuse, un génie si rapide, et il n'atteignit les hauteurs de l'art d'écrire qu'après un long et laborieux acheminement. Nous nous en référons encore aux notes marginales de l'exemplaire tant cité. A coup sûr, l'abbé d'Olivet soulignant Racine, l'abbé de Condillac chicanant Boileau, et l'abbé Morellet épluchant *Atala,* n'ont rien trouvé de plus exact, de plus analytique, ni parfois de plus subtil. Seulement ici, vu l'époque, l'excès même du purisme tourne à l'honneur de Malherbe. Jusqu'à lui, les rimeurs étaient d'une fécondité égale à leur caprice. Il offrit avec eux un contraste frappant, dont la plupart se moquèrent, mais dont ils auraient dû plutôt rougir et profiter. On le vit gâter une demi-rame de papier à faire et refaire une seule stance : c'était un de ses dictons favoris, qu'après avoir écrit un poëme de cent vers ou un discours de trois feuilles, il fallait se reposer dix ans. Ses ennemis lui reprochaient d'en mettre six à faire une ode, et il paraît avoir mérité le reproche à la lettre : car, en supposant qu'il n'ait commencé de rimer qu'à vingt ans, on trouve que jusqu'à l'âge de quarante-cinq, c'est-à-dire pendant les vingt-cinq années les plus fécondes de la vie, il n'a composé que trente-trois vers par an, terme moyen[1]. Une fois il lui arriva d'en achever trente-six en un seul jour, et Racan ne manque pas de noter la chose comme un événement. Une autre fois, il entreprit des stances sur la mort de la présidente de Verdun ; mais il y passa trois ans environ, et, lorsqu'il les présenta au mari pour le consoler, celui-ci était remarié en secondes noces : contre-temps fâcheux, qui, selon la remarque

---

1. On est forcé cependant d'admettre qu'un grand nombre de vers composés dans la *première manière* de Malherbe ont été perdus ; sans doute il les aura supprimés lui-même. Il ne voulut jamais publier de son vivant le recueil complet de ses poésies, tant il les jugeait encore imparfaites, et elles n'ont été réunies pour la première fois que deux ans après sa mort.

très-sensée de Ménage, leur ôta beaucoup de leur grâce [1]. En poëte économe, il s'entendait à faire servir les mêmes vers en plusieurs occasions, et il présenta un jour à Richelieu une pièce composée vingt ans auparavant, ce qui ne flatta guère le goût du cardinal. Si tous ces faits ne prouvent pas dans Malherbe une grande fluidité de veine, on aurait bien tort de s'en prévaloir pour le mépriser : car ils prouvent au moins quelle pure idée il avait conçue du style poétique, et avec quelle constance exemplaire il tâchait de la reproduire. Isocrate, en un siècle poli, n'était pas plus esclave de la perfection et n'y sacrifiait pas plus de veilles. Pour la postérité, qui ne voit et ne juge que l'œuvre, tant de dévouement et de labeurs ont porté d'assez beaux fruits. Grâce à quelques

---

1. Vaugelas, qui était en prose de l'école de Malherbe, passa trente ans sur sa traduction de Quinte-Curce, et Voiture le raillait fort sur ce soin excessif, le conjurant de se hâter, de peur que, si la langue venait à changer dans l'intervalle, il ne se vît obligé de tout reprendre :

> *Eutrapelus tonsor dum circuit ora Luperci*
> *Expungitque genas, altera barba subit.*

L'Académie française était un peu plus expéditive que Vaugelas et Malherbe. En l'année 1638, *n'ayant rien à faire,* suivant Pellisson, elle s'occupa d'examiner les stances du poëte *pour le Roi allant en Limousin,* et elle n'y employa guère que trois mois (depuis le 9 avril jusqu'au 6 juillet). Il est vrai qu'elle n'acheva pas l'examen, et laissa les quatre dernières stances, *parce que les vacations survinrent avant la fin du travail.*

pages de Malherbe, la langue, qui, malgré la tentative avortée de Ronsard, était retombée au conte et à la chanson, put atteindre et se soutenir au ton héroïque et grave ; elle fut affranchie surtout de cette imitation servile des langues étrangères dans laquelle se perpétuait son infirmité, et elle commença de marcher d'un pas libre et ferme en ses propres voies. Sans doute il est à regretter que Malherbe n'ait pas fait davantage. La conception chez lui s'efface tout entière devant l'exécution ; il n'aperçoit dans la poésie que du style, il se proclame *arrangeur de syllabes*, et jamais sa voix ne réveille la moindre des pensées les plus intimes et les plus chères à l'âme humaine. Mais, d'autre part, il n'est pas non plus si sec ni si froid qu'on l'a voulu dire. Voyez sa belle ode adressée à Louis XIII partant pour La Rochelle, et composée à l'âge de soixante-douze ans. Mouvement, éclat, élévation, sensibilité même, rien n'y manque : c'est la vieillesse du talent dans toute sa verdeur. On n'y peut reprendre que l'impitoyable conseil donné au monarque de sévir contre ses sujets ; et ceci encore se rattache à une pensée dominante du poëte, pensée honorable et la seule peut-être qui l'ait réellement inspiré dans sa carrière lyrique. A l'exemple d'Horace, qu'il appelait son patron, et dont le livre, disait-il, était son *bréviaire*, Malherbe, jeté au milieu des guerres civiles, en avait contracté une horreur profonde. Rallié de cœur à Henri IV, comme tous les bons citoyens, il sut, dans la plupart des pièces de circonstance, ranimer la louange par les éclats de cette haine généreuse et sincère qu'il portait aux Espagnols et aux factieux [1]. Sa flatterie même eut l'accent de la conviction. Sans le bienfait du calme et du loisir, que serait devenu ce paisible achèvement de la langue, qu'il estimait la grande affaire et en quelque sorte la mission de sa vie ? Hors de l'ode, Malherbe n'a réussi ni dans la chanson ni dans les stances amoureuses, et, s'il n'avait pas fait la *Complainte à Du Perrier,* on aurait droit à lui refuser absolument le mérite de cette grâce touchante dont Boileau et J.-B. Rousseau n'ont guère donné plus de preuves. Au reste, il pouvait se passer mieux qu'eux d'une variété féconde. Grammairien-poëte, sa tâche avant tout était de réparer et de monter, en artiste habile, l'instrument dont Corneille devait tirer des accords sublimes et Racine des accords mélodieux ; il lui suffisait, à lui, d'en obtenir d'avance et par essai quelques sons justes et purs [2].

---

1. Il avait coutume de dire, à propos des nombreux pamphlets politiques du temps, qu'on ne devait point se mêler d'être pilote dans le vaisseau où l'on n'était que passager. Sa correspondance avec Peiresc, que le libraire Blaise a publiée récemment, respire d'un bout à l'autre ces sentiments de fidélité et de *loyauté.*

2. Puisque nous avons cité Balzac là où il s'égaye sur le compte du bonhomme Malherbe, il est équitable de le citer encore là où il lui rend un éclatant et légitime hommage. Voici sa fameuse lettre latine à M. de Silhon :

« De vernaculis nostris versibus in ea sum opinione, Silhoni, qua eminentissimus Valeta, bardos fuisse et gallicos faunos et insanos vates, et quidvis potius quam

Malherbe n'a pas moins tenté pour la prose que pour la poésie. En traduisant le *Traité des Bienfaits,* de Sénèque, et le trente-troisième livre

---

veros et legitimos poetas, qui apud nos poeticen attigere, jam tum cum in Italia floreret; adeo incomposito pede currebant eorum versus, et asperitatem plus quam gothicam redolebant. Venere non ita multo post, qui rudem et inconditum sonum, quantum patiebantur ea tempora, mollivere; homines varia et multiplici lectione, ingenio secundo et alacri indole præditi, sed qui non noverant ac ne suspicabantur quidem quæ esset sincera illa recte scribendi ratio, quique naturæ bonitatem et robustissimas vires promiscua Latinorum Græcorumque imitatione corrumperent. Ille, quem parentum ætas unicum patriæ linguæ instauratorem nuncupavit, hoc morbo præcipue laborabat. In eo sunt aliqua quæ laudes, sed plura longe ad quæ fastidias. Verborum infelicissimus novator, negligens juxta atque audax, et torrentis instar, magnus aliquando, sed luculentus semper fluit. Nefas putabat vir optimus, et securus de judicio posterorum, super ambiguo verbo et suspecta sententia vel minimum deliberare. Ducentos versus ante cibum et totidem cœnatus scripsisse amabat. Barbara et nostra, insolentia et in usu posita discrimine habebat nullo. Neque tamen ignoro poetam non venustissimum invenire etiam nunc amatores, qui sciam Saliorum versus, vix sacerdotibus suis intellectos, adulta republica, nec amplius balbutiente populo romano, fuisse apud quosdam in deliciis. Fuit, Silhoni, Ennianus populus seculo Virgiliano, et posthabuere quidam præsentes opes antiquæ paupertati; sed desinant tandem, imbuti superstitione animi, sacros sola vetustate lucos et sepulta nomina adorare. Si is ipse, de quo agitur, fato aliquo in hoc nostrum ævum delatus foret, procul dubio admonitus melioribus exem-

de Tite-Live, retrouvé alors en Allemagne, il songeait bien moins à la fidélité qu'au style, et voulait proposer un modèle de diction aux écrivains

plis sibi plurima detereret ; et, ut erat facili et tractabili ingenio, in suis non pauca antique nimis, dure pleraque, innumera ignave dicta fateretur.

« Primus Franciscus Malherba, aut imprimis, viam vidit qua iretur ad carmen, atque, hanc inter erroris et inscitiæ caliginem, ad veram lucem respexit primus, superbissimoque aurium judicio satisfecit. Non tulit nostros homines, inventis frugibus, amplius Βαλανηφαγεῖν. Docuit quid esset pure et cum religione scribere. Docuit in vocibus et sententiis delectum eloquentiæ esse originem, atque adeo rerum verborumque collocationem aptam ipsis rebus et verbis potiorem plerumque esse. Non negaverim in quibusdam Philippi Portæi conatum aliquem apparere et primas quasi lineas Malherbianæ artis. Quamvis enim in iis color orationis antiquæ sit, numerus tamen videtur novæ, cultusque inter nostram ac priorem ætatem medius, ut illum possit sibi utraque vindicare. Verum bona non multa, quæ ei aliud forte agenti excidere, obruuntur multitudine deteriorum ; et injuria arti fieret, si eam inter incerta poneremus. Noster semper sibi constans et sui ubique similis, non potuit, quod fecit, id ratione non fecisse. Perspicaci maxime et castigato judicio, plurima in se, in alios nimium pene multa inquirens, finxit et emendavit civium suorum ingenia tam felici successu, ut elegantiorum auctorum turbam, qua nunc Gallia celebratur, una ipsius disciplina Galliæ dederit. Haud alius igitur fuit, si modo non numeres verba, sed æstimes, cui plus debeant litteræ hæ nostræ populares ; cumque summi olim viri in uno tantum summi fuerint, Maronemque genii felicitas in oratione soluta reliquerit et Tullium eloquentia sua

du temps. Il laissa derrière lui, en effet, Pibrac, Du Perron, Du Vair et Coeffeteau. J'excepte toujours Montaigne, homme unique, qui passa, comme un phénomène à part, au milieu de son siècle. Dans cette seconde partie de sa mission littéraire, ce que Malherbe n'acheva point par lui-même, il le poursuivit par ses disciples. C'est lui qui devina Balzac, le forma de ses conseils, et lui enseigna à faire difficilement de la prose, sinon facile, du moins élégante et nombreuse. Depuis ce moment, sorties d'une même origine, et, en quelque sorte, nées d'un même père, notre prose et notre poésie ont contracté de grandes ressemblances, et se sont prêté leurs qualités mutuelles. L'une a pris de la solennité et de la pompe, l'autre de la correction et de la netteté. Elles n'ont plus gardé trace de cette diversité profonde que l'école de Ronsard tendait à établir et qui nous frappe dans la prose et la poésie de plusieurs langues. Certes, il ne fallait pas moins qu'un semblable rapprochement pour que plus tard La Motte pût soutenir sans trop d'invraisemblance la théorie de son *Œdipe,* et pour que Buffon, louant de la poésie, s'écriât : *Cela est beau comme de la belle prose.*

L'on prendrait, au reste, une fort mauvaise

---

destituerit, cum agressus est carmen ; hic et cultissimi poetæ famam peregregie tulit, et in pedestri facundia cum laude quoque versatus est ; quod nobis quidem, infirmitatis nostræ consciis, perdifficile et mirum etiam videtur... etc., etc... »

idée des réformes que Malherbe méditait en ce genre, si l'on n'en jugeait que d'après le style de ses lettres. Excepté la fameuse Consolation à la princesse de Conti sur la mort du chevalier de Guise, déclamation d'apparat à la manière de Sénèque, et que l'évêque Godeau proclamait un chef-d'œuvre, toutes les lettres qu'il a écrites sont d'un négligé et d'un trivial qui passent les bornes de la licence épistolaire. Celles qu'il adresse au savant Peiresc, et qu'on a pour la première fois imprimées en 1822, deviennent curieuses même à force de façon ingrate et de sécheresse. Quand Buffon, après avoir sué tout le jour sur une période, se mettait à table, les manchettes chiffonnées et la frisure rabattue, on rapporte que l'écrivain si grave et si majestueux était dans ses propos d'une platitude à révolter les gens de goût et d'un cynisme à faire sauver les dames. Malherbe lui ressemblait un peu sur ce point, et, s'il a fait des lettres détestables, c'est qu'il ne s'est pas donné la peine de les composer, comme Balzac depuis composa les siennes [1].

Les principaux élèves et *sectateurs* de Malherbe étaient Racan, Maynard, Touvant, Coulomby, Yvande et Du Moutier. Ils se réunissaient chaque soir dans sa petite chambre, où il n'y avait juste

---

1. Les lettres de Malherbe à Peiresc ont d'ailleurs beaucoup de prix comme renseignement historique; elles sont pleines d'observations justes et de bonnes informations. L'historien de Louis XIII, M. Bazin, les a remises en valeur.

que six chaises pour les recevoir, et là, tous ensemble, devisaient familièrement de la langue et de la poésie. Si aucun des élèves ne valut le maître, ils conservèrent du moins ses traditions. Après Racan et Maynard, Godeau, Segrais, Pellisson et quelques autres de l'Académie, s'en montrèrent les meilleurs soutiens, jusqu'à Boileau. Cependant l'école de Ronsard ne céda point sans lutte. Déjà l'on a vu le bon Regnier et ses amis se courroucer contre le purisme de la nouvelle poésie, et ils ne furent point les seuls. En 1623, c'est-à-dire cinq années seulement avant la mort de Malherbe[1], parut sous les auspices de Nicolas Richelet la magnifique édition in-folio de Ronsard. Ce fut comme autour de ce monument sacré que se rallièrent pour une dernière fois les défenseurs du poëte; ils voulaient, ainsi qu'un d'entre eux l'a dit, arracher du tombeau de leur maître cette mauvaise herbe *(mala herba)*[2] qui étouffait son laurier. Claude Garnier, D'Urfé, Des Yveteaux, Hardy, Guillaume Colletet, Porchères, La Mothe-Le-Vayer, figurent au premier rang parmi ces champions de la vieille cause; mais aucun d'eux n'apporta dans la querelle autant d'ardeur et moins de ménage-

---

1. Malherbe mourut en 1628.
2. Richelet, dans son *Tombeau de Sainte-Marthe*, a dit :

*Hoc tamen, hoc unum est sanctis quod manibus optem*
*Aggeribusque tuis, ut vernus semper inumbret*
*Flos tumulum, palmæque illum diadema coronet,*
*Laurusque; et mala te nunquam premat herba sepultum.*

ments que la fille adoptive de Montaigne, la digne et respectable mademoiselle de Gournay. Cette savante demoiselle rendait à la mémoire de Ronsard le même culte de vénération qu'à celle de son père d'alliance, et elle avait en quelque sorte consacré le reste de sa vie au service et à l'entretien de leurs deux autels. Lorsqu'elle vit la critique grammaticale qui n'épargnait pas Montaigne [1]

---

1. Du vivant de Montaigne, Pasquier lui reprochait déjà l'*étrangeté* du style et l'emploi de certains mots, de certaines locutions qui n'étaient pas d'usage dans le beau monde. Au XVIIe siècle, ce fut bien autre chose : Balzac, qui d'ailleurs juge l'auteur des *Essais* avec indulgence, ne peut lui passer le décousu et le peu de liaison dans le discours. Mais il se hâte d'ajouter, en manière d'excuse : « Il vivoit sous le règne des Valois, et de plus il étoit Gascon, » deux raisons assurément suffisantes pour ne pas bien écrire. « Alors en effet, nous dit fort ingénument Balzac, Malherbe n'étoit pas encore venu dégasconner la cour, faire la leçon aux courtisans et aux princes, dire : Cela est bon et cela ne l'est pas ; il ne se parloit ni de Vaugelas ni de l'Académie, et cette compagnie, qui juge souverainement des compositions françoises, étoit encore dans l'idée des choses. » En voilà sans doute plus qu'il n'en faut pour rendre excusable ce pauvre Montaigne. Mais la demoiselle de Gournay ne se payait pas de ces tempéraments : « Dieu sait, dit-elle avec colère en l'un de ses traités, Dieu sait si ce chétif ouvrage des *Essais*, ce sot discoureur et sot parleur, s'il vous plaît, est cancelé de leur main, non-seulement sur l'usage de la langue entière dont ils ne reçoivent que la moitié, comme chacun sait, mais encore sur trois gasconismes ou solécismes, bien que visiblement volon-

s'acharner sur Ronsard, et relever dans ses œuvres les tours inélégants et les mots surannés, elle eut un moment l'idée de retoucher et de polir à sa façon les poésies du *Chantre vendômois*, puis de les donner au public comme un texte nouvellement découvert. On savait en effet que, durant les dernières années de sa vie, Ronsard avait tenté de remanier ses premiers ouvrages. Mais Colletet, qu'elle consulta au sujet de cette fraude pieuse, l'en détourna comme d'un sacrilége. Elle se borna donc à guerroyer pour Ronsard et *les vieux* en chaque occasion, toujours sans succès, souvent avec raison et justice. Nous citerons, de ses divers opuscules trop peu connus, quelques passages non moins remarquables par l'audace des doctrines que par la virilité de l'expression : « O Dieu ! dit-elle en son *Traité des Métaphores*, quelle maladie d'esprit est celle de certains poëtes et censeurs de ce temps, sur le langage et sur la poésie spécialement héroïque, plus émancipée ! Voyez-les éclairer et tonner sur la correction de ces deux matières : est-il rien de plus merveilleux ? Et combien est-il merveilleux encore qu'un des

---

taires et non échappés, sur autant d'autres mots hardis ou vieux, sur quelque petit latinisme, ou quelque terme fort commun au palais, tel que peut être un *ledit*, un *item*, un *iceluy*... Quel supplice n'aimeroient-ils mieux que d'être en la place d'un si inhabile auteur que Montaigne ! » Aux yeux de Mlle de Gournay, la cause de Montaigne et celle de Ronsard n'en faisaient qu'une seule.

points capitaux de leur règle soit l'interdiction absolue des métaphores, hors celles qui courent les rues!... Eclats et censures, s'il vous plaît, non-seulement pour dégrader les Muses de leur majesté superbe, quand ils ne les dégraderoient que du seul droit des métaphores, mais aussi pour les embabouiner de sornettes et pour les parer de bijoux de verre comme épousées de village, au lieu de les orner et les orienter de perles et de diamants, à l'exemple des grandes princesses... Regardons, je vous supplie, si les Arts poétiques d'Aristote, de Quintilien, d'Horace, de Vida, de Scaliger et de plusieurs autres, se fondent, comme celui des gens dont il est question, sur la grammaire, mais encore une grammaire de rebut et de destruction, non de culture, d'accroissement et d'édification... Vous diriez, à voir faire ces messieurs, que c'est ce qu'on retranche du vers, et non pas ce qu'on y met, qui lui donne prix; et, par les degrés de cette conséquence, celui qui n'en feroit point du tout seroit le meilleur poëte... Certes, aimerois-je autant voir jouer de l'épinette sur un ais que d'ouïr ou de parler le langage que la nouvelle bande appelle maintenant pur et poli... Belle chose vraiment pour tant de personnes qui ne savent que les mots, s'ils savent persuader au public qu'en leur distribution gise l'essence et la qualité d'un écrivain!... Que ces correcteurs au reste ne se vantent point d'avoir acquis et de régenter une assez longue suite de partisans. L'ignorance de ce temps et l'amour des nouveautés en sont cause d'une part, et de l'autre

part, ceci, que force gens affectent de faire des
vers, et les entendements communs trouvent cette
nouvelle méthode beaucoup plus à leur portée que
l'ancienne ; celle-là dépendant de cabale et de sollicitude pointilleuse, qui se trouvent où l'on veut,
bien qu'avec quelque peine ; celle-ci, des riches
dons de nature et de l'étude profonde, choses de
rencontre fort rare. Eux et leurs imitateurs ressemblent le renard, qui voyant qu'on lui avoit
coupé la queue, conseilloit à tous ses compagnons
qu'ils s'en fissent faire autant, pour s'embellir,
disoit-il, et se mettre à l'aise. Certes, tu devois,
Ésope, couper encore les dents, après la queue, à
cette fausse bête, qui dresse ainsi de tous côtés
embûches à nos poules. Ils ont vraiment trouvé
la fève au gâteau, d'avoir su faire de leur foi-
blesse une règle, et rencontrer des gens qui les en
crussent. Au surplus, ce qui grossit derechef leur
troupe, c'est que, comme ils ont l'assurance de
condamner pour bifferie tous les poëmes qui
manquent de leurs exceptions, ils concluent, à
l'envers de médaille, ou peu s'en faut, que tous
ceux qui les ont observées sont bons, sans éplu-
cher le reste. Et partant, cette observation étant
en leurs mains, la couronne de poésie s'y trouve
toujours infailliblement aussi ; ce qu'elle ne feroit
pas en la troupe ou mode antique, de laquelle ils
se sont débandés, schismatiques des Muses. Outre
que tout le monde est capable de goûter et de
louer leur poésie familière, suffragante et pré-
caire ; et fort peu de gens le sont d'en faire autant de cette antique poésie, spéculative, haute,

impérieuse, mon second père ajouteroit céleste et divine :

*Igneus est olli vigor et cœlestis origo.*

« ... Est-il rien de plus monstrueux que d'attacher la gloire et le triomphe de la poésie, je ne dis pas encore à l'élocution, qui certes est le grand poids en un poëme (et de laquelle ils ne savent pas connoître ni mesurer l'importance en sa vraie étendue, vu ce qu'ils rejettent et ce qu'ils acceptent en matière de mots ou de phrases), mais l'attacher, dis-je, en la rime, en la polissure, en certaine curiosité de parler à pointe de fourchette, et en la syntaxe toute simple, vulgaire et crue, de leur langage natal... Quoi donc? l'excellence d'un livre consiste en choses que toutes sortes d'esprits peuvent suivre et fuir quand ils voudront! Bienheureuse simplesse, qui peut égaler et devancer la suffisance, quand il lui plaira de se rendre seulement plus esclave qu'elle d'une routine si commune qu'elle traîne par les rues, l'accompagnant sans plus d'un artifice que ces docteurs ici peuvent enseigner à tous en six leçons! Bienheureuse qui peut luire et triompher sans le génie, non lui sans elle! O qu'un poëte doit être fier de son mérite, dans lequel l'abstinence de quelques dictions à fantaisie tient lieu de haute éminence! Que ne sert-on en la faim de ces messieurs, partisans si passionnés de telles visions, une belle nappe blanche, lissée, polie, semée de fleurettes, couverte de beaux vases clairs et luisants, mais pleins au partir de là d'une eau pure et fine à l'envi de l'argent de coupelle, et rien plus? Que nous profite aussi d'être riches en polissure, si nous polissons une crotte de chèvre?... » Dans une sorte de pamphlet apologétique adressé à M^me Des Loges et intitulé *Défense de la Poésie et du Langage des Poëtes*, M^lle de Gournay attaque la question encore plus au vif, s'il est possible : « Je sors, s'écrie-t-elle en son exorde *ab irato*, je sors d'un lieu où j'ai vu jeter au vent les vénérables cendres de Ronsard et des poëtes ses contemporains, autant qu'une impudence d'ignorants le peut faire, brossant en leurs fantaisies, comme le sanglier échauffé dans une forêt... » C'est là qu'il faut l'entendre magnifiquement parler des « œuvres si plantureuses de cette compagnie de Ronsard, œuvres reluisantes d'hypotypose ou peinture, d'invention, de hardiesse, de générosité, et dont la vive, floride et poétique richesse autoriseroient trois fois autant de licences, s'ils les avoient usurpées. Cette troupe, ajoute-t-elle, est plus excusable de telles libertés que n'eussent été les deux prélats (Bertaut et Du Perron), ayant rompu la glace de la langue, défriché le terroir de la poésie françoise, et composé les plus amples volumes de cet art. Oui ; mais, disent ces gens-ci, tous ces poëmes seroient plus parfaits si les manquements que vous excusez n'y étoient point. Je le nie. Le jugement de tels poëtes a voulu montrer qu'il savoit mettre peu de choses à peu de prix. Un danseur est-il moins excellent pour faire une capriole fausse, après trente justes et galantes? Au rebours, il veut montrer que, s'il a bonne grâce à danser, il n'en a pas moins à se jouer quand il lui plaît. Oh! que les écrivains qui possèdent les grandes vertus sont assurés d'avoir de quoi couvrir les petits vices, si vices y a! Vainqueurs et triomphants qu'ils sont des hautes entreprises, daigneroient-ils chercher quelque gloire à montrer qu'ils savent recoudre leurs chausses?... » Ainsi disait M$^{lle}$ de Gournay; mais de si éloquentes lamentations furent généralement mal comprises, et ne servirent qu'à lui donner, parmi les lettrés à la mode, la ridicule réputation d'une sibylle octogénaire, gardienne d'un tombeau. Ce fut donc au milieu des rires et des quolibets qu'elle chanta l'hymne funéraire de cette école expirante, dont quatre-vingts années auparavant, Du Bellay avait entonné l'hymne de départ et de conquête, au milieu de tant d'applaudissements et de tant d'espérances [1]. Il est vrai

---

[1]. Il faut voir les intéressants petits traités recueillis dans le volume intitulé : *les Advis ou les Présents de la Demoiselle de Gournay* (troisième édition, 1641); il se trouve au reste de très-notables changements de texte aux diverses éditions. J'indiquerai, comme particulièrement curieux sur la question qui nous touche, les chapitres *du Langage françois, des Métaphores, des Rimes, des Diminutifs, Défense de la Poésie* (en trois parties), *de la Façon d'écrire de MM. Du Perron et Bertaut*. M$^{lle}$ de Gournay fait de la critique littéraire en style de Saint-Simon. Son volume devrait être, comme correctif, le bréviaire de chaque académicien. C'est le dernier bouquet de la vieille langue. La noble fille proteste par ses imprécations contre l'immense abatis qu'on en fit

que Ronsard conservait encore un bon nombre de partisans : Scudery, Saint-Amant, La Calprenède, Chapelain, Brébeuf, Cyrano de Bergerac, cette postérité de Théophile, n'en parlaient jamais qu'avec honneur et respect. Mais le nom et l'autorité de Malherbe gagnaient de jour en jour, bien qu'en vérité l'on ne s'empressât guère de mettre à profit ses préceptes ni ses exemples. Lui mort, en effet, personne de longtemps n'éleva la voix pour réclamer au nom du sens et du goût; il y avait confusion sans lutte, et la nouvelle littérature, étouffée sous les ruines de l'ancienne, avait peine à s'en dégager. Mlle de Scudéry admirait à la fois Ronsard et Malherbe; Segrais admirait à la fois Malherbe et Mlle de Scudéry [1]. On applaudissait *le Cid,* mais on se pâmait à *l'Amour tyrannique.* Le règne des imitations durait tou-

alors, comme d'une antique forêt sacrée. Un siècle après environ, une nouvelle coupe recommença ; des plaintes analogues, mais bien moins éloquentes, s'essayèrent : l'Académie de Soissons, en 1720, dans un discours adressé à l'Académie française, dont elle était la fille aînée, protestait encore d'une voix affaiblie contre ce dernier et moderne étriquement du style, qui devenait une grâce.

1. Pellisson met sur la même ligne les *grands génies* de Ronsard, Du Bellay, Belleau, Du Perron, Des Portes, Bertaut et Malherbe. Sarrasin, dans la *Pompe funèbre de Voiture,* fait tenir les quatre coins du drap à Ronsard, Des Portes, Bertaut et Malherbe. — L'histoire, le débrouillement de la littérature sous Louis XIII et sous Mazarin, serait un bien joli sujet à étudier de très-près.

jours ; seulement aux Italiens et aux Latins l'hôtel de Rambouillet avait ajouté les Espagnols, et Voiture remettait en vogue, avec les rondeaux gaulois, le style de Marot et de nos vieux romanciers. De tous côtés pourtant on aspirait sourdement à l'original et au nouveau, et quelques esprits aussi impuissants que bizarres, comme Des Marests et autres, s'égaraient en le cherchant. C'est alors que le siècle de Louis XIV se leva sur ce chaos littéraire, le vivifia de ses feux, et l'inonda de ses clartés. A l'instant les dernières ombres s'effacèrent, et suivant l'expression de Pindare, le ciel fut désert d'étoiles. Au milieu de ses contemporains éclipsés, Malherbe brilla d'une gloire plus vive : dans un lointain obscur on continua d'apercevoir l'astre de Clément Marot.

Cependant les littératures voisines avaient mis moins de temps à naître. Nous en étions au premier pas, et déjà l'Italie touchait au terme de la carrière. L'Angleterre avait son Shakspeare ; en Espagne, Cervantes et Lope de Véga florissaient. Différentes et inégales à beaucoup d'égards, ces trois grandes littératures italienne, espagnole et anglaise portaient alors des signes frappants d'une origine commune, et à travers leurs manières plus ou moins polies, leurs parures plus ou moins brillantes, on reconnaissait en elles les filles du moyen âge. Chez nous, on l'a vu, presque aucun trait semblable n'attestait la même descendance. Nation mobile et railleuse, aussi incapable de longue mémoire que d'enthousiasme sérieux, nous n'avions gardé de l'héritage des trouvères que les contes pour rire et le ton malin des fabliaux. Tout en sentant ce qu'avait de maigre et de chétif un pareil fonds poétique, Ronsard s'y était mal pris pour le féconder. Au lieu de rentrer franchement au sein des traditions nationales et de réinstaller notre littérature dans sa portion légitime du patrimoine légué par le moyen âge, il avait imaginé follement d'envahir l'antiquité; son vœu le plus ardent, il le proclamait lui-même, était *de saccager la Pouille et de mettre Thèbes en cendres, y compris la maison de Pindare.*

Mais, par malheur, durant ces longues et ingrates excursions, qui ressemblaient bien moins à des conquêtes qu'à des brigandages, nous laissions échapper derrière nous nos trésors domestiques, et le Tasse relevait la croix sainte de Bouillon, comme l'Arioste avait relevé avant lui l'épée enchantée de Roland. En un mot, la poésie du XVIe siècle eut le sort d'une imprudente échauffourée d'avant-garde ; un instant on surprit la victoire, mais on la perdit presque aussitôt : ce fut un vrai désastre littéraire. Quand Malherbe vint, il trouva beaucoup à détruire et beaucoup à réparer : chez lui la critique raisonnée ne laissa nulle place aux inspirations naïves, et la première leçon qu'il donna à notre muse au berceau consista presque dans ce seul mot : *Abstiens-toi,* dont elle s'est longtemps souvenue. Dès lors il n'y eut plus à espérer pour elle de retour spontané vers ces croyances simples et profondes, mélancoliques ou riantes, si chères à l'enfance des nations modernes ; une éducation régulière et positive lui interdit, en naissant, les ébats et la rêverie ¹. Mais assez d'avantages sont résultés de cette discipline pour qu'on ne sache, après tout, s'il faut s'en réjouir ou s'en plaindre. On vit, chose inouïe jusque-là, une littérature moderne appliquer le goût le plus exquis à ses plus nobles chefs-d'œuvre, la raison prévenir, assister le génie, et comme une mère vigilante, lui enseigner l'élévation et la chasteté des sentiments, la grâce et la mélodie du langage ². On vit l'imitation des

---

1. En appliquant ici un mot spirituel de M. de Stendhal, on peut dire que la naïveté de notre poésie sous Malherbe est celle d'une jeune fille de dix-huit ans sans fortune, qui a déjà manqué trois riches mariages. *Dix-huit* ans toutefois est un peu jeune, j'aimerais mieux vingt-huit.

— Il m'est revenu à l'esprit, ces jours derniers, tout un accès violent de regrets et doléances à la Gournay. Entendant le poëte gascon Jasmin, en possession d'un patois et presque d'une langue qu'il refait si vive, si sémillante, si colorée, hélas ! pensais-je, au XVI<sup>e</sup> siècle, la langue française, la langue d'Amyot et de Montaigne, avait encore pour les vers, aurait eu toutes les richesses, toutes les facilités regrettées, ces mots pittoresques, ces jolis diminutifs, cette brillante et gaie foison. Mais on n'en fit pas un bon, un suffisant usage ; on laissa perdre le trésor à des puérilités ingénieuses, à des riens gracieux : il n'y eut point de monument. Jeunesse se passa. Alors Malherbe vint, et d'une mine sévère, comme à des écoliers qui ont dissipé le temps, il retira le congé. Il fit main basse sur les grâces permises.

2. « Depuis l'établissement de l'Académie françoise, notre langue n'est pas seulement la plus belle et la plus

anciens, devenue originale et créatrice, réfléchir, en l'embellissant encore, la civilisation la plus splendide de notre monarchie, et de cette fusion harmonieuse entre la peinture de l'antiquité et celle de l'âge présent sortir un idéal ravissant et pur, objet de délices et d'enchantement pour toutes les âmes délicates et cultivées [1]. Enfin, si l'on n'eut pas en France la poésie du Dante, de l'Arioste et du Tasse, ni surtout la poésie de Shakspeare, ni celle de Véga et de Calderon, l'on eut Racine, et pour la première fois la perfection de Virgile fut égalée. D'autre part, la source vive de malice et de gaieté d'où longtemps notre littérature avait tiré sa véritable sève, et qui des vieux fabliaux s'était épanchée, trouble et bourbeuse, dans Villon, Rabelais et Regnier, n'avait fait que s'épurer, se clarifier, en quelque sorte, et non point se tarir, en passant par l'école de Malherbe, et tout à côté de Racine on eut Molière, c'est-à-dire la sublimité du rire et de la moquerie, non moins merveilleuse que cette autre sublimité de la grâce et de l'élégance. Aurions-nous, comme Boileau, l'injustice d'oublier La Fontaine, le plus naïf, le plus fin, et, avec Mo-

---

riche de toutes les langues vivantes, elle est encore la plus sage et la plus modeste. » (Ménage.)

1. Voir dans les *Nouveaux Mélanges littéraires* de M. Villemain, le discours éloquent prononcé à l'ouverture du cours de 1824-1825. Le siècle littéraire de Louis XIV y est célébré avec une ingénieuse nouveauté d'éloges.

lière, le plus gaulois de nos poëtes ? Mais, pour achever de comprendre cette grande et belle gloire littéraire de notre patrie et les circonstances qui, en la retardant, l'ont mûrie et préparée, nous n'avons pas tout fait encore, et il nous reste à retracer rapidement l'histoire du théâtre au XVIe siècle.

# HISTOIRE
## DU
# THÉATRE FRANÇAIS
## AU XVIᵉ SIECLE.

ès l'année 1398, plusieurs bourgeois de Paris, maîtres maçons, menuisiers, serruriers, maréchaux-ferrants et autres [1], gens de piété plutôt que de plaisir, avaient imaginé de se réunir régulièrement les jours de fête dans le village de Saint-Maur, près Vincennes, pour y représen-

---

1. Boileau s'est trompé quand il a attribué la fondation de ce premier théâtre à des pèlerins :

*De pèlerins, dit-on, une troupe grossière*
*En public à Paris y monta la première,*
*Et, sottement zélée en sa simplicité,*
*Joua les saints, la Vierge et Dieu par piété.*

Il a confondu les bourgeois de Paris qui formèrent la *Confrérie de la Passion*, avec les religieux, qui faisaient

ter les traits les plus intéressants du Nouveau-Testament, la Conception, la Passion, la Résurrection de Notre-Seigneur, ou les miracles et martyres des saints et saintes les plus connus. Mais le prévôt de Paris, informé de cette nouveauté, y avait mis opposition. Il s'en était suivi un procès, et, après quatre ans d'instances, en 1402, les bourgeois avaient obtenu du roi Charles VI, moins difficile que ses officiers, des lettres patentes qui érigeaient leur société en confrérie de la Passion et lui concédaient le privilége exclusif de jouer à Paris Dieu, la Vierge et les saints. Ils s'installèrent donc dans l'hôpital de la Trinité, situé vers la porte Saint-Denis, et là ouvrirent le premier théâtre régulier qu'on eût vu jusqu'alors en France, ou du moins à Paris. Sans doute il y avait depuis longtemps des spectacles plus ou moins analogues aux mystères, et qui même n'en différaient pas essentiellement. Les entrées solennelles des princes étaient marquées par des jeux allégoriques, par des scènes composées moitié en tableau, moitié en action, et d'ordinaire empruntées aux Écritures. Les pèlerins qui reve-

---

de merveilleux récits, et quelquefois des simulacres de représentations sur les places publiques, à leur retour de la Terre-Sainte. Au reste, on se trompe presque inévitablement en ces matières selon la date où l'on écrit; car les recherches et trouvailles qui se font chaque jour déplacent incessamment le point de départ; ce sont là de ces terrains qui sont encore en train de changer sous le pied tandis qu'on y marche.

naient de la Palestine, le bourdon à la main et le chapeau orné de pétoncles, donnaient probablement à leurs complaintes et à leurs récits la forme naturelle d'un petit drame, pour émouvoir plus de pitié et recueillir plus d'aumônes dans les lieux où ils passaient. La célébration des fêtes de l'*Ane*, des *Fous*, des *Innocents*, avait habitué le bas peuple des églises à porter sans scrupule dans les saints lieux et au milieu des plus vénérables objets de son culte tout autre chose que du recueillement et des prières. Même avant les croisades, des essais de drames pieux introduits et acclimatés dans les églises intéressaient à la fois les laïques et les clercs [1]. Dans les colléges à de grands jours, au sein des abbayes lors des funérailles des abbés ou abbesses, des espèces d'églogues sacrées se jouaient en latin et offraient comme un dernier anneau classique. Enfin les foires, les marchés, et particulièrement les réunions brillantes qui avaient lieu dans les couvents vers la saison des vendanges, étaient d'autres occasions qui provoquaient des essais de spectacles tout populaires. Les bons moines, pour mieux assurer la vente de leurs vins, ne manquaient pas d'attirer et d'attendrir les acheteurs par quelque représentation religieuse [2]. Quoi qu'il en soit de

---

[1]. Voir *Journal des Savants*, juin 1836, article de M. Raynouard.

[2]. Il dut aussi arriver en France ce que Warton rapporte de l'Angleterre. Les abbayes voisines des châteaux procuraient souvent aux seigneurs châtelains des récréa-

ces origines assez obscures et lointaines[1], que depuis quelque temps d'estimables travailleurs s'oc-

---

tions pieuses en retour de l'hospitalité splendide qu'ils exerçaient envers les moines. Les registres du prieuré de Maxtoke, près Coventry, année 1430, marquent que les enfants de chœur du monastère jouèrent une pièce, le jour de la Purification, dans la grande salle du château voisin, appartenant à lord Clinton ; et il est expressément noté que le cellerier de mylord ne reçut d'eux aucun argent pour les rafraîchissements qu'il leur distribua, parce que, durant cette année, les jongleurs et musiciens de Sa Seigneurie avaient été fort souvent eux-mêmes hébergés gratis au réfectoire du couvent.

1. Voltaire a mis en avant sur l'origine des mystères et moralités pieuses une opinion particulière qu'il donne comme incontestable avec sa décision trop ordinaire : « L'art des Sophocle n'existait point, dit-il (chapitre LXXXII de l'*Essai sur les Mœurs*). On ne connut d'abord en Italie que des représentations naïves de quelques histoires de l'Ancien et du Nouveau Testament, et c'est de là que la coutume de jouer les mystères passa en France. Ces spectacles étaient originaires de Constantinople. Le poëte saint Grégoire de Naziance les avait introduits pour les opposer aux ouvrages dramatiques des anciens Grecs et des anciens Romains ; et comme les chœurs des tragédies grecques étaient des hymnes religieuses, et leur théâtre une chose sacrée, Grégoire de Naziance et ses successeurs firent des tragédies saintes, etc. » Grégoire de Naziance composa, il est vrai, plusieurs pièces de cette sorte, desquelles nous est resté le *Christus patiens*, que du moins on lui attribue. Mais ces pièces étaient modelées sur Euripide, et elles ne ressemblent pas plus aux mystères que les tragédies latines *classiques* composées plus tard par Buchanan, Muret, Heinsius.

cupent en tous sens à débrouiller et à reculer, il demeure certain, jusqu'à nouvel ordre, que notre premier théâtre à la fois permanent et régulier ne s'ouvrit à Paris qu'en 1402; là seulement commence l'histoire de l'art, si encore le mot d'art est applicable à de pareils essais.

Et l'on voit que sur ce point d'abord je suis empressé de restreindre, autant que je le puis, la limite remontante et rétrospective de mon sujet; c'est au XVI° siècle surtout que je vise. Les mystères y finissent, et, en général, tout l'ancien train dramatique s'y interrompt et s'y transforme. A quelle époque précise ce système avait-il commencé? Dans quelles conditions s'était-il lentement et grossièrement formé? La seule méthode légitime pour résoudre une semblable question consiste à rassembler le plus qu'on peut de matériaux de toutes sortes, tirés de diverses provinces, et même de diverses nations, cette vieille forme dramatique étant commune et solidaire à presque toute l'Europe occidentale du moyen âge. En attendant les résultats de cette vaste enquête, de cet inventaire très-poudreux, et sans prétendre porter atteinte à une question antérieure et, en quelque sorte, réservée, je me tiens à un seul fait le plus en vue, et qui a servi jusqu'ici de *point de repère* pour s'orienter à l'horizon. Il en est un peu de ce théâtre de la Trinité de 1402 comme du *Roman de la Rose* : ni l'un ni l'autre ne sont en leur genre un vrai point de départ, quoiqu'on l'ait cru longtemps. Ce serait plutôt, dans les deux cas, le commencement de la fin; et les confrères ou acteurs de pièces saintes n'eurent besoin d'une autorisation si régulière que parce que déjà ils étaient contestés. Qu'importe! l'accident est essentiel sur cette pente déclinante du moyen âge où j'ai d'abord à mettre le pied, et, faute de mieux, avec tous mes devanciers, je m'y attache [1].

Quand les choses sont près de finir, elles ont souvent une dernière saison toute florissante; c'est leur automne et leur vendange, c'est le bouquet. Il paraît bien que tel fut le xv$^e$ siècle pour les mystères. De toutes parts alors ils foisonnent et s'épanouissent comme l'architecture même des églises auxquelles ils sont liés. Ils semblent vouloir profiter des derniers soleils et se grouper sous chaque clocher avec une émulation, un luxe, et dans des dimensions qu'ils n'avaient certes jamais déployés encore. Cette émulation paraît s'être

---

1. Lorsque j'ai commencé ce travail (en 1827), j'avais pour devanciers et pour guides les frères Parfait, Beauchamps, La Vallière, en ce qui était documents et recherches; en fait d'appréciations et d'idées, je n'avais guère que Fontenelle et Suard. Je profitais aussi de l'excellent Warton. Mais, depuis une dizaine d'années, tout ce canton de la littérature a changé de face, grâce à de jeunes et actifs défricheurs; MM. Francisque Michel, Achille Jubinal, Chabaille, et d'autres encore, ont remué et publié force pièces nouvelles. M. Magnin, dans son cours sur les *Origines du Théâtre moderne,* a ouvert des vues. C'est sur lui et sur sa docte promesse qu'on aime à compter, lorsque le moment sera venu de mettre le sceau et la loi dans toutes ces veines d'investigations un peu confuses. Il y a une heure, en histoire littéraire aussi, où il faut dire : *Claudite jam rivos, pueri!*

étendue, vers le même temps, aux autres genres dramatiques collatéraux.

D'après l'esprit de leur fondation, les Confrères ne jouèrent d'abord que de saints mystères. L'hôtel de la Trinité n'était, en quelque sorte, qu'une succursale des paroisses de Paris, et, les jours de spectacle, on avançait dans les églises l'heure des vêpres pour permettre aux fidèles, et sans doute aussi au clergé, de se rendre à temps au théâtre. Cependant on ne s'en tint pas à ces plaisirs sérieux qui faisaient suite aux offices et étaient recommandés au prône comme de bonnes œuvres[1]. Les Confrères, pour accroître encore la vogue dont ils jouissaient, ne tardèrent pas à joindre aux tragédies d'église quelques farces plus capables d'égayer

---

1. On aurait tort de ne voir dans ces paroles strictement exactes que des plaisanteries assurément fort déplacées. Je ne sais plus quel pape accorda *mille* jours d'indulgence à tous ceux qui assisteraient convenablement aux pièces saintes représentées à Chester durant la semaine de la Pentecôte. L'évêque du diocèse ajouta en son nom une indulgence secondaire de quarante jours ; et le pape, dans la même bulle, fulminait condamnation contre les incorrigibles pécheurs qui troubleraient et interrompraient la célébration de ces pieux mystères. (Warton, *Histoire de la poésie anglaise*, section XXVII, tome III, page 44.) — Si j'avais à définir le genre par une image, je dirais : Un mystère, dans ce bon temps primitif, joué quelquefois devant l'église même, était comme une dépendance et, à la lettre, une mise en action de la façade, un complément historié et mouvant du portail ou de la rosace. Coloriés, sculptés, ou sur le tréteau, c'étaient les mêmes *personnages*.

l'assemblée. Comme leurs scrupules religieux, et peut-être déjà un certain-amour-propre d'acteur, ne leur permettaient pas de jouer dans ces petites pièces, ils prièrent la troupe des *Enfants sans souci* de les remplacer, et ceux-ci embrassèrent avec plaisir cette occasion de se produire sur un théâtre aussi respectable.

Tandis, en effet, qu'une pensée toute sérieuse et pieuse avait donné naissance à la confrérie de la Passion, d'autres confréries s'étaient formées dans des vues plus profanes et plus badines. Sous le titre d'*Enfants sans souci*, des jeunes gens de famille, spirituels et dissipés, avaient conçu l'idée peu édifiante de tirer parti pour leur amusement des défauts et ridicules du genre humain. Comme s'ils avaient su que *les sots depuis Adam sont en majorité*, ils désignaient la pauvre humanité du nom de *Sottise ;* et, comme s'ils n'avaient pas moins su qu'on la gouverne souvent en s'en moquant, ils s'arrogeaient sur elle une sorte de puissance et de principauté ingénieuse : leur chef s'appelait *Prince de la Sottise* ou *des Sots*. Ils obtinrent aisément de Charles VI la permission de représenter leurs *sotties* sur des échafauds en place publique (à la Halle), car le privilége exclusif des Confrères de la Passion ne s'étendait qu'aux mystères. D'un autre côté, les clercs de procureurs, formant, sous le nom de *Bazoche*, un petit royaume de Cocagne avec sa juridiction, sa hiérarchie, ses coutumes et ses fêtes [1], prirent l'habi-

---

1. On peut voir dans l'*Histoire du Théâtre français* par

tude de jouer, à certains jours solennels, des *moralités* et des *farces* dont la raillerie et la satire faisaient d'ordinaire le fond[1]. Les *moralités*, pourtant, avaient quelquefois une intention plus relevée, et il semblerait alors que les auteurs n'eussent adopté ce genre allégorique que pour ne pas em-

---

les frères Parfait (tome II, page 71) l'origine et la constitution de la Bazoche. Le roi de la Bazoche avait son chancelier, ses maîtres de requêtes, son procureur général, etc. Warton (*Histoire de la Poésie anglaise*, section XXXIV, t. III, page 230) rapporte de curieux détails sur les associations semblables que les étudiants en droit d'Angleterre formèrent pour jouer la comédie. Le savant historien cite les représentations qui eurent lieu en 1635, durant les fêtes de Noël, dans la grande salle (*hall*) de Middle-Temple. Le *Prince of the Temple* y était assisté de son *lord Keeper*, de son *lord Treasurer*. Il avait huit huissiers à verge blanche, un capitaine des gardes et deux chapelains.

1. Il ne faudrait pas croire au reste que ces mots désignassent des genres bien déterminés. Thomas Sebilet, en son *Art poétique*, distingue deux sortes de moralités : l'une qui représente, dit-il, la tragédie grecque et latine, l'autre qui n'est qu'une leçon allégorique. Cette dernière espèce était la plus commune, et je ne me fais guère même d'idée de la première. On trouve dans les écrits de la reine de Navarre la *farce* de *Trop, prou, peu et moins*, qui n'est, à vrai dire, qu'une *moralité*, et des *comédies de la Nativité de Jésus-Christ*, de *l'Adoration des trois Rois*, qui ne sont autre chose que des *mystères*, et qui pourraient même s'appeler *tragédies* aussi justement que *le Sacrifice d'Abraham*, par Théodore de Bèze. Le *mystère* de *Bien-Avisé et Mal-Avisé* n'est évidemment qu'une *moralité*.

piéter sur le privilége des Confrères. Mais c'est avec les *Enfants sans souci* que les *Baʒochiens* avaient le plus de rapports, et pouvaient avoir le plus de démêlés. Ils prévinrent tout sujet de querelle en négociant avec eux de puissance à puissance, de royaume à principauté. Le *Roi de la Baʒoche* permit au *Prince des Sots* de faire jouer des farces; le *Prince des Sots* permit au *Roi de la Baʒoche* de faire représenter des sotties, et la paix resta sur les tréteaux durant les sanglants débats des Bourguignons et des Armagnacs.

Cependant, dès le milieu du xv$^e$ siècle, les farces, les sotties, les moralités, n'échappèrent pas à des querelles et à des périls d'une autre nature, auxquels on serait tenté d'assigner une date plus récente, si l'on ne savait que le pouvoir est de tout temps à peu près le même, et que ceux qui l'exercent ont d'ordinaire, sinon la même science, du moins les mêmes instincts. Un des premiers actes du parlement, après la restauration de Charles VII, fut une défense aux *Baʒochiens* de rien jouer qu'avec une autorisation expresse. Mais, à voir les arrêts nombreux et parfois contradictoires qui se succèdent, on conclut aisément que les dispositions en furent sans cesse enfreintes ou éludées. D'abord les punitions infligées aux acteurs purent passer pour légères; quelques jours de prison, au pain et à l'eau, faisaient justice de leurs espiègleries. Sous Louis XI, les prohibitions devinrent plus sévères et les peines plus graves : ce tyran, qui avait si peur d'entendre redire à ses oreilles le nom de *Péronne,* fit menacer par son parlement de la confiscation, des verges et du bannissement, tous clercs, tant du Palais que du Châtelet, qui joueraient des farces et sotties; il y avait peine de radiation du Palais contre ceux même *qui demanderaient la permission d'en jouer.* Le silence forcé de la Bazoche ne fut levé que par le bon roi Louis XII, car il aimait la vérité; et, comme dit un vieil auteur (Guillaume Bouchet en sa XIIIe *Serée*), pour qu'elle arrivât jusqu'à lui, « il permit les théâtres libres, et voulut que sur iceux on jouât librement les abus qui se commettoient tant en sa cour comme en tout son royaume; pensant par là apprendre et savoir beaucoup de choses, lesquelles autrement il lui étoit impossible d'entendre. » Il rendit aux Bazochiens les priviléges accoutumés, et, par une insigne faveur, leur permit de fixer leur théâtre, jusque-là ambulant, sur la grande table de marbre qui existait alors dans la grande salle du Palais[1]. Un jour que les courtisans se plaignaient devant lui d'un trait lancé dans une sottie contre ses réformes économiques : « Laissons-les faire, dit ce bon prince; j'aime mieux les voir rire de mon économie que pleurer de mes profusions. » — « Je leur donne toute liberté, disait-il encore, pourvu qu'ils respectent l'honneur des dames; » et même il ne paraît guère qu'on ait été fort rigoureux sur ce dernier point. Le parlement, devenu paternel sous un monarque père du peuple, accorda souvent à ses clercs des gratifications pour subvenir aux frais de leurs *montres et jeux.*

---

1. Elle fut détruite dans l'incendie de 1618.

C'est sous de si favorables auspices que nos auteurs et acteurs satiriques et comiques virent commencer le xvɪe siècle.

Dans le même temps, les mystères avaient joui de destinées moins variées et moins orageuses. Farcis de détails ignobles, de scènes ordurières, de plaisanteries obscènes et quelquefois hardies, ils avaient dû à leur caractère sacré une faveur éclatante, une protection universelle. A Metz, à Lyon, à Rouen, à Bourges, à Poitiers, à Saumur, à Grenoble, dans toutes les villes un peu considérables du royaume, s'étaient formées des confréries d'écoliers et d'artisans qui rivalisaient de zèle et de talent avec la troupe de Paris. Bien souvent c'était en plein air, sur les places publiques[1], à la face de toute une population rassemblée, qu'ils dressaient leurs nombreux échafauds et qu'ils exécutaient leurs drames interminables, durant plusieurs jours consécutifs[2], du matin au soir, avec un vaste appareil de machines et une inconcevable somptuosité de décorations, de tapisseries et de peintures[3]. La nouveauté, la

---

1. Le mystère de *l'Incarnation et Nativité de Notre-Seigneur-Jésus-Christ* fut représenté *moult triomphantement* sur la place du Neuf-Marché de Rouen, aux fêtes de Noël de l'année 1474.

2. Le mystère des *Actes des Apôtres*, joué à Bourges en 1536, dans l'ancien amphithéâtre des Arènes, dura quarante jours.

3. On lit dans la vingt-huitième *Serée* de Guillaume Bouchet : « Quelqu'un de la compagnie (il y a un autre mot que je ne transcris pas) nous va conter qu'il avoit

bigarrure de cet entourage et de cette *montre*, on le conçoit, devenait aisément le principal, et le texte de la pièce elle-même, le *registre* comme on l'appelait, ne faisait souvent que fonction de *libretto*. La plupart des costumes étaient empruntés à la sacristie, et, surtout lorsqu'il s'agissait de jouer *Dieu le Père*, nulle chappe et nulle étole ne paraissaient assez magnifiques dans la garde-robe épiscopale. Aux divers instants de *pause*, ou pendant les scènes de paradis, les chantres, les enfants de chœur et les assistants entonnaient les hymnes et psaumes indiqués, et, si la pièce se représentait dans la cathédrale, les grandes orgues, par leur accompagnement, faisaient l'effet de l'harmonie céleste. Les psaumes et les proses de l'église étaient à la lettre les *opéras* de ces temps-là, a très-bien dit le père Ménestrier [1]. Le nombre des auteurs de mystères augmentait chaque jour : c'étaient fréquemment des prêtres, et l'on cite parmi eux

---

vu jouer *la Passion* à Saumur, où il y a encore quelque reste de théâtre ancien, et qu'entre autres choses fort singulières qu'il avait remarquées en ces jeux, c'étoit que le paradis étoit si beau à cause de l'excellence de la peinture, que celui qui l'avoit fait, se vantant de son ouvrage, disoit à tous ceux qui admiroient ce paradis : « Voilà bien le plus beau paradis que vous vîtes jamais, ne que vous verrez. » On attachait beaucoup d'importance à cette partie du spectacle, et dans *le Viel Testament*, quand Dieu crée le ciel, il est dit en notes : « Adonques se doit tirer un ciel de couleur de feu, auquel sera écrit *Cœlum empyreum*. »

1. *Des Représentations en musique anciennes et modernes*, p. 154.

des évêques [1]. Ces prêtres ne rougissaient même pas de prendre rang entre les acteurs et de remplir au besoin quelque rôle important et grave, tel, par exemple, que le rôle d'une des trois personnes de la Sainte Trinité. Il est vrai que, la ferveur des premiers temps un peu passée, les mystères s'éloignèrent par degrés de l'esprit de leur origine, et tendirent de plus en plus à se confondre avec les autres amusements profanes. Mêlés aux sotties et aux farces, ils durent partager la défaveur dont le clergé poursuivait ces bouffonneries moqueuses, et l'on conçoit sans peine que le sacristain *Tappecoue*[2] ait refusé une chappe du couvent à la *diablerie* de Saint-Maixent, dirigée par François Villon. Les lumières, d'ailleurs, qui croissaient rapidement, éveillaient déjà l'attention sur les ridicules et les périls attachés à ce travestissement des Écritures. Toutefois, malgré ces causes inévitables d'une pro-

---

[1]. Nous nommerons quelques-uns de ces auteurs, dont la plupart sont restés inconnus : Arnould et Simon Greban frères, l'un chanoine du Mans, l'autre moine de Saint-Richer et docteur en théologie, tous deux auteurs des *Actes des Apôtres* ; Jacques Milet, auteur de *la Destruction de Troie la grant;* deux Jean Michel, l'un docteur en médecine, l'autre évêque d'Angers, qu'on a tour à tour confondus ou opposés, et qui prirent part, à ce qu'on croit communément, aux mystères de *la Passion*, de *la Résurrection*. Tous ces auteurs appartiennent au xve siècle. Louis Chocquet, qui composa le mystère de *l'Apocalypse*, est du xvie.

[2]. Voir Rabelais, livre IV, chapitre xiii, et Guillaume Bouchet, *Serée* vingt-neuvième.

chaine décadence, les mystères, jusqu'au temps de
Louis XII, n'avaient rien perdu de leur immense
succès populaire. Avant d'en venir aux anathèmes
des prédicateurs et aux réquisitoires des procureurs
généraux qui les frappèrent sous le règne suivant,
il importe de donner ici une notion générale et
précise de ces singulières compositions.

On peut diviser les mystères en trois classes,
d'après la nature des sujets qu'ils traitent, plutôt
que d'après la manière dont ces sujets y sont traités : 1° les mystères qui traduisent *par personaiges* les diverses parties de l'Ancien et du
Nouveau Testament, les histoires de Josèphe et
d'Hégésippe, et dont l'ensemble forme, en quelque
sorte, une épopée dramatique continue depuis le
jour de la Création jusqu'à la ruine de Jérusalem,
ou même jusqu'au Jugement dernier ; 2° ceux qui
montrent en scène, isolément, les légendes et miracles des saints et saintes, sainte Barbe, saint
Christophe, saint Martin [1], etc., etc. ; 3° ceux qui
roulent sur des événements tout profanes, l'*Histoire de Troie la grant*, le mystère de *Griséli-
dis*, etc , etc. A part ces différences, qui ne sont
que dans le choix des sujets, la forme nous semble
partout la même. Étranger à toute idée de plan

---

[1]. Un des plus curieux documents qui concernent les
mystères est assurément un procès-verbal publié par
M. Jubinal (préface en tête des *Mystères inédits du
XVe siècle*, page XLIII), et relatant les circonstances d'une
représentation de *la Vie de Monseigneur Saint-Martin*,
qui eut lieu à Seurre en Bourgogne, octobre 1496.

et de composition [1], l'auteur, quel qu'il soit, suit d'ordinaire son texte, histoire ou légende, livre par livre, chapitre par chapitre, amplifiant outre mesure les plus minces détails, et s'abandonnant, chemin faisant, aux distractions les plus puériles. Il continue de la sorte jusqu'à ce que la terre lui manque et que le livre entier soit *ystorié par personaiges*. Le plus souvent il ne s'inquiète pas de la division en journées : le mystère est livré tout d'une pièce aux acteurs, qui en jouent le plus qu'ils peuvent chaque jour, et poursuivent, sans désemparer, jusqu'à extinction. D'après cette première expérience, les divisions s'établissent pour l'avenir ; et peu importe, en effet, où tombent les coupures, puisqu'il n'y a pas d'action à interrompre. En général, la scène se passe tour à tour dans trois régions principales, le paradis, la terre et

---

[1]. Du moins comme nous l'entendons ; car, pour eux, ils avaient de certaines règles ou s'efforçaient d'en avoir, comme l'attestent de plates stances tirées des traités et *jardins* de rhétorique du temps, sous cette rubrique *Pro misteriis compilandis* :

> *Pour faire croniques notables,*
> *Ou hystoires, ou beaulx mistères,*
> *Qui soient aux gens délictables,*
> *Après que l'on a des matières*
> *Vrayes translacions entières*
> *Selon les faiz, sans rime ou prose,*
> *L'on doit par ornées manières*
> *En brief traicter une grant chose...*

On voit de reste ce qu'un tel début d'*Art poétique* promet.

l'enfer ; et de plus, sur la terre, on voyage fréquemment d'une maison, d'une ville, d'une contrée à une autre, de Troie à Corinthe, de Rome à Jérusalem [1]. Ici, l'art des acteurs et du décorateur aidait merveilleusement aux conceptions du poëte. Le paradis, représenté par l'échafaud le plus élevé, était fait *en manière de trône*. Dieu le père y siégeait sur une chaise d'or, entouré de la Paix, de la Miséricorde, de la Justice, de la Vérité et des neuf chœurs d'anges rangés en ordre par étages. L'enfer apparaissait à la partie inférieure du théâtre, sous la forme d'une grande gueule de dragon qui s'ouvrait selon que les diables voulaient entrer ou sortir. Ainsi, lorsque Jésus descendait pour en briser les portes (mystère de *la Résurrection*), on voyait les diables accourir en foule à l'entrée, en *mettant coulevrines, arbalètes et canons par manière de défense* [2]. Le pur-

---

[1]. M. Paulin Paris, dans son cours au Collége de France, s'est attaché à réfuter les frères Parfait et ceux qui les ont suivis sur la théorie de la mise en scène et de la construction de l'ancien théâtre. Il prouve très-bien qu'il n'y a pas eu *six* étages et plus, autant d'étages que de lieux et de maisons différentes (ce que, pour mon compte, je ne me suis jamais figuré ainsi) ; mais il admet lui-même au moins trois plans séparés et trois étages distincts pour l'enfer, la terre et le paradis. (Voir *Journal général de l'Instruction publique*, 30 mai 1855.)

[2]. De toutes ces belles machines, on le conçoit, il s'ensuivait, une fois ou l'autre, maint mémorable accident. Ainsi, à la représentation du mystère de *saint Martin* à Seurre, dès le début, au moment où Satan sortait

gatoire, quand on avait besoin d'un purgatoire, était placé au-dessus de l'enfer et construit *en manière de chartre;* et, un peu plus haut encore, une grosse tour carrée *à jour* laissait apercevoir les âmes des justes qui soupiraient dans les limbes. La terre, située au rez-de-chaussée, entre l'enfer et le ciel, contenait un grand nombre d'échafauds figurant diverses maisons, villes et contrées, avec des écriteaux, de peur de méprise. Une telle précaution devenait surtout indispensable quand les échafauds, faute d'espace, étaient entassés les uns sur les autres, ce qui arrivait souvent à l'hôtel de la Trinité. Dans *la Destruction de Troye la grande,* Anténor, chargé de redemander aux Grecs Éxione (*Hésione*), sœur de Priam, que Télamon retient captive, s'embarque au port de la ville, et aborde successivement à *Manise*, cité de *Pelleus*, à *Salamine, cité de Télamon*, à *Thaye, cité de Castor et Pollux,* en *Pille*, où règne *Nestor*, etc., etc.; tous lieux qui sont représentés sur le théâtre par des écha-

---

de ce trou infernal, le feu prit à son habit et à ses chausses (je parle plus honnêtement que le procès-verbal); ce Satan tout en feu et trop au naturel faillit tout compromettre; mais sa présence d'esprit répara tout. A Metz, dans les représentations de *la Passion* qui eurent lieu en la plaine de Veximiel (juillet 1437), le curé qui faisait Jésus crucifié allait tout de bon expirer en croix, si on ne s'était hâté de l'en descendre; et un autre prêtre qui faisait Judas se pendit si bien qu'on eut également à le faire revenir. C'étaient là les anecdotes de *coulisses* du vieux siècle.

fauds séparés. Durant ces trajets divers, il y a *pause de ménestriers*. Cette pause est quelquefois éludée avec une sorte d'art. Dans le mystère de *l'Apocalypse*, par exemple, les agents de Domitien s'embarquent à Rome pour Ephèse, où saint Jean prêche le peuple, et, *pendant qu'ils passeront, parlera l'Enfer*, c'est-à-dire Lucifer, Astaroth, Satan, Burgibus, que l'approche d'une persécution met en gaieté. Dès qu'ils ont pris l'apôtre, *les tirans* se rembarquent avec lui pour Rome : *Ici entrent en la nef; et pendant leur navigation parlera Paradis*, c'est-à-dire Marie, Jésus et Dieu le Père. Nonobstant ces petits artifices, il y avait, de temps à autre, des pauses très-courtes, dans l'intervalle desquelles on voyageait grand train à travers l'espace et la durée. Après une pause qui suit le meurtre d'Abel (*Vieil Testament*), Adam reprend en ces termes :

> *Or' y a-t'-il cent ans contables*
> *Que Caïn me destitua*
> *De toutes joyes délictables,*
> *Quand mon chier fils Abel tua.*

Cent ans, comme on le voit, se sont écoulés en quelques minutes. Les acteurs n'abandonnaient jamais la scène avant d'avoir entièrement achevé leur rôle, et, en attendant leur tour de parler, ils s'asseyaient sur des gradins de côté, en vue des spectateurs. Pourtant, comme les personnages vieillissaient assez vite, dès que l'âge exigé par le rôle ne s'accordait plus avec le leur, ils étaient relevés par d'autres. Dans le mystère de *la Con-*

*ception et Nativité de la glorieuse Marie*, sainte Anne, sa mère, accouche d'elle sur un lit placé au fond du théâtre; bientôt elle se lève pour allaiter son enfant, et, la chose faite, il est dit en note : *Ici, sainte Anne se recouche, et sont tirées les custodes; puis, peu de temps après, s'en ira secrètement vers Joachim, et sera Marie en l'âge de trois ans, avec eux.* La petite Marie, récitant déjà fort couramment son catéchisme, est mise au couvent sous la direction du bon prêtre Ruben. On la voit qui prie dans son oratoire *et, quand elle y a été un demy quart d'heure, elle se absente et fait fin jusques à ce que l'autre Marie de treize ans s'aparesse.* Ailleurs, lorsque son fils a déjà une douzaine d'années, et qu'elle doit être elle-même une femme d'un certain âge, on lit ces mots : *Ici commence la grant Notre Dame.*

Sous le point de vue littéraire et dramatique, ce qui caractérise essentiellement les mystères, c'est la *vulgarité* la plus basse, la trivialité la plus minutieuse. Un seul soin a préoccupé les auteurs : ils n'ont visé qu'à retracer dans les hommes et les choses d'autrefois les scènes de la vie commune qu'ils avaient sous les yeux ; pour eux tout l'art se réduisait à cette copie, ou plutôt à ce *fac simile* fidèle. S'ils nous montrent une populace, on la reconnaît à première vue pour celle des Halles ou de la Cité. Tout tribunal est à l'instar du Châtelet ou du Parlement. Les bourreaux de Néron et de Domitien, *Daru, Pesart, Torneau, Mollestin*, semblent pris sur la place du Palais-de-Justice ou à Montfaucon ; *Flagel, Sorbin*, patrons de bateaux à Rome ou à Troie, sous les règnes de Néron ou de Priam, sont des bateliers du Port-au-Vin ; et *Casse-Tuileau, Pille-Mortier, Gaste-Bois*, maçons et manœuvres que Nemrod fait travailler à la tour de Babel, ont l'air de loger rue de la Mortellerie. Dans le mystère de *l'Apocalypse*, composé au xvie siècle par Louis Chocquet, et où l'on passe alternativement, jusqu'à quatorze fois, des persécutions de Domitien à Rome aux visions de saint Jean à Pathmos, l'une des persécutions du tyran est dirigée contre un certain Hermogène, auteur d'un certain livre. Domitien s'imagine que ce livre contient des passages et des portraits injurieux à sa personne[1]. Il fait donc mander Hermogène avec le libraire et l'enlumineur, et ces trois pauvres diables sont l'un après l'autre mis à mort par Torneau et Pesart, bourreaux de l'empereur. Le libraire et l'enlumineur surtout, qu'on crucifie, ont des figures d'honnêtes chrétiens, et ils me font l'effet des *frères les Angeliers*, de Me *Antoine Vérard*, ou de tout autre libraire *demourant à Paris sur le pont Notre-Dame, à l'image de Saint-Jean l'évangéliste, ou au premier pilier du Palais, devant la chapelle où on chante la messe de Messeigneurs les Présidents*. La pièce de Chocquet se jouait

---

[1]. Ce point au reste est strictement historique, et on lit dans le *Domitien* de Suétone : « Item (occidit) Hermogenem Tarsensem propter quasdam in historia figuras, *librariis etiam, qui eam descripserant, cruci fixis.* » (Chap. x.)

pour la première fois en 1541 ; et en 1546 le malheureux Étienne Dolet, imprimeur, était pendu et brûlé comme hérétique en place Maubert par les bourreaux du persécuteur François I[er][1]. On comprend quel genre d'intérêt, de charme et d'émotion, des spectacles d'une vérité si présente devaient avoir pour un public d'ailleurs ignorant et peu délicat. Ce qu'il admirait surtout, c'était la conformité parfaite du langage et du jeu théâtral avec la réalité de tous les jours. Ces bons bour-

---

[1]. En appelant François Ier *persécuteur,* titre que tant de cruautés exercées en son nom ne lui ont que trop mérité, nous sommes loin pourtant de partager à tous égards la sévérité excessive avec laquelle on le traite depuis quelques années (voir surtout Rœderer, le grand adversaire, dans son ouvrage intitulé *Louis XII et François Ier*, tome II). Nous ne lui contesterons pas son amour éclairé des arts et l'influence heureuse qu'il exerça sur son époque. Il accueillit et combla de faveurs Jean Lascaris, Léonard de Vinci, Benvenuto Cellini, Alamanni, et beaucoup d'autres réfugiés grecs et italiens. Il fonda le Collège de France, la bibliothèque de Fontainebleau et l'Imprimerie royale. Un jour, étant allé voir Robert Estienne, on lui dit que celui-ci était occupé à corriger une épreuve : le prince attendit pour parler à l'imprimeur que l'épreuve fût corrigée. M. de Stendhal, dans son *Histoire de la Peinture en Italie,* a spirituellement vengé François Ier de la mauvaise humeur philosophique et puritaine qui lui a tenu trop peu de compte de ses qualités aimables. Octave avant d'être Auguste et le grand-duc Côme de Médicis n'ont pas moins persécuté que lui, ce qui ne les a pas empêchés de protéger et de servir les arts et les lettres. Le plus fâcheux pour François Ier, c'est qu'il a mal fini.

geois ne se lassaient pas de voir et d'entendre une
si naturelle imitation de leurs habitudes domestiques et de leurs tracasseries de ménage[1]. Tous
les éloges contemporains portent sur cette exacte
ressemblance. C'est qu'en effet les âmes communes
et sans culture, étrangères aux intimes et profondes
jouissances de l'art, prennent aisément le change,
et se payent volontiers de ces plaisirs à bas prix.
Qu'on me passe un exemple trivial, puisqu'il
s'agit de trivialité. Dans nos expositions de tableaux, devant lesquels une bonne et digne ména-
gère s'arrête-t-elle de préférence? N'est-ce pas
devant un intérieur de cuisine, à contempler la
perfection infinie des carottes et des choux, et
l'assiette fêlée ou ébréchée, et la table de bois aux
pieds égaux, non le clair-obscur, non le style et
l'art plus ou moins flamand, mais le matériel même
de la chose ? Et voilà précisément ce qui touchait
le plus les spectateurs des mystères, avec cette
différence que le public d'alors était plus facile à
contenter que la cuisinière d'aujourd'hui.

---

1. Dans le mystère des *Actes des Apôtres* (premier
livre), quand on amène saint Pierre et saint Jean devant Anne le prince de la loi, celui-ci les reconnaît et
dit :

> *Je les ay veuz très-bonnes gens*
> *Loyaux et de bonne fasson*
> *Et m'ont apporté du poisson*
> *Cent fois à vendre en mon hostel.*

Cela encore devait sembler beau, au moins dans le
quartier de la poissonnerie.

Il faut aussi compter pour beaucoup la nature religieuse de la plupart des sujets et la satisfaction ingénument dévote qu'éprouvait l'auditoire en écoutant deviser au long et en touchant, pour ainsi dire, au doigt et à l'œil, les personnages les plus sacrés et les plus chers à ses croyances. Quant aux beautés dramatiques, qui pourraient en grande partie expliquer l'impression produite par les mystères, nous avouerons que, dans tout ce qui nous a passé sous les yeux, nous n'en avons découvert *aucune* de quelque genre que ce fût[1]. Seulement, comme l'arrangeur ou metteur en *ryme* travaille sur des ouvrages semés de touchants récits, il emprunte souvent avec les faits quelque chose de l'intérêt qui s'y attache. L'histoire d'Isaac et celle de Joseph devaient toujours intéresser et

---

1. Ceci soit dit des mystères connus à la date où j'écrivais d'abord, et sans préjudice des publications ultérieures dans lesquelles on signale, me dit-on, toutes sortes de beautés. Je renvoie très-volontiers, par exemple, aux *Études* de M. Onésime Le Roy *sur les Mystères* (1837), ouvrage utile et qui le serait plus agréablement, si l'auteur ne s'était pas donné tant de peine pour admirer. On y trouve de curieuses particularités sur les représentations de mystères dans la Flandre et le Hainaut, où elles eurent plus de vogue et de persistance qu'en aucune province. — (Voir, dans cet ouvrage, la première note du chapitre intitulé : *De l'esprit de malice au bon vieux temps*, sur une publication de M. Louis Paris, et un article de M. Paulin Paris, *Journal général de l'Instruction publique* du 13 juin 1855 ; lire et citer la partie qui me regarde : la discuter.) [Note manuscrite de l'un des deux exemplaires préparés pour la réimpression.]

arracher des larmes. De plus, comme il copie avec un soin particulier et jusque dans les moindres circonstances la nature vulgaire, il lui arrive nécessairement de prendre les contrastes et les accidents heureux qu'elle présente de loin en loin ; mais il les prend à l'aveugle et sans les dégager ; il laisse à l'état brut cette matière première des beautés de l'art, et semble en ignorer complétement la valeur et l'usage. Nous en trouvons un exemple dans le mystère de *l'Apocalypse*, dont il a été parlé plus haut. Au commencement de la pièce, les sénateurs romains sont assemblés pour élire un successeur à Titus ; leur choix tombe sur Domitien : ils l'installent aussitôt et le courtisent déjà avec une adulation servile. Polipison, Parthemius, Patroclus, excitent sa colère contre les chrétiens, et lui arrachent un édit de persécution. Longinus, en loyal et féal sujet, dit :

*Un chacun de nous doit complaire
A ce que voudrez commender;*

et il se charge d'aller arrêter saint Jean, qui prêche dans Éphèse. Mais, vers la fin de la pièce, Domitien est tué par des conspirateurs ; les sénateurs s'assemblent de nouveau et choisissent Nerva. Alors les mêmes Polipison, Parthemius, Patroclus, qui conseillaient à Domitien des cruautés parce qu'ils le savaient cruel, parlent à Nerva de clémence parce qu'ils le savent clément. Longinus est le premier à se plaindre de Domitien, *qui a persécuté très-inhumainement le commun peuple*, et à proposer le rappel de Jean, exilé à Pathmos.

Ses principes d'ailleurs n'ont changé qu'en apparence, et ce qu'il a dit à Domitien, il le répète à Nerva :

> *Tout ce que voudrez proposer*
> *S'accomplira par vos soumis.*

Il n'est pas jusqu'à Torneau et Pesart, bourreaux familiers de Domitien, qui ne décorent avec grande allégresse la salle du prétoire pour le couronnement du nouvel empereur, à condition toutefois qu'on *les payera*. Sans doute cette scène de versatilité politique est profonde à force d'être naïve ; mais certainement l'auditoire ne la remarquait pas, et très-probablement le bon dramaturge qui l'a écrite ne songeait point à malice ; il ne se souvenait plus lui-même du langage différent qu'il avait autrefois prêté aux mêmes hommes, et sa mémoire n'était guère plus longue que celle de Polipison et de Longinus. Dans un autre mystère, *la Vengeance et Destruction de Jérusalem*, l'armée de Titus prend la ville d'assaut ; *Rouge-Museau, Esdenté, Grappart, Trenchart*, soldats romains, se jettent au milieu de l'embrasement et des ruines pour ravir les filles et les femmes juives, et le théâtre est souillé de désordres encore plus atroces qu'obscènes. Plusieurs jeunes filles, dont l'une n'a que dix ans, deviennent la proie du vainqueur à la vue de leurs parents captifs ; l'un de ces forcenés met la main sur Delbora, femme de Savary ; Savary, quoique présent, ne peut la défendre, et s'écrie en sanglotant :

« *O grans et divers accidens !*
« *Hélas ! m'amie Delbora,*
« *Las ! seras-tu comme Flora*
« *Violée cy en ma présence !*
« *Trop me seroit grant patience*
« *De soustenir douleur si forte.* »

« *J'aimerois plus cher estre morte,* » lui répond Delbora, et *nota qu'elle se tue d'un couteau*. Parmi ces dégoûtantes horreurs, peut-on soupçonner que l'auteur ait mis une intention *morale* à faire poignarder l'épouse, tandis qu'il a laissé flétrir les vierges ? Quoi qu'il en soit, à part quelques autres *beautés* du même ordre, on en chercherait vainement dans les mystères.

Tous les critiques qui ont parlé de ce genre de composition, depuis Antoine Du Verdier jusqu'à M. Suard, se sont particulièrement attachés aux passages équivoques ou risibles dans lesquels l'imperturbable simplicité de nos ancêtres n'apercevait rien que de naturel et de sérieux. Bayle, avec un étonnement d'érudit qui joue la naïveté et couvre la malice[1], assure qu'il se trouve dans

---

1. Article *Chocquet* du Dictionnaire. — Ces plaisanteries de Bayle ont fort piqué les érudits spéciaux et les collecteurs en pareille matière, à commencer par les frères Parfait. On lui a reproché l'inexactitude de quelques citations, comme si, plus exactes, elles n'eussent pas été aussi burlesques. J'ai peine à croire, pour mon compte, que la fin du jeu, la conclusion de toutes ces fouilles prolongées à l'endroit des mystères ne donne pas raison à Bayle, Fontenelle, Suard, et aux gens d'es-

*les Actes des Apôtres des scènes bien étranges et bien surprenantes*; et il cite l'endroit où l'on a *supposé bassement* que les apôtres, réunis pour nommer un successeur à Judas, et indécis entre Mathias et Joseph-le-Juste dit Barsabas, s'avisent de les faire tirer entre eux au doigt mouillé ou à la plus courte paille. Jacques-le-Majeur approuve fort l'expédient :

> *Vraiement c'est très-bien devisé,*
> *Et faisons pour estre plus seurs*
> *Comme nos bons prédécesseurs*
> *Au viel Testament le faisoient.*
> *Quant de deux choses ils doubtoient,*
> *Et qu'ils n'avoient couleur aucune*
> *De prendre l'autre plus que l'une,*
> *Leur volunté estoit submise*
> *A Dieu, par sa grace requise,*
> *Jetant le sort où qu'il allast,*
> *Affin que Dieu en disposast*
> *Ainsi que bon lui sembleroit;*
> *Et qui par ce poinct en feroit,*
> *Je croy qu'il n'y auroit que bien.*

On prend donc deux fétus, l'un avec un signe, l'autre tout uni, et l'on tire. Mathias tombe sur le fétu marqué du signe, et il est proclamé apôtre.

---

prit, qui, dès le début, se sont permis de sourire. Décidément, chez nous, le genre *hiératique*, pour parler avec M. Magnin, a pu avoir son Jean Michel, mais il n'a eu à aucun degré son Eschyle.

On pourrait multiplier sans fin les citations de
cette force, et, si nous en ajoutons encore deux
ou trois, c'est qu'elles nous aideront à expliquer
plus tard la violente proscription des mystères en
1548. Dans la pièce, déjà citée, de *la Conception et
Nativité de la glorieuse Marie*, Ruben, prêtre du
temple, en attendant la venue des paroissiens,
conte au public le secret du métier sacerdotal en
ces termes :

> *Si (je) n'estoye bien en langage,*
> *Le temple ne vauldroit pas tant*
> *Qu'il vault aujourd'hui; et pourtant*
> *Il faut qu'il y ait prestres sages*
> *Qui pourchassent leurs avantages :*
> *Car les gens sont de dures testes,*
> *Et, si ce n'est au jour des festes,*
> *A peine viennent en ce temple.*
> *Par quoi force est que je contemple*
> *A faire valoir ce saint lieu,*
> *Édifié au nom de Dieu.*
> *Supposé que je aie acquet*
> *Et que j'y fasse mon pacquet,*
> *Chascun vit de ce qu'il sçait faire,*
> *Dont requis est et nécessaire*
> *De blasonner aucunes fois.*

Ces aveux sans conséquence n'empêchent pas
Ruben d'être un excellent israélite, et de jouer
jusqu'au bout un rôle honorable. Mais, après
Luther et Calvin, sa vieille franchise ressemblait
fort à une mauvaise plaisanterie, et sa bonne foi

surannée devenait coupable d'arrière-pensée hérétique. Théodore de Bèze n'eût pas prêté un autre langage à tout moine vendeur de reliques et d'indulgences. Dans le même mystère, lorsque Marie et Joseph sont mariés ensemble, ils se trouvent fort embarrassés vis-à-vis l'un de l'autre : car ils ont, chacun en particulier, fait vœu de virginité, et ne savent comment se l'avouer. Marie dit à Dieu :

> *Sire, tu cognois bien mon cas,*
> *Et qu'ay virginité vouée ;*
> *Or, sais tu que suis mariée,*
> *Et qu'on se met en mariage*
> *Pour accroistre l'humain lignage :*
> *Ce que jamais je ne feroye,*
> *Car plus cher mourir aimeroye*
> *Que de perdre mon p.......*

Ils finissent pourtant par une confidence réciproque, et s'entendent pour vivre en réclusion et chasteté. Sur ces entrefaites, l'Ange apparaît, la conception s'opère et Marie va faire visite à Élisabeth. A son retour, Joseph s'aperçoit pour la première fois du miracle, et comme il n'est pas encore dans le secret de Dieu, il laisse échapper, d'un air mortifié, ces paroles bien excusables :

> *Je n'avoye point aperçu*
> *Un grand cas que je voy en vous.*
> *Comment, Marie, mon cœur doux,*
> *Votre ventre est fort engrossy!*

> *Je ne puis entendre cecy.*
> *Vous monstrez-vous ainsi par feinte,*
> *Ou si de fait estes enceincte?*

Marie proteste qu'elle a gardé son vœu de virginité. Joseph lui répond :

> *Hélas! vostre ventre me livre,*
> *Marie, à croire le contraire.*
> *Il est saison de nous retraire.*
> *Allez-vous en coucher, Marie :*
> *J'ay espoir que demain vous die*
> *Tout ce qui sur le cueur me gist.*

Mais, durant la nuit, l'Ange vient lui conter tout le mystère, et, dès le matin, le bon époux s'empresse de faire réparation d'honneur à sa femme. L'innocence de semblables ingénuités ne dut tenir qu'à grand'peine contre les parodies des libertins, qui déjà n'étaient pas si rares du temps de Villon et de Faifeu, et elle acheva d'être compromise par les hardiesses des réformateurs et les plaisanteries d'Erasme sur les vierges-mères [1]. Moins scabreuse

---

1. On a eu depuis lors un notable exemple de ce genre mi-parti de naïveté et de malignité dans les fameux *Noëls* bourguignons de La Monnoye, où ces mêmes scènes de Nativité sont retournées en cent façons quelque peu goguenardes : aussi la Sorbonne s'en mêla. En voici un couplet, traduit mot à mot, sur le thème de tout à l'heure :

> *N'étant que fiancée*
> *Déjà remuoit l'Enfant*

en des sujets profanes, la naïveté des auteurs de mystères est quelquefois aussi piquante. Priam (*Destruction de Troye la grande*) a rassemblé ses fils ; il leur raconte le meurtre de leur grand'père Laomédon, l'enlèvement de leur tante Hésione, et les exhorte à délivrer celle-ci de l'esclavage où la retient Télamon. Mais Hector, qui est prudent autant que brave, conseille de garder la paix avec les Grecs en leur laissant Hésione, et il appuie son opinion de raisonnements à coup sûr fort *surprenants* et fort *étranges* (pour parler comme Bayle) dans la bouche d'un neveu et d'un héros :

> *Je dis qu'Exionne n'est pas*
> *Pour le présent de si grand prix,*
> *Qu'il nous faille pour un tel cas,*
> *Pour elle, mettre en tels périls.*
> *Elle a cinquante ans accomplis,*
> *Et est près de son finement ;*
> *Pourquoi nous serions bien repris*

> *Dans ses flancs ;*
> *Joseph eut la poussée,*
> *Et se grattant le front,*
> *Adonc*
> *Vouloit tirer de long.*

Ces Noëls, du spirituel *Gui Barôzai*, figurent à mes yeux une espèce de débris *lyrique* des vieux mystères ; mais ils ne sont si fins que parce qu'ils ont été faits après coup (voir dans la seconde partie de ce volume la petite dissertation sur *l'Esprit de Malice au bon vieux Temps*).

*D'avoir pour elle tel torment.*
*Si elle fust jeune pucelle,*
*Et qu'on la peust remarier,*
*Bien fusse d'accord que pour elle*
*Nous allissions tous guerroyer :*
*Mais il n'est nul qui pour loyer*
*La voulsist avoir, tant fust grant.*
*Si est meilleur de l'oblier*
*Que de morir en combattant.*

Cette même naïveté est répandue sur les nombreuses bévues historiques, chronologiques et géographiques, dont fourmillent les mystères. On n'y remarque, en général, aucune prétention savante, aucun effort pédantesque. Si Hérode invoque Mahomet en ses blasphèmes, c'est toujours de la meilleure foi du monde. « Jésus-Christ, sachant l'hébreu, paraît à chacun aussi admirable en science qu'en sainteté ; si bien que, dans un endroit, Satan lui-même déclare qu'il est impossible de le tenter, *tant il scet d'hébrieu et latin.* Pilate, ailleurs, s'étonne beaucoup de ce qu'un soldat romain lui cite un passage latin [1]. » Il est arrivé pourtant à l'un de ces pieux dramaturges, qui avait lu les églogues de Virgile, d'en faire parade dans *la Nativité de la Vierge.* A la nouvelle qu'Anne est enceinte, deux bergers de Joachim se promettent grandes réjouissances :

MELCHY.
*Les pastourelles chanteront.*

---

1. Suard, *Histoire du Théâtre français.*

ACHIN.

*Pastoureaulx jetteront œillades.*

MELCHY.

*Les nymphes les escouteront,*
*Et les driades danseront*
*Avec les gentes oréades.*

ACHIN.

*Pan viendra faire les gambades ;*
*Revenant des Champs-Élysées,*
*Orphéus fera ses sonnades ;*
*Lors Mercure dira ballades*
*Et chansons bien auctorisées* [1].

Mais ces distractions classiques sont rares et courtes chez les auteurs de mystères. A leurs yeux, les rites grecs ou romains disparaissent devant les cérémonies de paroisse et les coutumes de Bourges, de Poitiers ou de Limoges. Ce sera tout le contraire dans l'école érudite de Jodelle et de Garnier, ainsi que nous le verrons plus tard.

---

1. On a là l'idée et l'avant-goût de la strophe en cinq vers chère à Lamartine et pratiquée par Ronsard. Ce n'est pourtant qu'une ébauche et un faux-semblant ; car, si l'on regarde de près et dans l'original, on verra qu'il y a complication, enchevêtrement, selon l'usage de cette versification du xv<sup>e</sup> siècle, et que la rime double d'une stance devient la rime triple de la stance suivante : il en résulte dans le rhythme un caractère tout différent. Ceci se peut ajouter à une remarque que nous avons faite précédemment à propos de la pièce d'*Avril* de Belleau.

Quoique François Ier, en montant sur le trône, eût confirmé leurs privilèges, les Confrères purent binntôt s'apercevoir, aux réclamations, de plus en plus fréquentes, lancées contre eux du haut des chaires, et surtout au sein du parlement, que leur crédit s'ébranlait, et que la faveur populaire ni même l'autorisation royale ne suffiraient pour le soutenir. Dépossédés, vers 1539, de l'hôpital de la Trinité[1], qui fut rendu à son ancienne destination, ils passèrent à l'hôtel de Flandres[2] et y jouirent de leurs derniers triomphes. *Les Actes des Apôtres*, représentés durant l'hiver de 1540-1541, avec une pompe tant soit peu calculée et affectée, attirèrent une foule immense et rappelèrent les plus beaux jours du théâtre au xve siècle. Il est évident que la Confrérie, menacée dans ses privilèges, cherchait à montrer bonne contenance et à répondre aux mauvais bruits par des succès d'éclat. On s'en convaincra, ce me semble, par la lecture de la pièce suivante, qui déjà serait assez curieuse, quand elle ne nous apprendrait que cette singulière façon de recruter les acteurs à son de trompe.

---

1. Grande rue Saint-Denis.
2. Vers la rue Coquillière.

*Le cry et proclamation publicque pour jouer le mystère des Actes des Apostres, en la ville de Paris ; faict le jeudi seizième jour de décembre, l'an 1540, par le commandement du Roy nostre Sire, François premier de ce nom, et Monsieur le Prevost de Paris, affin de venir prendre les rooles pour jouer ledict mystére.*

« Le jour dessusdict : environ huict heures du matin, fut faicte l'assemblée, en l'hostel de Flandres, lieu estably pour jouer ledict mystère, assavoir tant des maistres entrepreneurs dudict mystère que gens de justice, plebeyens et aultres gens ayans charge de la conduicte d'icelui ; rhetoriciens et aultres gens de longue robe et de courte.

« Et premièrement marchoyent six trompettes ayant baverolles[1] à leurs tubes et buccines, armoyez des armes du Roy nostre Sire. Entre lesquelles estoit pour conduicte la trompette ordinaire de la ville : accompaignez du crieur-juré, estably à faire les crys de justice en ladicte ville : tous bien montez selon leur estat.

« Après marchoit ung grand nombre de sergens et archers du Prevost de Paris, vestuz de leurs hocquetons paillez d'argent, aux livrées et armes tant du Roy que dudict Seigneur Prevost, pour donner ordre et conduicte, et empescher l'oppression du peuple, et lesdictz archers bien montez comme au cas est requis.

« Puis après marchoyent ung grand nombre

---

1. *Banerolles*

d'officiers et sergens de la ville, tant du nombre de la marchandise que du parloir aux bourgeois, vestuz de leurs robbes my-parties de couleurs de ladicte ville, avec leurs enseignes, qui sont les navires d'argent : iceulx tous bien montez comme dessus.

« En après marchoyent deux hommes establiz pour faire ladicte proclamation, vestuz de sayes de velours noir, portans manches perdues de satin de troys couleurs, assavoir jaulne, gris et bleu, qui sont les livrées desdictz entrepreneurs : et bien montez sur bons chevaulx.

« Après marchoyent les deux directeurs dudict mystère, rhetoriciens, assavoir ung homme ecclesiastique, et l'autre lay, vestuz honnestement et bien montez selon leur estat.

« Item, alloyent après les quatre entrepreneurs (*Hamelin, Potrain, Louvet, Chollet*) dudit mystère, vestuz de chamarres de taffetas armoysi, et pourpoinctz de velours, le tout noir ; bien montez, et leurs chevaulx garniz de housses.

« Item, après ce train marchoyent quatre commissaires examinateurs[1] au Chastelet de Paris, montez sur mulles garnies de housses, pour accompaigner lesdictz entrepreneurs.

« En semblable ordre marchoyent ung grand nombre des bourgeois, marchans et aultres gens de la ville, tant de longue robbe que de courte :

---

1. Ces commissaires *examinateurs* n'étaient-ils pas les censeurs dramatiques chargés à l'avance d'examiner les pièces ?

tous bien montez selon leur estat et capacité.

« Et fault noter qu'en chascun carrefour, où se faisoit ladicte publication, deux desdictz entrepreneurs se joignoient avec les deux establyz ci-devant nommez, et après le son desdictz six trompettes sonné par troys fois, et l'exhortation de la trompette ordinaire de la ville, faicte de par le Roy nostredict Seigneur et Monsieur le Prevost de Paris, feirent lesdictz quatre dessus nommez ladicte proclamation en la forme et manière qui s'ensuyt :

*Le cry et proclamation de l'entreprinse dudict mystère des Actes des Apôtres, adressant aux citoyens de ladicte ville de Paris.*

*Pour ne tumber en damnable decours,*
*En nos jours cours, aux bibliens discours*
*Avoir recours, le temps nous admoneste :*
*Pendant que Paix estant notre secours,*
*Nous dict, je cours ès royaulmes, ès cours.*
*En plaisant cours, faisons qu'elle s'arreste ;*
*La saison preste a souvent chaulve teste,*
*Et, pour ce honneste œuvre de catholicques,*
*On faict sçavoir à son et crys publicques,*
*Que dans Paris ung mystère s'appreste,*
*Representant Actes apostolicques.*

*Nostre bon Roi, que Dieu garde puissant,*
*Bien le consent, au faict impartissant*
*Pouvoir recent de son auctorité,*
*Dont chacun doibt vouloir que florisssant*
*Son noble sang des fleurs de lys yssant*
*Soit, et croissant en sa félicité :*

*Venez, Cité, Ville, Université,*
*Tout est cité ; venez, gens heroïcques,*
*Graves censeurs, magistrats, politicques.*
*Exercez vous au jeu de vérité,*
*Representant Actes apostolicques.*

*L'on y semond poëtes, orateurs,*
*Vrays precepteurs, d'eloquence amateurs,*
*Pour directeurs de si saincte entreprinse ;*
*Mercuriens, et aussi chroniqueurs,*
*Riches rimeurs, des barbares vaincqueurs,*
*Et des erreurs de langue mal apprinse.*
*L'heure est precise, où se tiendra l'assise,*
*Là sera prise au rapport des tragicques*
*L'election des plus experts scenicques*
*En geste et voix au teatre requise,*
*Representans Actes apostolicques.*

*Vouloir n'avons en ce commencement*
*D'esbatement, fors prendre enseignement*
*Et jugement sur chascun personnage,*
*Pour les roolletz bailler entièrement,*
*Et veoir comment l'on jouera proprement ;*
*Si fault coment, ou teste davantage* [1] :

---

1. *Si fault coment, ou teste davantage ;* cet endroit des plus amphigouriques a été transcrit de diverses manières ; on a essayé de *reste* au lieu de *teste* ; j'ai suivi la leçon de l'exemplaire unique sur lequel on a dû copier. Voici un sens que je proposerais : « Nous n'avons voulu en ce commencement, pour tout ébat, que prendre renseignement et jugement sur chaque personnage, afin de distribuer tous les rôles et de voir comment l'on jouera exactement. Là se borne notre com-

*Mys ce partage à vostre conseil sage,*
*Doibt tout courage, hors les cueurs paganicques,*
*Lutheriens, esprits diabolicques,*
*Auctoriser ce mystère et image,*
*Representant Actes apostolicques.*

*Prince puissant, sans toy toute rencontre*
*Est mal encontre, et nostre œuvre imparfaict:*
*Nous te prions, que par grâce se monstre*
*Le jeu, la monstre, et tout le reste faict;*
*Puis le meffaict de noz chemins oblicques*
*Pardonnez-nous, après ce jeu parfaict,*
*Representant Actes apostolicques* [1].

« Et pour l'assignation du jour et du lieu estably à venir prendre roolles dudict mystère, fut signifié à tous, de soy trouver le jour et feste Sainct-Etienne, première ferie de Noël ensuivant, en la salle de la Passion, lieu accoustumé à faire les recordz et repetitions des mystères jouëz en la-

---

mentaire et notre texte (en d'autres termes, voilà tout ce que nous voulons aujourd'hui, ni plus ni moins). Ce partage remis à votre sage conseil, tout esprit doit autoriser ce mystère, etc. » *Fault* dans le sens de *deficit*. — Ou bien encore, en ponctuant différemment : « ...afin de... voir comment l'on jouera exactement, et s'il faut plus de texte ou de commentaire (c'est-à-dire, s'il faut expliquer les rôles plus au long)? »

1. Cette ballade, presque inintelligible, est un exemple des difficultés bizarres et puériles que s'étaient créées dans la versification les Molinet, les Crétin et les Meschinot.

dicte ville de Paris, lequel lieu bien tendu de riche tapisserie, sieges et bancs, pour recepvoir toutes personnes honnestes, et de vertueuses qualitez, assistèrent grand nombre de bourgeois et marchans, et aultres gens, tant clercs que lays, en la présence des commissaires, et gens de justice establiz et députez pour ouïr les voix de chascun personnage, et iceulx retenir, compter, selon la valeur de leur bien faict en tel cas requis ; qui fut une reception honneste ; et depuis lesdictes journées se continuent, et continueront chascun jour audict lieu, jusqu'à la perfection dudict mistère. »

Malgré un si brillant début, les représentations ne s'achevèrent pas sans tracasseries. Dès cette année 1541, le parlement rendit un arrêt qui intimait défense aux maîtres et entrepreneurs du mystère des *Actes des Apôtres* d'ouvrir leur théâtre à certains jours de fêtes solennelles, et même le jeudi de certaines semaines. Vers le commencement de décembre, comme les Confrères se disposaient à monter et à jouer, pour l'année 1542, le mystère du *Vieil Testament*, avec la permission du roi et du prévôt de Paris, le procureur général s'y opposa par une violente invective dont nous citerons quelques traits. Il s'élève amèrement contre « ces gens non lettrez ni entenduz en telles affaires, de condition infame[1], comme un menuisier, un sergent à verge, un tapisier, un vendeur de poisson, qui ont fait jouer *les Actes des Apostres*, et qui ajoutant, pour les allonger, plusieurs

---

1. *Infime*

choses apocryphes, et entremettant à la fin ou au commencement du jeu farces lascives et momeries, ont fait durer leur jeu l'espace de six à sept mois ; d'où sont advenues et adviennent cessation de service divin, refroidissement de charitez et d'aumônes, adultères et fornications infinies, scandales, dérisions et mocqueries. » Selon le respectable magistrat, « tant que lesdicts jeux ont duré, le commun peuple dès huit à neuf heures du matin, ès jours de festes, délaissoit sa messe paroissiale, sermon et vespres, pour aller ès dictz jeux garder sa place, et y estre jusqu'à cinq heures du soir : ont cessé les prédications, car n'eussent eu les prédicateurs qui les eussent escoutez. Et retournant desdicts jeux se mocquoyent hautement et publicquement par les rues desdictz jeux des joueurs, contrefaisant quelque langage impropre qu'ils avoyent ouï desdictz jeux ou autre chose mal faite, criant par dérision que *le Sainct-Esprit n'avoit point voulu descendre*, et autres mocqueries. Et le plus souvent les prestres des paroisses, pour avoir leur passe-temps d'aller ès dictz jeux, ont délaissé dire vespres les jours de festes, ou les ont dictes tout seuls dès l'heure de midy, heure non accoustumée ; et mesme les chantres ou chapelains de la saincte chapelle de ce palais, tant que lesdictz jeux ont duré, ont dict vespres les jours de feste à l'heure de midy, et encore les disoyent en poste et à la légère pour aller ès dictz jeux[1]. » Rien toutefois

---

1. Il ne paraît pas que le procureur général ait exagéré les faits. Voici une anecdote qu'on lit dans les Contes de

n'était propre à justifier ce prodigieux empressement : « Car, disait-il, tant les entrepreneurs que les joueurs sont gens ignares, artisans mécaniques, ne sachant ni A ni B, qui oncques ne furent instruicts ni exercez en théâtres et lieux publics à faire tels actes, et davantage n'ont langue diserte, ni langage propre, ni les accens de prononciation décente, ni aulcune intelligence de ce qu'ils dient ; tellement que le plus souvent advient que d'un mot ils en font trois ; font point ou pause au mi-

---

Bonaventure Des Periers ; les héros sont maître Jean du Pontalais, célèbre entrepreneur de mystères sous Louis XII, et le curé de Saint-Eustache :

« C'étoit un monsieur le curé, lequel un jour de bonne feste estoit monté en chaire pour sermonner, là où il estoit fort empesché à ne dire guères bien, car quand il se trouvoit hors propos (qui estoit assez souvent), il faisoit les plus belles digressions du monde. Et que pensez-vous, disoit-il, que ce soit de moy ? On en trouve peu qui soyent dignes de monter en chaire, car encore qu'ils soyent savants, si n'ont-ils pas la manière de prescher ; mais à moy, Dieu m'a fait la grace d'avoir tous les deux ; et si sçay de toutes sciences ce qu'il en est. Et en portant le doigt au front, il disoit : Mon amy, si tu veux de la grammaire, il y en a icy dedans ; si tu veux de la rhétorique, il y en a icy dedans ; si tu veux de la philosophie, je n'en crains docteur qui soit en la Sorbonne ; et si n'y a que trois ans que je n'y sçavois rien, et toutes fois vous voyez comment je presche : mais Dieu fait ses graces à qui il luy plaist. Or est-il que maistre Jean du Pontalais, qui avoit à jouer ceste après-disnée-là quelque chose de bon, et qui cognoissoit assez ce prescheur pour tel qu'il estoit, faisoit ses monstres

lieu d'une proposition, sens ou oraison imparfaite ; font d'un interrogant un admirant, ou autre geste, prolation ou accent contraires à ce qu'ils dient, dont souvent advient dérision et clameur publicque dedans le théâtre même, tellement qu'au lieu de tourner à édification leur jeu tourne à scandale ou dérision. » Concluant de tous ces désordres à l'abolition des mystères en général, il remarquait, sur celui du *Vieil Testament* en particulier, « qu'il y a plusieurs choses au *Vieil Testament* qu'il

---

par la ville. Et de fortune luy falloit passer par devant l'église où estoit ce prescheur. Maistre Jean du Pontalais, selon sa coustume, fist sonner le tabourin au carrefour qui estoit tout viz à viz de l'église ; et le faisoit sonner bien fort et longuement, tout exprès pour faire taire ce prescheur, afin que le monde vinst à ses jeux. Mais c'estoit bien au rebours, car tant plus il faisoit de bruit, et plus le prescheur crioit haut, et se battoyent Pontalais et luy, ou luy et Pontalais (pour ne faillir pas), à qui auroit le dernier. Le prescheur se mit en colère et va dire tout haut, par une autorité de prédicant : Qu'on aille faire taire ce tabourin. Mais pour cela personne n'y alloit, sinon que, s'il sortoit du monde, c'estoit pour aller voir maistre Jean du Pontalais, qui faisoit toujours battre plus fort son tabourin. Quand le prescheur veid qu'il ne se taisoit point, et que personne ne lui en venoit rendre response : Vraiment, dit-il, j'irai moy-mesme ; que personne ne se bouge ; je reviendrai à ceste heure. Quand il fut au carrefour tout eschauffé, il va dire à Pontalais : Hé ! qui vous fait si hardy de jouer du tabourin tandis que je presche ? Pontalais le regarde, et luy dit : Hé ! qui vous fait si hardy de prescher tandis que je joue du taboun'est expédient de déclarer au peuple, comme gens ignorans et imbécilles qui pourroyent prendre occasion de judaïsme à faute d'intelligence. »

Nous ignorons quel fut le succès immédiat de ce réquisitoire, quoique la suite indique assez qu'il porta coup. Un incident ajourna la catastrophe. François I*er*, ayant ordonné, en 1543, la vente et la démolition de l'hôtel de Flandres, aussi bien que de ceux d'Arras, d'Etampes et de Bourgogne, les Confrères, encore une fois expulsés de leur local, prirent le parti d'acheter une portion de l'hôtel de Bourgogne[1], et d'y faire bâtir, à leurs frais, un théâtre. Mais ces dispositions demandèrent du temps ; le contrat ne fut passé qu'en 1548, et il est à croire que, pendant l'intervalle du déplacement, les représentations de mystères cessèrent par

---

rin ? Alors le prescheur, plus fasché que devant, print le cousteau de son famulus qui estoit auprès de luy, et fit une grand' balaffre à ce tabourin, avec ce cousteau, et s'en retournoit à l'église pour achever son sermon. Pontalais print son tabourin, et courut après ce prescheur, et s'en va le coiffer comme d'un chapeau d'Albanois, le luy affublant du costé qu'il estoit rompu, et lors le prescheur, tout en l'estat que il estoit, vouloit remonter en chaire, pour remonstrer l'injure qui luy avoit esté faicte, et comment la parole de Dieu estoit vilipendée. Mais le monde rioit si fort, luy voyant ce tabourin sur la teste, qu'il ne sçeut meshuy avoir audience, et fut contraint de se retirer et de s'en taire, car il luy fut remonstré que ce n'estoit pas le fait d'un sage homme de s'en prendre à un fol. » (*Nouvelle* XXXII.)

1. Qui donnait rue Mauconseil.

le fait, ou, du moins, n'eurent lieu que très-irrégulièrement dans des salles provisoires. Quoi qu'il en soit, lorsque les Confrères présentèrent, en 1548, leur requête au Parlement pour obtenir la confirmation de leurs priviléges, la cour, par arrêt du 17 novembre, les maintint à représenter seuls des pièces sur ce nouveau théâtre, avec défense à tous joueurs et entrepreneurs d'en représenter dans Paris et la banlieue autrement que sous le nom, de l'aveu et au profit de la confrérie. Mais, en vertu du même arrêt, elle ne permit aux Confrères que les sujets *profanes, honnêtes et licites,* et leur interdit expressément les mystères tirés des saintes Ecritures. L'école dramatique de Jodelle, qui s'éleva quatre ans après, acheva de décréditer ce genre de composition, sans pourtant l'abolir, et nous en retrouverons longtemps encore des restes, principalement dans les provinces.

L'arrêt de 1548 s'explique suffisamment par l'état religieux de la France et les progrès menaçants de la Réforme. Ce qui peut sembler singulier, c'est qu'en Angleterre, vers cette époque, Henri VIII interdisait les mêmes représentations *comme favorables au culte catholique,* et que la reine Marie les rétablit plus tard à ce titre. Chez nous, le péril était précisément contraire. Les risées dont on accueillait *la Nativité de la Vierge* ou *les Actes des Apôtres,* rejaillissaient sur les dogmes et les pratiques de la religion dominante. Il était trop facile, en outre, à tout dramaturge calviniste de glisser en ces sortes de pièces des satires perfides et des insinuations hérétiques, à peu près comme

Théodore de Bèze l'a fait dans *le Sacrifice d'Abraham*, véritable mystère, publié en 1553, sous le titre de tragédie, et dont la lecture arrachait au bon Pasquier de si grosses larmes. En Espagne et en Italie, où rien de pareil n'était à craindre, et où les catholiques, vivant en famille, pouvaient s'accorder bien des licences, les drames pieux, tolérés et même honorés, continuèrent paisiblement et ne moururent, comme on dit, que de leur belle mort.

Avant de suivre l'histoire de la Bazoche et des Enfants sans souci, durant la première moitié du xvi<sup>e</sup> siècle, nous caractériserons en peu de traits leur répertoire, ainsi que nous venons de l'essayer pour celui des Confrères. Les *moralités*, qui tenaient le premier rang sur la scène après les mystères, s'en rapprochaient souvent par leur intention religieuse et la qualité des personnages. Dieu, les anges et les diables y intervenaient quelquefois encore; mais, ici, ils n'étaient plus seulement escortés de la Justice, de la Charité, de la Miséricorde, du Péché et des autres allégories chrétiennes. Le système mythologique du Roman de la Rose, de plus en plus raffiné par une scolastique barbare et subtile, s'associait à la théologie, et de cet accouplement bizarre naissaient mille monstres indéfinissables, mille fantaisies d'une mysticité délirante, qui transformaient ces compositions étranges en espèces d'Apocalypses. Je ne parle pas de *Bien-Advisé* et *Mal-Advisé*, de *Bonne-Fin* et de *Malle-Fin*, de *Jeûne* et d'*Oraison* sœur d'*Aumône*, ni même d'*Espérance-de-longue-vie*, de *Honte-de-*

*dire-ses-péchés,* de *Désespérance-de-pardon*[1]. La manie des personnifications ne s'en tint pas à ces bagatelles. On vit bientôt figurer, en chair et en os, *le Limon de la terre, le Sang d'Abel, la Chair* elle-même et *l'Esprit ; les Vigiles des morts,* au nombre de quatre, savoir : *Creator omnium, Vir fortissimus, Homo natus de muliere* et *Paucitas dierum :* les quatre *États* de la vie, sous l'apparence de quatre hommes, dont les quatre noms réunis font un vers hexamètre :

*Regnabo, Regno, Regnavi, Sum-sine-regno.*

Ces tours de force continuaient d'être à la mode au commencement du xvi<sup>e</sup> siècle. La reine de Navarre, auteur de prétendues comédies qui ne sont que des mystères, composa aussi de prétendues farces qui ne sont que des moralités, et elle prit pour sujet de l'une la querelle de *Peu* et de *Moins* contre *Trop* et *Prou.* Jean Molinet avait déjà mis aux mains *le Rond* et *le Carré.* Il y avait pourtant des moralités sans personnages allégoriques, paraboles assez simples, destinées à montrer en action un précepte moral : ainsi l'histoire du *Mauvais Riche* et du *Ladre,* celle de *l'Enfant prodigue,* celle d'une *Pauvre Villageoise laquelle aima mieux avoir la tête coupée par son père que d'être violée par son seigneur,* etc., etc. Les

---

[1]. Ceci rappelle ces puritains du temps de Cromwell qui prenaient pour surnoms des versets presque entiers de l'Écriture.

moralités n'excédaient presque jamais la longueur de mille à douze cents vers. Les farces et les sotties n'en avaient guère plus de cinq cents, quoique l'on trouve à ces nombres des exceptions fréquentes. C'est dans ces petites pièces qu'il faut surtout étudier l'esprit satirique et railleur de nos pères, et leur penchant inné à plaisanter les ridicules et à fronder le pouvoir.

Au seul nom de farce on s'est déjà rappelé *Patelin*, chef-d'œuvre du genre, admirable éclair de génie comique, qui, à deux siècles d'intervalle, présage à la France *Tartufe* et la gloire de Molière. La date précise de cette farce immortelle est incertaine, quoiqu'elle ne paraisse pas remonter au delà de 1450, et l'auteur n'en est pas connu, quoique l'on ait désigné, sans preuve, Pierre Blanchet, de Poitiers, mort en 1519. Cette obscurité même ajoute une sorte de consécration à l'œuvre. Vieux titre littéraire, d'origine douteuse, mais, avant tout, gauloise, appartenant à une nation et à une époque plutôt qu'à un individu, Patelin vaut pour nous une rapsodie d'Homère, une romance du Cid, une chanson d'Ossian. En vérité, admirateurs d'autrui et dédaigneux de nous-mêmes, nous sommes trop peu fiers de ces ébauches originales, de ces masques à caractère, par lesquels, depuis Patelin, Panurge et les innombrables grotesques de Rabelais, jusqu'aux Rajotin, aux Dandin (Tartufe est hors ligne), aux Bridoyson et aux Pangloss, notre littérature, autant qu'aucune autre d'Europe, se rattache, sans interruption, aux plus franches traditions du moyen âge. Les Falstaff, les

Sancho, les Lazarille, si vantés, n'ont pas une physionomie meilleure que ces types de race picarde, champenoise ou normande. Si nous n'avons à citer parmi nos souvenirs du vieux temps ni de *Juliette,* ni de *Françoise de Rimini,* ni d'*Inès de Castro,* ni de *Macias l'amoureux,* ni aucun de ces tendres et ravissants sujets des poésies romantiques ; si l'on nous a pris coup sur coup notre Roland et notre Godefroy, et si, pendant que nous insultions Jeanne d'Arc, un poëte anglais du xviiie siècle ravissait du cloître notre Héloïse oubliée, ce sont là sans contredit des pertes irréparables ; c'est là une fatale et sacrilége incurie qu'on ne saurait assez déplorer. Toutefois, gardons-nous bien de pousser le regret jusqu'à l'injustice, et de fermer les yeux sur ce qui nous est resté de richesses ; ne rougissons pas de nous consoler par instants avec ces gaudisseurs malins, matois, au rire inextinguible, et qui à leur manière font aussi verser tant de larmes. Il serait trop long d'analyser ici la farce de Patelin, et on n'en prendrait chez Brueys qu'une idée insuffisante. Mais qui ne l'a déjà lue, qui ne voudra la lire dans la naïveté du texte ? On se tromperait fort d'ailleurs si l'on s'imaginait que les autres farces ressemblent à celle-là, sinon par un certain fonds commun de finesse et de jovialité. Quelque ruse de cocuage ou de friponnerie, un avare, un mari, un père dupés, en sont les thèmes les plus ordinaires. De presque toutes les nouvelles de la cour de Bourgogne et de l'*Heptameron,* on ferait aisément des farces, et celles-ci fourniraient presque toutes des sujets de nouvelles. Le caractère de ces petites pièces s'est assez bien conservé, tout en se compliquant, dans les comédies de Jodelle, Grevin et Larivey.

Plus légère, plus délicate, et d'une raillerie plus directe que la farce, la *sottie* paraît, dès l'origine, animée de cet esprit vif et mordant qui plus tard inspira chez nous le conte philosophique et le pamphlet politique. L'on dirait tour à tour le badinage de Marot et l'audace d'Aristophane. Selon Marmontel, bon juge et assez éclairé en ces matières, la plus ingénieuse des sotties est celle où l'*Ancien Monde*, déjà vieux, s'étant endormi de fatigue, *Abus*, comme un écolier en l'absence du maître, donne carrière à ses espiègleries. Il va délivrer, l'un après l'autre, de l'arbre où chacun est emprisonné, *Sot dissolu*, habillé en homme d'Église, *Sot glorieux*, habillé en gendarme, *Sot trompeur*, habillé en marchand, *Sot ignorant*, *Sot corrompu*, *Sotte folle*, etc., etc., qui s'élancent en bondissant sur le théâtre et commencent leur sabbat drôlatique. Gens d'Eglise, de robe et d'épée, n'y sont pas épargnés, on le croira sans peine, et le bon Louis XII y attrape sa chiquenaude comme les autres :

> *Libéralité interdicte*
> *Est aux nobles par avarice ;*
> *Le chief mesme y est propice, etc., etc.*

Remarquons pourtant que ce trait de satire est mis dans la bouche de *Sot corrompu*, et pourrait à la rigueur être interprété en éloge indirect, du genre de celui que la Mollesse irritée adresse à Louis XIV au second chant du *Lutrin.* Quoi qu'il en soit, la troupe joyeuse aperçoit le *Vieux Monde,* qui dort dans un coin, et l'idée burlesque leur vient aussitôt de le tondre par amusement. Mais, une fois tondu, ils le trouvent si laid, qu'ils se mettent avec *Abus* à en fabriquer un autre. Leur gaucherie, leur inexpérience, leurs méprises font une scène de confusion très-piquante. Bref, l'échafaudage croule sur les ouvriers de Babel et les disperse. Le *Vieux Monde,* réveillé[1], moralise un instant à la façon des vieillards, et puis reprend son train de *Gros-Jean* comme devant[2].

Durant ses querelles et ses guerres avec le pape Jules II, Louis XII se servit fréquemment des sotties comme d'une arme politique; il permit et peut-être ordonna aux auteurs et acteurs de parodier sur les tréteaux les prétentions de la cour romaine et d'accréditer parmi le peuple les doc-

1. [Sur l'un des deux exemplaires préparés pour la réimpression, le mot « réveillé » est barré, suivi d'un point d'interrogation, et on lit, en marge, ces mots au crayon : « Il est réveillé dès auparavant. »]
2. On trouve encore l'analyse d'une sottie assez semblable et très-spirituelle, au tome I, page 90, de la *Bibliothèque du Théâtre français* de La Vallière. D'Israéli (*Curiosities of Literature*) prend plaisir à la citer, et moi je prends plaisir aussi à rappeler ces noms un peu arriérés de gens d'esprit et de goût, D'Israéli, Marmontel; il ne faut pas que les modernes investigations en vieille littérature dispensent d'avoir de l'esprit : cela sert touours.

trines gallicanes. Dans les pièces où *Dame Pragmatique* est aux prises avec le légat, l'intérêt s'attache toujours à la pauvre opprimée, et à ses cris de détresse *Droit* et *Raison* ne manquent pas de lui apporter secours. Le mardi gras de l'année 1511 est surtout mémorable dans l'histoire du théâtre par la représentation du *Prince des Sots* et de *Mère-Sotte*, qui se donna aux Halles de Paris, sous la direction de Jean Marchant, charpentier, et de Pierre Gringore, compositeur[1]. Le spectacle était composé d'une sottie, d'une moralité et d'une farce, et la sottie elle-même précédée d'un *cry*, espèce de prologue en style d'argot. A l'appel qui leur est fait, les sots de toute espèce s'assemblent : on voit arriver les grands de la cour, le *Seigneur de Joye*, le *Seigneur du Plat*, le *Seigneur de la Lune*, le *Général d'Enfance* ; on cause de l'excellent prince :

UN DES SOTS.

*On lui a joué de fins tours.*

UN AUTRE SOT.

*Il en a bien la congnoissance,*
*Mais il est si humain tousjours,*

---

1. Il me semble, quoiqu'on ne l'ait pas remarqué, que, puisque le livret de cette pièce imprimée porte la date du mardi gras 1511, on la devrait fixer en effet à 1512, car alors on ne comptait l'année nouvelle qu'à partir de Pâques. Mais il y avait peut-être des exceptions dans l'usage courant.

> *Quant on a devers luy recours,*
> *Jamais il ne use de vengeance.*

Les abbés et prélats font défaut; on cherche *l'Abbé de la Courtille*, autrement dit de *Plate-Bourse* :

> *Je cuyde qu'il est au Concile.*

Il arrive pourtant tout essoufflé. On jase très-librement des absents :

> *Vos prélats sont ung tas de moynes,*
> *Ainsy que moynes réguliers ;*
> *Mais souvent dessoubs les courtines*
> *Ont créatures fémynines*
> *En lieu d'Heures et de Psautiers.*

Dans la scène suivante arrive *Mère-Sotte*, « habillée par-dessous en Mère-Sotte et par-dessus son habit ainsi comme l'Eglise; » elle déclare à *Sotte-Occasion* et à *Sotte-Fiance*, ses deux confidentes, qu'elle veut usurper le temporel des rois, et, à la faveur de son déguisement, elle s'applique à séduire les prélats et abbés du *Prince des Sots*. *Plate-Bourse* et les autres courent au piège. Ces prélats révoltés et les seigneurs fidèles engagent un combat pendant lequel le prince découvre la robe de Mère-Sotte, et lui arrache son vêtement emprunté. Les combattants alors reconnaissent leur erreur et s'entendent pour déposer la fausse papesse. Notez que *Sotte-Commune*, c'est-à-dire le bon peuple qui paye, n'a cessé de faire entendre ses doléances à travers tout ce jeu... *Plectuntur*

*Achivi*. L'allusion personnelle au pape paraît encore plus à nu, s'il est possible, dans la moralité de *l'Homme obstiné*, qui fut jouée après la sottie. D'une part *Peuple-François* et *Peuple-Italique* déplorent leurs maux ; de l'autre *Simonie* et *Hypocrisie* célèbrent leurs própres vices[1], et *l'Homme obstiné*, en *miles gloriosus*, énumère les siens dans une ballade : comment il aime à faire et à défaire les rois ; à travers ciel, terre et enfer ; à boire, soir et matin, *du vin de Candie friant et gaillard*, etc. Mais à l'arrivée de *Pugnition-Divine*, qui menace les endurcis des flammes éternelles, et à la vue des *Démérites-Communes*, en qui chacun peut reconnaître ses péchés comme en un miroir, tout le monde se convertit, excepté *l'Homme obstiné*, qui persévère dans l'impénitence, et qui reste piqué du *ver coquin*, comme il dit. Le même jour du mardi gras 1511, la sottie et la moralité furent suivies d'une farce

---

1. Il y a un refrain très-piquant dans ce que dit *Hypocrisie*, dont voici un couplet :

> *Pour bruict avoir je fais la chatemitte,*
> *Et fainz manger ung tas d'herbes sauvages ;*
> *Il semble, à veoir mes gestes, d'ung hermite ;*
> *Devant les gens prier Dieu je me acquite,*
> *Mais en secret je fais plusieurs oultrages.*
> *Faignant manger crucifix et ymages,*
> *Pense à mon cas, trompant maint homme et femme :*
> *Tout suis à Dieu fors que le corps et l'ame.*

Certes ce dernier vers pourrait être de Regnier ou de Molière.

joyeuse, tout à fait étrangère aux affaires publiques, et qui n'avait de hardi que son obscénité. Mais tout un souvenir historique s'attache à cette représentation des Halles qui faisait ainsi comme la petite pièce et les violons à la veille du concile de Pise et de la bataille de Ravenne. Nous avons là nos franches Atellanes gauloises ; c'est déjà notre vaudeville[1].

Louis XII à peine mort, les Bazochiens et les Enfants sans souci retombèrent sous le régime d'une police ombrageuse et tracassière. Le jeune Clément Marot, qui avait figuré dans leur troupe, eut beau adresser au nouveau monarque d'agréables suppliques en leur nom[2], on trouva plus d'un

---

[1]. Les autres ouvrages imprimés qu'on a de Pierre Gringore sous le nom de *Mère-Sotte* ne sont que grossiers et sales. Il paraît qu'il finit par se convertir et s'appliquer à des ouvrages de piété, ce qui lui aurait mérité d'être enterré à Notre-Dame. On a de lui une paraphrase des Psaumes que lui commanda la duchesse de Lorraine. M. Onésime Le Roy (*Études sur les Mystères*, ch. IX) croit avoir découvert un chef-d'œuvre inédit du farceur devenu plus sérieux ; c'est un mystère sur la *Vie de saint Louis*, divisé en neuf livres. Rien de plus concevable que l'oubli où cette pièce est restée. Composée à la requête d'une confrérie particulière dite de *Saint-Louis*, elle n'eut pas même les honneurs de l'hospice de la Trinité ou de l'hôtel de Flandres, et elle arriva dans un temps où le genre allait s'éclipser sans retour.

[2]. Voici l'épître adressée par Marot à François Ier au nom de la Bazoche :

> Pour implorer votre digne puissance,
> Devers vous, Syre, en toute obéissance,

prétexte pour les atteindre, comme de leur côté aussi ils inventèrent plus d'une ruse pour échapper. C'était la même tactique et les mêmes actes de répression et de subterfuge que dans la querelle de la police athénienne contre les auteurs et acteurs de l'ancienne et de la moyenne comédie. On défendait aux Bazochiens tantôt (1516) de jouer farces et sotties où il serait parlé des *princes* et *princesses* de la cour, tantôt (1536) « de faire monstrations de spectacle ni écriteaux taxans ou notans quelques

>*Bazochiens à ce coup sont venuz*
>*Vous supplier d'ouïr par le menuz*
>*Les poincts et traicts de nostre comédie;*
>*Et, s'il y a rien qui pique ou mesdie,*
>*A vostre gré l'aigreur adoucirons.*
>*Mais à quel juge est-ce que nous irons,*
>*Si n'est à Vous, qui de toute science*
>*Avez certaine et vraye expérience,*
>*Et qui tout seul d'autorité pouvez*
>*Nous dire : Enfants, je veux que vous joüez?*
>*O Syre, donc, plaise Vous nous permettre*
>*Sur le théâtre, à ce coup-cy, nous mettre,*
>*En conservant nos libertez et droits,*
>*Comme jadis firent les autres Rois.*
>*Si vous tiendra pour père la Bazoche,*
>*Qui ose bien vous dire, sans reproche,*
>*Que de tant plus son règne fleurira,*
>*Vostre Paris tant plus resplendira.*

Marot était lié avec les *Enfants sans souci*, et composa en leur nom une ballade, dont nous ne citerons qu'un douzain :

>*Bon cueur, bon corps, bonne phizionomie;*
>*Boire matin; fuir noise et tanson;*

personnes que ce soit, sous peine de prison et de bannissement à perpétuité du Palais. » Enfin le parlement, lassé de renouveler sans cesse des ordonnances toujours éludées, s'avisa d'un moyen plus commode et plus sûr, dont on reconnut apparemment les bons effets, puisqu'on n'a pas dédaigné depuis d'y revenir. Il fut signifié aux comédiens (en 1538) de remettre désormais à la cour le manuscrit des pièces quinze jours avant la représentation, et de retrancher, en jouant, les passages rayés, « sous peine de prison et de punition corporelle. » En 1540, il y eut un redoublement de rigueur, et la peine dont on menaça les délinquants n'était pas moindre que celle de la *hart*. Parmi tant de gênes et de périls, les sociétés de la Bazoche et des Enfants sans souci survécurent encore avec leurs cérémonies et leurs statuts jusqu'au commencement du xviie siècle, où elles finirent par se perdre et disparaître obscurément dans les orgies du mardi-gras. Banni de la scène, l'esprit d'opposition politique ne se tint pas pour vaincu : il s'empara du roman, du pamphlet, de la chanson, dicta *Panta-*

---

*Dessus le soir, pour l'amour de s'amie,*
*Devant son huis la petite chanson ;*
*Trancher du brave et du mauvais garçon ;*
*Aller de nuict sans faire aucun outrage,*
*Se retirer, voilà le tripotage.*
*Le lendemain recommencer la presse.*
*Conclusion, nous demandons liesse ;*
*De la tenir jamais ne fusmes las,*
*Et maintenons que cela est noblesse,*
*Car noble cueur ne cherche que soulas.*

gruel, la *Confession de Sancy*, la *Satyre Ménippée*, et plus tard *Mazarinades* et *Philippiques*. Puis il reparut au théâtre avec *Figaro*, et versa ses flots de saillies sur *les Actes des Apôtres*, *le Vieux Cordelier* et les vaudevilles révolutionnaires.

Cependant l'étude du théâtre antique commençait depuis quelque temps à soulever des idées nouvelles et préparait insensiblement les esprits distingués à un système régulier de composition dramatique. En ce genre, comme dans les autres, les traductions précédèrent les imitations et les provoquèrent. Octavien Saint-Gelais avait traduit d'abord les six comédies de Térence[1]; depuis, Bonaventure Des Periers et Charles Estienne avaient retraduit chacun *l'Andrienne*, l'un en vers, l'autre en prose. Lazare de Baïf, père de Jean-Antoine, avait *translaté, ligne pour ligne, vers pour vers*, l'*Electre* de Sophocle, l'*Hécube* d'Euripide. Thomas Sebilet rimait en français l'*Iphigénie* de ce dernier, et Guillaume Bouchetel faisait connaître quelques autres tragédies du même poëte. Plusieurs comédies italiennes venaient de passer dans notre langue; mais ici encore le premier essai remarquable et décisif appartient au fameux Ronsard. Il achevait ses études au collége de Coqueret, sous Dorat, en 1549, lorsqu'il s'avisa de mettre en vers français le *Plutus* d'Aristophane, et de le représenter avec ses condisciples devant leur maître commun. Ce fut la première repré-

---

1. C'est à lui du moins que Du Verdier attribue cette première traduction anonyme.

sentation classique qui eut lieu en France; elle fit fureur. L'exemple une fois donné par Ronsard, d'autres que lui poursuivirent cette réforme dramatique dont Joachim Du Bellay proclamait alors l'opportunité et la gloire. Animés par ces deux voix puissantes, Etienne Jodelle dès 1552, et presque en même temps Jean de la Péruse, Charles Toutain, Jean et Jacques de la Taille, Jacques Grévin, Mellin de Saint-Gelais, Jean-Antoine de Baïf, Remi Belleau[1], s'élancèrent sur la scène, et un nouveau théâtre fut fondé.

Je n'examinerai pas en détail toutes les productions de ces poëtes, quoique leur répertoire soit assez peu considérable et que chaque auteur n'ait guère donné que trois ou quatre pièces au plus. Mais comme elles manquent complétement d'ori-

---

1. On a de Jodelle, *Eugène*, comédie; *Cléopâtre* et *Didon*, tragédies; de La Péruse, *Médée*, tragédie; de Jean de La Taille, *Saül le Furieux, la Famine, ou les Gabéonites*, tragédies; *les Corrivaux, le Négromant*, comédies en prose, dont la dernière est une traduction de l'Arioste. Les pièces de Jacques de La Taille, excepté *Daire* et *Alexandre*, sont restées manuscrites, ainsi que plusieurs de Jean-Antoine de Baïf. On a pourtant de ce dernier *Antigone*, tragédie en vers, traduite de Sophocle; *le Brave, ou le Taillebras*, imité de Plaute, et *l'Eunuque*, traduit de Térence. Grévin a laissé *la Trésorière* et *les Ebahis*, comédies, et *la Mort de César*, tragédie. Remi Belleau est auteur de *la Reconnue*, comédie. Mellin de Saint-Gelais traduisit *la Sophonisbe* du Trissin en prose, les chœurs seulement en vers, et on la représenta devant Henri II à Blois en 1559.

ginalité, et que le fond et la forme en sont toujours empruntés aux anciens, il me faudrait en venir aussitôt aux critiques de style, et refaire, par conséquent, à mes risques et périls, ce qu'a fait, avec autant d'élégance que de malice, M. Suard dans sa spirituelle *Histoire du Théâtre français*. Je m'attacherai donc à montrer surtout le caractère général de cette réforme, l'étendue et la durée de ses effets, l'influence qu'elle eut sur le vieux système théâtral, et celle qu'il est naturel de lui supposer sur le système depuis dominant ; tous points de vue littéraires aussi féconds en aperçus que peu éclaircis jusqu'à ce jour.

C'est dans la tragédie que l'école de Jodelle innova davantage et se sépara avec le plus d'éclat des Confrères de la Passion. Bien qu'elle ait eu la même prétention pour la comédie, et que Jodelle, dans le prologue d'*Eugène*, Grévin dans celui de *la Trésorière*, Jean de La Taille dans celui des *Corrivaux*, s'attaquent aux *farces* et aux *farceurs* avec un ton de grand mépris, se vantant d'écrire pour les princes, et non pour la populace *en sabots*, la différence qu'on trouvait alors entre les farces et les comédies nouvelles nous est peu sensible aujourd'hui ; la transition des unes aux autres n'a rien de brusque, et pourrait à la rigueur passer pour un progrès naturel. Mais, dans le genre pathétique et sérieux, le saut qu'on fit paraît immense. Aux mystères, qui étaient des tragédies de couvent et d'église, succèdent tout à coup des tragédies de collége, toutes mythologiques et païennes. Au lieu d'être représentées dans un an-

cien hôpital, par des artisans obscurs, devant des
habitués de paroisse, ces pièces se jouent au collége
de Boncour, à celui d'Harcourt, à celui de Beau-
vais, ou bien à l'hôtel de Reims, devant Henri II et
ses courtisans, devant le *grand Turnèbe*, le *grand
Dorat*, et autres personnages de science et d'honneur. Les entreparleurs, nous dit Pasquier, sont
tous hommes de nom ; les Jodelle, les Remi Belleau
les Jean de La Péruse y prennent eux-mêmes les
rôles principaux[1] ; et quand le dernier acte s'est

---

1. Pareilles représentations classiques avaient lieu vers
la même époque dans les universités d'Angleterre, et de
jeunes gentilshommes ne dédaignaient pas d'y prendre
des rôles. On se rappelle qu'Hamlet dit à Polonius en le
raillant :

Mylord, vous avez joué autrefois à l'Université, dites-
vous?

POLONIUS.

Oui, Mylord, j'y ai joué, et je passais pour bon acteur.

HAMLET.

Et quel rôle faisiez-vous ?

POLONIUS.

Le rôle de Jules César; je fus tué au Capitole : Brutus
me tua, etc.

Shakspeare, par la bouche de Polonius, n'a fait qu'exprimer une coutume anglaise. D'ailleurs, les représentations classiques étaient, depuis le commencement du
xvi⁰ siècle, introduites également dans les universités
d'Allemagne, grâce aux comédies latines de Reuchlin et
de Conrad Celtes (l'éditeur de Hroswita). Ronsard, pen-

terminé au milieu des applaudissements, auteurs et acteurs partent gaiement pour Arcueil; un bouc se rencontre ; on l'orne de fleurs et de lierre, on le traîne dans la salle du festin, on l'offre en prix au poëte vainqueur, et Baïf, en un langage français-grec, entonne pour Bacchus et Jodelle le *Pæan* triomphal[1]. Que si maintenant l'on dégage la tragédie de tout cet appareil poétique, ou si l'on veut, de tout cet attirail pédantesque ; si on l'estime en elle-même et à sa propre valeur, que ce soit une *Cléopâtre*, une *Didon*, une *Médée*, un *Agamemnon*, un *César*, voici ce qu'on y remarque constamment : nulle invention dans les caractères, les situations et la conduite de la pièce ; une reproduction scrupuleuse, une contrefaçon parfaite des formes grecques ; l'action simple, les personnages peu nombreux, des actes fort

---

dant ses voyages en Allemagne, avait pu assister à quelques-unes de ces solennités de collége. — Mais de toutes les représentations analogues, la première qui rompit en visière au vieux genre religieux avait été l'*Orphée* de Politien, improvisé en deux jours et joué à la cour des Gonzague de Mantoue, en 1472 disent les uns, au plus tard en 1483. Toujours l'Italie.

1. On peut voir au IV<sup>e</sup> livre des *Poëmes* de Baïf son étrange dithyrambe et le refrain bizarre à *Evoë*. Cette orgie du bouc fit une grande affaire et se grossit à mesure qu'on s'éloigna. C'était une plaisanterie de jeunes gens, un pastiche du rit antique ; cela faisait de piquantes représailles aux psaumes des vieux mystères. Les honnêtes Confrères évincés en prirent occasion de crier au païen, au sarrasin, et les huguenots aussi.

courts, composés d'une ou de deux scènes et entremêlés de chœurs ; la poésie lyrique de ces chœurs bien supérieure à celle du dialogue[1] ; les unités de temps et de lieu observées moins en vue de l'art que par un effet de l'imitation ; un style qui vise à la noblesse, à la gravité, et qui ne la manque guère que parce que la langue lui fait

---

[1]. Cette supériorité des chœurs sur le dialogue me semble remarquable depuis Jodelle, chef de cette école, jusqu'à Antoine de Montchrétien, qui en fut l'un des derniers disciples. On conçoit en effet qu'il était plus difficile de faire parler convenablement des personnages que de mettre en chansons des sentences morales. Je citerai un fragment de chœur tiré de la *Didon* de Jodelle (acte IV). Le chœur déplore le malheur de la reine, et accuse la perfidie d'Énée :

> *Un seul hasard domine*
> *Dessus tout l'univers,*
> *Où la faveur divine*
> *Est due au plus pervers.*
>
> . . . . . . . .
>
> *Songeons aux trois qu'on prise*
> *Pour plus avantureux,*
> *Et qu'en toute entreprise*
> *Les Dieux ont fait heureux :*
>
> *Jason, Thésée, Hercule ;*
> *Les Dieux leur ont presté*
> *Grand'faveur, crainte nulle,*
> *Toute desloyauté.*
>
> *Tous trois ainsi qu'Énée,*
> *En trompant leurs amours,*

faute ; jamais ou rarement de ces bévues[1], de ces
inadvertances géographiques et historiques, si
communes chez les premiers auteurs dramatiques
des nations modernes. Telle est la tragédie dans
Jodelle et ses contemporains. Ils ne méritent pas
le moins du monde l'honneur ni l'indignité d'être
comparés aux Shakspeare et aux Lope de Véga.
Avec moins d'inhabileté et une langue mieux faite,
ils seraient exactement comparables aux Trissino, aux Rucellaï, aux Martelli, aux Dolce et
autres fondateurs de la tragédie italienne. Mais,
sans aller si loin, c'étaient simplement des écoliers

> *Ont fait mainte journée*
> *Marquer d'horribles tours.*
>
> *Tous trois trompeurs des hostes,*
> *Tous trois, ô inhumains!*
> *Ont veu, soit par leurs fautes,*
> *Soit mesme de leurs mains,*
>
> *Leurs maisons effroyées*
> *D'avoir reçu les cris*
> *De leurs femmes tuées,*
> *De leurs enfants meurdris.*
>
> *Mais la faveur supresme*
> *Les poussoit toutesfois,*
> *Et croy que la mort mesme*
> *Les a fait Dieux tous trois.*

1. Jodelle, dans un chœur de *Didon*, parle de nos *péchés* ; Montchrétien, dans un chœur de *David*, cite *Hercule* vaincu par l'Amour, et, dans *les Juives* de Garnier, Nabuchodonosor invoque *Jupin*.

jeunes, studieux, enthousiastes, pareils à certains écoliers de nos jours :

*Mon fils en rhétorique a fait sa tragédie.*
(LA HARPE).

Et, en effet, Jodelle avait composé ses pièces à vingt ans, Jacques de La Taille à dix-huit[1], Grévin à vingt-deux. De semblables essais promet-

---

[1]. Un vers ridicule est resté attaché à la mémoire de ce pauvre Jacques de la Taille : « Il trouvait plus simple, dit Suard, de raccourcir ses mots que d'allonger ses vers. Ainsi, par exemple, comme le mot *recommandation* lui paraissait un peu long pour entrer commodément dans un vers de douze pieds, il l'avait employé de la manière suivante dans sa tragédie de *Daire*, autrement dit *Darius* :

*Ma mère et mes enfants aye en recommanda* (tion);

et ces deux syllabes *tion*, placées ainsi entre parenthèses, étaient probablement laissées à l'intelligence des spectateurs ou à la discrétion de l'acteur. » Pourtant le vers de Jacques de La Taille est un peu moins ridicule qu'il ne semblerait par là. C'est dans la dernière scène de sa pièce ; on vient raconter à Alexandre la mort de Darius et les suprêmes paroles qu'en expirant il adressait de loin à son vainqueur :

*Ma mère et mes enfants, aye en recommanda...*
*Il ne put achever, car la mort l'engarda* (l'empêcha).

Ce n'est donc point par une licence commode, c'est dans une intention formelle et par une fausse idée d'expression imitative que l'auteur a imaginé dans ce cas-là son vers malencontreux.

taient sans doute ; mais, comme ces auteurs précoces n'avaient aucun génie, ils s'en tinrent à promettre, et se dirent l'un à l'autre qu'ils avaient tout créé. Tels d'entre eux qui, au xviiie siècle, auraient pu sans peine égaler le mérite secondaire d'un Destouches ou d'un La Harpe, et fleurir à l'ombre des grands noms, restèrent, au xvie, novateurs médiocres en même temps que copistes serviles. Succombant à des études plus fortes qu'eux, ils saisirent la lettre et non l'esprit de ces tragiques immortels qu'ils voulaient en vain ressusciter parmi nous, et ils ne parvinrent qu'à parodier puérilement les solennités olympiques dans des classes et des réfectoires de collége. Ce n'est pas de la sorte que l'ont depuis entendu Racine et même Voltaire.

Un savant de nos jours, qui semble du xvie siècle par son érudition, et qui est du nôtre par ses lumières (M. J.-V. Le Clerc), lorsqu'il achevait, jeune encore, de brillantes et fortes études, conçut et exécuta la pensée de reproduire en vers français l'*Œdipe roi* de Sophocle, et d'excellents connaisseurs assurent qu'en cette imitation fidèle a passé quelque chose du souffle et du parfum de l'antiquité[1]. C'est sous une inspiration pareille, tenant en partie de celle du commentateur, en partie de celle du poëte, qu'ont écrit Jodelle et ses

---

1. Après bien des années, M. Le Clerc vient de laisser échapper quelque échantillon de son travail de jeunesse dans un article du *Journal des Débats* sur les *Tragiques grecs* de M. Patin (23 juillet 1842).

contemporains. Mais, soit impuissance d'esprit, soit plutôt impuissance de langage et inexpérience de goût, ils ont été inhabiles à rien conserver de ces beautés primitives dont ils n'avaient qu'un obscur sentiment. Ecoliers robustes, ils n'ont pas entendu le premier mot à cet art ingénieux et profond qui de la lecture des anciens sut tirer plus tard des tragédies comme *Iphigénie* et *Agamemnon*, des comédies comme *Amphytrion* et *Plaute*.

Loin de moi pourtant l'injustice de méconnaître ce qu'il y avait d'excusable et de noble dans leurs illusions, d'estimable et d'utile dans leurs travaux! La plupart des jeunes hommes qui ouvrirent la nouvelle carrière dramatique y défaillirent dès l'entrée, victimes d'un zèle immense et dévorés par la science avant l'âge : La Péruse, Jacques de La Taille, Grévin, Jodelle lui-même, eurent des morts prématurées. Ce dernier, dont les brillants débuts avaient balancé ceux de Ronsard, et qui, par sa facilité prodigieuse, par sa verve intarissable[1], semblait à Pasquier bien moins un homme qu'un *démon*, ne tarda pas à perdre la faveur de

---

1. On demandera à quoi Jodelle dépensait cette facilité et cette verve, puisqu'il écrivit si peu de pièces. Mais, avant sa disgrâce, il était fréquemment chargé par Henri II des divertissements, mascarades, devises et inscriptions qui amusaient les loisirs de la cour. On sait d'ailleurs qu'il ne passa pas plus de dix matinées à faire chacune de ses tragédies, et que la comédie d'*Eugène* fut achevée en quatre séances. Son éditeur et ami, Charles de La Mothe, parle de toutes sortes d'ouvrages de lui, qui n'ont jamais été publiés.

Henri II, à l'occasion d'un divertissement de cour qu'il ne sut point ordonner au gré du monarque[1]; et, tombé dans une extrême pauvreté, il mourut, dit-on, de faim, ou plutôt de douleur. Une disgrâce royale tua le premier en date de nos poëtes tragiques, comme elle tua plus tard le premier en génie. On rapporte qu'au moment d'expirer, l'in-

---

1. C'était le 17 février 1558. Il s'agissait de recevoir à l'Hôtel-de-Ville de Paris Henri II, qui venait y souper et voulait y faire fête au duc de Guise arrivé de la veille après la reprise de Calais. Jodelle s'était chargé de tout préparer, de tout improviser en quatre jours, vers, musique et architecture; il n'en put venir à bout: « Pour surcroit d'infortune, ses *mascarades* préparées pour la fête réussirent fort mal. La première était une représentation du *Navire des Argonautes* (par allusion au *navire* de Paris), avec personnages parlants, où lui-même jouoit le rôle de Jason. Son dessein étoit que le vaisseau fût porté sur les épaules; que Minerve accompagnât les porteurs; qu'Orphée, l'un des Argonautes, marchât devant eux, *sonnant et chantant à la louange du Roi une petite chanson en vers françois, et que, comme Orphée attiroit à lui les rochers, deux rochers le suivissent en effet, avec musique au dedans.* Mais l'exécution ne répondit point à ses vues. Les acteurs récitèrent mal les vers qu'ils avoient appris; le trouble le saisit lui-même, et le déconcerta. » (Goujet, *Bibliothèque françoise,* tome XII.) Ce que Goujet ne dit pas, et ce qui n'est pas le moins plaisant de l'aventure, c'est que les décorateurs, au lieu d'amener des *rochers* à la suite d'Orphée, entendirent de travers, et amenèrent des *clochers.* C'était presque le cas de mourir comme Vatel. Jodelle, furieux, faillit suffoquer et resta court dans son rôle de Jason. Il a pris soin de consigner au long tout

fortuné Jodelle s'écria : « Mes amis, ouvrez-moi les fenêtres, que je voie encore ce beau soleil¹ ! »

La réputation de Jodelle reçut quelque échec au temps de sa mort. Vers 1573, en effet, Robert Garnier commença de faire représenter dans certains colléges de la capitale des tragédies qui obtinrent aussitôt, auprès de Ronsard, de Dorat et des autres savants, une préférence marquée sur

---

le détail de son *désastre*, comme il l'appelle, dans une espèce de brochure apologétique (*le Recueil des Inscriptions, Figures, Devises et Mascarades, ordonnées en l'Hôtel-de-Ville de Paris*, 1558).

1. Tout ce récit est un peu poétisé en faveur de Jodelle; celui-ci ne valait pas tant. Il ne mourut qu'en juillet 1573, c'est-à-dire quinze ans après cette mésaventure de l'Hôtel-de-Ville. Il mourut donc de cette disgrâce et de bien autre chose encore, d'inconduite, par exemple, et d'ivrognerie. Il parait que Charles IX l'employait, et à un vilain œuvre, lequel demeura imparfait : c'était peut-être à célébrer la Saint-Barthélemy. On lit dans le Journal de l'Estoile, à cette date de 1573, une triste oraison funèbre de lui : « ... Il étoit d'un esprit prompt et inventif, mais paillard, ivrogne, et sans aucune crainte de Dieu, qu'il ne croyoit que par bénéfice d'inventaire..... Ronsard a dit souvent qu'il eût désiré, pour la mémoire de Jodelle, que ses ouvrages eussent été jetés au feu. » Ce jugement de Ronsard, bien que contraire aux vers officiels et au fameux anagramme (*Io le Délien est né*) qu'il trouvait dans le nom d'*Estienne Jodelle*, me paraît très-vraisemblable ; on n'est jamais mieux jugé que par ses amis littéraires ; mais cela s'en va souvent en petits mots, tandis que les éloges écrits restent, et la postérité se méprend. Pasquier, après le premier engouement passé, ne jugeait guère

celles de ses prédécesseurs. Elles sont au nombre de sept, taillées sur le patron grec, mais composées plus immédiatement d'après Sénèque, et surtout remarquables, comme on le jugea dès lors, par la pompe des discours et la beauté des sentences. Ce goût pour Sénèque, si prononcé chez Garnier, et qu'on retrouve également, à l'origine de notre littérature, dans Montaigne, Malherbe, Balzac et Corneille, conduisit l'auteur à donner à la tragédie des formes encore plus régulières qu'auparavant, et un ton plus tranché, plus sonore, plus emphatique, qui dut singulièrement frapper son siècle, et qui se soutient, même après deux cent cinquante ans, pour les lecteurs de nos jours. Aussi tous les historiens du théâtre français s'accordent-t-ils à lui attribuer le premier pas qu'ait fait l'art dramatique depuis Jodelle jusqu'à Corneille. Sans prétendre ici lui contester cet honneur assez mince, nous observerons que ces éloges portent presque exclusivement sur son style, et qu'en écrivant plus noblement que Jodelle, de même que Des Portes écrivait plus purement que Ronsard, Garnier n'a

---

de Jodelle plus avantageusement. En effet, les poésies de cet improvisateur dramatique n'ont rien, absolument rien qui se retrouve à la lecture. Colletet, si favorable aux poëtes de ce temps, est forcé de convenir que, de toutes les œuvres sorties de la Pléiade, il n'en est pas qui lui plaisent moins que celles de Jodelle, *sans excepter même celles de Baïf et de Pontus de Thiard*. Voilà un cruel aveu. M. Gérusez a écrit sur Jodelle une spirituelle et agréable notice, pas assez sévère (*Essais d'histoire littéraire*, 1839).

fait que suivre les progrès naturels de la langue et obéir à une sorte de perfectibilité chronologique. Il a sans doute une prééminence bien réelle dans la construction et la conduite de ses pièces ; mais il n'en est rien sorti d'heureux pour l'avenir de notre théâtre, et l'on aurait pu faire beaucoup de pas semblables sans hâter d'un instant l'apparition du *Cid* ou d'*Andromaque*. Le système de Jodelle et de Garnier se distingue essentiellement, en effet, de celui qui prévalut dans la suite, et qui n'en fut pas du tout la continuation. Il me suffira, pour démontrer cette profonde différence, d'exposer aux yeux un plan de Garnier, celui de *Porcie*, par exemple :

###### ACTE PREMIER.

*Mégère.* — Elle appelle sur Rome les discordes civiles, et se raconte à elle-même, avec un plaisir infernal, les horreurs qu'elle a consommées et celles qu'elle prépare.

*Chœur.* — Il déplore cette éternelle instabilité des choses humaines, qui plonge dans les larmes et dans le sang la reine des cités, la maîtresse du monde.

###### ACTE SECOND.

*Porcie.* — Elle se lamente sur Rome, sur elle-même, et conjure les Parques de couper le fil de ses ans ; elle envie le sort de Caton et ignore encore celui de Brutus.

*Chœur.* — Éloges de la vie champêtre et de la prix.

*Nourrice.* — Plaintes, lamentations sur Rome ; elle paraît craindre que Porcie ne soit résolue de mourir.

*Nourrice, Porcie.* — La nourrice cherche à donner à sa maîtresse quelques espérances sur l'issue des événements.

*Chœur.* — Il prie les Dieux que le bruit de la défaite de Brutus ne se confirme pas, et il moralise.

### ACTE TROISIÈME.

*Arée, philosophe.* — Il déclame sur la perversité des temps et regrette l'âge d'or.

*Arée, Octave.* — Le philosophe veut inspirer la clémence au triumvir, qui la repousse, au nom de la vengeance due à César.

*Chœur.* — Pourquoi Jupiter s'occupe-t-il du cours des astres, de l'ordre des saisons, et ne prend-t-il pas pitié des pauvres humains ?

*Marc Antoine, Ventidie son lieutenant.* — Antoine énumère longuement ses exploits, et Ventidie l'y aide avec emphase.

*Octave, Lépide, Antoine.* — Ils délibèrent s'ils achèveront de proscrire les pompéiens et les républicains. Antoine s'y oppose, et ils finissent par décider qu'ils s'en iront chacun dans leurs provinces pour pacifier l'empire au dedans, et le faire au dehors respecter des barbares.

*Chœur de soudars.* — Ils demandent un salaire de leurs périls et de leurs fatigues.

### ACTE QUATRIÈME.

*Le Messager, Porcie, la Nourrice, le Chœur.*

— Le messager raconte la bataille de Philippes et les derniers moments de Brutus. Porcie s'écrie qu'elle veut le suivre, et le chœur accuse les Dieux.

ACTE CINQUIÈME.

*La Nourrice, Chœur de Romaines.* — La nourrice raconte de quelle manière Porcie vient d'avaler des charbons ardents ; et, comme le chœur se met à gémir, elle lui dit que c'est assez, puis d'un coup de poignard elle rejoint sa maîtresse.

Les autres plans de Garnier ressemblent exactement à celui-là. Excepté une seule fois, dans sa tragi-comédie de *Bradamante*, il n'a jamais tenté de dépasser le cadre dramatique des Latins et des Grecs. S'il a été utile à notre théâtre, c'est donc à peu près de la même manière que l'aurait été un traducteur en vers de Sénèque.

M. Suard, qui a fort bien apprécié Garnier, relève un peu sévèrement chez lui certains anachronismes et certaines inconvenances qui me semblent bien moins des méprises d'ignorant que des maladresses d'érudit. Ainsi, lorsque dans *la Troade* le messager qui rend compte à Hécube de la mort de Polyxène compare le mouvement qui se fait au milieu de l'armée, après un discours de Pyrrhus, au murmure qu'on entend

Dans les *grandes cités où le peuple commande*
*Par* cantons *assemblé pour quelque chose grande,*
*Après que le* tribun *a cessé de parler,*

ôtez les expressions trop modernes de *cantons,*

de *tribun*, et l'impropriété de la comparaison disparaît. C'est de la sorte qu'on voit dans sa tragédie des *Juives* un *prévôt de l'hôtel* du roi Nabuchodonosor et une invocation à *Jupin*. Mais n'a-t-on pas longtemps traduit *Patres conscripti* par *messieurs*, et Racine ne donne-t-il pas du *monseigneur* aux héros d'Homère? Ce qui est plus décisif encore, George Buchanan et Daniel Heinsius, dans leurs tragédies latines, si semblables à celles de Garnier, n'évoquent-ils pas auprès de personnages juifs ou chrétiens les Euménides et tout le Tartare mythologique? Garnier pèche donc à la manière d'Heinsius, et non pas à celle de Shakspeare[1]. Au

---

[1]. Je suis assez porté, je l'avouerai, à n'attacher qu'une importance fort secondaire à ces violations de la vérité historique dans les anciens ouvrages de l'art. L'essentiel, c'est qu'il y ait du génie. Qu'importe que Shakspeare mette des ports de mer en Bohême; que Paul Véronèse donne des costumes et des figures du XVIe siècle aux convives des *Noces de Cana;* que dans la *Cène* de Léonard de Vinci, le Christ et les Apôtres soient assis à une table et non couchés sur des lits à l'antique, etc.? leur siècle n'en demandait pas davantage. Il y a plus : « Si les usages que vous prenez dans l'histoire, dit M. de Stendhal, passent la science du commun des spectateurs, ils s'en étonnent, ils s'y arrêtent; les moyens de l'art ne traversent plus rapidement l'esprit pour arriver à l'âme. Une glace ne doit pas faire remarquer sa couleur, mais laisser voir parfaitement l'image qu'elle reproduit. Les professeurs d'Athénée ne manquent jamais la petite remarque ironique sur la bonhomie de nos ancêtres qui se laissaient émouvoir par des Achille et des Cinna à

reste, le plus énorme, le moins excusable de ces anachronismes, c'est la poétique même à laquelle on se conformait alors en tous points sans intelligence ni discernement. On ne discutait pas encore à perte de vue, comme depuis on a fait du temps de Ménage et de D'Aubignac, sur les règles d'Aristote et le degré de confiance qu'elles méritaient[1]; mais, ce qui était pis, on les pratiquait à l'aveugle, copiant tout de peur de rien enfreindre, prenant gauchement le cérémonial athénien pour la loi suprême de l'art, s'asservissant avec idolâtrie à des rites mythologiques dont le sens n'était pas entendu, et immolant *Coligny, Guise* ou *Marie Stuart*, au milieu des *chœurs de garçons et de damoiselles*, aussi bien qu'Agamemnon, Priam ou Polyxène. Ces reproches pourtant s'adressent moins à Garnier qu'à ses imitateurs et à ses disciples, aux François de Chantelouve, aux Jean Godard, aux Jean Heudon, aux Pierre Mathieu, aux Claude

---

demi-cachés sous de vastes perruques. Si ce défaut n'avait pas été remarqué, il n'existait pas. »

1. On s'en occupait pourtant. Jean de la Taille, dans la préface de son *Saül le furieux* (1572), explique et démontre au long les règles données par *ce grand Aristote, et après lui Horace, en leurs poétiques*. Jacques Grévin, dans la préface de son *César* (1561), parle des tragédies nouvelles composées *selon les préceptes qu'en ont donnés Aristote et Horace*. La principale faute qu'il trouve à reprendre aux jeux de l'Université de Paris, « c'est que, contre le commandement du bon précepteur Horace, ils font à la manière des bateleurs un massacre sur un échafaud, ou un discours de deux ou trois mois, etc... »

Billard, aux Antoine de Montchrestien. Pour lui, il ne traita que des sujets grecs, latins ou hébreux ; et quand, par exception finale, il emprunta à l'Arioste les aventures de *Bradamante* pour les mettre en tragi-comédie, il eut le bon sens de laisser là les chœurs et la simplicité trop nue de la tragédie ancienne, préludant déjà, sans s'en douter peut-être, à la révolution qui eut lieu sur la scène après lui [1].

Le théâtre de l'hôtel de Bourgogne subsistait toujours, malgré l'espèce de discrédit où il était tombé depuis les règlements de 1548, et surtout depuis la réforme littéraire de Ronsard. Echappant aux censures des magistrats et aux anathèmes des érudits, les *farces*, les *moralités* et les *sotties*, les *mystères* même, pourvu qu'ils se déguisassent sous le nom profane de *bergerie* ou d'*églogue*, y

---

1. Robert Garnier, né en 1534 à la Ferté-Bernard, mourut au Mans en 1590, la même année que Du Bartas ; il avait été conseiller au Présidial du Mans, puis lieutenant-criminel au même siége, et en dernier lieu conseiller au Grand-Conseil à Paris. Il se trouva, en cette qualité, plus mêlé à l'entraînement de la Ligue qu'il n'aurait voulu. Il eut aussi des malheurs et presque des tragédies domestiques : durant une peste, ses gens essayèrent de l'empoisonner, lui, sa femme et ses enfants. Sa femme avait déjà pris le poison quand les symptômes dénoncèrent le crime ; on la sauva à grand'-peine. Il s'en retourna dans son pays natal où, selon de Thou, il mourut de tristesse et d'ennui, âgé de cinquante-six ans. — Nul auteur d'alors n'a eu un plus grand nombre d'éditions ; de 1580 à 1619, on se perd à les compter.

avaient accès et faveur comme par le passé. L'auditoire n'y était pas devenu plus délicat et n'avait guère participé au mouvement d'études qui emportait alors les esprits supérieurs. C'étaient encore les respectables paroissiens de la capitale qui y couraient, après vêpres, pour achever gaiement leur journée du dimanche. Le spectacle nuisait toujours à l'office, depuis qu'il n'en était plus une dépendance, et sur la requête du curé de Saint-Eustache, le Châtelet dut intervenir de nouveau, vers 1570, pour forcer les Confrères de retarder l'heure des représentations ; un demi-siècle auparavant, c'était l'heure des vêpres qu'on aurait avancée[1]. Mais, si l'autorité se montrait moins bienveillante, l'ordonnance prouve que la vogue populaire ne s'était pas ralentie. Nous connaissons fort peu de ces pièces subalternes, quoique La Croix du Maine et Antoine Du Verdier, dans leurs *Bibliothèques*, en citent un assez grand nombre. Le dédain des érudits en faisait une sévère justice ; les triomphes de Jodelle et Garnier les éclipsaient, et il est probable que la plupart n'ont jamais reçu les honneurs de l'impression. Aucun écrivain de marque ne se rabaissait à un genre suranné et décrié : l'on voit seulement Fran-

---

1. Le grand persécuteur des pauvres Confrères durant cette période se trouve être tout naturellement le curé de Saint-Eustache, à qui ils faisaient concurrence. Ce curé, depuis 1568, était René Benoît, qui tint sa paroisse quarante ans, le même qui ne put jamais se faire pardonner d'avoir traduit la *Bible* en français.

çois Habert, disciple de Marot, protégé de Saint-Gelais et sectateur de la vieille école, donner, en 1558, sa comédie du *Monarque*, composée dans le goût de la reine de Navarre; et Louis Des Mazures, traducteur de Virgile, donner, en 1556, sous le nom de *bergerie spirituelle*, une véritable moralité, et, sous celui de *tragédies saintes*, des pièces équivoques qui rappellent l'*Abraham* de Théodore de Bèze, et tiennent le milieu entre les mystères et la nouvelle tragédie. Quant à Jacques Bienvenu, à M⁰ Jean Breton ou Bretog, au frère Samson Baudouin ou Bedouin, à Antoine Tyron, tous auteurs qui suivaient l'ancienne routine, ils sont parfaitement inconnus, même dans leur siècle. Jamais les tragédies ou comédies régulières n'allaient à l'hôtel de Bourgogne; et comme, à cause du privilége exclusif des Confrères, il n'y avait pas moyen d'élever à Paris un autre théâtre, les poëtes qui ne voulaient pas garder leurs pièces en portefeuille, ou se contenter de l'impression, les adressaient à quelque principal de collége, qui, faisant obligeamment l'office de directeur, se chargeait des répétitions et de la mise en scène. Ainsi, en tête d'un *Adonis* de Guillaume Le Breton, on lit un sonnet d'envoi à Galand, principal de Boncour :

*Maintenant à Boncour mon* Adonis *j'envoie,*
*Afin que sur la scène on l'écoute, on le voie.*

On doit pourtant convenir que les comédies même les plus classiques d'alors, l'*Eugène* de

Jodelle, *les Esbahis* et *la Trésorière* de Grévin, *la Reconnue* de Belleau, *le Brave*, autrement dit *le Taillebras*, de J.-A. de Baïf, eussent été bien moins déplacées à l'hôtel de Bourgogne qu'au sein de l'université. J'emprunte à M. Suard l'analyse piquante qu'il fait d'*Eugène* : « La pièce roule tout entière sur l'intrigue d'Eugène, riche abbé, avec une certaine Alix qu'il a mariée à un imbécile nommé Guillaume. Un ancien amant d'Alix revient ; furieux de son infidélité, il lui reprend tout ce qu'il lui avait donné, et, comme il est homme de guerre, il fait grand peur à l'abbé, qui ne voit d'autre moyen de salut que d'engager sa sœur Hélène à *recevoir dans ses bonnes grâces* l'ancien amant d'Alix, lequel avait été amoureux d'Hélène, et ne s'était éloigné d'elle qu'à cause de ses rigueurs. Hélène, qui apparemment s'était plus d'une fois repentie d'avoir été si rigoureuse, promet de la meilleure grâce du monde de faire tout ce que son frère et Florimond (c'est le nom de l'amant) voudront exiger. Le calme est rétabli par ce moyen, et par l'adresse de messire Jean, chapelain de l'abbé, qui a conduit toute cette affaire. Eugène ne songe plus qu'à vendre une cure pour satisfaire un créancier qui était venu ajouter à l'embarras d'Alix et de Guillaume, et profite du moment où celui-ci lui exprime sa reconnaissance pour lui expliquer on ne saurait plus clairement, à quel point il en est avec sa femme, et pour le prier de ne pas les gêner ; ce que Guillaume promet sur le champ, en assurant qu'il n'est point jaloux, principalement de l'abbé. » Dans les autres comédies que j'ai citées, l'intrigue diffère plus ou moins de celle d'*Eugène* par les détails, mais y ressemble toujours par le ton. A part cette immoralité grossière qui leur est commune, elles ne manquent pas de mérite ni d'agrément. Un vers de huit syllabes coulant et rapide, un dialogue vif et facile, des mots plaisants, des malices parfois heureuses contre les moines, les maris et les femmes, y rachètent pour le lecteur l'uniformité des plans, la confusion des scènes, la trivialité des personnages, et les rendent infiniment supérieures aux tragédies, de même et par les mêmes raisons que chez Ronsard et Du Bellay la chanson est souvent supérieure à l'ode. Il ne faut pas s'étonner, après cela, si l'Université en corps se déridait sans scrupule à ces représentations facétieuses, tout en ayant l'air de mépriser et de réprouver les farces populaires. Il n'y avait pas longtemps que Marguerite de Navarre avait publié ses *Contes à l'usage de la bonne compagnie*; un cardinal venait d'accepter la dédicace d'un livre de *Pantagruel*, et quarante ans s'étaient passés à peine depuis que la *Calandra* et la *Mandragore* avaient été jouées en cour de Rome, et que le pape y avait ri avec tout le sacré collége.

Les pièces italiennes commençaient à être connues en France. A Lyon, en 1548, les Florentins établis dans cette riche cité voulurent donner pour fête à la nouvelle reine Catherine de Médicis une représentation de la *Calandra* elle-même; on avait fait venir tout exprès des comédiens d'Italie. Vers le temps où Mellin de Saint-Gelais traduisait en prose, d'après les vers libres du Trissin, la tragédie de *Sophonisbe*, qu'on représenta ensuite à Blois devant Henri II, Charles Estienne traduisait la comédie des *Abusés*, de l'Académie siennoise ; *les Supposés* et *le Négromant* de l'Arioste étaient mis en notre langue par Jean-Pierre de Mesmes et Jean de La Taille. Ce dernier auteur ne s'en tint pas là, et dans ses *Corrivaux*, la première de nos comédies régulières en prose, il essaya, non sans quelque succès, de suivre à son tour les traces de l'Arioste, de Machiavel et de Bibbiena. Mais l'honneur de cette entreprise appartient surtout à Pierre de Larivey, Champenois, auteur de douze comédies, desquelles neuf seulement ont été imprimées, les six premières en 1579 et les trois autres en 1611. Il avoue formellement, dans sa préface de 1579, le dessein qu'il a d'imiter les Italiens modernes aussi bien que les anciens Latins, et il s'y justifie de ne pas faire usage des vers pour des raisons toutes semblables à celles qu'allègue Bibbiena dans son prologue de la *Calandra*. Cette opinion, avancée déjà en 1576 par Louis Le Jars, auteur de la tragi-comédie de *Lucelle*, fut soutenue plus vivement par Larivey : « Le commun peuple, dit-il, qui est le principal personnage de la scène, ne s'étudie tant à agencer ses paroles qu'à publier son affection, qu'il a plus tôt dite que pensée. Il est bien vrai que Plaute, Cécil, Térence, et tous les anciens, ont embrassé, sinon le vrai corps, à tout le moins l'ombre de la poésie, usant de quelques vers ïambiques, mais avec telle liberté, licence et dissolution, que les orateurs mêmes sont le plus souvent mieux serrés en leurs périodes et cadences. Et, comme vous savez, c'est l'opinion des meilleurs antiquaires que le *Querolus* de Plaute, et plusieurs autres comédies qui sont péries par l'injure des temps, ne furent jamais qu'en pure prose. Joint aussi que le cardinal Bibiène, le Picolomini et l'Arétin, tous les plus excellents de leur siècle, n'ont jamais en leurs œuvres comiques voulu employer la rithme. » Ces raisons sont fort légitimes sans doute, et elles prouvent que la comédie en prose est permise ; mais on aurait tort d'en conclure, comme font tous les jours certains partisans trop scrupuleux de la réalité dramatique, que la comédie en vers doit être délaissée. « Les meilleurs poëtes français, dit Ginguené en répondant à Bibbiena, ont, il est vrai, souvent employé la prose dans leurs comédies, et ils ont bien fait quand elle est bonne ; mais quand ils ont eu le talent et le temps de les écrire en bons vers comiques, tels que ceux du *Tartufe*, du *Misanthrope*, des *Femmes savantes*, ou du *Joueur*, des *Ménechmes*, du *Légataire*; ou même du *Menteur*, des *Plaideurs*, du *Méchant*, de la *Métromanie* et de tant d'autres, ils ont fait encore mieux[1]. » Au reste, l'exemple donné par Larivey ne prospéra guère jusqu'à Molière, qui l'autorisa par son génie. Avant l'avénement de ce grand homme, et malgré les essais heureux de son devancier, on semblait ignorer la difficulté et le mérite du dialogue

---

1. *Histoire littéraire d'Italie*, tome VI, part. II, ch. XXII.

en prose, et il serait aisé de compter le très-petit nombre de comédies en ce genre qui furent mises au théâtre durant cet intervalle de quatre-vingts ans.

Ce n'est point par ce seul endroit que Larivey eut l'honneur de ressembler d'avance à Molière. Il rappelle encore l'auteur de *Pourceaugnac* et de *Scapin* par la fécondité de ses plans, la complication de ses imbroglios, ses saillies vives et franches, et une certaine verve rapide, abondante, parfois épaisse, qui tient à la fois de Plaute et de Rabelais[1]. Ces qualités se rencontrent particulièrement dans les six premières pièces, bien supérieures aux trois qui les ont suivies. Avec l'abus des scènes de nuit, des travestissements, des surprises, des reconnaissances, l'obscénité en est le principal et habituel défaut. Pour s'en convaincre, il suffit de parcourir la liste des personnages qu'il emploie. L'agent essentiel de la pièce, le *Figaro* de l'intrigue, qu'il soit homme ou femme, trouverait difficilement un nom dans le dictionnaire des honnêtes gens, et l'auteur s'inquiète fort peu de lui chercher ce nom moins cynique. Si l'on pouvait après cela douter de la qualité du personnage, ses paroles et ses actions ne laisseraient rien d'équivoque : c'est lui ou elle qui reçoit les plaintes des

---

[1]. Il faudra bien rabattre de ces éloges directs, s'il est vrai, comme on a tout lieu de le conjecturer, que Larivey n'ait été dans toutes ses pièces qu'un *traducteur*. Les éloges que nous lui donnons seraient, dans ce cas, réversibles sur ses modèles.

amants, les console, négocie les mariages, et trouve d'ordinaire moyen de les conclure une nuit au moins avant le sacrement. Lorsque la nuit semble trop éloignée, le jour en tient lieu, et le spectateur est averti à propos que le couple auquel il s'intéresse vient de se mettre au lit dans la maison voisine. On n'a pas trop encore à se scandaliser quand les amants ne font par là qu'anticiper de quelques heures sur leurs devoirs d'époux. Il peut arriver en effet que l'un d'eux ne soit déjà plus libre, et que le mariage reçoive, au su et connu des spectateurs, un affront plus sanglant et plus authentique que les malignes plaisanteries d'usage. A de pareilles mœurs il n'y avait qu'une sorte de langage qui convînt, et Larivey, tout en l'employant, est du moins assez délicat pour en demander pardon aux belles dames et aux nobles gentilshommes qui composaient son parterre de société. « S'il est advis à chacun, dit-il dans un de ses prologues, que quelquefois on sorte des termes de l'honnêteté, je le prie penser que pour bien exprimer les façons et affections du jourd'hui il faudroit que les actes et paroles fussent entièrement la même lasciveté[1]. » Quoi qu'il en soit pourtant de ces taches rebutantes dont nul écrivain du XVIe siècle n'est entièrement pur, Larivey mérite, après l'auteur de *Patelin*, d'être regardé comme le plus comique et le plus facétieux de

---

1. C'est-à-dire *fussent entièrement la lasciveté même*. Ainsi jusque dans *le Cid* :

*Sais-tu que ce vieillard fut* la même vertu ?

de notre vieux théâtre. Sans donner ici de ses pièces une analyse détaillée, que la complication et la nature des sujets rendraient aussi longue que périlleuse, je ne puis me dispenser d'insister avec M. Suard sur la comédie des *Esprits*, dans laquelle, en empruntant tour à tour à Plaute et à Térence, l'imitateur a su mettre assez du sien pour être imité lui-même par Regnard et Molière. « Le fonds de la pièce, dit Suard, roule sur cette idée précise de l'*Andrienne* de Térence, et que Molière a depuis employée dans *l'École des Maris*, de deux vieillards, dont l'un, sévère et grondeur, ne parvient qu'à faire de son fils un mauvais sujet, tandis que l'autre, frère du premier, n'a qu'à se louer de la conduite de son neveu, qu'il a élevé avec douceur et qu'il s'est attaché par son indulgence. Le commencement de la comédie présente absolument le sujet du *Retour imprévu* de Regnard. C'est Urbain, fils de Séverin, le vieillard grondeur, qui profite de l'absence de son père pour donner à souper à sa maîtresse Féliciane dans la maison du bonhomme. Séverin revient au moment où on l'attendait le moins. Frontin, son valet, pour l'empêcher d'entrer dans sa maison, lui persuade qu'il y revient des esprits, et qu'un certain Ruffin, de sa connaissance, qui pourrait le désabuser, est un extravagant. Pendant ce temps on vole à Séverin une bourse qu'il avait enterrée, et on ne la lui rend qu'à condition qu'il laissera son fils Urbain épouser Féliciane, et sa fille Laurence épouser Désiré. Féliciane, qu'on avait crue d'abord sans fortune, se trouve être la fille d'un riche marchand protestant, Gérard, qui avait eu le bonheur d'échapper au massacre de la Saint-Barthélemy. Mais, comme Séverin ne veut pas entendre parler des noces de son fils ni de celles de sa fille, c'est Hilaire, le frère indulgent, qui se charge de tout. Ce dénoûment rentre tout à fait dans celui de *l'Avare*. Il y a encore bien d'autres ressemblances entre ces deux pièces. Et d'abord le principal caractère, Séverin, est un avare, et tellement semblable à Harpagon, qu'il est impossible de croire qu'il n'ait pas été connu de Molière. Il faut penser aussi que tous deux ont pris Plaute pour modèle ; mais dans la comédie de Larivey, ainsi que dans celle de Molière, l'avare est un homme riche, et connu pour tel, ce qui rend la position bien plus comique et l'expose à bien plus d'embarras que celui de Plaute, qui est regardé comme pauvre. » Nous donnerons quelques extraits. Au second acte, Séverin arrive des champs avec sa bourse sous son manteau, et, ne pouvant la déposer à la maison, à cause des diables, profite, pour la cacher, d'un moment où son valet Frontin est éloigné :

Je me veux retirer deçà, puisque je suis seul ; mon Dieu, que je suis misérable ! m'eût-il peu jamais advenir plus grand malheur qu'avoir des diables pour mes hostes ? qui sont cause que je ne me puis descharger de ma bourse. Qu'en feray-je ? Si je la porte avecques moi, et que mon frère la voye, je suis perdu ! Où la pourray-je donc laisser en seureté ?. . . . . . . . .

Mais, puisque je ne suis veu de personne, il sera meilleur que je la mette icy, en ce trou, où je l'ay mise autrefois, sans que jamais j'y aye trouvé faute. O petit trou, combien je te suis redevable !. . . . . . .

Mais si on la trouvoit, une fois paye pour tousjours ; je la porteray encores avec moy. Je l'ay apportée de plus loing. On ne me la prendra pas, non ; personne ne me void-il ? J'y regarde, pour ce que quand on sçait qu'un qui me ressemble a de l'argent, on luy desrobe incontinent. . . . . . . . . . . . . . .

Que maudits soient les diables qui ne me laissent mettre ma bourse en ma maison ! Tubieu ! que dis-je ? Que ferois-je s'ils m'escoustoient ? Je suis en grande peine, il vaut mieux que je la cache, car puisque la fortune me l'a autresfois gardée, elle voudra bien me faire encores ce plaisir. Hélas ! ma bourse, hélas, mon âme, hélas, toute mon espérance, ne te laisse pas trouver, je te prie !. . . . , . . . . , . . . .

Que feray-je ? l'y mettray-je ? Oui, nenny ; si feray, je l'y vay mettre ; mais devant que me descharger, je veus voir si quelqu'un me regarde. Mon Dieu, il me semble que je suis veu d'un chacun, mesmes que les pierres et le bois me regardent. Hé, mon petit trou, mon mignon, je me recommande à toy ; or sus au nom de Dieu et de sainct Anthoine de Padoüe *in manus tuas, Domine, commendo spiritum meum.* . . . . . . .

C'est à ceste heure qu'il faut que je regarde si quelqu'un m'a veu ; ma foy personne ; mais si quelqu'un marche dessus, il luy prendra peut-estre envie de voir que c'est ; il faut que souvent j'y prenne garde et n'y laisse fouiller personne. Si faut-il que j'aille où j'ay dit, afin de trouver quelque expédient pour chasser ces diables de mon logis ; je vay par delà, car je ne veus passer auprès d'eux. . . . . . . . . . . »

Mais à peine a-t-il fait quelques pas que Désiré, amoureux de Laurence, qu'il ne peut épouser faute de dot, sort d'un coin d'où il a tout entendu, et vide la bourse, qu'il remet en place après l'avoir remplie de cailloux. Le vieillard revient au plus vite pour surveiller son cher trésor. Les regards furtifs qu'il lui lance, sa sollicitude intempestive à rôder alentour, sa maladroite affectation à éconduire ceux qui en approchent de trop près, sa manie d'interpréter en un sens fâcheux les propos et les gestes des autres personnages, les quiproquos fréquents qui en résultent, et dans l'un desquels il lui échappe de crier : *Au voleur!* tant de soins et de transes pour une bourse déjà dérobée, ce sont là, il faut le reconnaître, des effets d'un grand comique et d'un excellent ridicule, que Plaute n'a pas connus, et que Molière lui-même s'est interdits en rapprochant et en confondant presque l'instant du vol et celui de la découverte. Enfin cette fatale découverte se fait. Laissons parler Séverin :

Mon Dieu, qu'il me tardoit que je fusse despesché de cestuy-cy, afin de reprendre ma bourse! J'ay faim, mais je veux encor espargner ce morceau de pain que j'avois apporté : il me servira bien pour mon soupper, ou pour demain mon disner avec un ou deux navets cuits entre les cendres. Mais à quoy despends-je le temps, que je ne prens ma bourse, puisque je ne voy personne qui me regarde? O m'amour, t'es-tu bien portée? Jésus, qu'elle est légère! Vierge Marie, qu'est cecy qu'on a mis dedans? Hélas, je suis destruict, je suis perdu, je suis ruyné! Au volleur, au larron, au larron, prenez-le, arrestez tous ceux qui passent, fermez les portes, les huys, les fenestres! Misérable que je suis, où cours-je? à qui le dis-je ? je ne sçay où je suis, que je fais, ny où je vas ! Hélas, mes amis, je me recommande à vous tous, secourez-moy, je vous prie, je suis mort, je suis perdu. Enseignez-moy qui m'a desrobbé mon âme, ma vie, mon cœur et toute mon espérance. Que n'ay-je un licol pour me pendre ? car j'ayme mieux mourir que vivre ainsi : hélas, elle est toute vuyde. Vray Dieu, qui est ce cruel qui tout à un coup m'a ravy mes biens, mon honneur et ma vie ? Ah ! chétif que je suis, que ce jour m'a esté malencontreux ! A quoy veus-je plus vivre, puisque j'ay perdu mes escus que j'avois si soigneusement amassez, et que j'aymois et tenois plus chers que mes propres yeux ? mes escus que j'avois espargnez, retirant le pain de ma bouche, n'osant manger mon saoul ? et qu'un autre joyt maintenant de mon mal et de mon dommage [1].

### FRONTIN.

Quelles lamentations enten-je là ?

### SÉVERIN.

Que ne suis-je auprez de la rivière, afin de me noyer !

### FRONTIN.

Je me doute que c'est.

### SÉVERIN.

Si j'avois un cousteau, je me le planterois en l'estomac.

### FRONTIN.

Je veux veoir s'il dict à bon escient ; que voulez-vous faire d'un cousteau, seigneur Séverin ? Tenez, en voilà un.

### SÉVERIN.

Qui es-tu ?

---

1. Voir dans l'*Aulularia* de Plaute la scène de désespoir d'Euclion, que Séverin ne fait guère que traduire, mais avec bien du naturel et de l'aisance.

FRONTIN.

Je suis Frontin, me voyez-vous pas?

SÉVERIN.

Tu m'as desrobbé mes escus, larron que tu es; çà ren-les-moy, ren-les-moy ou je t'estrangleray.

FRONTIN.

Je ne sçay que vous voulez dire.

SÉVERIN.

Tu ne les as pas donc?

FRONTIN.

Je vous dis que je ne sçay que c'est.

SÉVERIN.

Je sçay bien qu'on me les a desrobbez.

FRONTIN.

Et qui les a prins?

SÉVERIN.

Si je ne les trouve, je délibère me tuer moy-mesme.

FRONTIN.

Hé, seigneur Séverin, ne soyez pas si colère.

SÉVERIN.

Comment, colère? j'ai perdu deux mille escus.

FRONTIN.

Peut-estre que les retrouverez; mais vous disiez tou-ours que n'aviez pas un lyard, et maintenant vous dictes que vous avez perdu deux mille escus.

SÉVERIN.

Tu te gabbes encor de moy, meschant que tu es.

FRONTIN.

Pardonnez-moy.

SÉVERIN.

Pourquoy donc ne pleures-tu?

FRONTIN.

Pour ce que j'espère que les retrouverez.

SÉVERIN.

Dieu le veuille, à la charge de te donner cinq bons sols.

FRONTIN.

Venez disner; dimanche vous les ferez publier au prosne, quelcun vous les rapportera.

SÉVERIN.

Je ne veux plus boire ne manger, je veux mourir ou les trouver.

FRONTIN.

Allons, vous ne les trouvez pas pourtant, et si ne disnez pas.

SÉVERIN.

Où veux-tu que j'alle, au lieutenant criminel?

FRONTIN.

Bon.

SÉVERIN.

Afin d'avoir commission de faire emprisonner tout le monde?

FRONTIN.

Encore meilleur, vous les retrouverez, allons, aussi bien ne faisons-nous rien icy.

SÉVERIN.

Il est vray; car, encor que quelqu'un de ceux-là (*montrant le parterre*) les eust, il ne les rendroit jamais. Jésus, qu'il y a de larrons en Paris!

FRONTIN.

N'ayez pœur de ceux qui sont icy, j'en respon, je les cognois tous.

SÉVERIN.

Hélas! je ne puis mettre un pied devant l'autre. O ma bourse!

FRONTIN.

Hoo! vous l'avez: je voy bien que vous vous mocquez de moy.

###### SÉVERIN.

Je l'ay voirement, mais hélas, elle est vuyde, et elle estoit plaine.

###### FRONTIN.

Si ne voulez faire autre chose, nous serons icy jusques à demain.

###### SÉVERIN.

Frontin, ayde-moy, je n'en puis plus ; ô ma bourse, ma bourse, hélas! ma pauvre bourse!

Le désespoir et les lamentations du vieillard sont habilement traités. Il ne parle que de ses écus, en demande des nouvelles à tous ceux qui le visitent, et, dès qu'ils ne peuvent lui en donner, leur ferme la porte au nez en jurant.

## SEVERIN, RUFFIN, GÉRARD [1].

###### SÉVERIN.

Qui est là?

###### RUFFIN.

Amys.

###### SÉVERIN.

Qui me vient destourner de mes lamentations?

###### RUFFIN.

Seigneur Séverin, bonnes nouvelles.

###### SÉVERIN.

Quoy, est-elle trouvée?

###### RUFFIN.

Oy.

---

[1]. Voir dans l'*Aulularia* la scène correspondante entre Euclion et Lyconide.

SÉVERIN.

Dieu soit loué, le cœur me saute de joye.

RUFFIN à *Gérard.*

Voyez, il fera ce que vous voudrez.

SÉVERIN.

Pense si ces nouvelles me sont agréables : qui l'avoit?

RUFFIN.

Le savez-vous pas bien? c'estoit moi.

SÉVERIN.

Et que faisois-tu de ce qui m'appartient?

RUFFIN.

Devant que je la livrasse à Urbain, je l'ay eue quelque peu en ma maison.

SÉVERIN.

Tu l'as donc baillée à Urbain? Or fay te la rendre, et me la rapporte, ou tu la payeras.

RUFFIN.

Comment voulez-vous que je me la fasse rendre, s'il ne la veut pas quitter?

SÉVERIN.

Ce m'est tout un, je n'en ay que faire; tu as trouvé deux mille escus qui m'appartiennent, il faut que tu me les rende, ou par amour ou par force.

RUFFIN.

Je ne sçay que vous voulez dire.

SÉVERIN.

Et je le sçay bien, moy. (*A Gérard.*) Monsieur, vous me serez tesmoin comme il me doibt bailler deux mille escus.

GÉRARD.

Je ne puis tesmoigner de cecy, si je ne voy autre chose.

RUFFIN.

J'ai pœur que cestuy soit devenu fol.

###### SÉVERIN.

O effronté, tu me disois à ceste heure que tu avois trouvé les deux mille escus que tu sçais que j'ay perdus, puis tu dis que tu les as baillez à Urbain afin de ne me les rendre; mais il n'en ira pas ainsi. Urbain est émancippé, je n'ay que faire avecques luy.

###### RUFFIN.

Seigneur Séverin, je vous enten, nous sommes en équivoque; car, quant aux deux mille escus que dictes avoir perdus, je n'en avois encore oy parler jusques icy, et ne dis que je les ay trouvez, mais bien que j'ay trouvé le père de Feliciane, qui est cest homme de bien que voicy.

###### GÉRARD.

Je le pense ainsi.

###### SÉVERIN.

Qu'ay-je afaire de Feliciane? Vostre male peste, que Dieu vous envoye à tous deux, de me venir rompre la teste avec vos bonnes nouvelles, puis que n'avez trouvé mes escus.

###### RUFFIN.

Nous disions que seriez bien ayse que vostre fils doit estre gendre de cest homme de bien.

###### SÉVERIN.

Allez au diable qui vous emporte, et me laissez icy.

###### RUFFIN.

Escoutez, seigneur Séverin, escoutez; il a fermé l'huys!

Simple et méfiant tour à tour, et toujours à contre temps, Séverin croit fermement avoir retrouvé sa bourse, quand on lui parle d'autre chose; mais, qu'on lui affirme positivement qu'elle est retrouvée, il se gardera bien d'y croire.

## SEVERIN, HILAIRE, FORTUNÉ.

**SÉVERIN.**

Qui est là ?

**HILAIRE.**

Mon frère, ouvrez.

**SÉVERIN.**

On me vient icy apporter quelques meschantes nouvelles.

**HILAIRE.**

Mais bonnes, vos escus sont retrouvez.

**SÉVERIN.**

Dictes-vous que mes escus sont retrouvez ?

**HILAIRE.**

Oy, je le dy.

**SÉVERIN.**

Je crain d'estre trompé comme auparavant.

**HILAIRE.**

Ils sont icy près, et, devant qu'il soit long-temps, vous les aurez entre vos mains.

**SEVERIN.**

Je ne le puis croire, si je ne les voy et les touche.

**HILAIRE.**

D'avant que vous les ayez, il faut que me promettiez deux choses, l'une de donner Laurence à Désiré, l'autre de consentir qu'Urbain prenne une femme avec quinze mil livres.

**SÉVERIN.**

Je ne sçay que vous dictes ; je ne pense à rien qu'à mes escus, et ne pensez pas que je vous puisse entendre, si je ne les ay entre mes mains ; je dy bien que, si me les faictes rendre, je feray ce que vous voudrez.

**HILAIRE.**

Je le vous prometz.

SÉVERIN.

Et je le vous prometz aussi.

HILAIRE.

Si ne tenez vostre promesse, nous les vous osterons. Tenez, les voilà.

SÉVERIN.

O Dieu, ce sont les mesmes. Hélas, mon frère, que je vous ayme; je ne vous pourray jamais récompenser le bien que vous me faictes, deussé-je vivre mille ans.

HILAIRE.

Vous me récompenserez assez, si vous faictes ce dont je vous prie.

SÉVERIN.

Vous m'avez rendu la vie, l'honneur et les biens que j'avois perdus avec cecy.

HILAIRE.

Voilà pourquoy vous me devez faire ce plaisir.

SÉVERIN.

Et qui me les avoit desrobbez?

HILAIRE.

Vous le sçaurez après, respondez à ce que je demande.

SÉVERIN.

Je veux premièrement les compter.

HILAIRE.

Qu'en est-il besoin?

SÉVERIN.

Ho, ho, s'il s'en falloit quelcun?

HILAIRE.

Il n'y a point de faute, je vous en respond.

SÉVERIN.

Baillez-le moy donc par escrit.

FORTUNÉ.

O quel avaricieux !

HILAIRE.

Voyez, il ne me croira pas.

SÉVERIN.

Or sus, c'est assez, vostre parolle vous oblige ; mais que dictes-vous de quinze mille francs ?

FORTUNÉ.

Regardez s'il s'en souvient.

HILAIRE.

Je dy que nous voulons en premier lieu que bailliez vostre fille à Desiré.

SÉVERIN.

Je le veux bien.

HILAIRE.

Après, que consentiez qu'Urbain espouse une fille avec quinze mille francs.

SÉVERIN.

Quant à cela, je vous en prie ; quinze mille francs ! il sera plus riche que moy.

Dans ces seuls mots : *Il sera plus riche que moi ! — O Dieu ce sont les mêmes !* il y a un accent d'avarice, une naïveté de passion, une science de la nature humaine, qui suffirait pour déceler en Larivey un auteur comique d'un ordre éminent. Mais, tout supérieur qu'il était pour son siècle, il ne poussa pas le talent jusqu'au génie ; et, comme aucun génie n'avait encore frayé la route, ce talent eut peine à se faire jour, et défaillit fréquemment. Venu après Molière, Larivey aurait sans doute égalé Regnard, et il ne fut que le premier des bouffons[1].

*Les Néapolitains* de François d'Amboise, et *les Contents* d'Odet Turnèbe, qui parurent en 1584, ont les caractères des pièces de Larivey, et doi-

---

[1]. La plupart des biographes ont dit peu de chose de Larivey, et les frères Parfait regrettent que ses contemporains aient été si sobres de documents sur son compte. J'ai le plaisir de rencontrer chez Grosley, compatriote de Larivey, des particularités qu'on ne rencontre que là. Il en avait parlé une première fois dans ses *Mémoires pour l'Histoire de Troyes* (tome I, page 419); mais je citerai de préférence un article assez différent qu'on lit dans ses *Mémoires sur les Troyens célèbres* (Œuvres inédites, 1812, tome I, page 19). Supposant que cet article tout spécial contient son dernier mot rectifié : « Pierre de L'Arrivey, dit-il, chanoine de Saint-Etienne de Troyes, était fils d'un des *Giunti* (de cette famille d'imprimeurs établie à Florence et à Venise). Florentin venu à Troyes, soit en la compagnie des artistes florentins qui nous ont laissé tant de monuments de leurs études sous Michel-Ange, soit pour y suivre, à l'exemple de plusieurs de ses compatriotes, des affaires de commerce et de banque. L'Arrivey était versé dans la langue italienne et dans les connaissances astrologiques, dont Catherine de Médicis avait apporté le goût en France. Il a traduit plusieurs ouvrages de l'italien (entre autres le second volume des *Facétieuses Nuits de Straparole*); il tirait en même temps des horoscopes et remplissait les fonctions de greffier de son chapitre (Des Guerrois, le dévot chroniqueur, dans ses *Saints de Troyes*, page 424, mentionne en effet, à la date du dimanche 20 novembre 1605, la translation d'une *côte du corps de saint Aventin*, de laquelle *côte* l'église de Saint-Etienne voulut bien se dessaisir en faveur d'une autre

vent être compris dans le même jugement. On peut encore rapporter à cette famille *le Muet insensé* de Pierre Le Loyer, mais non pas sa *Nephélococugie*, qui est une imitation indirecte des *Oiseaux* d'Aristophane. Ce Pierre Le Loyer, Angevin,

paroisse; *et en fut fait un procès-verbal signé par Larivey, chanoine du dit Saint-Etienne)...* A juger de toutes ses comédies par celles des *Tromperies*, la dernière des trois publiées en 1611, ce seraient de simples traductions de l'italien. Ces *Tromperies* offrent une traduction littérale des gl' *Inganni* de Nicolo Secchi, imprimés en 1562 par les *Giunti*. L'Arrivey a rendu cette pièce avec toutes ses longueurs et ses obscénités, se contentant, pour dépayser ses lecteurs, de transporter à Troyes le lieu de la scène..... Pierre L'Arrivey le jeune, son neveu, se borna aux prédictions et horoscopes, et fit des Almanachs; Troyes lui a dû en partie la vogue des siens. » Ainsi tout s'explique; ce facétieux chanoine, La Rivey ou L'Arrivey (sans aucun doute *l'Arrivé, Advena, Giunto*), sous son faux air champenois, était simplement un enfant italien, comme Charles d'Orléans, en son temps, était fils d'une Milanaise; cela, d'un trait, arrange bien des choses. Il n'eut qu'à puiser pour ses gaietés dans la littérature paternelle et dans la librairie en quelque sorte domestique; cette source commode le rendit à l'instant supérieur en son genre à ses contemporains. Sous air d'imiter, il ne fit le plus souvent que traduire. Ce n'est pas seulement la pièce des *Tromperies* qu'il a traduite littéralement; c'est aussi celle de *la Veuve* qu'il a prise tout entière, sauf quelques suppressions, de la *Vedova* de Nicolo *Buonaparte,* bourgeois florentin et l'un des ancêtres des Bonaparte; cette *Vedova* originale avait paru chez les Giunti de Florence en 1568. *Les Jaloux* sont traduits de *i Gelosi* de Vincenzo Gabiani. De plus

d'ailleurs fort savant dans les langues, et grand visionnaire, y raille ironiquement les *Hommes-Oiseaux*, dont Passerat, vers le même temps, célébrait la métamorphose. Il suppose, dans sa pièce, que ce peuple ailé, menacé de guerre par

érudits que nous diraient sans doute les sources de ses autres pièces. On m'indique encore *le Laquais* comme imité de Ragazzo de Dolce. Il le faut confesser humblement, nous retrouvons partout l'imitation à nos origines : ici, à chaque pas, c'est l'Italie; plus tard, ce sera l'Espagne pour *le Menteur*, pour *le Cid*, imités eux-mêmes et quasi traduits.

— Je ne puis m'empêcher de noter encore une singularité sur Larivey, ce plaisant chanoine de Saint-Etienne, comme Beroalde de Verville l'était de Saint-Gatien de Tours. En 1604, on publia de lui *les trois Livres de l'Humanité de Jésus-Christ*, traduits de l'italien; il se faisait déjà vieux; c'était un ouvrage d'édification; on le crut revenu de Straparole au pied de la Croix. Les distiques et sonnets d'éloges en tête du volume le prennent sur ce ton :

*Macte, o macte piis, Rivey doctissime, Musis ;*
    *En felix genio vivis et ingenio...*
*Hinc procul, hinc etiam atque etiam procul este, Profani ;*
    *Hic Amor, hic Pietas, Lexque Pudorque manent.*

Mais peu d'années après, retrouvant dans son tiroir ses dernières comédies, il n'y tint pas et les expédia à Paris à son ami François d'Amboise, pour que celui-ci s'en fît le parrain; « car c'étoient, disait-il, de pauvres enfans abandonnés et presque orphelins; et il n'auroit eu la puissance, dans le pays même, de les défendre des brocards des médisans. » Ces médisants m'ont l'air, en effet,

Priape, se bâtit en l'air[1] une ville formidable. Le chemin du ciel est intercepté, et l'Olympe, où les vivres ne peuvent plus parvenir, demande à capituler. On entre en négociations, et tout se termine par le mariage du dieu *Coquard*, patron de la cité, avec dame *Zélotypie*, fille naturelle de Jupiter[2].

Nous touchons à une crise importante qui a eu sur notre théâtre presque autant d'influence que la réforme de 1549, mais qui a été bien moins remarquée. On a vu les Confrères de la Passion, décrédités auprès des dévots, des savants et de la bonne société, continuer pourtant leurs représentations si chères à la populace. Mais, avec le temps, le contraste entre leur profession de comédiens et leur caractère demi-religieux se fit sentir de tout le monde, et ils finirent par s'en aperce-

---

d'avoir été gens très-susceptibles. Trois de ses dernières comédies parurent donc en 1611.

1. Ronsard adressa à Le Loyer le quatrain suivant :

> *Loyer, ta docte muse n'erre*
> *De bâtir une ville en l'air,*
> *Où les c... puissent voler ;*
> *Pour eux trop petite est la terre.*

2. Les visions cornues de Pierre Le Loyer en toutes choses ont été célèbres, et les savants de son siècle et du suivant s'en sont fort égayés. Bayle l'a niché comme un docte grotesque en son *Dictionnaire*. J'ai sous les yeux une notice sur Le Loyer par notre ami M. Victor Pavie (*Annales de la Société d'Agriculture, Sciences et Arts d'Angers*, 1841).

voir eux-mêmes. L'obscénité grossière de leur répertoire provoquait des réclamations graves et fréquentes. D'ailleurs, gens de commerce ou de métier, pour la plupart, manquant de la pratique spéciale du théâtre, et ne jouant que les jours de dimanche ou de fête, ils satisfaisaient médiocrement cette portion du public devenue par degrés plus difficile et plus curieuse. Déjà, à diverses reprises, des troupes régulières de comédiens avaient tenté de s'établir dans la capitale, et, chaque fois, les Confrères, effrayés de la concurrence, s'étaient armés, pour les repousser, du privilége exclusif dont le titre suranné commençait à s'user. Par toutes ces raisons, ils résolurent, vers 1588, de louer le privilége et la salle à l'une de ces troupes, jusque-là ambulantes, se réservant toutefois une couple de loges à perpétuité et un certain bénéfice pour chaque représentation[1]. Or, c'était précisément à cette époque que, dans le monde distingué et érudit, sur le théâtre de la cour et de l'université, Garnier achevait sa carrière tragique, et que les guerres civiles, renaissant avec une furie nouvelle, interrompaient au

---

1. Voir dans l'*Histoire du Théâtre françois* des frères Parfait, tome III, p. 220 et suiv., les vicissitudes, démembrements et réunions de cette troupe et des autres qui survinrent, et aussi Beauchamps en ses *Recherches*, part. I, page 93. Il y a bien des obscurités dans ces premières races de nos *comédiens du Roi*, et c'est le cas de dire avec Fontenelle : « Après cela débrouille qui voudra la chronologie des rois assyriens ou les dynasties d'Égypte. »

sein de Paris les études de l'antiquité et les exercices littéraires. De continuelles relations avec l'Espagne en propageaient la langue, et les drames alors récents de Michel Cervantes et de Lope de Véga obtinrent bientôt la préférence sur ceux des anciens. De 1588 à 1594, on manque presque entièrement de détails, et tout porte à croire que l'interrègne ou du moins l'anarchie se fit sentir sur la scène comme dans l'Etat. Les tragédies le plus en vogue à Paris et au sein même de l'Université étaient de véritables manifestes politiques, comme *la Guisiade* de Pierre Mathieu, ou *Chilperic second du nom*, par Louis Léger, régent des Capettes. Mais avec le retour de Henri IV et le rétablissement de l'ordre apparaît une nouvelle école dramatique qui ne ressemble presque en rien à celle de Garnier, et qui se continue plutôt avec notre vieux théâtre national en même temps qu'elle se rattache au théâtre espagnol. Alexandre Hardy en fut le fondateur, et en demeura vingt ans le principal soutien ; plus tard, Mairet, Rotrou et Corneille en sortirent, la réformèrent et la firent telle qu'on l'a vue depuis. Cependant l'école artificielle et savante de Garnier et de Jodelle cessa aussi brusquement qu'elle avait commencé, ou du moins elle alla se perdre dans les imitations maladroites, obscures et tardives des Jean Behourt, des Claude Billard et des Antoine de Montchrestien.

Ce qui caractérise surtout la période de Hardy, à défaut d'originalité et de talent véritable, c'est la confusion de tous les genres et l'absence complète des règles dites classiques. A partir de 1584, et durant les trente années environ qui suivent, on ne rencontre au répertoire que *tragédies morales, allégoriques, tragi-comédies pastorales* ou *tragi-pastorales, fables bocagères, bergeries, histoires tragiques, journées en tragédie ou histoire, tragédies sans distinction d'actes ni de scènes*[1], *martyres de saints et saintes*, etc., parce qu'en effet on composait alors ces sortes de pièces en bien plus grand nombre qu'auparavant, et parce qu'aussi elles tenaient le premier rang, n'étant plus masquées et offusquées par des pièces régulières. Citons quelques exemples.

En 1584, Jean-Edouard Du Monin[2], médecin et théologien, jeune savant ténébreux et mystique, donne une tragédie intitulée *la Peste de la Peste* ou *le Jugement divin*, par allusion à une épidémie qui venait de désoler la capitale. Voici les entreparleurs qui figurent dans cette moralité religieuse digne du xv<sup>e</sup> siècle :

Théodice, empereur. — *Jugement divin.*
Pronœe, impératrice. — *Providence.*

---

1. Tel était à cette même époque l'état du répertoire anglais. Polonius dit à Hamlet, en parlant des acteurs qui viennent d'arriver : « The best actors in the world, either for tragedy, comedy, history, pastoral, pastoral-comical, historical-pastoral, tragical-historical, tragical-comical-historical-pastoral, scene-individable, or poem unlimited, etc. »

2. Ce Du Monin est le même dont Vauquelin de La Fresnaye s'est moqué dans son *Art poétique* comme d'un *forgeur* de mots bizarres. Le lecteur va juger si c'est à tort.

Limomart, ambassadeur. — *Famine, Guerre.*
Dagan, secrétaire. — *Fortification.*
Igine, fille de Théodice. — *La Santé.*
Le Celte, vassal de Théodice. — *Le Peuple français.*
La Peste, princesse sous Théodice.
Les Aristes, les Contrits, sujets de Théodice. — *Les Gens de bien.*
Pénitence, ambassadrice des Contrits.
Autan, lieutenant de la Peste. — *Vent du midi.*
Euchin, serviteur de Pénitence. — *Prière* ou *Vœu.*
Aquilon, capitaine de Théodice. — *Vent de santé.*

Le Celte, vassal de l'empereur Théodice, lui a demandé la faveur de recevoir une visite de la princesse Igine. Théodice a envoyé sa fille en Gaule ; mais le Celte la retient prisonnière, et ne consent à la relâcher qu'à condition d'être affranchi du vasselage. L'empereur irrité charge Limomart de délivrer Igine, et, comme cette première mission est sans succès, il expédie la princesse Peste, amazone valeureuse, accompagnée d'Autan en qualité de lieutenant, avec ordre de châtier le Celte, mais de respecter toutefois le canton des Aristes et des Contrits. La Peste ne respecte rien, et Autan essaye même de faire violence à Igine. Les Aristes et les Contrits dépêchent donc Pénitence en ambassade vers Théodice, qui commande aussitôt à son capitaine Aquilon d'aller mettre à la raison les deux rebelles. Igine est sauvée ; mais, en reparaissant aux yeux de son père, elle lui cause une si vive impression par sa pâleur, que le bon Théodice se pâme et n'a que la force de s'écrier :

*Je tumbe à cœur failli : au vinaigre ! au vinaigre !*

Cependant Aquilon a tué Autan sur la place ; la Peste finit par avoir la tête tranchée ; et toute cette allégorie est rimée en cinq actes, sans oublier les chœurs d'écoliers et d'artisans : car il y a des chœurs dans Sophocle et dans Euripide, et Du Monin, en poëte érudit, n'a pu sur ce point échapper à l'imitation classique[1]. Un Benoît Voron[2], maître ès arts et recteur aux écoles de Saint-Chaumont, fait en 1585 la *Comédie françoise intitulée l'Enfer poétique,* espèce de dialogue des morts, en cinq actes et en vers, dans lequel discutent ensemble, d'une part Alexandre le Grand, Mahomet, Néron, Épicure, Crésus, Héliogabale et Sardanapale, représentant les sept péchés capitaux ; et d'autre part Diogène, Codrus, Socrate, Solon,

---

1. Cette pièce de Du Monin se trouve dans un recueil de lui intitulé *le Quarême* (1584), qui fait déjà le *tome cinquième* de ses œuvres. Il a beaucoup écrit en toute langue, et toujours d'une façon à peu près inintelligible. Gabriel Naudé (*Apologie pour tous les grands Personnages...*) le range parmi ceux qui ont approché de Pic de la Mirandole, et en parle comme *s'il n'avait été composé que de feu et d'esprit ;* nos yeux plus débiles n'y ont vu que la fumée. Disons mieux : ce Du Monin est bien le produit le plus *monstre* qu'ait enfanté le croisement des écoles de Ronsard et de Du Bartas. Il périt assassiné en 1586, âgé seulement de vingt-six ans. On est allé jusqu'à nommer Du Perron dans cette affaire. Certes, Du Perron, alors jeune, devait être vif contre ce fatras emphatique et hérissé, mais on ne s'assassine pas pour cela.

2. Et non *Vozon*, comme il est inscrit dans La Vallière ; j'ai peur qu'on ne m'accuse d'estropier ces noms illustres.

Pertinax, Pythagore et Hippolyte, représentant les sept vertus contraires. Un Philippe Bosquier de Mons, religieux franciscain, publie en 1588, sous le titre de *Tragédie nouvelle dite le Petit Razoir des Ornements mondains*, une espèce de mystère en cinq actes et en vers, où toutes les unités sont violées. Le bon moine y attribue les maux qui affligent les Pays-Bas au luxe et à la galanterie des *bragards pompeux* et des *dames pompeuses*. Dans sa pièce, les trois personnes de la Trinité, sainte Élisabeth de Hongrie, le prince Alexandre de Parme, le bragard et sa maîtresse, plusieurs colonels des hérétiques, un bourgeois et sa femme, comparaissent successivement, et tiennent à peu près le même langage. Un frère mineur y prêche sur un texte d'Isaïe, en digne successeur des Menot et des Maillard :

*Le Seigneur, ce dit-il* (Isaïe), *ostera de vos filles*
*Les coiffes, couvre-chefs, les miroirs, les aiguilles,*
*Perruques et carcans, les demi-mantelets,*
*Les anneaux, les rubis, etc., etc.*
*Le Seigneur, ce dit-il, ostera vos odeurs,*
*Vos habits musquetés, vos pommes de senteurs,*
*Les souliers et colliers, et la fine chemise, etc., etc.*

L'auteur se pique pourtant d'avoir varié ses tons suivant les personnages divins ou humains, religieux ou profanes, qu'il introduit, et, à ce propos, il cite assez plaisamment en *post-scriptum* le vers d'Horace :

*Intererit multum Davusne loquatur an heros* [1].

Puisque nous en sommes aux sujets sacrés, signalons encore une singulière tragédie de *la Machabée*, composée par Jean de Virey, sieur du Gravier, en 1596. Il n'y a qu'un acte. La scène passe tour à tour de la maison ou du *château* des Machabées au palais d'Antiochus, et du palais à la prison. Les sept martyrs sont étalés aux yeux des spectateurs avec tout le détail des tortures. En veut-on un léger échantillon?

Le roi dit à son prévôt Sosander, qui dirige le supplice :

Or sus, sus, compagnons; chacun de vous regarde
A l'étriller si bien qu'il ne s'en moque point.

SOSANDER, *à ses soldats ou valets de bourreau.*
Pour être mieux dispos, mettez-vous en pourpoint;
Vous en frapperez tous beaucoup plus à votre aise.

UN SOLDAT.
Prévost, j'en suis content, je suis chaud comme braise,
Tant je suis travaillé.
*Ils le fouettent.*

---

1. J'ai sous les yeux un livre de ce même frère Philippe Bosquier, intitulé *le Fouet de l'Académie des Pécheurs* (1597), qui n'est autre chose qu'une suite de leçons sur le texte de l'Enfant prodigue. Je ne saurais dire tout ce que l'auteur voit et ne voit pas dans un seul verset, et les applications merveilleuses qu'il en fait aux circonstances d'alors. C'est érudit à tort et à travers, c'est même ingénieux, si l'on y entre, et d'un mystique fleuri qui sent d'abord sa Flandre espagnole.

UN AUTRE SOLDAT.

Et un, et deux, et trois.

UN AUTRE.

Et t'abuses-tu là ? Pour rien je ne voudrois
Compter autant de coups comme il faut que j'en donne.

UN AUTRE.

Il ne plaint ni ne deult.

UN AUTRE.

C'est de quoi je m'étonne.
On diroit à le voir qu'il ne sent point les coups.

UN AUTRE.

Si est-il bien frotté et dessus et dessous.

LE ROY.

Ouvrez-lui l'estomac, car je veux qu'on lui voye
Le poumon, intestins et les lobes du foye ;
Et puis que chacun prenne à sa main un couteau,
Du col jusques aux pieds pour lui ôter la peau.

*Et ils le font à la manière prédite.*

Cette mode des sujets chrétiens n'excluait nullement le goût des farces ; et, en 1597, Marc Papillon, autrement dit *le capitaine Lasphrise*, donnait *la Nouvelle Tragi-comique*, bouffonnerie assez piquante, qui conserve une physionomie singulière parmi les innombrables bizarreries du temps, et mérite une rapide analyse. Le seigneur *Dominicq*, dont le trésor a été dérobé par le voleur *Furcifer*, fait venir *Griffon*, son avocat, et l'envoie à cheval consulter *Magis*, sorcier du voisinage, sur les moyens d'attraper le voleur. Griffon, chemin faisant, plaisante de la science du sorcier, qui en est informé (car il sait tout), et qui s'en venge. Celui-ci en effet lui déclare qu'au moment où il parle le voleur est à Paris, couché en une maison suspecte dite *le Plat d'étain,* tenue par le sieur *Hospes.* Griffon y court joyeux avec une bande de recors ou *chicanoux,* et surprend à son arrivée Furcifer, couché... avec qui? avec sa propre femme, à lui Griffon. Le pauvre époux, décontenancé, dit au voleur, la larme à l'œil et d'un ton sentimental :

*Pourquoi ravissez-vous le cher honneur des dames ?*

Le galant répond effrontément :

*Griffon, pour mon argent, je fais l'amour aux femmes;
Je ne les prends à force, et si ne m'enquiers pas
Si sont femmes d'huissiers ou femmes d'advocats.*

Sans plus de compliments il vide la place, trouve à la porte le cheval de Griffon, monte dessus, et va en passant avertir la justice qu'un *ruffien* lui a ravi sa femme et l'a emmenée chez Hospes. La justice arrive et s'empare de maître Griffon, qui ne dit mot de peur de *se diffamer.* Il est jeté en prison, au *Four-l'Évesque,* et n'en sort qu'après avoir demandé pardon à sa femme *de l'avoir battue :* car, en mari prudent, il aime encore mieux se reconnaître coupable d'un méfait imaginaire qu'affligé d'un affront trop réel. Ce petit drame satirique, dont le sujet rappelle *les Noces de Basché* ou les mauvais tours de Villon, pourrait appartenir aussi bien à l'époque de Rabelais qu'à celle de Hardy. Il n'est point divisé en actes : la scène y change de lieu aussi souvent que Griffon, et elle est successivement au château de Dominicq, chez Magis, à la porte de Paris, à la maison d'Hospes et à la prison de Griffon. Pendant l'intervalle du trajet, un acteur raconte en quelques vers ce qui se passe et vous tient au courant de l'itinéraire. M. Suard parle de je ne sais quelle pièce du même temps dans laquelle la scène est placée aux environs du pôle arctique, et dont les absurdités choquantes égayent vivement son persiflage[1]. Même

---

[1]. « Il est difficile, dit-il avec sa fine et froide ironie, de concevoir ce qui a pu engager l'auteur à choisir un pareil local; on ne comprend pas mieux comment il se trouve là, tout près du pôle, un Français dont l'héroïne de la pièce est éperdument amoureuse. Le roi son père (car c'est une princesse) n'entend pas raison là-dessus, et s'écrie :

*Non, non, je ne veux point approuver cette farce ;*
*Je serois un veau d'Inde.*

Cela n'empêche pas la princesse d'aller se promener avec son amant dans un bois, toujours aux environs du pôle; ce qui fait supposer que le bois doit être beau, et la promenade fort commode pour parler d'amour. Pendant qu'ils sont là, on vient avertir le Français que son vaisseau est prêt dans le port, parce que, comme chacun sait, il n'est rien de plus facile que de faire arriver un vaisseau dans un port de mer tout près des pôles; mais, lorsqu'il veut partir, arrive son rival : il se bat avec lui, le tue, en est tué; sa maîtresse se tue, et le père, pendant ce temps-là, meurt subitement. On voit bien

parmi le petit nombre d'auteurs qui connaissaient et étudiaient encore les anciens, tous ne déféraient plus à leur autorité avec une aveugle soumission. Jean de Hays tire le sujet de *Cammate* des *Morales* de Plutarque, l'enjolive de chœurs à l'antique, et y met sept actes, probablement parce qu'il n'a pas fini au bout du cinquième. Rien ne montre au reste qu'il se soit inquiété de justifier cette innovation. Pierre de Laudun d'Aigaliers, que ses deux tragédies de *Dioclétien* et d'*Horace trigémine* classent parmi les élèves de Garnier, dans une *Poétique* publiée en 1597, argumente formellement contre la règle des vingt-quatre heures. Il ne l'observe pas toujours dans la pratique, et son Dioclétien, qu'on a vu pendant quatre actes empereur à Rome, nous apparaît au cinquième en habit de jardinier, cultivant son verger de Salone. Dans *Horace*, le combat a lieu sur la scène, ainsi qu'on le voyait dans les anciens mystères. Enfin, à la même époque, Nicolas de Montreux, autrement dit par anagramme *Ollenix du Mont-sacré*, qui, grâce à son *Isabelle* et à sa *Cléopâtre*, pourrait passer pour classique, se dément sans réserve en sa comédie de *Joseph le Chaste*; les contrastes n'y sont pas ménagés ; de la chambre à coucher de Putiphar et de la salle du trône de Pharaon, on est transporté au cachot de Joseph, où l'on entend un certain *Robillard*,

---

que c'est une tragédie. L'auteur déclare qu'il l'a faite en trois jours, et on n'a pas de peine à le croire. » (*Histoire du Théâtre français*.)

geôlier du Châtelet plutôt que de Memphis, parler des Anglais, des Ecossais et des reîtres. Robillard a pour valet un nommé Fribour, qui a l'air fort altéré de vin de *Gascogne;* et le panetier du roi, quand on le mène à la potence, demande au bourreau le temps de dire encore un *Pater.*

Si Hardy avait eu du génie, venant en des circonstances si opportunes, il trouvait un rôle magnifique à remplir, et pouvait tout créer. Aucuns préceptes dogmatiques, aucuns scrupules mal entendus, n'enchaînaient son essor, et un champ immense se déployait devant lui. Dans notre vieux théâtre, dans celui de l'antiquité, dans la littérature espagnole, dans ces longues histoires fabuleuses et ces nombreux romans de chevalerie que Béroalde de Verville et Belleforest n'avaient cessé de publier durant le siècle, et que lisait avec profit le grand tragique anglais de cet âge, partout Hardy n'avait qu'à puiser et à choisir, sans autre loi que l'instinct d'une imagination dramatique, sans autre condition que celle d'émouvoir et de plaire. Son public était bas et grossier, sans doute; mais quelques fortes et belles représentations l'eussent aisément saisi et enlevé. Ces hommes de la Ligue, nourris dans les querelles religieuses, les guerres civiles et les émeutes populaires, avaient des cœurs faits pour battre aux passions de la scène, des âmes capables d'entendre les peintures de la vie. Qu'à la place de Hardy, aussi bien, l'on se figure le grand Corneille, affranchi des censures de l'Académie, des tracasseries du Cardinal, des règlements de D'Aubignac; qu'au lieu de se repentir et d'implorer pardon d'un chef-d'œuvre comme d'une hérésie, il se fût abandonné sans remords à ses puissantes facultés et à ses penchants sublimes ; que, sans se renfermer dans la lecture des nouvelles espagnoles et dans cette conception absolue du *Romain*, trop semblable à un lieu commun de rhéteur, il y eût mêlé des études plus présentes, plus nationales, et se fût échauffé des souvenirs récents ; qu'en un mot, témoin et peut-être acteur de la Ligue, il eût innové avec son seul génie, loin des coteries de l'hôtel de Rambouillet, et sans l'assistance importune des érudits, des grands seigneurs et des poëtes pensionnés, il est à croire alors que, par lui, les destinées de notre théâtre eussent changé à jamais, et que des voies tragiques bien autrement larges et non moins glorieuses que celles du *Cid* et des *Horaces* eussent été ouvertes aux hommes de talent et aux grands hommes qui suivirent. Malheureusement Hardy n'était rien de tout cela. Doué d'une facilité prodigieuse pour rimer et dialoguer, il s'engagea jeune encore, en qualité de poëte, dans la troupe de comédiens que nous avons vue s'établir à Paris, et pendant trente ans il défraya, par ses huit cents pièces, la curiosité publique. Cette longue fécondité, qui donna à de meilleurs que lui le temps de naître et de croître, fut à peu près son unique mérite. Sans prétention comme réformateur, il s'inquiéta, avant tout, de gagner ses gages en remplissant sa tâche de chaque jour, et l'on ne peut guère aujourd'hui le louer d'autre chose que d'avoir été un manœuvre laborieux et utile.

Ainsi que nos vieux dramaturges des halles, Pierre Gringoire et Jean du Pontalais, ainsi que ses illustres contemporains Lope de Vega et Shakespeare, Hardy travaillait pour être représenté, et non pour être lu. Plus d'une fois il eut à se plaindre de *certains libraires* qui imprimaient furtivement les grossières ébauches, improvisées au besoin en deux ou trois matinées. Ce n'est que dans sa vieillesse qu'il se mit lui-même à faire un choix parmi ses innombrables productions, et à publier, en les corrigeant, les quarante et une pièces, tragédies, tragi-comédies et pastorales dont se compose son théâtre. Ses pastorales sont toujours par la forme et souvent par le fond empruntées de celles qui, à cette époque, infectaient l'Italie, et les copies plutôt rustiques que champêtres de l'imitateur ont de moins encore que les originaux le charme continu d'une langue naturellement pittoresque et mélodieuse. En ce genre idéal, qui n'a pour objet que les scènes de l'âge d'or et les mœurs de la bienheureuse Arcadie, en ce drame innocent et léger, dont toute l'action consiste à fléchir une maîtresse insensible, à la délivrer des fureurs d'un monstre ou des entreprises d'un satyre, il n'y avait rien à tenter, même pour les Italiens, après le délicieux *Aminta*. La perfection était atteinte, le type était réalisé, et, sous peine d'ôter au tableau sa fraîcheur en le remaniant, on ne pouvait ressaisir les pinceaux du Tasse. Aussi que firent le Guarini et ses successeurs? Désespérant de rendre avec d'autres couleurs et d'autres traits la simplicité primitive du monde bucolique, ils l'altérèrent, y introduisirent des passions moins naïves, un langage moins ingénu, et ne firent rien qu'un genre bâtard, plein de catastrophes et de beaux sentiments, d'obscénités et de fadaises. Hardy ne manqua pas de s'en emparer, et le corrompit encore davantage par un style diffus, trivial, incorrect, qu'à ses inversions fréquentes on serait tenté parfois de rapporter aux premiers temps de Ronsard. Ses pastorales[1], si l'on n'y voyait intervenir les Satyres, Pan et Cupidon, pourraient aussi bien se nommer des *tragicomédies*. Quant à celles-ci, la plupart imitées des Espagnols, ce sont des espèces de tragédies bourgeoises, terminées d'ordinaire à la satisfaction du héros et de l'héroïne, ou des héros et des héroïnes, lorsqu'il y en a plusieurs, et dans lesquelles le poëte, sur la foi de ses modèles, se permet plus qu'ailleurs de graves infractions aux préceptes des unités. Qu'on ne s'imagine pas au reste que de sa part une intention profonde dirige

---

1. Hardy, dans une de ses préfaces, se fâche contre les courtisans qui disaient *pastorelle* ou *pastourelle* : car *pastorelle*, dit-il, est le féminin du bon vieux mot français *pastoureau;* et il adopte la dénomination de *pastorale,* que réprouve au contraire, avec beaucoup d'aigreur et de mépris, Pierre de Laudun en son *Art poétique*. Cette boutade de colère donne à conjecturer que Hardy et de Laudun étaient d'ailleurs opposés de doctrines, et appartenaient à des écoles dramatiques différentes. De Laudun, en effet, avait en partie conservé les traditions de Garnier et des anciens, mais, il faut le dire, bien platement.

ces perpétuels déplacements et que le temps et le lieu soient pour lui des éléments secondaires dont il dispose avec habileté au profit de l'action. Quand Cervantes et Vega franchissent de longs intervalles d'années ou de pays, ils ont un but et visent à quelque effet d'art ; ces irrégularités apparentes se rattachent dans leur esprit à un système tragique aussi complet et aussi imposant que celui des Grecs, bien que différemment constitué[1]. Mais, tout en pratiquant ce système en détail, Hardy n'en a jamais saisi l'ensemble, et c'est comme à l'aventure qu'il voyage dans l'espace et la durée. Bien souvent, si l'on avait permission de lui demander où il est, dans une chambre ou dans une rue, à la ville ou à la campagne, et à quel instant de l'action, il serait fort embarrassé de répondre. Nous insisterons peu sur des pièces dont la monotonie n'est jamais relevée par la moindre beauté, et dont les licences même, effroyables naguère, ont perdu aujourd'hui le piquant du scandale. Il pouvait être encore plaisant, il y a une quinzaine d'années, que, dans la tragi-comédie de *la Force du Sang*, Léocadie, enlevée et déshonorée au premier acte, se trouvât au troisième près d'accoucher, et qu'au qua-

---

[1]. Je vais peut-être un peu loin en accordant à ces illustres Espagnols un tel système ; à l'époque où ces pages furent écrites, on cherchait en France à coordonner la théorie romantique, à lui trouver de grands précédents à l'étranger ; et aux superstitions des La Harpe on eût substitué volontiers les oracles des Schlegel.

trième son fils parût sur la scène âgé de sept ans. M. Suard observe judicieusement que *c'est aller vite en besogne*, et il serait aisé d'accumuler sur chacune des tragi-comédies un bon nombre de remarques de la même force. Qu'il nous suffise de donner une analyse pure et simple de la *Félismène*, dont le sujet, tiré de la *Diane* de Montemayor, *ne doit rien,* suivant Hardy, *aux plus excellents.*

*Acte premier.* — La scène est à Tolède, d'abord dans la maison de Don Antoine, qu'un ami vient avertir des amours de son fils Don Félix avec une jeune fille belle, honnête, mais pauvre, appelée *Félismène*. Cet ami raconte assez en détail les privautés et caresses mignardes dont il a été témoin, probablement par sa fenêtre, car il est voisin de la demoiselle et il a pris goût à ce qu'il a vu :

*Mille humides baisers, mille folâtres jeux,*
*Couler une main libre autour d'un col neigeux...*

Don Félix survient[1], et son père lui signifie qu'il ait à partir aussitôt pour la cour d'Allemagne. La scène passe ensuite dans la maison de

---

1. Hardy, comme les romantiques en général, ne compte pas les *scènes* par le départ ou l'arrivée d'un personnage, mais par le changement de lieu. Ainsi dans cette première *scène* du premier acte, il y en aurait trois pour nous : 1º un monologue de Don Antoine; 2º la scène entre Don Antoine et son ami; 3º celle entre Don Antoine et Don Félix.

Félismène : on la voit qui attend son amant, et qui se désole lorsqu'elle apprend de sa bouche le fatal voyage.

*Acte second.* — On est en Allemagne, à la cour de l'empereur. Don Félix, infidèle, oublie Félismène pour la belle Célie, princesse du sang impérial. Dans une première scène, Adolphe, seigneur allemand et rival de Don Félix, s'exhale contre lui en injures et en menaces. Dans une seconde, Don Félix déclare sa passion à Célie, qui le reçoit assez mal et ne reçoit guère mieux les offres de service et de vengeance faites par Adolphe. Dans une troisième scène enfin, Félismène, déguisée en homme et venue d'Espagne à la recherche de Don Félix, s'abouche avec un des pages de l'infidèle et trouve moyen d'entrer à son service[1].

*Acte troisième.* — (Scène première.) Félismène reçoit un message amoureux pour Célie des mains de Don Félix, qui ne reconnaît pas sous les habits de page son ancienne maîtresse.—(Scène seconde.)

---

1. C'est dans cette scène que le page, au moment de présenter Félismène déguisée, est interrogé par son maître sur un billet qu'il a dû remettre à Célie et qu'il n'a remis qu'à une suivante. — Et pourquoi ne l'as-tu pas vue elle-même? lui dit Don Félix; quelle en peut être la raison? Le page répond :

*Si la princesse a pris médecine aujourd'hui?*

DON FÉLIX.

*Purge, Amour, la rigueur qui cause mon ennui !*

Et de telles bassesses font place tout à côté aux plus ridicules lieux communs d'enflure.

De la maison de Don Félix on passe dans celle de Célie. Cette beauté orgueilleuse, qui repousse Don Félix et dédaigne Adolphe, s'éprend subitement du joli messager, et en sa considération accorde un rendez-vous au maître.

*Acte quatrième.* — Don Félix est enchanté du premier rendez-vous, et envoie le joli page en demander un second. C'est à cette seconde entrevue que Célie annonce à sa rivale déguisée des intentions que la *conformité de sexe* ne permet pas à celle-ci de satisfaire (ce sont les propres expressions dont Hardy se sert dans l'argument de la pièce); et, sur le refus obstiné qu'on lui oppose, sa fureur est si grande qu'elle fait chasser Félismène par ses valets et tombe elle-même en syncope. Félismène va retrouver Don Félix; et, pendant qu'elle lui raconte le mauvais succès du message, un autre page accourt, annonçant que Célie est morte à la suite de sa syncope. Don Félix, désespéré, congédie ses domestiques et se prépare à quitter la cour. Il y a eu trois changements de scène dans cet acte.

*Acte cinquième.* — La scène est d'abord à la ville. Le seigneur Adolphe réunit plusieurs compagnons pour venger la mort de Célie par celle de Don Félix. De là on est tout à coup transporté au milieu d'une vallée riante, espèce d'Arcadie, située à quelques milles de la capitale. Félismène, devenue bergère, y préside aux travaux et aux jeux des bergers. Mais on entend un bruit de combat dans le bois voisin. C'est Don Félix qui se défend seul contre Adolphe et deux autres assaillants.

Félismène, en amazone intrépide, vole à son secours, tue de sa main deux adversaires et se fait reconnaître de son amant, que ce nouveau déguisement abusait encore. *Accourez,* crie-t-elle aux bergers qui s'étaient prudemment enfuis pendant le péril,

Accourez, venez voir le geôlier de mon âme,
Le principe et la fin de ma pudique flamme.

DON FÉLIX.

O ma vie !

FÉLISMÈNE.

O mon mieux !

DON FÉLIX.

O ma reine !

FÉLISMÈNE.

O mon tout !

La pièce se termine dans ces embrassements.

Quoique Hardy ne s'asservisse point rigoureusement à la division des genres, la plupart de ses tragédies offrent un certain nombre de caractères tranchés qui les distinguent de ses autres pièces, surtout de ses tragi-comédies. Les sujets en effet en sont d'ordinaire historiques, *la Mort de Daire, Alexandre, Coriolan, Marianne.* La durée n'y dépasse pas les bornes d'un ou de deux jours, et l'action s'y poursuit sans relâche et, pour ainsi dire, séance tenante. Enfin la scène n'y change que dans un rayon très-limité, du camp des Perses à celui des Macédoniens, par exemple, ou bien d'un appartement à un autre, sans sortir du palais d'Hérode. Ce ne sont point des tragédies romantiques : l'ombre infernale qui débute par un monologue, la nourrice qui sert de confidente, et le messager qui termine par un récit, le disent suffisamment. Ce n'est plus pourtant la tragédie de Garnier; on le sent aussitôt à l'absence des chœurs lyriques[1], au nombre plus grand des personnages, au développement plus prolongé des situations. Quand un ou deux traités aristotéliques auront passé dessus, que l'horloge sera mieux réglée et la scène mieux toisée, on aura précisément cette forme tragique dans laquelle Corneille paraît si à l'étroit et Racine si à l'aise. Le bon Hardy l'a introduite le premier, comme au hasard. L'idée ne lui est pas venue de traiter les sujets historiques de la même manière qu'il faisait les sujets romanesques, et il n'a pas eu dessein non plus de les traiter autrement. Il avait lu Garnier et peut-être les Grecs; il s'était nourri du théâtre des Espagnols. En conservant à peu près le cadre des premiers et en l'adaptant à notre scène, il y a porté quelques-unes des habitudes contractées avec les

---

1. Quelques pièces de Hardy conservent, il est vrai, des chœurs, mais c'est le très-petit nombre; et le poëte nous avertit dans la préface de sa *Didon* que ces chœurs étaient superflus à la représentation. Trotterel, sieur d'Aves, dit en tête de sa tragédie de *Sainte Agnès* (1615) : « Je t'avertis, lecteur, que je n'y ai point fait de chœurs, non pas que je ne l'eusse bien pu, mais d'autant que ce m'eût été un travail inutile, ayant vu représenter *plus de mille tragédies* en divers lieux auxquelles je n'ai *jamais* vu déclamer les chœurs. »

seconds, mais de telle sorte et si superficiellement que plus tard on put supprimer les licences sans toucher au fond, et que le corps de l'édifice dramatique, repris en sous-œuvre, eut l'air d'avoir été bâti d'après un plan unique et simple. On vérifiera ces considérations en lisant sa tragédie de *Marianne*, la meilleure de toutes, et qui est déjà dans le système français de Racine. Elle présente d'ailleurs, au milieu d'inconvenances et d'incorrections sans nombre, une verve de style assez franche et par moments *corneillienne*.

Un écrivain d'une érudition étendue et d'un sens critique très-éclairé, M. Ginguené, pense que *le succès de Jodelle et de Garnier imposa au public et contint leurs successeurs dans les limites de l'unité et de la vraisemblance; que ceux-ci, moins simples que les fondateurs, s'efforcèrent du moins d'être réguliers, et que de ce reste de goût antique combiné avec le romanesque espagnol naquit la première ébauche de notre art dramatique moderne*[1]. Cette fusion ou plutôt cette confusion des deux systèmes opposés est incontestable, et on ne l'aperçoit que trop dans Rotrou, Mairet, Du Ryer et Corneille. Seulement je doute qu'on doive faire honneur à Jodelle et à Garnier du retour aux règles classiques. Hardy, comme on l'a vu, sans briser le moule tragique de Garnier, l'avait étrangement déformé et rendu méconnaissable. En tête des *Chastes et loyales amours de Théagène et Chari-*

---

1. *Histoire littéraire d'Italie*, tome VI, part. II, chap. 21.

clée, *réduites du grec d'Héliodore en huit journées ou tragi-comédies de cinq actes chacune*, on lit ces paroles malsonnantes : « Je sçay bien que beaucoup de ces frelons qui ne servent qu'à manger le miel, incapables d'en faire, trouveront à censurer sur ce que d'autres devant moy n'ont enchaîné tels poëmes à une suite directement contraire aux lois qu'Horace prescrit en son *Art poétique*; mais que ceux-là se représentent que tout ce qu'approuve l'usage et qui plaît au public devient plus que légitime. » Les succès de ses devanciers n'imposaient donc point à Hardy ni à son public, et lorsque, vers la fin de sa carrière 1, il eut à se défendre contre ces critiques érudits qu'il appelle des *frelons,* et que Corneille appela depuis les *spéculatifs,* l'autorité de Jodelle et de Garnier avait complétement disparu, même aux yeux de ses adversaires, qui ne daignèrent pas s'en appuyer. Daniel Heinsius, dans son traité *de Tragœdiæ Constitutione,* ne fait d'eux aucune mention. D'Aubignac, en sa *Pratique du Théâtre,* a besoin d'un effort de mémoire pour se les rappeler. Scudery, Sarasin et les autres écrivains de cette époque, toutes les fois qu'ils parlent du progrès de l'art dramatique, les passent sous silence comme non avenus. Mais, bien qu'ils reconnaissent tous Hardy pour le vrai fondateur de la scène française, ils lui reprochent plus ou moins sévèrement, Aristote en main, les énormités dont il s'est rendu coupable; et une telle réaction, dirigée par les doctes et les beaux esprits,

---

1. Hardy mourut vers 1630.

devait triompher sans peine de l'exemple donné par un poëte de troupe sans génie et sans originalité.

Si l'autorité de Garnier était à peu près nulle pour Hardy et la plupart de ses contemporains, il ne s'ensuit pas qu'on ne faisait plus du tout alors de tragédies dans le goût suranné de cette première école classique. Une école qui finit, même brusquement, laisse toujours quelques traîneurs après elle. Fiefmelin imitait en français le *Jephté*, tant de fois traduit, de Buchanan; Jean Behourt composait *Hypsicratée* et *Esaü*, qu'on représentait au collège des Bons-Enfants de Rouen. Nous pensons pourtant que ces sortes de pièces étaient surtout des amusements de *cabinet*, et que Montchrestien et Billard, par exemple, destinaient les leurs à l'impression plutôt qu'à la représentation. Ces deux auteurs, les derniers et les plus remarquables assurément des disciples de Garnier, intéressent encore aujourd'hui, Montchrestien par une certaine élégance et douceur de style qui lui est particulière[1],

---

1. Montchrestien vivait sous Louis XIII. On trouve dans les chœurs de ses tragédies des stances pleines d'élégance et d'harmonie, témoin la suivante :

> *Après la feuille la fleur,*
> *Après l'épine la rose,*
> *Et l'heur après le malheur;*
> *Le jour on est en labeur,*
> *Et le soir on se repose.*

Aussi mauvais tragique pour le moins que Jodelle et Garnier, il se distingue d'eux par plus de douceur et de politesse; il y a du *Des Portes* et du *Bertaut* dans sa et Billard par l'incohérence grotesque qui souvent éclate entre la forme et le fond de ses compositions. Sa tragédie de *la Mort d'Henry IV,* écrite dès l'année même qui suivit la catastrophe, peut donner une idée de *la Coligniade,* de *la Guisiade,* et de toutes ces tragédies politiques dans lesquelles les événements du jour étaient taillés en drame sur le patron de Sophocle et d'Euripide. C'est un plaisant spectacle d'y voir figurer pêle-mêle MM. de Sully, d'Epernon et de Saint-Géran, madame de Guercheville, l'Ermite de Surène, un *chœur* de Seigneurs, un *chœur* du Parlement, un *chœur* de MM. les Maréchaux et Officiers, le Chancelier en tête. Monseigneur le Dauphin, qui paraît avoir des inclinations plus guerrières que studieuses, s'écrie quelque part :

. . . . . . . . . . *Je ne suis jamais las
De courir tout un jour; mais, si je prends un livre,
La lettre me fait mal, et m'entête, et m'enivre;
La migraine me tient. N'en sçais-je pas assez*

poésie. Ainsi après avoir, en son *Ecossoise,* représenté Marie Stuart énumérant tous les malheurs qui l'assaillirent au berceau, il lui fait ajouter ces deux vers charmants :

*Comme si, dès ce temps, la fortune inhumaine
Eût voulu m'allaiter de tristesse et de peine.*

Ce Montchrestien eut une fin tragique. (Voir lettres de Malherbe à Peiresc, lettre du 14 octobre 1621, édit. de Blaise, p. 488.)

*Pour l'aîné d'un grand Roy? Tous ces Roys trépassés
Il y a si long-temps ne savoient rien que lire,
Parler fort bon françois, et faire bien le Sire :
Qu'en désire-t-on plus ?...*

Et là-dessus ses petits compagnons répondent en chorus :

*Je ne puis mettre dans ma tête
Ce méchant latin étranger
Qui met mes fesses en danger.*

Auprès de ces dernières et rares productions d'une école épuisée, renaissaient en foule, comme on l'a déjà fait voir, les pièces saintes ou grivoises, qui ne rappelaient pas mal les mystères, les moralités et les farces du vieux théâtre. Dans la première année du XVIIe siècle, on rencontre une tragi-comédie de *l'Amour-Divin* par Jean Gaulché de Troyes. *Amour-Divin* est le fils d'un roi puissant et magnifique. Il a pour sœurs Astrée, Vérité, Thémis, Éléone et Physique. Celle-ci, qui avait obtenu en apanage un beau palais pour y habiter, a eu le malheur de se laisser séduire par Lucérin, un de ses serviteurs, et s'est attiré la colère de son père, qui l'a exilée à perpétuité. Éléone supplie Amour-Divin d'intercéder pour la pauvre Physique, leur sœur. D'un autre côté, Astrée leur représente qu'il faut que justice se fasse, et Vérité leur démontre que Physique ne peut rentrer en son premier état, si quelqu'un ne paye la rançon du péché commis. Amour-Divin, ému de ces raisons, se dévoue au châtiment pour sa sœur, qu'il ramène ensuite en triomphe. A coup sûr, on croirait lire une moralité du temps de Louis XII, sans le titre de tragi-comédie qui est en tête, sans la division régulière en cinq actes, et surtout sans le messager indispensable qui, je ne sais trop comment, a trouvé moyen de s'y glisser. Mais rien ne manque à l'illusion dans un *poëme dramatique* intitulé *l'Élection divine de Saint Nicolas à l'Archevêché de Myre*, et composé par *Nicolas Soret, Remois, prêtre et maître de grammaire des enfants de chœur de Paris*. Les évêques sont assemblés en conclave et cherchent vainement sur qui fixer leur choix. Un ange descend, qui les avertit, par ordre de Dieu, de choisir le premier homme du nom de *Nicolas* qui entrera le lendemain matin dans l'église : cet homme est notre saint. On le sacre malgré son refus, et il donne, en finissant, sa bénédiction à tous les assistants. « Ce Synode épiscopal, est-il dit au bas de la pièce, a été publiquement représenté dans l'église Saint-Antoine de Reims, le neuvième jour du mois de may 1624[1]. » Cependant la *Principauté de la Sottie* subsistait encore, au moins en quelques-uns

---

1. Nicolas Soret, dans cette pièce en vers, se montre exactement de l'école de Du Bartas pour le style, lui empruntant la manière de forger des mots, de redoubler les syllabes par onomatopée (*flo-flotter* pour *flotter*, par exemple), enfin pratiquant avec exagération et renchérissement tout ce qui sera noté de singulier en ce genre dans l'article particulièrement consacré à Du Bartas.

de ses statuts, et l'on retrouve, en 1608, le *Prince des Sots* jouissant du droit d'entrer par la grande porte à l'Hôtel de Bourgogne et d'y prendre une copieuse collation le jour du mardi gras. Cet éternel esprit de gaieté, quelquefois profonde et fine, le plus souvent épaisse et obscène, revivait tout entier dans les *discours facétieux et très-récréatifs,* dans les *prologues drolatiques* des Turlupin, Bruscambille, Gros-Guillaume, Gaultier-Garguille, Guillot-Gorju, comédiens célèbres du temps. Ils avaient pour usage de venir avant la grande pièce, tragi-comédie ou tragédie, soutenir en présence du public quelque paradoxe burlesque, quelque proposition graveleuse; faire l'éloge du cocuage, de la pauvreté, du galimatias, de la laideur, du silence, du crachat; railler les pédants et les censeurs, prouver que toutes les femmes aiment ou peuvent aimer, etc.; inépuisables lieux communs qu'exploitait avec un égal succès le fameux Tabarin sur ses tréteaux du Pont-Neuf.

Mais c'étaient là des jeux de populace, qui sentaient par trop la grossièreté d'un autre âge. La nouvelle génération littéraire née avec le siècle, et nourrie après la Ligue, s'élançait de préférence sur les traces du vieux Hardy et ne tarda pas à le dépasser. Dès 1618, Théophile, par sa tragédie de *Pyrame et Thisbé,* Racan par sa pastorale d'*Artenice,* avaient commencé d'éclipser la gloire jusque-là unique du fécond dramaturge; la *Silvie* de Mairet, l'*Amarante* de Gombauld, qui suivirent de près, continuèrent de l'affaiblir, et elle acheva de disparaître entièrement devant les premières

productions de Rotrou, Scudery et Corneille[1].
Toutes ces pièces, en effet, quelque misérables
qu'elles nous semblent aujourd'hui, effacent sans
comparaison, ne fût-ce que par leur style et l'espèce même de leur mauvais goût, les drames in-
corrects et rocailleux de Hardy. Celui-ci le sentait bien, et à l'amertume de ses préfaces, aux
fréquentes sorties qu'il se permet contre *ces mauvais avocats qui pensent devenir bons poëtes en
moins de temps que les champignons croissent*,
contre ces novateurs imberbes *qui cherchent la
perfection de la poésie en je ne sais quelle douceur
superficielle, en châtrant le parterre des Muses de
ses plus belles fleurs*, il est aisé d'apercevoir le vif
déplaisir que lui causait la concurrence. Quand
on lui présenta la *Mélite* du jeune avocat Corneille, il daigna prononcer que c'était une *assez
jolie farce*; et s'il avait assez vécu pour voir *le
Cid*, il lui aurait peut-être aussi fait la grâce de le
trouver *joli quelquefois*; mais il mourut en 1629
ou 1630, et sa renommée avec lui. Son exemple
ne cessa pourtant pas tout à coup de prévaloir;
on ne passe pas sans secousse de la licence à la
régularité et du régime de Véga à celui d'Aristote.
Si la lutte fut courte, elle fut un peu vive, et le
nom de Hardy y revient souvent; il appartient
par conséquent à notre sujet de la décrire.

L'ouvrage latin de Daniel Heinsius, *sur la*

---

1. La date précise de ces premières pièces est fort difficile à assigner, car elles ne furent imprimées que plusieurs années après la représentation.

*Constitution de la Tragédie*, avait paru en 1611 ; mais l'auteur n'y appliquait ses critiques qu'aux tragédies latines modernes, et l se taisait dédaigneusement sur les essais en langue vulgaire. Vers 1625, les prétentions des *réguliers* (on les appelait de ce nom) étaient encore modestes à en juger par l'espèce de poétique que Mairet plaça en tête de sa *Silvanire*. Il y plaide avec beaucoup de circonspection pour les unités de temps et de lieu, réclame en leur faveur la tolérance plutôt que l'autorité. Il s'étonne « que des écrivains dramatiques, dont la foule est si grande, les uns ne se soient pas encore avisés de les observer, et que le autres n'aient pas assez de discrétion pour s'empêcher au moins de les blâmer, s'ils ne sont pas assez raisonnables pour les suivre. Ce n'est pas, au reste, qu'il veuille condamner ou qu'il n'estime beaucoup quantité de belles pièces de théâtre, dont les sujets ne rentrent pas dans les bornes des règles : à cela près leurs auteurs et lui ne seront jamais que très-bien ensemble. Mais il aime mieux que la régularité se joigne aux autres mérites, et, en dépit de l'Hôtel de Bourgogne, il estime l'ordonnance dramatique des anciens la plus propre a la vraisemblance des choses et la plus commode pour l'imagination. Sans doute très-peu de sujets se prêtent à être enfermés en un cadre si étroit, et sur cent il ne s'en trouve peut-être pas un avec cette circonstance. Mais qu'importe le temps et la peine, pourvu que la rencontre s'en puisse faire? Il est ici question du mieux et non pas du plus ou du moins. Et qu'on n'allègue pas que les anciens, pour éviter la confusion des temps, soient tombés dans une plus grande incommodité, savoir, la stérilité des effets, qui sont si rares et si chétifs en toutes leurs pièces, que la représentation ne seroit aujourd'hui que fort ennuyeuse. Car encore qu'il soit véritable que les tragédies ou comédies des anciens soient extrêmement nues, et par conséquent en quelque façon ennuyeuses, ce vice tient à d'autres causes, et la difficulté de la même règle n'a pas empêché les Italiens modernes d'imaginer des sujets parfaitement beaux et agréables. » Malgré ce commencement de réforme, les vieilles habitudes persistèrent quelques années encore. Mairet ne suivait pas toujours les conseils qu'il donnait aux autres ; Rotrou, aussi pauvre que Hardy, épuisait à la solde des comédiens un heureux et facile talent que le travail eût richement fécondé ; le rodomont Scudéry, à peine sorti du régiment des Gardes, laissait couler pastorales et tragi-comédies de cette fertile plume, qui, selon l'expression d'un contemporain, *n'avait jamais été taillée qu'à coups d'épée;* disciple de Hardy, il s'excusait cavalièrement de ses rudesses et de ses ignorances de *soldat*, en attendant qu'il se déclarât non moins cavalièrement le champion d'Aristote. Corneille enfin, quand il faisait *Mélite*, ignorait qu'il existât une règle des vingt-quatre heures, et avait besoin de venir en poste de Rouen à Paris pour l'apprendre. Le plus grand obstacle au triomphe des unités était à l'Hôtel de Bourgogne. Le public, il est vrai, s'en inquiétait peu ; mais les comédiens s'effrayaient beaucoup d'une innovation qui ruinait leur vieux répertoire, et leur interdisait à l'avenir tant de sujets commodes [1]. Ils étaient alors divisés en deux troupes. Celle du Marais, qui avait depuis longtemps obtenu des Confrères de la Passion le droit de jouer aux mêmes conditions que les comédiens de l'Hôtel de Bourgogne, mais qui n'avait pu d'abord soutenir avec eux la concurrence, venait de rouvrir son théâtre à l'Hôtel d'Argent [2], encouragée par le succès fou de *Mélite* (1629). Les premiers toutefois restèrent les plus considérables, et doivent être regardés comme les ancêtres directs de la Comédie française. Déjà qualifiés du titre de *Comédiens du Roy*, ils travaillaient à s'affranchir du tribut humiliant qu'ils payaient à la confrérie. Elle subsistait toujours, en effet, sinécure joyeuse, réunion d'artisans débauchés, qui s'enivraient et s'engraissaient aux frais du théâtre [3]. Un arrêt du Conseil (novembre 1629)

---

1. Mademoiselle Beaupré, comédienne, disait en parlant de Corneille : « M. Corneille nous a fait un grand tort. Nous avions ci-devant des pièces de théâtre pour trois écus, que l'on nous faisoit en une nuit; on y étoit accoutumé, et nous gagnions beaucoup. Présentement les pièces de M. Corneille nous coûtent bien de l'argent, et nous gagnons peu de chose. »

2. Est-ce bien à l'Hôtel d'Argent, n'est-ce pas plutôt dans le Jeu de Paume situé au haut de la vieille rue du Temple que ce théâtre du Marais se rouvrit? J'indique et laisse cette grave question aux historiens futurs du théâtre. Il n'est pas de petit scrupule en histoire littéraire.

3. Il paraît que les abus avaient grossi avec les res-

mit fin au scandale. Mais, en échappant à un si méprisable vasselage, les comédiens tombèrent sous un joug plus noble et plus pesant. Le cardinal de Richelieu, qui, grâce à ses cinq faiseurs, se piquait d'être le premier auteur dramatique du royaume, s'installa le patron, c'est-à-dire le maître de la comédie comme de l'Académie. Un jour que Chapelain se plaignait en sa présence des difficultés qu'éprouvait la règle des vingt-quatre heures, il fut décidé que la règle deviendrait loi. En conséquence, le comte de Fiesque, grand seigneur bel esprit, qui tranchait du Mécène et pratiquait volontiers les coulisses, signifia l'édit au parlement comique, et, ainsi qu'on peut le croire, il ne fallut pas recourir au lit de justice. Avec la *Sophonisbe* de Mairet, qui parut la même année que *Mélite* (1629), commença l'ère des pièces régulières. On remarquera pourtant que l'auteur ne s'est pas fait scrupule de laisser fréquemment la scène vide, ou de la changer d'une chambre à l'autre pendant la durée des actes. L'inexpérience était grande encore en matière de régularité, et avant d'extraire le système de Racine du fatras de Hardy, qui le contenait au fond, on eut besoin de multiplier les épreuves. C'est à cette époque de transition et sous l'empire de cette poétique un peu équivoque que

---

sources. Ce n'étaient plus seulement deux loges que les Confrères retenaient pour eux, mais *la meilleure partie*, est-il dit, *des loges et galeries;* et de plus ils s'arrogeaient le droit de préposer leurs receveurs particuliers les jours de représentation.

furent composés la *Marianne* de Tristan, la *Cléopâtre* de Benserade, le *Mithridate* de la Calprenède, et avant tout cet adorable *Cid* (1636), dans lequel le génie triompha si puissamment de la forme, et, ce qui était encore inouï au théâtre, se montra si original en imitant. L'on sait que Richelieu *se ligua* contre *le Cid*, et que *l'Académie en corps le censura*. Mais ce qu'on sait moins, ce sont les détails et les conséquences de cette querelle littéraire, qui occupa la ville et la cour durant toute l'année 1637, et qui décida sur la scène française le règne absolu des unités.

La jalousie sans doute et la vanité blessée[1]

---

1. Avant la querelle du *Cid*, Scudery avait composé sur *la Veuve* de Corneille la pièce de vers que voici :

### AUX DAMES.

*Le soleil est levé; retirez-vous, étoiles;*
*Remarquez son éclat à travers de ses voiles;*
*Petits feux de la nuit, qui luisez en ces lieux,*
*Souffrez le même affront que les astres des cieux!*
*Orgueilleuses beautés, que tout le monde estime,*
*Qui prenez un pouvoir qui n'est pas légitime,*
*Clarice vient au jour, votre lustre s'éteint;*
*Il faut céder la place à celui de son teint,*
*Et voir dedans ces vers une double merveille,*
*La beauté de la Veuve et l'esprit de Corneille.*

Passe pour l'*esprit*; mais, quand vint le *génie* de Corneille, Scudery y regarda à deux fois. Mairet avait loué

furent pour beaucoup dans cette première critique, en forme de cartel, qu'adressa Scudery à Corneille. Mais parmi tant de personnalités, de forfanteries, de coups de *fleuret* et de bottes portées a faux, l'assaillant souleva les questions générales et les mêla dans la querelle. Pour prouver que *le Cid* péchait contre l'unité d'action, contre la vraisemblance et les bonnes mœurs; que l'auteur avait eu tort de resserrer en vingt-quatre heures des événements qui tiennent quatre années dans l'histoire; que Rodrigue devait toutes ses beautés à l'acteur Mondory; que Chimène était une *impudique*, une *prostituée*, une *parricide*, et le comte de Gormas un *capitan*; que cinq cents gentils-

---

aussi *la Veuve*; son éloge est adressé à M. Corneille, *boëte comique* :

> *Rare écrivain de notre France,*
> *Qui le premier des beaux esprits*
> *As fait revivre en tes écrits*
> *L'esprit de Plaute et de Térence,*
> *Sans rien dérober des douceurs*
> *De Mélite, ni de ses sœurs,*
> *O Dieux! que ta Clarice est belle,*
> *Et que de veuves dans Paris*
> *Souhaiteroient d'être comme elle,*
> *Pour ne pas manquer de maris!*

Tant que Corneille ne réunit en lui que *Plaute* et *Térence*, Mairet fut tolérant; mais dès que le même Corneille aborda l'héroïque et le tragique, l'auteur de *Sophonisbe* prit la chose au sérieux.

hommes font plus qu'une *brigade*, et qu'il y a des régiments entiers qui n'en ont pas davantage, etc., il se crut obligé de s'armer des poétiques tant anciennes que modernes, et, suivant le mot de Corneille, il *se fit tout blanc* d'Aristote, d'Heinsius et d'Horace. Aussi le gouverneur de Notre-Dame de la Garde put-il ensuite se vanter bien haut *d'avoir donné à ce pauvre* Cid *vingt fois de l'épée dans le corps jusques à la garde, sans compter un nombre infini de blessures en tous les membres.* Mairet, qui fut comme le second de Scudery dans cette affaire d'honneur, prit à témoin les mêmes autorités classiques. L'auteur du *Cid* n'osa en décliner la compétence, et plus tard l'Académie en appuya sa décision. Il arriva cependant qu'un assez mauvais poëte dramatique appelé Claveret, duquel Corneille avait dit, en répondant à Scudery : « Il n'a pas tenu à vous que du premier rang, où beaucoup d'honnêtes gens me placent, je ne sois descendu au-dessous de Claveret, » se trouva très-vivement formalisé du soufflet tombé sur sa joue, et, à l'exemple de Rodrigue, en demanda raison à l'offenseur. L'honnête Claveret avait conservé les traditions de Hardy, et, après qu'il eut parlé pour sa défense personnelle, il profita de l'occasion pour protester une dernière fois contre les prétendues règles des beaux esprits novateurs. Les raisons qu'on alléguait alors de part et d'autre ne diffèrent pas essentiellement de celles qu'on a renouvelées de nos jours : et si Mairet, Des Marets et compagnie, parlent souvent comme nos critiques arriérés, Claveret quelquefois se rapproche de MM. Schlegel, Visconti et Manzoni. « Je veux répondre, écrit-il en son *Traité du Poëme dramatique*, à ceux qui ont voulu rendre générale et obligatoire la règle des vingt-quatre heures, pour ce, disent-ils, qu'on ne peut concevoir que ce qui est discouru et représenté sur le théâtre en deux ou trois heures ait été fait en un plus long temps que d'un jour civil ou naturel. Je leur dis premièrement qu'ils veulent passer pour petits esprits, de priver leur entendement de la faculté d'opérer en beaucoup de façons qui lui sont possibles, et qui sont ordinaires aux bons cerveaux. Car, en voyant représenter une pièce de théâtre, suppléer les temps, supposer les actions et s'imaginer les lieux, sont des opérations d'esprit qui de vérité ne peuvent être bien faites que par les habiles, mais que les plus grossiers peuvent faire en quelque façon, et selon qu'ils ont le sens commun plus ou moins subtil. Sans telles opérations de la part des auditeurs, il est impossible au poëte de faire discourir et représenter une histoire, pour succincte qu'elle soit, à cause du peu de temps et de lieu qui lui est prescrit pour conclure et confiner sa pièce; et ceux-là même qui ne veulent représenter que des choses arrivées en vingt-quatre heures ne peuvent nier que, les faisant passer sur le théâtre en deux heures, ils n'obligent les spectateurs à suppléer le reste du temps qu'ils veulent être si scrupuleusement réglé et limité; de façon que, s'ils ne veulent pas qu'on supplée rien aux choses représentées, ils pèchent eux-mêmes contre leur règle. Je sais bien qu'ils me diront que les suppléments qu'on fait en leurs pièces ne sont pas si grands que ceux que l'on fait aux poëmes plus composés; mais je leur réponds que, si l'imagination n'est pas violentée par une légère supposition, elle ne l'est point par une plus grande, et qu'en voyant représenter une pièce de théâtre, il ne coûtera pas plus au spectateur de suppléer un an de temps qu'une journée ou une semaine, ni de s'imaginer tout un royaume comme une province ou une île. » Durval, auteur dramatique aussi médiocre que Claveret, soutenait la même cause par les mêmes raisonnements, et dans la préface de sa *Panthée*, il accuse *les réguliers de dépenser en une journée de vingt-quatre heures toutes leurs provisions, sans avoir souci du lendemain*. On lit dans une autre de ces préfaces :

> *Adieu, lecteur, et pour comprendre*
> *La règle des pièces du tems,*
> *Ne te lasse point de l'apprendre*
> *Pour le moins encore cent ans.*
> *L'effet de cette loi nouvelle*
> *Est de comprimer la cervelle,*
> *De rétrécir l'entendement,*
> *D'affoiblir l'imaginative :*
> *Par ce moyen juge comment*
> *L'âme se rend plus attentive.*

Ces vives ripostes n'empêchèrent pas que, l'année même de la querelle du *Cid* (1637), Des Marets ne traduisît sur la scène, dans sa comédie des *Visionnaires*, un poëte grand partisan de Hardy, de Du Bartas et de Ronsard, un *romantique,* comme on dirait aujourd'hui, et qu'il ne fît jouer un rôle d'extravagant[1]. A partir de cette époque, on ne remarque plus de résistance formelle aux unités ; et, si quelque auteur se permet de les violer encore, il a toujours soin de s'en excuser auprès du public. Scudery nous avertit que *sa Didon est un peu hors des règles, bien qu'il ne les ignore pas ; mais qu'après avoir satisfait les savants, il veut satisfaire le peuple.* Chappoton rejette les irrégularités de son *Coriolan* sur la difficulté du sujet, *qui est tel, qu'à moins de prendre les plus beaux endroits de la vie du héros, l'on ne saurait l'accommoder agréablement au théâtre.* Claveret lui-même, dans le petit nombre de pièces qu'il fit par la suite imprimer, semble s'être beaucoup radouci ; il se flatte, en tête de son *Esprit-Fort,* d'avoir pratiqué avec soin toutes les règles ; et quant au *Ravissement de Proserpine,* où la scène est tour à tour au ciel, en Sicile et aux enfers, il imagine pour sortir d'embarras que *le lecteur peut se représenter une certaine unité de lieu, la concevant comme une ligne perpendiculaire du Ciel aux Enfers;* bien entendu que la verticale doit passer par la Sicile. Faut-il rappeler que cette influence qui agissait si efficacement sur Claveret n'épargnait point Corneille, et qu'il ne parla bientôt plus qu'avec une sorte d'effroi superstitieux de

---

1. Voir surtout la dissertation entre Amidor, le poëte extravagant, et Sestiane, jeune précieuse entichée de la comédie (acte II, scène IV).

*l'horrible déréglement* et du *libertinage effréné* de ses premières pièces ; mais, lui, du moins, par le privilége du génie, et à l'exemple de ces âmes romaines qu'il nous retrace, il resta grand et presque libre au milieu des fers.

Nous ne savons qu'une exception à l'asservissement universel, et c'est à Rotrou qu'en appartient l'honneur. Soumis par sa pauvreté aux caprices des comédiens, il fit d'abord, dans le goût de Hardy, une foule de pièces qui se distinguent de celles de Mairet, Scudery, et Du Ryer, par l'intérêt romanesque, et surtout par la supériorité du style. Les théories dramatiques le touchaient aussi peu que les basses jalousies de métier, et il ne prit aucune part à la polémique dénigrante et pédantesque du jour. Admirateur généreux de Corneille, il proclamait en toute occasion sa gloire ; il l'avait même aidé de ses conseils, et, quoique plus jeune d'âge, avait reçu de lui le nom touchant de *père*. Par une sorte de reconnaissance splendide, le génie de Corneille rendit ensuite au talent de Rotrou bien plus qu'il n'en avait emprunté d'abord, et, le fécondant, pour ainsi dire, de ses rayons, l'échauffant d'une émulation sympathique, il en fit jaillir une ardeur nouvelle et un éclat inconnu. *Venceslas* et *Cosroës* furent comme l'écho du *Cid*, de *Pompée* et de *Cinna*. Le martyre de *Polyeucte* inspira celui de *Saint Genest*. Mais dans cette dernière pièce (1646) Rotrou porta une originalité de conception, un oubli des règles conventionnelles, un mélange de naïf et de profond, de comique et de sublime, qui la rendent une œuvre unique en notre littérature, même auprès de *Nicomède*. Je ne puis m'empêcher de citer encore l'étonnante tragi-comédie de *Don Bernard de Cabrére* (1647)[1], dans laquelle un héros, aux prises avec un sort malin, voit ses espérances les plus magnifiques s'évanouir devant les plus misérables contre-temps, et excite à la fois par son air piteux et noble une compassion triste et un fou rire. Rotrou, on le sait, mourut à quarante et un ans (1650), victime de son dévouement civique, et en lui disparut le seul écrivain de mérite que puisse revendiquer avec honneur l'école de Hardy.

Ce que Rotrou pensait sans doute de la querelle du *Cid*, d'autres le pensèrent aussi, et quelques-uns le dirent. Balzac, répondant à Scudery, qui lui avait envoyé ses *Observations*, essaya de faire entendre à ce chatouilleux ami que les irrégularités et les invraisemblances de la pièce importaient peu aux spectateurs, et qu'au théâtre un succès d'enthousiasme a toujours raison. Mais, parmi les indifférents qui s'entremirent, aucun ne montra plus de sens et de finesse qu'un auteur anonyme du *Jugement du Cid*, lequel s'intitule *bourgeois de Paris et marguillier de sa paroisse*. En ce temps-là, les marguilliers apparemment allaient aux pièces nouvelles. Et pourquoi pas? Un cardinal-ministre en faisait. Ce marguillier donc, homme d'esprit, qui se vante d'*être du peu-*

---

1. *Don Bernard de Cabrére* est pris de Lope de Vega. (Consulter l'*Histoire comparée des Littératures espagnole et française*, par M. de Puibusque.)

*ple* et a un faux air du *Paul-Louis* de nos jours, proteste *qu'il n'a jamais lu Aristote, et qu'il ne sait point les règles du théâtre;* ce qui ne l'empêche point de railler très-agréablement les critiques de Scudery, tout en relevant les beautés et même les fautes de Corneille. Son unique secret pour cela, nous dit-il, est de *juger du mérite des pièces par le plaisir qu'il y reçoit.* Guidé par ce sentiment infaillible, il pense qu'aux objections subtiles par lesquelles on voulait réfuter son triomphe, Corneille aurait pu se dispenser de répondre, et qu'il lui suffisait de dire, comme ce Romain victorieux et accusé : « Peuple, on joue encore aujourd'hui *le Cid;* allons l'ouïr représenter! » C'est vraiment plaisir de retrouver exprimées, il y a deux cents ans, sous une forme piquante, ces simples vérités de bon sens que les préjugés des doctes ont presque toujours réussi à obscurcir[1].

1. Dans notre première édition, nous avions pris soin de reproduire en entier, à la fin du volume, ce pamphlet spirituel et peu connu, auquel les questions débattues en 1828 rendaient une sorte d'à-propos. En général, ces dernières pages et ces conclusions de notre Histoire du théâtre au xvie siècle se ressentent bien naturellement des circonstances littéraires d'alors. *Les Barricades* et *les États de Blois, le Théâtre de Clara Gazul, les Soirées de Neuilly,* les drames inédits et lus de M. de Rémusat, le *Cromwell* de M. Hugo, et les tentatives de traductions shakspeariennes en vers, tout nous poussait à croire qu'une certaine liberté seule manquait pour ouvrir le théâtre à la foule des jeunes talents empressés. L'expérience a depuis prouvé qu'il manquait autre chose encore. M. de Talleyrand avec sa parfaite sagacité disait : « Les

Nous ne pousserons pas plus loin ces recherches sur les premiers temps de notre théâtre ; mais on aurait tort de croire que le dédain avec lequel nous avons parlé des Scudery, des Chapelain, des Mairet, et autres rédacteurs de notre code dramatique, s'étende le moins du monde aux grands poëtes qui ont suivi, et aux nobles chefs-d'œuvre qu'ils ont créés. Dans la comédie, Molière nous semble avoir été tout ce qu'on peut être en aucun pays et en aucun siècle ; notre admiration pour lui ne conçoit ni un désir ni un regret. S'il n'en est pas tout à fait ainsi de Racine ni de Voltaire, s'ils sont loin de satisfaire aux vastes et profonds besoins d'émotions que l'humanité éprouva dans ses âges de jeunesse et de vigueur, aux époques d'Eschyle et de Shakespeare, et qu'elle sent se ranimer en elle à mesure qu'elle se blase et vieillit, il faut songer que le pédantisme littéraire de Richelieu fit place à la politesse *courtisanesque* de l'âge suivant ; que le théâtre se rattacha plus que jamais aux menus-plaisirs, et qu'une tragédie fortement historique et nationale n'aurait pu s'acclimater à huis clos dans les petits appartements de Versailles ou sous les grilles de Saint-Cyr. Qu'on se figure en effet un beau salon rempli de beau monde, une scène rétrécie par des banquettes, sur ces banquettes des marquis et des vicomtes lorgnant et jasant ; puis, entre ces deux haies de fats beaux esprits, qu'on se figure encore entrant cérémonieu-

---

barrières sont aussi des appuis. » Cela s'est trouvé vrai en littérature comme en politique.

sement sur la scène *Œdipe* avec poudre, ou *Iphigénie* en paniers; qu'on relise alors ces pièces brillantes d'*Iphigénie* et d'*Œdipe*, si peu semblables à celles d'Euripide et de Sophocle, et qui devaient si peu l'être; qu'on les revoie, pour ainsi dire, sur place, parmi ces lustres et ces toilettes, dans cette atmosphère factice de lumières et de parfums, et qu'on se demande de bonne foi si la perfection du genre n'est pas atteinte, et s'il était donné au poëte de déployer plus de génie, surtout plus d'art, en de tels sujets, avec un pareil encadrement. Ainsi, au milieu des pompes de la cour galante de Ferrare, le Tasse composa la pastorale d'*Aminta*, et assortit merveilleusement les manières de son Arcadie au ton d'Alphonse et d'Éléonore. Ainsi Virgile lui-même adoucit au bon plaisir de Pollion l'agreste simplicité de Théocrite, et rendit les forêts dignes d'un consul Mais, comme nous l'avons remarqué ailleurs, en des genres si artificiels il n'est permis que d'exceller, et même que d'exceller une seule fois. L'uniformité de l'étiquette, qui s'applique sans exception à tous les sujets, n'admet pour tous qu'un idéal commun, dont le plus habile talent s'empare le premier, laissant à ceux qui suivent les périls et les dégoûts de l'imitation. C'est ce qu'on a vu chez nous après l'incomparable Racine; et, quoique ses successeurs aient souvent essayé d'agrandir et de diversifier son système tragique, tout en s'y conformant pour l'ensemble; quoique plusieurs depuis aient insisté davantage sur la vérité des caractères, du langage et des costumes, ils n'ont pas su avec ces efforts partiels varier suffisamment les jouissances, ni soutenir la curiosité du public, et on ne les accueille de nos jours que par l'indifférence et l'ennui. Une réforme absolue est devenue nécessaire, et ne peut manquer de s'accomplir, dès l'instant que le régime de la liberté commencera franchement pour le drame, et que la scène ne sera plus régentée par des grands seigneurs aides de camp du roi. Verrons-nous bientôt ce triomphe de l'art, qui se lie si étroitement au triomphe de notre cause publique? Je n'ose y croire, et ne cesse pourtant de l'espérer. Quoi qu'il arrive, pour ne pas être injustes envers les chefs-d'œuvre de nos pères, ne les séparons pas, quand nous les jugeons, de la société choisie dont ils furent les plus nobles décorations; admirons-les, sans les déplacer, comme des fresques à la voûte d'un palais ou d'un temple

FIN DU TOME PREMIER.

# TABLE

DU PREMIER VOLUME.

---

                        Pages.

La Vie de Sainte-Beuve, par Jules Troubat . . . . . . . . . . . . . . . 1

Dédicace . . . . . . . . . . . . . . . . . . . 1

Préface de la première édition . . . 5

Tableau historique et critique de la poésie française au XVIᵉ siècle . . . 9

Histoire du théatre français au XVIᵉ siècle . . . . . . . . . . . . . . . . . 289

## PETITE BIBLIOTHÈQUE LITTÉRAIRE

## VICTOR HUGO : POÉSIES COMPLÈTES

ODES ET BALLADES. — LES ORIENTALES. 2 vol. avec portrait, chaque vol. .......... 6 fr.
LES FEUILLES D'AUTOMNE. — LES CHANTS DU CRÉPUSCULE, 1 vol. .......... 6 fr.
LES VOIX INTÉRIEURES. — LES RAYONS ET LES OMBRES, 1 vol. .......... 6 fr.
LES CHÂTIMENTS. 1 vol. avec portrait. ..... 6 fr.
LES CONTEMPLATIONS. 2 vol. avec portrait, chaque vol. .......... 6 fr.
LA LÉGENDE DES SIÈCLES, 1 vol. avec portrait. 6 fr.

POUR PARAITRE SUCCESSIVEMENT :

LES CHANSONS DES RUES ET DES BOIS. 1 vol., 6 fr.
L'ANNÉE TERRIBLE. 1 vol. .......... 6 fr.

## THÉATRE DE VICTOR HUGO

## LES ŒUVRES EN PROSE DE VICTOR HUGO

*En cours de publication :*

## LES ŒUVRES COMPLÈTES D'ALFRED DE MUSSET

## LES ŒUVRES D'ALPHONSE DAUDET, D'ED. ET JULES DE GONCOURT DE VICTOR DE LAPRADE ET DE PAUL-LOUIS COURIER

PARIS. — Imp. J. CLAYE. — A. QUANTIN et Cⁱᵉ, rue St-Benoît. [15]

IMPRIMÉ PAR JULES CLAYE

(A. Quantin, Sr)

POUR

ALPHONSE LEMERRE, ÉDITEUR

A PARIS